2001 realisiert der Kreis Steinfurt
die *Skulptur-Biennale Münsterland*
zusammen mit den Städten

In 2001 Kreis Steinfurt realizes the
Sculpture Biennial Münsterland
together with

Emsdetten, Greven, Hörstel,
Ibbenbüren, Lengerich, Rheine,
Tecklenburg, Steinfurt

Skulptur-Biennale
Münsterland 2001

Roland Boden
Dagmar Demming
Kendell Geers
Geng Jianyi
Kalle Grude
Martin Honert
Sabine Hornig
inges idee
Ronald Jones
Stefan Kern
Via Lewandowsky
Won Ju Lim
Vittorio Messina
Mariele Neudecker
NL Architects
Antoine Prum / Boris Kremer
Otmar Sattel
Robert Scheipner
Jörg Schlinke
Jan Svenungsson
Lois Weinberger

Kurator / Curator

Christoph Tannert

Herausgeber / Editor

Kreis Steinfurt, Der Landrat

Christoph Tannert

skulptur biennale

münster land

2001

Die *Skulptur-Biennale Münsterland*
ist ein Gemeinschaftsprojekt von /
The *Sculpture Biennial Münsterland*
is a common project of

Kreis Borken
Kreis Coesfeld
Kreis Steinfurt
Kreis Warendorf
Fördervereins Kloster/Schloß Bentlage e.V.
Galerie Münsterland e.V.
Koordinationsbüro Regionale Kulturpolitik
bei der Aktion Münsterland e.V.
Kulturforum Rheine e.V.
Kunstakademie Münster
Landschaftsverbandes Westfalen-Lippe
Stadtmuseum Beckum
Stiftung Künstlerdorf Schöppingen

● realisiert / realized
○ nicht realisiert / not realized

Grußwort

Preface

Anfang Juli wird im Kreis Steinfurt der zweite Teil der *Skulptur-Biennale Münsterland* mit zwölf Kunstprojekten eröffnet. An diesem anspruchsvollen, auf sechs Jahre angelegten Skulpturenprojekt beteiligen sich die Kreise Coesfeld (1999), Steinfurt (2001), Warendorf (2003) und Borken (2005) mit Ausstellungen im Landschaftsraum. Sie ergänzen mit ihren Kunst-Präsentationen im nicht-urbanen Bereich das Konzept der Münsteraner Skulpturenausstellungen im städtischen öffentlichen Raum, das seit 1977 alle zehn Jahre realisiert wird.

Die *Skulptur-Biennale* ist ein ausgesprochen ehrgeiziges Projekt und wird sicher in vielen Bereichen prägende Wirkung entfalten. Ich denke dabei an die Gewichtung der Bildenden Kunst im Münsterland, aber auch an die Landschaftsgestaltung, den Tourismus, das imagebildende Marketing der Region und das gemeinsame kulturpolitische Handeln.

Durch die *Skulptur-Biennale* wird, so hoffe ich, die Erkenntnis und das Bewußtsein wachsen, daß große künstlerische Herausforderungen und aufsehenerregende Kulturevents erst mit gemeinsamer Kraftanstrengung möglich sind. Das Gemeinschaftsprojekt der Kreise Coesfeld, Steinfurt, Warendorf und Borken kann nur gelingen, wenn eine gemeinsame Idee im Mittelpunkt steht, das Vorhaben inhaltlich an die Profile und Leistungen der Region anknüpft, das kulturpolitische Handeln abgestimmt ist und das Produkt gemeinsam in der Öffentlichkeit präsentiert wird.

Das Gesamtprojekt mit seinen vier Teilen hat bei der ersten Präsentation in Coesfeld vor zwei Jahren eine beachtliche Resonanz erhalten. Die Wasserburgen und Wasserschlösser im Kreis Coesfeld bildeten charakteristische inhaltliche Ausgangspunkte für die Objekte internationaler Künstlerinnen und Künstler. Sie setzten mit ihren Skulpturen besondere Akzente, die an die historischen, wirtschaftlichen und sozialen Besonderheiten der Region anknüpften.

Bei der *Skulptur-Biennale 2001* im Kreis Steinfurt soll die münsterländische Parklandschaft im Mittelpunkt stehen. Sie ist keine Naturlandschaft, sondern eine von Menschenhand geschaffene Kulturlandschaft und im Strukturwandel permanenten Anpassungsprozessen unterworfen. Die modernen Skulpturen in dieser Landschaft akzentuieren und reflektieren den Wandel.

At the beginning of July the second part of the *Sculpture Biennial Münsterland* will be inaugurated with twelve projects of art in the county of Steinfurt. The counties of Coesfeld (1999), Steinfurt (2001), Warendorf (2003) and Borken (2005) participate with exhibitions in the landscape in this extensive sculpture project, which is laid out for six years. With their art presentations in the non-urban area they complement the programme of the sculpture exhibitions in Münster in the urban public space, which have been realized every ten years since 1977.

The *Sculpture Biennial* is a particularly ambitious project and will certainly unfold a forming influence in many fields. I am thinking of the evaluation of art in the Münsterland, but also of the forming of the landscape, tourism, the image shaping marketing of the region and the joint politico-cultural actions.

I hope that by this *Sculpture Biennial* the awereness and the consciousness will grow that great artistic challenges and sensational cultural events can only be realized with joint exertion. The common project of the counties of Coesfeld, Steinfurt, Warendorf and Borken can only be successful, if one common idea is the focal point, if the project takes up the profile and the achievements of the region as regards content, if the politico-cultural actions are coordinated and if the product is jointly presented to the public.

The overall project with its four parts has met with a significant response on the occasion of the first presentation in Coesfeld two years ago. The castles built in and surrounded by water in the county of Coesfeld formed characteristic starting points as regards content for the objects of international artists. Their sculptures

Bedanken möchte ich mich weiterhin bei dem Kurator der *Skulptur-Biennale Münsterland 2001* Herrn Christoph Tannert. Sein künstlerisches Konzept und seine Künstlerauswahl überzeugte nicht nur die Kuratoriumsmitglieder, die das Gesamtprojekt inhaltlich begleiten, sondern hat schon vor der Eröffnung weit über die Region hinaus Beachtung gefunden.
Die reale Umsetzung der künstlerischen Ideen ist vor allem dem kreativen Engagement unserer Kulturmanagerin Frau Eleonore Worm und allen am Projekt beteiligten Mitarbeitern zu verdanken.

Ohne die tatkräftige Unterstützung der beteiligten Städte Emsdetten, Greven, Hörstel, Ibbenbüren, Lengerich, Rheine, Steinfurt und Tecklenburg sowie der zahlreichen Initiativen und Privatpersonen vor Ort, die sich von diesem ungewöhnlichen Projekt begeistern ließen, wäre die Realisierung ebenfalls nicht möglich gewesen.

Kunst verbindet. Das zeigte sich an der Kooperation der beteiligten Projektpartner, die in einer beispielhaften Zusammenarbeit von Kommunen, freien Trägern und Landkreisen ihre Kräfte gebündelt haben, um diesem Kunstprojekt zum Erfolg zu verhelfen.

Nicht zuletzt geht mein Dank an die Förderer und Sponsoren, allen voran an das Land Nordrhein-Westfalen mit seinem Programm zur Regionalen Kulturpolitik, an die Stiftung Kunst und Kultur, den Landschaftsverband Westfalen-Lippe sowie die Sparkassen im Kreis Steinfurt für ihre finanzielle Unterstützung.

Den Bewohnern und Besuchern des Münsterlands wünsche ich eine spannende Reise durch ein Gesamtkunstwerk aus Kunst und Landschaftsraum.

Thomas Kubendorff
Landrat des Kreises Steinfurt

I am glad that twenty-one international artists have accepted our invitation. It is the artists who made the *Sculpture Biennial Münsterland 2001* possible with their ideas and projects. Therefore I would first of all like to thank all participating artists, who have used the potential of the cultural landscape around Münster just as sensitively as creatively and who invite a dialogue with their sculptures.

A dialogue, which was initiated on the occasion of the first *Sculpture Biennial in Münsterland 1999* in the county of Coesfeld and which is continued now in the county of Steinfurt, followed by the counties of Warendorf and Borken.

I would furthermore like to thank the curator of the *Sculpture Biennial Münsterland 2001*, Mr. Christoph Tannert. His artistic programme and his selection of artists did not only convince the committee members, who accompany the complete project as regards content, but has also received attention far beyond this region prior to the opening.

The actual realization of the artistic ideas was mainly possible thanks to the creative commitment of our cultural manager, Mrs. Eleonore Worm, and thanks to all employees participating in the project.

Without the active assistance of the participating councils of Emsdetten, Greven, Hörstel, Ibbenbüren, Lengerich, Rheine, Steinfurt and Tecklenburg as well as numerous local initiatives and private persons, who have been enthusiastic about this unusual project, the realization would not have been possible, either.

Art connects. This was proven by the joint efforts of the participating project partners, who have concentrated their powers in an exemplary cooperation of communities, free supporters and counties, in order to help this art project to become successful.

Not least I would like to thank the sponsors and supporters, first of all the state of North Rhine-Westphalia with its programme for regional cultural policy, the Landschaftsverband Westfalen-Lippe and the Foundation of Art and Culture as well as the Sparkassen in the county of Steinfurt for their financial assistance.

I hope that the inhabitants and visitors of the Münsterland will have an exciting journey through a synthesis of art and landscape.

Kunst im Münsterland

Vorwort der Veranstalter und Initiatoren

Noch vor zehn Jahren wäre im Münsterland ein Kunstprojekt wie die *Skulptur-Biennale* wohl kaum vorstellbar gewesen.

Zahlreiche Kooperationspartner – Kommunen, Kreise, Museen und freie Kulturträger – haben sich zusammengeschlossen, um Positionen internationaler zeitgenössischer Kunst im öffentlichen Raum des Münsterlandes zu präsentieren. In einem Zeitraum von acht Jahren realisieren national und international renommierte Künstlerinnen und Künstler ihre Arbeiten zu unterschiedlichen Themenstellungen in den Kreisen Coesfeld (1999), Steinfurt (2001), Warendorf (2003) und Borken (2005).

Das inhaltlich anspruchsvolle Vorhaben, das sich über einen sehr langen Zeitraum erstreckt, verlangt von allen Beteiligten die Entwicklung völlig neuer organisatorischer Strukturen und Kooperationsformen, die bislang – zumindest im nördlichen Westfalen – noch nicht vorhanden waren. Insofern ist mit der *Skulptur-Biennale Münsterland* ein neuer innovativer Weg beschritten worden, kreative Kräfte zu einem Großprojekt von internationaler Bedeutung zu bündeln.

Vor gut zehn Jahren begann, meist initiiert durch freie Kulturträger der Region, eine mittlerweile sehr intensive Zusammenarbeit im Bereich zeitgenössischer bildender Kunst unter Einbeziehung von regionalen wie auch internationalen Künstlern, die zu einer Vielzahl von ambitionierten Kunstausstellungen führte und mittlerweile gleichsam institutionalisiert ist. Kooperation über Grenzen hinweg ist inzwischen ein Markenzeichen der Kunstszene des Münsterlandes.

Die *Skulptur-Biennale Münsterland* ist künstlerisch, strukturell und kulturpolitisch das herausragende Ergebnis dieser intensiven Form der Kooperation, die auch durch die Regionale Kulturpolitik des Landes NRW offizielle Anerkennung und nachhaltige öffentliche Förderung erfährt.

Den Veranstaltern und der Initiativgruppe der *Skulptur-Biennale Münsterland* liegt daher sehr daran, allen zu danken, die mit finanzieller, organisatorischer und ideeller Unterstützung dazu beigetragen haben, daß aus den ersten vorsichtigen Überlegungen und Konzepten inzwischen eine feste, gleichwohl offene Form entstanden ist. Wir freuen uns sehr, daß nach dem erfolgreichen Beginn im

Art in the Münsterland

Foreword of the Organizers and Initiators

Even ten years ago an art-project like the *Sculpture Biennial* could hardly have been conceivable in the Münsterland.

Numerous cooperating partners – communities, counties, museums and free supporters of culture – have joined together, in order to present positions of international contemporary art in the public space of the Münsterland. Over a period of eight years nationally and internationally renowned artists have been and will be realizing works with reference to different subjects in the counties of Coesfeld (1999), Steinfurt (2001), Warendorf (2003) and Borken (2005).

This project, so ambitious as regards content and which carries on for a very long period, demands from all partners the development of completely new organizational structures and ways of cooperation forms, which did not exist until now – at least in northern Westphalia. In this respect with the *Sculpture Biennial Münsterland* new and innovative paths have been explored, to concentrate creative forces into a large-scale project of international significance.

A good ten years ago started – mostly initiated by independent cultural initiatives in the region – a meanwhile very intensive cooperation in the field of contemporary fine arts, including regional as well as international artists, which led to a multitude of ambitious art exhibitions and has in the meantime been institutionalized. Cooperation beyond the institutional borders has become a trade-mark of the art scene in the Münsterland.

With reference to art, structure and cultural policy the *Sculpture Biennial Münsterland* is the outstanding result of this intensive form of cooperation, which also receives formal acceptance and lasting public support because of the Regional Cultural Policy of North Rhine-Westphalia.

Therefore the organizers and the initiators of the *Sculpture Biennial Münsterland* would like to thank everybody who has contributed with financial, organizational and spiritual support to the development of a meanwhile firm, nevertheless open form emerging from cautious reflections and concepts at first.

Kreis Coesfeld die *Skulptur-Biennale* nun im Kreis Steinfurt fortgesetzt wird. Viele Hindernisse wurden gemeinschaftlich überwunden. Dazu bedurfte es nachdrücklicher Überzeugungskraft und großen Engagements. Neue Denkrichtungen wurden von allen Beteiligten entwickelt, unentbehrlich waren ebenso Risikobereitschaft und Mut.

Die neu gewonnenen Erfahrungen und die folgenden *Skulptur-Biennalen* werden dazu beitragen, daß zeitgenössische Kunst zu einer festen Größe im Münsterland wird.

We are very pleased that the *Sculpture Biennial* will now be continued in the county of Steinfurt after the successfull beginning in Coesfeld. Many obstacles have jointly been surmounted. This required emphatic persuasiveness and a great deal of commitment. All partners developed new directions of thinking; courage and the willingness to take risks were also essential.

The new experiences and the following *Sculpture Biennials* will help to make contemporary art an essential part of the culturale life in the Münsterland.

Eleonore Nel Worm
Kreis Steinfurt

Werner Friedrich
Förderverein Kloster/Schloß Bentlage e.V., Rheine

Ingrid Raschke-Stuwe
Galerie Münsterland e.V., Emsdetten

Martin Rehkopp
Kulturforum Rheine e.V.

Martin Gesing
Stadtmuseum Beckum (Kreis Warendorf)

Christine Sörries
Kreis Coesfeld

Josef Spiegel
Stiftung Künstlerdorf Schöppingen (Kreis Borken)

Jacob van Ruisdael
Haarlem von den Dünen bei Overveen gesehen / Haarlem from the Dunes near Overveen,
um / ca. 1670
Gemäldegalerie, Berlin

Zwischen NATO-Draht und hüpfendem Zwerchfell

Ein kuratorisches Geleitwort

Christoph Tannert

Ein Rucksackberliner, eigentlich Sachse (dazu noch Lutheraner!), ein Städter also im Münsterland – was soll da schon herauskommen? Eine dringende Frage. Streift sie doch nicht nur das banale Niveau psychopathologischer Unvereinbarkeit zwischen Hauptstadtfixierung und Hauptstadtablehnung, sondern auch die Unterschiedlichkeit der Lebensweisen, entweder im Asphaltdschungel oder im Grünen auf die Pirsch zu gehen.

Sie ist außerdem geknüpft an die Mentalitätsunterschiede zwischen Ostlern und Westlern, die sich nach wie vor nicht so einfach in süßer Konsensmilch ertränken lassen. Es sei denn, man tafelt gemeinsam in einem der großen münsterländischen Landgasthöfe oder in dem seit 300 Jahren in Familienbesitz befindlichen Hotel Kloppenborg in Emsdetten, gegenüber dem Rathaus, wo ein Geist von Gewicht über den deftigen Kreationen schwebt. Die große abendliche Schinkenplatte kommt hier in perfekt klassischem Verständnis: beste Produktqualität, eindeutig regionaler Bezug, additive Komposition mit Meerrettich und konstruktivistischem Salzstangenszenario – die leicht schlesisch orientierten, beigelegten Gürkchen schmeicheln dem Gaumen durch ihr feines und leicht süßliches Aroma. Da schmilzt dem Fremdling das Herz, erst recht, wenn ihn der Zander am nächsten Tag aus einer vom Zeitgeist andernorts längst verwehten dicken Buttersauce anlacht.

Keine Angst, die Ausstellungskultur des „neuen Deutschland" zehn Jahre nach dem Mauerfall ist nicht ernster und protestantischer geworden, aber auch nur um wenige Zuckerschichten oberflächenorientierter, weil nach wie vor Chancen bestehen, sich gegen Beliebigkeit und puren Konsumismus zu behaupten, gerade in der Kunst, die oft in Schutzmantelfunktion unverhoffte Areale des Möglichen kreiert, wenn schon das Visionäre keine Chance zu haben scheint. Absoluter Nihilismus ist nur eine Möglichkeit, sich von der utopielosen Ex-und-hopp-Gegenwart zu verabschieden. Der andere Weg sucht die Schleichwege, die wegführen vom Rattenzug hin zur sicheren Mitte.

Auf eine freundliche Einladung aus dem Kreis Steinfurt, die mich im Februar des Jahres 2000 erreichte, folgte die Anwärmphase in einer maßgeschneiderten Eingreiftruppe, die für die *Skulptur-Biennale Münsterland 2001* Interessenpolitik

Between NATO Barbed Wire and Breathless Laughing

A Curatorial Foreword

An adoptive Berliner with a rucksack, actually a Saxon (and a Lutheran at that!), in other words a city-dweller in Münsterland – what will that lead to? A burning question. It concerns not only the banal level of psychopathological incongruity between capital city fixation and capital city rejection, but also the different kinds of life, either walking in the asphalt jungle or deerstalking in the countryside.

It is also connected with the difference in mentality between East and West Germans, which still cannot be drowned so easily in sweet consensed milk. Unless they dine together in one of the big Münsterland country restaurants or in Hotel Kloppenborg in Emsdetten opposite the town hall. The hotel has been run by the same family for 300 years, and an imposing spirit hovers over the hearty culinary creations. The big suppertime ham platter is perfectly classical: best product quality, clearly regional connections, additive composition with horseradish and constructivist salt sticks scenario – the accompanying little cucumbers with a Silesian touch tickle the palate with their fine, slightly sweet taste. The outsider's heart melts, especially when the zander next day laughs up at him from a thick butter sauce that has long since gone with the zeitgeist in other places.

Do not worry, the exhibition culture of "new Germany" almost twelve years since the fall of the Berlin Wall has not become more serious and more Protestant, and is only slightly more superficially orientated, because there are still opportunities to hold one's own against arbitrariness and pure consumerism, particularly in art, which often acts as a protective mantle in creating unhoped-for areas of possibilities even though visionary things seem to have no chance. Absolute nihilism is just one possible way of saying

auf breiter Ebene betreibt. Gezielt hatte dieser münsterländische Skulpturenkunstrat den Blick über den eigenen Tellerrand hinaus schweifen lassen und nach einem Außenstehenden Ausschau gehalten, dem die Aufgabe zufallen sollte, die unterschiedlichen Blickwinkel zwischen hier und anderswo zu klammern. International besetzt, innovativ und natürlich als ein Lockpulver für Besucher wünschte man sich die geplante Biennale, außerdem unverwechselbar im gegenwärtigen Biennale-Aufgebot miteinander konkurrierender Städte und Welt-Regionen. Die Initiatoren erhofften sich die Nominierung von Künstlern und Künstlerinnen in jener politisch korrekten Mischung, die heutzutage als die getreuliche Nachbildung der *documenta x* (1997) von Catherine David verstanden würde. Natürlich war das nicht zu machen, schon weil die *Skulptur-Biennale* sachgezwungen nicht im Saale stattfindet und aus Ersparnisgründen eben auch ohne 100-Tage-Geistesgrößen-Marathon auszukommen hat.

Dem Wunsch der lokalen Wertvorstellungsträger zu entsprechen, keinen Künstlernamen, der schon einmal in irgendeinem Zusammenhang mit den *Skulptur. Projekten in Münster* (1987 und 1997) oder der ersten *Skulptur-Biennale im Münsterland* (1999 im Kreis Coesfeld) genannt wurde, wieder ins Gespräch zu bringen, war da schon einfacher. Von der pessimistischen Auffassung, es gäbe heutzutage nur wenige künstlerische Positionen, die eine besondere Erfahrung versprechen, zu der Einsicht, daß aufgrund des Ökonomischen viele hervorragende Ideen weltweit nicht zum Durchbruch kommen, gelangt mancher freilich nur mittels eines fundamentalen Stellungswechsels im alltäglichen Kunstgewirbel.

So wie ich Kunstprojekte verstehe, müssen sie aus Unvereinbarkeiten bestehen, die noch lange nach ihrer Einrichtung neue molekulare Kombinationen bilden und sich als Zündfunkengeber quasi von selbst wieder scharfmachen. Ich entschied mich dafür, weniger Interessen zu haben als vielmehr Grundsätze zu entwickeln, die ich mit der gegenwärtigen Kunstentwicklung in Reibung zu bringen suchte. Als bunte Truppe aller Fakultäten (von klassisch skulptural über installativ bis prozessual) lud ich Künstler und Künstlerinnen ein, von denen ich überzeugt war und bin, daß sie über ihre Werke die öffentliche Debatte nach verschiedenen Richtungen hin zu strukturieren und zu verbreitern in der Lage sind. Gefragt werden kann z.B. nach den unterschiedlichen Wirklichkeitsmodellen, die benutzt werden, nach Intersubjektivität, dem Charakter der Werke oder der „Ausstellung", nach dem Verständnis von Autorenschaft, dem Grad der Modernität, nach alten und neuen Lesarten im Medienvergleich und so weiter ... Diese *Skulptur-Biennale* besteht aus vielschichtigen Bildkomplexen, die wie Pfropfungen auf ihr Umfeld appliziert wurden und daher mit spielerischem Bewußtsein, d.h. durch schöpferisches Zusammen- und Gegeneinanderlesen decodiert werden wollen. Von Anfang an hat mich dabei weniger die Frage stilistischer Reinheit des Skulpturen-Ensembles als die von Courage interessiert, jedes einzelne Objekt, die Geschlossenheit jedes künstlerischen Entwurfs auf ihren landschaftlichen und kulturellen Umraum hin zu öffnen.

Die Sprache der Skulptur muß heutzutage außerdem in den verschiedensten Formen der Annahme des Raumes und somit mehrdimensional wahrgenommen werden. Das schließt eine Vielzahl von herkömmlichen Modellen, weiterhin den „pictorialen Raum des elektronischen Bildes", den Peter Weibel als die zeitgemäße Skulptur bezeichnet,[1] und selbstverständlich den Sozialraum ein.

goodbye to the pack-up-and-go present with its absence of utopias. The other way looks for short cuts that lead away from the Pied Piper's procession towards the solid security of the centre.

In February 2000 I got a kind invitation from Kreis Steinfurt, which was followed by the warming-up phase in a customised strike force that manages the interests of the *Sculpture Biennial Münsterland 2001* on a broad level. This commission for sculptural art in Münsterland had deliberately looked beyond its own front garden and scouted for someone from outside whose task would be to link up the different viewpoints between here and other places. They wanted the planned Biennial to involve international artists, to be innovative and, of course, to lure visitors. They also wanted it to be unmistakable in the present array of biennials in competing cities and regions of the world. The initiators were hoping that artists would be nominated in the politically correct mixture that would be seen today as a faithful reproduction of Catherine David's *documenta X* (1997). Of course this was impossible, because for a start the *Sculpture Biennial* is not held in exhibition rooms and for economic reasons it had to make do without a 100-day marathon of masterminds.

It was easier to meet the wishes of the local worthies not to propose again the names of any artists who had been named in any connection with the *Sculpture. Projects in Münster* (1987 and 1997) or the first *Sculpture Biennial in Münsterland* (1999 in Kreis Coesfeld). Of course, for some people it takes a fundamental change of position in the daily art whirl to shift them from the pessimistic opinion that there are only a few artistic positions today that promise a special experience, to the point where they realize that many outstanding ideas worldwide never make the break for economic reasons.

As I understand art projects, they have to consist of incompatible elements that continue creating new molecular combinations long after they have been set up and, as ignition sparks, reignite themselves quasi automatically. Rather than having specific interests, I decided to develop principles that I tried to bring into friction with the current development of art. I invited a mixed bunch from all faculties (from classical sculpture and installations to processes), artists who I am convinced are able to structure and spread the public debate in various directions with their work. One can ask questions about the different models of reality used, about intersubjectivity, the character of the works or the "exhibition", what is meant by authorship, the degree of modernity, old and new interpretations in comparative media and so on ... This *Sculpture Biennial* consists of multi-layered visual complexes applied to their surroundings like grafts and asking to be decoded with playful consciousness, i.e. by reading them creatively together and in contrast to each other. From the start I was less interested in the stylistic purity of the sculpture ensembles than in the courage to open each individual object, the unity of every artistic design, to the landscape around it and its cultural environment.

Today the language of sculpture must be perceived in a wide variety of forms of spatial perception, and thus multi-dimensionally. This includes a large number of traditional models, along with the "pictorial space of the electronic image" which Peter Weibel describes as the sculpture appropriate to our times[1], and obviously the social space.

Since the individual works are far enough apart and do not directly echo each other, they have the chance of being perceived entirely for themselves and simultaneously as satellites of a fundamental nexus: the desire to escape pressures which are nonetheless inescapable. The *Sculpture Biennial Münsterland 2001* takes place in a green showcase of feelings, outside cities and settlements, outside palaces, monasteries and manors and not even with direct links to the rambling routes through the Teutoburg Forest or the Tecklenburg Land.

Monster sculptures on ridge paths that look as if they were designed by ghosts, or art traps in direct visual relation to the black-and-white of half-timbered houses were not planned. I was not interested in Land

Da die einzelnen Werke weit genug voneinander aufgestellt werden und somit nicht unmittelbar aneinander erinnern, haben sie die Chance, ganz für sich und gleichzeitig als Satelliten eines Begründungszusammenhangs wahrgenommen zu werden: des Herauswollens aus Zwängen, denen dennoch nicht zu entrinnen ist. Die *Skulptur-Biennale Münsterland 2001* findet in einer grünen Gefühlsvitrine statt, außerhalb von Städten und Ansiedlungen, außerhalb der Schlösser, Klöster und Herrensitze und nicht einmal in direkter Anbindung an die Wanderrouten durch den Teutoburger Wald oder das Tecklenburger Land.

Wie von Geisterhand abgeworfene Monsterskulpturen auf Kammwegen oder in einem direkten Blickverhältnis zum Schwarz-Weiß der Fachwerkhäuser stehende Kunstfallen waren nicht geplant. Um Land Art oder „Rekultivierungskunst" (reclamation art) ging es mir auch nicht. Jörg Schlinke konzipierte zwar eine Geste von großer Auffälligkeit (im Gespräch war der Einsatz einer Hubschrauberstaffel), aber ganz bewußt in der Koppelung von Medium und Form und nicht als nackten Ereignis-Anflug.

Jenseits des vorwiegend in den deutschen Großstädten ausgefochtenen Architektenstreits zwischen Klassizisten und Dekonstruktivisten, in dem die Kunst nach wie vor wie ein Appendix wirkt oder reine Dekor-Funktionen übernimmt, assoziieren wir mit „Natur" im Münsterland das Bild der idyllischen Harmonie eines Biotops der rechten Winkel, so wie uns das die Tourismuswerbung suggeriert. Es hätte die Möglichkeit bestanden, Kunstwerke im Sinne einer „neuen Geologie" mit der Landschaft verschmelzen zu lassen und die Natur durch Konstruktionen weiterzuentwickeln. Aber gibt es nicht bereits genug Öko-Kitsch dieser Art in Deutschland? Von der Vermöblierung der Städte, ihrer katastrophischen Vergeblichkeit zu wissen und dann eine Naturlandschaft statisch zu bepflastern, wer wollte das verantworten? Die Irrfahrt zwischen Scylla und Charybdis war also vorgezeichnet und ist, seitdem es Bürgerproteste aus unterschiedlichen Gründen gibt, nicht überstanden. Man hätte es sich nun leichtmachen, Kunst als „Dienstleistung" tarnen und mit ein paar Massageübungen, mit Kronkorken ausgestanzten Eierteigwaren oder Kübeln mit Suppe den Konflikten aus dem Wege gehen können.

Art or reclamation art either. Jörg Schlinke did conceive a very spectacular gesture (there was talk of using a helicopter echelon), but quite deliberately as a coupling of medium and form and not as a naked idea of a big event.

Beyond the architects' argument between classicists and deconstructivists which is mainly waged in major German cities, an argument in which art continues to seem like an appendix or assumes a purely decorative function, with "nature" in Münsterland we associate the picture of idyllic harmony, a biotope of right-angles, as the tourist advertising suggests. It would have been possible to make artworks fuse with the landscape in the sense of a "new geology", and to further develop the landscape with constructions. But is not there already enough ecological kitsch like this in Germany? Knowing about the over-cramming of cities, its catastrophic futility, who wants to be responsible for statically paving a natural landscape? The odyssey between Scylla and Charybdis was predictable and has not been successfully negotiated since local protest groups have existed for various reasons. We could have made it easy for ourselves by camouflaging art as a "service" and avoiding the conflicts with a few massage strokes, crown-cut pasta shapes or tubs of soup.

Conceptually I decided on a picture with a frozen dynamic – an array of situationally specific reaction-sculptures in no-man's-land. They create visual equivalents to Münsterland's real space (in terms of history, geography, sociology, even sports), without limiting their generally valid existential dimension or the degree of beauty and general comprehensibility. All the works are out in the open, not in empty space. And since I am not keen on the fantasy of designer knick-knacks in public space, the works owe their creation neither to functionality nor elegance, but solely to the postmodern ideal of integration into a context, which is important for all the invited artists. The works have a polylogical, decentred relationship with each other. There is no centre with which or out of which effect would be developed. A contrapuntal relationship develops between all the works only in the process of continually redefining each individual work in relation to its surroundings.

Konzeptuell entschied ich mich für ein in seiner Dynamik gefrorenes Bild einer Aufreihung von situationsspezifischen Reaktions-Plastiken im Niemandsland. Diese schaffen visuelle Äquivalente zum münsterländischen Realraum (historisch, geographisch, soziologisch, sogar sportpolitisch), ohne daß dadurch ihre allgemeingültige existentielle Dimension oder das Maß an Schönheit und Allgemeinverständlichkeit eingeschränkt würde. Alle Werke befinden sich im Freien, nicht im Leeren. Und es ist, da sich meine Vorliebe für die Phantasie von Designer-Nippes im öffentlichen Raum in Grenzen hält, weder die Funktionalität noch die Eleganz, sondern ganz allein das von den Eingeladenen hochgehaltene, postmoderne Ideal der Einbindung in einen Kontext, dem sie ihre Entstehung verdanken. Zueinander stehen sie in einem polylogischen, dezentrierten Verhältnis. Es gibt keine Mitte, mit der oder aus der heraus Wirkung entwickelt würde. Erst in der kontinuierlichen Neudefinition jedes einzelnen Werkes in seinem Umraumverhältnis entsteht eine kontrapunktische Beziehung aller untereinander.

Ein Konzeptvorschlag von Otmar Sattel war so nahe dran an der Wirklichkeit, daß er mit Hiob seinen Lauf nahm und kurzerhand von den Schutzmaßnahmen gegen die Maul- und Klauenseuche überrollt wurde. Die allgemeine Sprachlosigkeit, die durch die geschliffene Idee von Antoine Prum und Boris Kremer entstand, ein leibhaftiges *Wimmelbild* in die herrliche Münsterländer Parklandschaft zu pflanzen, markierte den bisherigen Höhepunkt der Verunsicherung. Selbst die Biennale-Jury vermochte sich keinen Reim auf die hochkomplexe Realitätsspiegelung zu machen und lehnte die Realisierung ab. Unsicherheiten sind unausweichlich angesichts des heutigen Zustandes der Kunst. Große Teile des Publikums befinden sich sowieso seit Jahren im Zustand der Dauererregung. Aber glücklicherweise wird die Natur irgendwann die in sie eingebrachten skulpturalen Dialogkörper annektieren. Es muß damit gerechnet werden, daß die Natur über kurz oder lang die Kunstgrenzen einreißt und ihr Auflösevermögen dann die ästhetische Gestaltfixierung kennzeichnet.

Daß es keine uninteressanten Landstriche oder uninteressanten Sprachen der Orte gibt, ist sicher eine sinnvolle Hypothese. Auch bei Kunstunternehmungen sollten, trotz der erheblichen Versuchung, aus der boomenden Amüsierkultur und der allgemeinen Hollywoodisierung weiterreichende Schlüsse zu ziehen, vorschnelle Urteile unterbleiben. Ähnliches gilt für die Plazierung von Kunstwerken im öffentlichen Raum. Diese Reizdissonanz fast jeden zeitgenössischen Projekts wird in den Katalogessays ausführlich zur Sprache gebracht. Der Liebhaber wird auch zu den ausgefallensten künstlerischen Seiltänzen genug zu erzählen wissen, um all jene, die bei bloßer Erwähnung derartiger Auffälligkeiten Gähnreize verspüren, aufhorchen zu lassen. Man muß nicht alles und jedes in der Kunst mögen, aber sich die Zeit zu nehmen, dieses oder jenes Werk, das man auf den ersten Blick noch nicht unbedingt ins Herz geschlossen hat, ein wenig näher und geduldiger anzuschauen, um erst dann zu urteilen, das sollte man schon.

A concept proposal by Otmar Sattel was so close to reality that it suffered the fate of Job and was squashed at the last minute by the precautions against foot-and-mouth disease. The general speechlessness that greeted Antoine Prum's and Boris Kremer's refined idea of planting a real-life *Wimmelbild* (*Teeming Picture*) in the magnificent Münsterland park landscape marked the climax of disconcertion to date. Even the Biennial Jury could make no sense of this highly complex mirroring of reality, and rejected the project. Insecurity is unavoidable given the present condition of art. Large sections of the public have been in a state of permanent excitement for years anyway. But luckily, at some point nature will annex the structures which have been brought into it to form a sculptural dialogue. We have to reckon with the fact that sooner or later nature will destroy the boundaries of the artworks and its dissolutory capacity will then characterize the aesthetic determination of form and structure.

It is certainly a meaningful hypothesis that there are no uninteresting stretches of land or uninteresting languages of places. In artistic enterprises too, we should avoid over-hasty judgements, despite the great temptation to draw conclusions from the boom in amusement culture and the general Hollywoodisation. A similar rule applies to placing artworks in public space. The shrieking dissonance of almost every contemporary project is discussed fully in the catalogue essays. Art lovers will be able to say enough about even the most extraordinary artistic acrobatics to make everyone who feels like yawning at the mere mention of such spectacles prick up their ears. You do not have to like everything in art, but before you make a judgement you should really take the time to look a little closer and more patiently at a work that you did not necessarily warm to at first glance.

Münsterland with its gently wrinkled surface skin, this membrane of fields, woods and meadows, sustained by an alternating current between, the River Ems, sometimes shallow water, sometimes deep sea, sometimes wristlet ... Münsterland is a natural and landscaped space with its own internal equilibrium. Maybe it is not exactly an Elysian field, not a place of the blessed (let's rely on Virgil) who can experience purification here. Too much specific living space was lost through the "regulation" of the Ems ... But it is still a

Das Münsterland mit seiner sanft gefalteten Oberflächenhaut, dieser Feld-Wald-und-Wiesen-Membran, von Wechselspannung gehalten, dazwischen, mal Flachwasser, mal Tiefsee, mal Pulswärmer, die Ems, ist ein in sich ponderierter Natur- und Landschaftsraum. Vielleicht nicht gerade ein elysisches Feld, nicht eben ein Ort der Seligen, die hier (verlassen wir uns auf Vergil) ihre Läuterung erfahren könnten. Dafür ging zu viel spezifischer Lebenraum durch die „Regulierung" der Ems verloren ... Aber doch ein in seiner Gewachsenheit sowie geplanten, gepflegten und umgestalteten, kurz: seiner herangereiften Unausbleiblichkeit ein sublimes landschaftliches Konglomerat – einfach zu schön, um in dieses kulturlandschaftliche Gleichgewicht eine Kunst zu implantieren, die nichts anderes sein wöllte als ein Boykott dieser Qualitäten. Annette von Droste-Hülshoff spricht von jener westfälischen Landschaft, die „so anmuthig ist, wie der gänzliche Mangel an Gebirgen, Felsen und belebten Strömen dieses nur immer gestattet". Kunstwerke, die gegen die Geschichte und die Geschichten des jeweiligen Ortes, gegen die lebendige Farbe der Natur des Ortes opponieren, haben schon verloren. Nicht anders würde es jenen Werken ergehen, die das natürliche Gewordensein versuchten zu verbessern und „aufzuhübschen".

Ich habe für die *Skulptur-Biennale Münsterland 2001* Künstler gewinnen können, für die die altmodische Kategorie des Sublimen (als die Grundlage von Schönheit schlechthin und damit auch von Kunst) noch auf Interesse stößt. Wobei ich ausdrücklich ergänze: ohne, daß es dadurch zur gefälligen Aufschichtung von Abstrakt-Gesträuch, den allgegenwärtigen rostigen Stahl-Kolossen oder einer autonomistisch-autistischen Triumphbogenbastelei kommen müßte. Im Gegenteil. Das Sublime, das Außergewöhnliche, das Nicht-Alltägliche, das noch Ungesehene, von dem am deutlichsten Edmund Burke in seiner *Philosophical Enquiry into the Origin of our Ideas of the Sublime and Beautiful* aus dem Jahr 1757 spricht, liegt im Gefühl, in der Erlebnisfähigkeit des Menschen begründet. In der Intensität des Gefühlserlebens entsteht Erkenntnis.

Intellektuelle Offenheit (also „Weite"), Stringenz (also „Größe") und eine räumliche und zeitliche Entzerrung (die auf „Unendlichkeit" hinweist) sind dem Sublimen zugeordnet, all das, was uns erregt, wozu auch das absolute Schweigen oder eine Schrecksekunde oder ein Aha-Erlebnis gehören.[2] Für die *Skulptur-Biennale Münsterland 2001* muß man sich Zeit nehmen. „Langsamkeit" oder besser noch „Lange Weile" ist ein besonderes Gestaltungselement, auf das sich der Besucher einlassen muß. Es darf die Fähigkeit trainiert werden, stehenzubleiben und in Ruhe und Konzentration dem zu begegnen, was man vorher nicht kannte. Die Mächtigen und Schönen beim Soupieren und Flanieren zu treffen, wird schwer werden. Keine Gourmet-Stimmung mehr. Das durchaus angenehme Hintergrundrauschen aus Schwatzen und allgemeiner Betriebsamkeit verflüchtigt sich je tiefer man in die *Biennale* hineingerät. Lange Strecken zu laufen, im Gespräch von Gedanke zu Gedanke zu wandern und vielleicht neue Selbstbeobachtungsmöglichkeiten zu erkunden, könnte dagegen eine neue, erholsame Erfahrung sein.

sublime rural entity in its mature growth and its planted, tended and redesigned, in short, its ripened inevitability – this balanced cultivated landscape is simply too beautiful to plant with a kind of art that aimed at nothing but to boycott these qualities. The writer Annette von Droste-Hülshoff spoke of the Westphalian landscape which is "as charming as the total lack of mountains, rocks and rushing streams allows". Artworks that oppose the history and stories of the specific locality and oppose the place's living vitality of nature have already lost out. The same would apply to works that tried to improve and "prettify" the natural state of development.

For the *Sculpture Biennial Münsterland 2001* I was able to sign up artists who still have an interest in the old-fashioned category of the sublime (as the basis of beauty pure and simple and therefore also of art). I must add clearly: without resorting to nice layers of abstract shrubbery, the ubiquitous rusty steel colossi or autonomist-autistic delusions of triumphal monumentalism. On the contrary. The sublime, the extraordinary, things that are not everyday, that have not yet been seen, the things Edmund Burke speaks of most clearly in his *Philosophical Enquiry into the Origin of our Ideas of the Sublime and the Beautiful* from the year 1757, are based in feeling, in the human ability to experience. Perception arises in the intensity of emotional experience.

Intellectual openness ("breadth"), stringency ("size"), and spatial and temporal distortion (which indicates "infinity") are part of the sublime, everything that arouses us, including absolute silence or a moment of horror or an enlightening experience.[2] One has to take time for the *Sculpture Biennial 2001 in Münsterland*. "Slowness", or even better "long-drawn-outness" is a special design element that the viewer must get into. It is possible to train one's ability to stand still and encounter previously unknown things in peace and concentration. It will be hard to meet the great and beautiful people here dining and strolling. No gourmet atmosphere around. The very pleasant background noise of chatting and general hubbub disappears the deeper one gets into the *Biennial*. On the other hand, long walks, wandering from one thought to another in conversation and maybe discovering new possibilities of self-observation could

be a refreshing new experience. Instead of running into the sound of hip urban in-zones, now you have to hear the grass grow. The sound volume controlled from the DJ's pulpit loses out against the warble of songbirds. But what kind of visitors will come when the cosy warmth of the gallery, the club, the bar is missing as a communal space?

As the cover of the catalogue for the *Sculpture Biennial Münsterland 2001* clearly shows, the reflected light of the centuries-old production of landscape painting and of the idyll which is often contained in it may have bewitched us and made us receptive to sensory quality – but the cornucopia of intoxicating possibilities sounds increasingly tortured and the magic box of storytelling lies under mountains of books or is meanwhile buried in the cinema as well. Jacob van Ruisdael's picture, painted around 1670, is a masterpiece. Of course, as the sedative that it is, it can only form the background for the *Sculpture Biennial* artists to research for new milieus in unknown territory. The memory of paradisiacal conditions is rapidly fading, though in the other direction it is being roughened up by honesty.

I had no intention of cobbling together a folklore hotchpotch with claims to local specificity that fits together like the heaving sighs of Annette von Droste-Hülshoff fit together with batik scarves and blank pistols. What I had in view was clear-sighted artists who treasure the sublime, the surprising and the unsecured and want to dig out this treasure on the basis of research and precise knowledge of the locality. But the surprising can only occur when it is prepared down to the last detail – in this respect I thank everyone involved in the project, artists and organisers alike for laying the fuses so accurately.

In the *Sculpture Biennial Münsterland 2001* there will be no bigshot artworks that were left to gather dust in the studio, sold off later as forced sales and finally overgrown in the landscape. Instead, wondrous complexities, exceptional apparitions catalyzed from the specific and the generally commonplace, such as: Dagmar Demming's *Zone*, Mariele Neudecker's *Sunken Village*, Sabine Hornig's concreted *Emsakropolis*, a

Statt auf den Sound der hippen städtischen In-Zonen zu treffen, muß man nun das Gras wachsen hören. Die Lautstärke, die aus der DJ-Kanzel gesteuert wird, verliert gegen den Singvogelschlag. Aber welches Publikum wird kommen, wenn die Kuhwärme der Galerie, des Clubs, der Bar als Gemeinschaftsraum fehlt?

Wie bereits das Cover des Kataloges zur *Skulptur-Biennale Münsterland 2001* deutlich macht, hat uns der Abglanz einer jahrhundertealten Produktion von Landschaftsmalerei und der vielfach darin eingeschlossenen Idylle zwar betört und empfänglich gemacht für sinnliche Qualität – das Füllhorn berauschender Möglichkeiten tönt jedoch zunehmend gequälter und die Wunderkiste des Erzählens liegt unter Bücherbergen oder zuweilen auch im Kino vergraben. Jacob van Ruisdaels Bild, um 1670 gemalt, ist ein Meisterwerk. Als Beruhigungsmittel, das es ist, kann es freilich nur noch die Tapete bilden, vor der die Künstler und Künstlerinnen der *Skulptur-Biennale* nach neuen Milieus auf unbekanntem Terrain forschen. Die Erinnerung an paradiesische Zustände nimmt zusehens ab, wird allerdings im Gegenzug durch Wahrhaftigkeit aufgerauht.

Mit dem Anspruch auf Ortsspezifik ein folkloristisches Sammelsurium zusammenzuschustern, das zusammenpaßt wie die wallenden Seufzer der Droste mit Batiktüchern und Knallpistolen, war nicht meine Absicht. Vielmehr hatte ich im Blick hellsichtige Künstler und Künstlerinnen, die das Sublime, Überraschende und Ungesicherte schätzen und die diesen Schatz heben wollen auf der Grundlage von Recherche und genauen Ortskenntnissen. Das Überraschende vermag sich jedoch nur zu ereignen, wenn es minutiös vorbereitet wird – insofern danke ich allen am Projekt Beteiligten, den Künstlern und den Organisatoren gleichermaßen, für ihr präzises Lunte-Legen.

Es wird in der *Skulptur-Biennale Münsterland 2001* keine im Atelier verstaubten, später als Notverkauf veräußerten und schließlich in die Landschaft gewuchteten Großkaliber geben. Statt dessen wundersame Komplexitäten, aus Spezifischem und Allgemeinplätzen katalysierte Ausnahmeerscheinungen: etwa Dagmar Demmings *Zone*, Mariele Neudeckers *Versunkenes Dorf*, Sabine Hornigs verbetonierte *Emsakropolis*, ein Paradiesgarten von Ronald Jones, Jan Svenungssons *Schornstein* oder das Symbol eines ängstlich aufgerichteten Schutzwalls gegen die Angst mit dem Titel *Waiting for the Barbarians* von Kendell Geers, bei dem gut

600 Meter unüberwindbarer NATO-Draht zum Einsatz kommen ... und weitere virtuose Formulierungen, über die der Katalog zum Projekt ausführlich informiert. Bei denen übrigens auch, wenn man der verstreuten surrealen Pointenreste ansichtig wird, aus voller Brust gelacht werden darf, denn einige Intallationen schlagen Funken aus den abgewirtschafteten Feldern der Humorproduktion. Es handelt sich um eine Art künstlerische Nachbrenner, die jenes Feuer anzünden, das man einmal Hintersinn genannt hat und an das man sich hoffentlich lange erinnen wird.

Für die Qualität dieser *Skulptur-Biennale* hat eine Jury Verantwortung übernommen, eine Anmutskommission, die sich sicher war, was materiell, finanziell, statisch und wetterabhängig als ästhetisch akzeptabel gelten kann. Ab 1. Juli 2001 wird jeder Besucher wissen, wie naiv es war zu glauben, zu diesem Thema seien alle Risiken und Nebenwirkungen längst bekannt.

1 Peter Weibel: *Pictorialer Raum in der elektronischen Kunst*, in: *Ars Electronica*, Neue Galerie der Stadt Linz, 1986, Bd. 2, S. 135.

2 Vgl.: Hubert Burda: *Die Ruine in den Bildern Hubert Roberts*, München 1967, S. 57 ff., zitiert nach: Hermann Bauer: *Idee und Entstehung des Landschaftsgartens in England*, in: *Inszenierte Natur. Landschaftskunst im 19. und 20. Jahrhundert*, Hg.: Barbara Baumüller, Ulrich Kuder und Thomas Zoglauer, Stuttgart 1997, S. 34.

paradise garden by Ronald Jones, Jan Svenungsson's *Chimney Stack* or the symbol of a fearfully-erected protective wall against fear with the title *Waiting for the Barbarians* by Kendell Geers, which uses a good 600 metres of insurmountable barbed wire ... and other virtuoso formulations which the catalogue describes in detail. Incidentally, there are also works where you can have a good laugh if you spot the scattered surreal remnants of jokes, because some installations strike sparks from the ruined fields of humour production. We are talking about a kind of artistic afterburner which lights the fire that was once called deeper meaning and which people will hopefully remember for a long time to come.

A jury took responsibility for the quality of this *Sculpture Biennial*, a Charm Commission that was sure about what can be considered as aesthetically acceptable in terms of materials, finances, statics and the weather. From 1st July 2001 every visitor will know how naïve it was to believe that all the attendant risks and side-effects had long since been identified.

1 Peter Weibel: *Pictorialer Raum in der elektronischen Kunst*, in: *Ars Electronica*, Neue Galerie der Stadt Linz, 1986, vol. 2, p. 135.

2 Cf.: Hubert Burda: *Die Ruine in den Bildern Hubert Roberts*, Munich 1967, p. 157 ff., quoted in: Hermann Bauer: *Idee und Entstehung des Landschaftsgartens in England, in: Inszenierte Natur. Landschaftskunst im 19. und 20. Jahrhundert*, eds. Barbara Baumüller, Ulrich Kuder and Thomas Zoglauer, Stuttgart 1997, p. 34.

Translation: Karen Margolis

LENGERICH
Stadt-
feldmark

Auftragsausstellung Funktionskunst Auftragstext

Ein paar Assoziationen zu münsterländischen Skulpturunternehmen

Commissioned Exhibition Art with a Function Commissioned Text

A Few Associations Concerning the Münsterland Sculpture Undertaking

Die Stadt Münster war in Kunstkreisen seit vielen Jahren in erster Linie für die *Skulptur. Projekte* bekannt. Das hat sich mittlerweile geändert – aber nicht durch die hier zu betextende *Skulptur-Biennale*, sondern durch eine 1998 realisierte Initiative des Siemens Kulturprogramms im und mit dem dortigen Kunstverein, die in einem Zensurskandal mündete und dafür sicher noch lange sowohl mit Münster als auch mit Siemens assoziiert werden wird. Dierk Schmidt hatte damals den kuratorischen Auftrag der Ausstellung *Brushholder Value – Soll Haben Schein Sein* ernstgenommen und war dafür wenige Tage vor der Eröffnung kurzum wieder ausgeladen worden.[1] Seine „kritische Malerei", die konkrete „Gegenbilder" liefern und „in sehr direkter und konfrontativer Weise zu Problemen gesellschaftlicher Auseinandersetzung Stellung" beziehen wollte – mit eben diesen Worten erläuterten die Kuratoren damals ihre Konzeption[2] –, war wohl insofern eine unerwünschte Auftragsübererfüllung gewesen, als diese Malerei die Firma Siemens und damit den Auftraggeber kritisiert hatte.

Auch aus den Konzeptionstexten der 1999 ins Leben gerufenen *Skulptur-Biennale Münsterland* ist ein konkreter Auftrag herauszulesen: „Sinnfällig und alternativ" sollen vier Ausgaben dieser Biennale in den vier beteiligten Kreisbezirken die Lücke bis zu den nächsten, erst 2007 zu erwartenden *Skulptur. Projekten* füllen, indem sie ebensolche zwischenzeitlich im Landschaftsraum präsentieren

For many years, in artistic circles, the city of Münster was known chiefly for the *Sculpture. Projects*. This has now changed – not because of the *Sculpture Biennial* I am to write about here, but due to an initiative of the Siemens Cultural Programme realised in and together with the local art society. This led to a censorship scandal, and for that reason it is likely to be associated with both Münster and Siemens for some time to come. One artist took the commission of the exhibition curators *Brushholder Value – Soll Haben Schein Sein (Debit Credit Semblance Reality)* seriously, and as a result, he was thrown out only a few days before the opening.[1] His "critical painting", which aimed to deliver concrete "counter images" and to take a stance "on problems of social dispute in a very direct and confronting way" – the curators explained their conception at that time using these exact words[2] –, was no doubt an unwanted over-fulfilment of the commission, insofar as this painting criticised the company Siemens, and so the sponsor commissioning the exhibition.

A concrete commission may also be read from the concept texts referring to the *Sculpture Biennial Münsterland* brought into being in 1999: "in a manifest and alternative way", four versions of this biennial in the four participating districts are intended to fill the gap until the next *Sculpture. Projects*, which cannot be expected until 2007. In the meantime, projects are to be presented in the landscape area, so assuring the continued vitality of the weak location factor art in and around Münster. In addition, each version will follow the aim of illustrating the

Dierk Schmidt
Questionaire to H. von Pierer,
Teil 1 / part 1, 1998

und somit in und um Münster herum den weichen Standortfaktor Kunst vital halten. Jede Ausgabe verfolgt darüber hinaus den Zweck, die jeweiligen landschaftlichen Eigenheiten und „Besonderheiten hinsichtlich ihrer kulturellen, historischen und gesellschaftlichen Aspekte" exemplarisch zu veranschaulichen. Mehr noch: Es soll zu einer „unverwechselbaren Akzentuierung eines jeden Segments" kommen. Dementsprechend wurden 1999 im Kreis Coesfeld „die für das Münsterland charakteristischen Wasserburgen und -schlösser" bespielt. Und dementsprechend werden nun 2001 im Kreis Steinfurt „kulturelle Landschaftsräume" (bzw. Ausflugsziele wie etwa das Kloster Bentlage, die Talaue bei Haus Marck oder das Bagno bei Burgsteinfurt) „im Dialog mit individuellen Positionen moderner Kunst" zu besichtigen sein. Im Jahre 2003 hingegen wird im Kreis Warendorf mit Kunst auf „industrielle Landmarken" hingewiesen (jedoch auch auf die in den Naturzerstörungen liegenden „Perspektiven für die Zukunft") und zwei Jahre später im Kreis Borken dann auf „historische Ereignisse von Rang" (wie z.B. vergessene Kriegsgeschehnisse). Wo das Konzeptpapier mit solchen Ankündigungen aufwartet, da erinnert es an die Versprechen eines Fremdenführers. Weil als Veranstalter der *Skulptur-Biennale* neben den Kreisen auch das Koordinationsbüro Regionale Kulturpolitik bei der Aktion Münsterland e.V. sowie der Landschaftsverband Westfalen-Lippe genannt werden, und weil zu ihren Förderern u.a. das Ministerium für Stadtentwicklung und Wohnen gehören, entsteht der Eindruck, daß es sich bei dem annoncierten Kunstprojekt um eine funktionale Maßnahme im Rahmen eines Tourismuskonzepts handelt.[3] In einem größeren Zusammenhang wird dieser Eindruck bestätigt vom *Regierungsprogramm NRW 2000plus* der SPD, in dem es heißt:

„Wir wollen Kultur und Wirtschaft oder Kultur und Tourismus neu zusammenbringen, damit Kulturprojekte von neuer Qualität möglich werden: die *Skulptur-Biennale Münsterland* zum Thema ‚Skulptur und Landschaft', die musikalische Inszenierung von Industriedenkmälern durch das Projekt ‚Musik im Industrieraum' sind Beispiele dafür, auf denen wir aufbauen."[4]

landscape characteristics of each district in an exemplary way, along with "special features with respect to their cultural, historical and social situations". And more than this: the intention is to promote a "distinctive accentuation of each segment". Correspondingly, "the moated castles and stately homes characteristic of the Münsterland" were the setting in the district of Coesfeld during 1999. And accordingly, in the district of Steinfurth, during 2001, it will be possible to view "cultural landscape areas" (for example tourist destinations such as the cloisters at Bentlage, the Talaue close to Haus Marck or the Bagno close to Burgsteinfurt) "in dialogue with individual positions of modern art". In the year 2003, by contrast, art will be employed to point out "industrial landmarks" in the district of Warendorf (but also the "perspectives for the future" which lie in this destruction of nature), and two years later "important historical events" will be called to attention in the district of Borken (like, for example, forgotten wartime occurrences). In making this kind of announcement, the concept paper is reminiscent of the promises of a tourist guide. Since the organisers of the *Sculpture Biennial*, besides the districts, are also named as the Co-ordinating Office of Regional Cultural Politics for the Aktion Münsterland e.V. and the Landscape Association Westfalen-Lippe, and its sponsors include the Ministry for Urban Development and Housing, the impression given is that the art project announced is a functional measure within the context of a concept for tourism.[3] In a wider context, this impression is confirmed by the SPD's (Social Democratic Party) *government programme NRW 2000plus*, in which we read:

"We want to bring together culture and economics, or culture and tourism in a new way, facilitating cultural projects of a new quality: examples of this which we are building on are the *Sculpture Biennial Münsterland* on the theme 'Sculpture and Landscape' and the musical staging of industrial monuments in the context of the project 'Music in an Industrial Area'."[4]

So it is a matter of "cultural projects of a new quality". Should the wishes of the organising consortium be fulfilled, this will even outdo the "festivalisation of the cities"[5] which critical voices already saw in the *Sculpture. Projects* of the years 1987 and 1997. Not only because it would also mean an emerging festivalisation of the outlying districts, but also because the art of the *Sculpture Biennial* (in order to call up the older, bigger sister in a less obvious way, the words "plastic art" might perhaps have been used) does not festivalise the surroundings in any old way, but in the spirit of the

Es geht also um „Kulturprojekte von neuer Qualität". Falls die Wünsche des Veranstalter-Konsortiums erfüllt werden, übertrifft dies jene „Festivalisierung der Städte"[5], die kritische Stimmen bereits in den *Skulptur. Projekten* der Jahre 1987 und 1997 gesehen hatten. Nicht etwa nur, weil sich damit dann auch die Festivalisierung der Vororte manifestiert. Sondern weil die Künste der *Skulptur-Biennale* (um das Label der älteren, größeren Schwester weniger deutlich aufzurufen, hätte man vielleicht mal die Bezeichnung „Plastik" hinzunehmen können) die annoncierten Umgebungen dann nicht bloß irgendwie festivalisieren, sondern ganz im Sinne der Veranstalter. Könnte es eigentlich auch hier zu Auftragsübererfüllungen kommen – wenn nämlich Kunstwerke gerade die Tourismus-Ambitionen der Auftraggeber in Form von offensiven Affirmationen zu thematisieren beginnen? Daß die Beiträge für 2001 ihre Funktion allzu willfährig erfüllen werden, befürchtet zumindest der Kurator nicht: Im künstlerischen Konzept (gemeint ist hier das Presse-Statement) ist zu lesen, daß seiner Meinung nach für die an dieser Ausgabe beteiligten KünstlerInnen[6] „die Kategorie des Sublimen noch auf Interesse stößt" und daß die Arbeiten „auf *ihre* Art imageorientiert sind und nicht nur Mittel zum Zwecke kurzatmiger Standortbespaßung (*meine Hervorhebung*)". Seinem zunächst banal wirkenden Bezug auf „das Außergewöhnliche, das Nicht-Alltägliche, das noch Ungesehene" – also im Klartext auf die Freiheit, Andersartigkeit und Autonomie von Kunst – kann vor dem Hintergrund kunstbetrieblicher Entwicklungen in den neunziger Jahren eine gewisse Signifikanz abgerungen werden. Ich versuche das mal im folgenden.

Daß Kunstausstellungen konkrete Imagefunktionen übernehmen können, sollen und auch übernehmen *wollen*, ist kein Novum. Gerade die vergangene Dekade hat anhand zahlreicher Themenausstellungen deutlich gezeigt, daß es oft weniger um das bloße Zeigen von Kunstwerken geht, als um die Präsentation komplexer Programme und um deren Verpackung. Die Bandbreite diesbezüglicher Indizien reicht von ungewöhnlichen Aufführungsorten und -formen über integrierte Symposien, Workshops und Dépendancen bis hin zu Mitmach-Gimmicks, Souveniren und den eine Zeit lang obligatorischen DJ-Auftritten mit Barbetrieb. Ausstellungen gehen *joint ventures* ein, sind in Projektreihen oder Jahresprogramme eingebunden oder präsentieren parallel ein Netzforum. Dazu kommen interdisziplinär angelegte Begleitpublikationen, die die Exponate nicht mehr nur dokumentieren, sondern sie historisch und theoretisch weitmöglichst anschlußfähig machen. Ebenfalls

organisers. Might it also result in an over-fulfilment of the commission here – if works of art do indeed begin to make the commissioners' ambitions with regard to tourism into their theme, in the form of offensive affirmations? At least the curator does not fear that the contributions for 2001 will fulfil their function all too compliantly: in the artistic concept (by which I mean the press statement), we read that in his opinion, "the category of the sublime still meets with interest" among the artists participating in this version[6] and that the works "are image-orientated in *their own* way and not a means to bring enjoyment to the location in the short term" (my emphasis). Before the background of developments in the art business during the nineties, a certain significance can be wrung from the paper's at first apparently banal reference to the "unusual, not the everyday, the as yet unseen" – in other words to the freedom, unique qualities and autonomy of art. I shall attempt to do so in the following.

The fact that art exhibitions can, should and *want* to adopt concrete image functions is nothing new. The last decade in particular, on the basis of numerous thematic exhibitions, clearly indicated that it is often less a matter of simply showing works of art than of the presentation of complex programmes and their packaging. The spectrum of evidence in this respect ranges from unusual places and forms of presentation to integrated symposia, workshops and dependencies, even to "join-in" gimmicks, souvenirs and the DJ appearances with bar which were obligatory for a while. Exhibitions enter into joint ventures, are tied-in with project series or annual programmes, or they present a parallel Net form. And in addition there are accompanying interdisciplinary publications which no longer simply document the exhibits, but ensure that they are placed in an historical and theoretical context as far as this is possible. Since the early nineties, it has been equally usual to invent suggestive labels for exhibitions in order to serve their promotion. In the most successful cases, all the visible and communicable elements of a project – from the graphic detail on the invitation to the list of participants, stylised into a range of products – confirm the image anchored in the organisational idea. The more links a project is able to demonstrate, the more relevant, ultimately, it appears to be – and the larger the audience which will emerge as a result. Skilled multiplication (by means of invitation or absorption) and the entertainment value of

üblich ist es seit den frühen neunziger Jahren, für Ausstellungen suggestive Labels zu erfinden, die ihrer *promotion* dienen. Im günstigsten Fall bestätigen dann alle sicht- und kommunizierbaren Elemente eines Projekts – vom grafischen Detail auf der Einladungskarte bis zu der als Produktpalette stilisierten TeilnehmerInnenliste – das in der veranstalterischen Idee verankerte *image*. Je mehr *links* ein Projekt vorzuweisen hat, desto relevanter scheint es schließlich zu sein, und desto mehr Publikum wird sich daraus auch ergeben. Geschickte Multiplikation (durch Einladung oder Vereinnahmung) und der Unterhaltungswert im *all-over-event* garantieren den Erfolg des konstruierten Labels – ganz wie in der freien Wirtschaft. Woher kam diese Nähe zum Marketing?

Den Gründen für die kunstbetriebliche Tendenz zu erhöhter Funktionalität, Effektivität und allerlei Expansionsbemühungen läßt sich auf verschiedenen Wegen nachgehen. Man könnte zum Beispiel argumentieren, daß eine solcherart gewandelte Ausstellungskultur bloß Ausdruck einer analogen Genesis künstlerischer Arbeitsweisen sei: Mit „Label Art", „Dienstleistungskunst", „Kontext Kunst", Corporate-Identity-Strategien, Coop-Produktionen und Wirtschaftsmimikry hat sich Kunst in den neunziger Jahren auf eine selbstreflexive Gratwanderung zu kommerziellen Vermarktungstechniken bzw. zur Eventkultur begeben und also sehen auch die Ausstellungen dementsprechend aus. Kunsthistorisch ließe sich behaupten, daß zum Ende des 20. Jahrhunderts im Vergleich zu vorangegangenen Dekaden unter ProduzentInnen und VermittlerInnen wieder einmal eine Schwerpunktverlagerung stattgefunden habe: „Statt der Verquickung von Kunst und Leben ... wurde nun umgekehrt für die Kunst eine Aufgabe in der Gesellschaft oder auch nur den Kunstinstitutionen gesucht."[7] Deshalb seien Kunstprojekte in vielerlei Hinsicht funktionalistisch oder „nützlich" und Ausstellungen eben multifunktional und publikumsorientiert geworden. Hier wäre anzumerken, daß sich das Gebrauchen-Dürfen und die Teilhabe des Publikums nach wie vor meist nur innerhalb enger, vorgeschriebener Grenzen abspielt. In Anlehnung an die diskutable „site-specificy" öffentlichkeitsbezogener Auftragsausstellungen wurde daher Funktionskunst (wie etwa solche von Rirkrit Tiravanija) zuweilen treffend als „sozio-spezific" bezeichnet.[8]

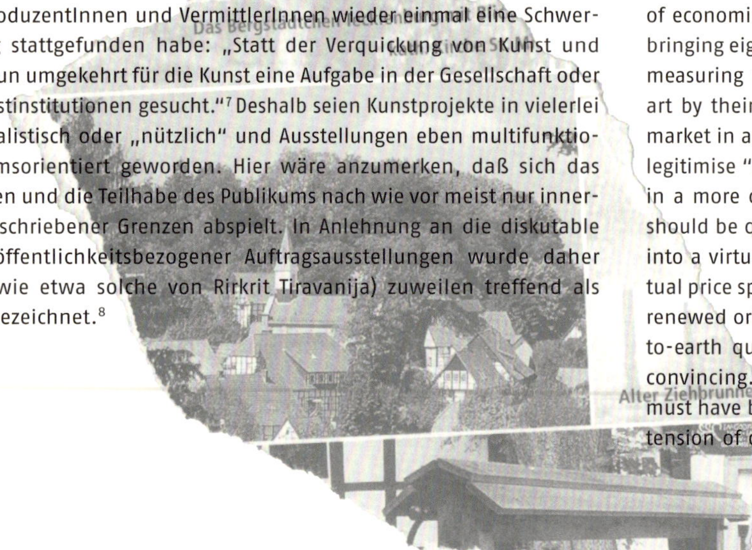

the all-over-event guarantee the success of the label which has been constructed – just as things work within the free market economy. Where did this closeness to marketing come from?

There are various ways of looking into the reasons for this tendency towards increased functionalism, effectiveness and all kinds of efforts at expansion within the art business. One could, for example, argue that this changed exhibition culture is merely the expression of an analogous genesis of artistic working methods: with "label art", "service art", "context art", corporate identity strategies, co-op productions and mimicry of the economy, during the eighties art has set out along a narrow, self-reflective path towards commercial marketing techniques or event culture, and exhibitions reflect this accordingly. In terms of art history, it would be possible to maintain that towards the end of the 20th century, by comparison to past decades, a shift in emphasis took place again among producers and mediators of art: "Instead of a combination of art and life ... now, by contrast, a task is sought for art within society, or perhaps only in the art institutions."[7] For that reason, in many respects art projects are said to be functional or "useful", and exhibitions have become multi-functional, oriented on the public. Here one should note that, as ever, "permission to use" and the participation of the public continue to occur within narrow, predetermined limits. Following the disputable "site-specificity" of audience-related, commissioned exhibitions, therefore, functional art (such as that by Rirkrit Tiravanija) is sometimes fittingly referred to as "socio-specific".[8]

By contrast, from a sociological starting point one would be more inclined to explain the producers' supposed search for new tasks for their art on the basis of economic developments: by contrast to the profit-bringing eighties, when people had been seduced into measuring the quality (even relevance) of works of art by their sales price, after the collapse of the art market in autumn 1990[9], it should now be possible to legitimise "art" – just like the curators' conceptions – in a more concrete way once again. Social functions should be questioned and necessity thus transformed into a virtue. In this way, the lesson drawn from virtual price speculations would have been the trigger for renewed orientation on a wider public and on down-to-earth qualities. But that does not sound entirely convincing. For ultimately, another decisive aspect must have been individual flights to the fore: the distension of operations with regard to institutions and

Ein soziologischer Ansatz hingegen würde die unterstellte Suche der ProduzentInnen nach neuen Aufgaben für ihre Kunst eher anhand betriebswirtschaftlicher Entwicklungen begründen: Im Gegensatz zu den umsatzfreundlichen achtziger Jahren, die dazu verführt hatten, die Qualität (mithin Relevanz) von Kunstwerken am Verkaufspreis zu bemessen, sollte „Kunst" – genauso wie die kuratorischen Konzeptionen – nach dem Einbruch des Kunstmarkts im Herbst 1990[9] nun wieder konkreter legitimierbar sein. Gesellschaftliche Funktionen sollten befragt und also die Not in eine Tugend gewandelt werden. Die aus den virtuellen Preisspekulationen gezogene Lehre hätte damit den Auslöser für die erneute Orientierung an einem breiteren Publikum und mehr Bodenhaftung abgegeben. Das klingt aber nicht ganz überzeugend. Denn ausschlaggebend dürften letztlich auch individuelle Fluchtmanöver nach vorn gewesen sein: Die von der Hausse des Kunstmarktes in den achtziger Jahren mitproduzierte institutionelle und personelle Betriebsaufblähung führte in dessen Baisse der folgenden Dekade einerseits zu gesteigerter Konkurrenz unter den verbleibenden AkteurInnen und andererseits zu Konsolidationsbemühungen. Dies war wohl eher der Grund dafür, daß es zu einem nachhaltigen Umdenken bezüglich der Vermittlungs- und Vermarktungsstrategien kam. Die Symptome reichten von expansiven Kontextualisierungen bis hin zum Wandel der monolithischen AusstellungsmacherInnen zu flexiblen KuratorInnen.

Eine andere Richtung soziologischer Untersuchungsansätze würde den Grund für Funktionsorientierungen nicht in der feldinternen Dynamik, sondern in jenem parallel zum Kunstmarkteinbruch einsetzenden, wirtschaftspolitischen Kurswechsel suchen, den Christoph Behnke 1997 folgendermaßen beschrieben hat:

„Unter dem Stichwort ‚New Public Management' vollzieht sich seit einigen Jahren eine Mikroökonomisierung der öffentlichen Verwaltungen, deren Sinn darin besteht, Kosten durch Wettbewerb zu senken, d.h. das Referenzmodell für Veränderungen in der Verwaltung ist das privatwirtschaftliche Großunternehmen. Das ‚New Public Management' fordert den Abbau von Staatstätigkeit, dringt auf Privatisierung, Public Private Partnership, Markt- und Wettbewerbsorientierung von Verwaltungstätigkeiten, Entbürokratisierung, Dezentralisierung von Staat und Verwaltung, ergebnisorientierte Budgetierung, Einführung von Leistungskomponenten usw."[10]

personnel which went along with the boom on the art market during the eightiesled – during the low which followed – to increased competition among the remaining actors on the one hand, and also to efforts at consolidation. This is more likely to have caused a lasting rethink with respect to the strategies of mediation and marketing. The symptoms ranged from expansive contextualising to a change from the monolithic exhibition producer to flexible curators.

Another possible sociological starting point for investigation would not see the reason for functional orientation in the dynamics of the field, but in the change in economic policy which set in parallel to the collapse of the art market. Christoph Behnke described this in the following way during 1997:

"For some years now, a micro-economisation of public management has been taking place under the key phrase 'New Public Management'. The point of this is to lower costs by means of competition – that is, the model of reference for alterations in the administration is large, private market concerns. 'New Public Management' calls for the reduction of state activity, presses for privatisation, public-private partnership, orientation on the market and on competition in administrative activities, reduction in bureaucracy, decentralisation of state and administration, budgeting oriented on results, and the introduction of achievement components etc."[10]

For art institutions, this change of course meant the introduction of "lean management", new sponsoring concepts and a move towards "projects" oriented on context and achievement. For local authorities and regions – which mutated into City-GmbHs (limited companies) in the wake of New Public Management – this resulted in the option of taking on the planned investment "cultural landscape" as the best form of defence.[11] In place of the former watering-can principle, which backed diversity, the aim was now to produce precisely communicable location factors by means of well-directed sponsorship within the framework of an overall concept (this was also demonstrated by the reprogramming of "art in an architectural context" into "art in public space"). A look at the USA clarifies the horizon of this development. Since the mid-nineties, the success of exhibition projects involving so-called "community-based" art had altered cultural politics decisively: more and more often sponsors, "large private foundations and frequently public art institutions as well ... are demanding, as a condition of their financial support, that art projects fulfil certain community requirements."[12] But we have not got as far as this in Europe. Up until now, conception papers like

Für Kunstinstitutionen bedeutete dieser Kurswechsel die Einführung von „lean management", neuen Sponsoringkonzepten und die Hinwendung zu kontext- und leistungsorientierten „Projekten". Für Kommunen und Regionen – die im Zuge des New Public Management zunehmend zu City-GmbHs mutieren – ergab sich daraus die Option, das Investitionsvorhaben „Kulturlandschaft" als beste Form der Verteidigung in Angriff zu nehmen.[11] Anstelle der früheren, auf Vielfalt setzenden Gießkannenpolitik sollen nun durch gezielte Förderungen im Rahmen eines Gesamtkonzepts halbwegs präzise kommunizierbare Standortfaktoren produziert werden (das zeigte auch die Umprogrammierung von „Kunst-am-Bau" in „Kunst-im-öffentlichen-Raum"). Den Horizont dieser Entwicklung macht ein Blick auf die USA deutlich. Dort hat der Erfolg von Ausstellungsprojekten mit sogenannter *community-based art* seit Mitte der neunziger Jahre die Kulturpolitiken maßgeblich verändert: Sponsoren, „große private Stiftungen und vermehrt auch öffentliche Kunstverwaltungsinstitutionen ... verlangen für ihre finanzielle Unterstützung von Kunstprojekten zunehmend, Bedürfnisse der Communities zu erfüllen."[12] Aber soweit sind wir in Europa noch nicht. Bislang erzählen Konzeptionspapiere wie jene der *Skulptur-Biennale* nur davon, daß zur Zeit wohl präzisiert wird, was Andrea Fraser 1993 noch als relativ ungerichteten Trend beobachten konnte, nämlich „eine Flut von Ausstellungen, die nur insofern genau umrissen oder einheitlich waren, als sie KünstlerInnen aufforderten, neue Arbeiten für spezifische Situationen zu liefern oder die Ergebnisse von auf diese Weise hergestellter Arbeit auszustellen."[13]

Offensichtlich wächst also die Auftragslage – jedoch nicht in quantitativer Hinsicht (wie in den Boomjahren 1986–1990), sondern im Sinne einer gesteigerten Auftragshaftigkeit. Angesichts der zunehmend von Zielkalkulationen, Synergie-Effekten und Marktstrategien determinierten Ausstellungs-Unternehmen könnte man spekulieren, ob wohl der Neoliberalismus über kurz oder lang in die Zeit der Theo- und Aristokratien und damit zur Heteronomie vormoderner Kunst zurückführen wird.[14] Je nach Blickwinkel wurde die hier beschriebene Betriebsentwicklung seit Anfang der neunziger Jahre als Ökonomisierung oder Professionalisierung, als liberaler Anti-Elitarismus oder Ausverkauf, bzw. als bloße Beschleunigung interpretiert. Ich nehme an, daß es die Bandbreite dieser Wertungsmöglichkeiten

that of the *Sculpture Biennial* only reveal the fact that what Andrea Fraser was able to observe as a still relatively unfocused trend in 1993 – that is, "a flood of exhibitions which were precisely outlined or uniform only inasmuch as they called upon artists to create new works for specific situations or to exhibit the results of work produced in this way"[13] – is becoming more concrete today.

Obviously, therefore, the situation concerning commissions is developing – but not in quantitative terms (as it did during the boom years 1986–1990), but in the sense that the commissioning aspect itself is increasing. In face of exhibition undertakings determined more and more by target calculations, synergetic effects and market strategies, one might speculate whether neo-liberalism will lead back, in the long or short term, to the era of theocracy and aristocracy, and thus to the heteronomy of pre-modern art.[14] According to people's point of view, the development of business since the beginning of the nineties which I have described here has been interpreted as economisation or increased professionalism, as liberal anti-elitism, sell-out or as a simple acceleration. I presume that the range of possibilities for evaluation led to the fact that curators and institutions, like cultural politicians and sponsors, are of the opinion that they know, with increasing exactitude, what may be expected of art, and in what situations art fulfils specific commissions, clashes with them or ignores them. With certainty, this range of interpretation has also meant that statements from curators which merely articulate subjective enthusiasm have become easy to classify as anachronistic or even reactionary, and have thus become rare. Before the background depicted here, therefore, when a curator today particularly emphasizes the sublime, and the autonomous beauty or unusual quality of the project he is supervising, this could be seen as a retrograde step – one blind to the reality of the business – abandoning the discursive qualities achieved in the nineties, but it may also be a clever manoeuvre to reject the increasing exploitation of art as an instrument to promote the interests of those who commission it.

Is it actually superfluous to mention that the essays at the front of the catalogue adopt a different function to the short monographic texts which follow? Whilst the latter revolve around the individual oeuvres, here – whether intentionally or not – we are "framing" the art project. The only common feature of the two sections is the fact that they were commissioned. The

war, die dazu führte, daß KuratorInnen und Institutionen, sowie KulturpolitikerInnen und SponsorenInnen zunehmend genauer wissen zu können meinten, was von Kunst erwartet werden darf und wo diese bestimmte Aufträge einlöst, durchkreuzt oder ignoriert. Ganz sicher hat diese Bandbreite jedenfalls bewirkt, daß kuratorische Statements, die bloß subjektive Begeisterungen artikulieren, leicht als anachronistisch oder gar reaktionär einstufbar und dadurch selten geworden sind. Wenn vor dem geschilderten Hintergrund also heute ein Kurator ausgerechnet wieder das Sublime und die autonome Schönheit oder Außergewöhnlichkeit der von ihm betreuten Projekte betont, dann kann das genauso als ein betriebsblinder Rückschritt hinter die in den neunziger Jahren errungene Diskursivität gelesen werden, wie als ein schlaues Manöver, sich der zunehmenden Instrumentalisierung von Kunst für Auftraggeberinteressen zu verweigern.

Ist es eigentlich überflüssig zu bemerken, daß die im Katalog vorangestellten Essays eine andere Funktion übernehmen als die nachfolgenden monographischen Kurztexte? Während dort die Oeuvres eingekreist werden, wird hier – beabsichtigt oder nicht – das *framing* des Kunstprojekts besorgt. Gemeinsam haben beide Sektoren nur, daß sie in Auftrag gegeben wurden. Daß Ausstellungsprojekte die mögliche Kritik an ihnen via Katalogbeitrag in das Vorhaben integrieren, ist wohl genauso wenig neu wie die Möglichkeit, im Vorgespräch zwischen den beauftragten Essayisten und dem Kurator ebendiesen Mechanismus offen anzusprechen. Sicher sind auch Auftragsübererfüllungen wie mein Text nichts Neues, und die Tatsache, daß er trotzdem abgedruckt wurde, ist nicht wirklich signifikant. Als ein tatsächliches Novum aber erscheint mir die Leidenschaft, mit der Kollegen im Vorfeld gegen ein Pseudonomysierungsmanöver protestierten, das ich aus oben skizzierten Überlegungen heraus in Erwägung gezogen hatte: Nicht nur könne man damit Wertschöpfungsketten nicht unterlaufen, sondern man wolle sich dadurch nur umso mehr exponieren. Nun gut, hier also meine Signatur.

Holger Kube Ventura (alias *group theory*)

fact that exhibition projects integrate possible criticism of them in the shape of contributions to the catalogue is probably as old as the possibility of mentioning this mechanism in advance discussion between the commissioned essay writer and the curator. And overfulfilment of this commission, like my own text, is probably not new either, and the fact that it has been printed despite everything is not very significant. What really seems new to me, however, is the passion with which colleagues protest in advance against the tactic of taking on a pseudonym, which I had considered due to the remarks I have outlined above: they maintain that it is not only impossible to undermine the creation and fixing of values in this way, but that all one actually desires in this action is to push oneself even further to the forefront. That being the case then, here is my signature.

Holger Kube Ventura (alias *group theory*)

1 Compare: Stefan Römer, *Brushholder Value*, in: *Springerin*, vol. IV, issue 3, 8–10/1998, p. 69 f. See also Barbara Hess, *Immer Trouble mit Sponsoring*, in: *Texte zur Kunst*, no. 31, 9/1998, p. 187 ff.

2 Compare: Heinz Liesbrock, Dirk Luckow, in: *Brushholder Value: Soll Haben Schein Sein*, cat. Siemens Cultural Programme, Westphalian Art Association Münster, Cologne 1998, p. 5.

3 This impression is shared by Andreas Denk in his review *Sculpture Biennial 1999 im Münsterland*, in: *Kunstforum International*, vol. 147, Sept.–Nov. 1999, p. 337 ff.

4 Source in March 2001: http://www.spd-siegen.de/aktuelles/richtungzukunft/k2_09.html

5 Compare: *Festivalisierung der Stadtpolitik: Stadtentwicklung durch große Projekte*, eds. Hartmut Häußermann, Walter Siebel, *Leviathan*, special issue, no. 13, 1993.

6 By contrast to the 1999 version of the *Sculpture Biennial*, in the year 2001, suggestions by female artists are also being realised (just under a third of the contributions) – but male writers remain among themselves in the essay section of the catalogue.

7 Claudia Büttner, *Die Poesie der grünen Wiese. Die Geschichte der 'Skulpturenausstellung im öffentlichen Raum'*, in: *Zur Sache Kunst am Bau. Ein Handbuch*, eds. Markus Wailand, Vitus H. Weh, Vienna 1998, p. 57.

8 Compare: Josef Strau, Andreas Siekmann, *Die wir soziale Intervention*, in: *A.N.Y.P.*, no. 8, 1997, p. 18.

9 For example at the end of the year 1990, Christie's quotations on the London Stock Exchange fell by 63 percent, and the profits on the international auction market sunk from 4,3 billion dollars (1989) to 1,6 billion (1990). Between 1989 and 1991, Sotheby's profit alone dropped from 177 to 12 million dollars, that is, to less than 7 percent (*Art Sales Index*, 1996).

1 Vgl.: Stefan Römer, *Brushholder Value*, in: *Springerin*, Bd. IV, Heft 3, 8–10/1998, S. 69f. Sowie Barbara Hess, *Immer Trouble mit Sponsoring*, in: *Texte zur Kunst*, Nr. 31, 9/1998, S. 187 ff.

2 Vgl.: Heinz Liesbrock, Dirk Luckow, in: *Brushholder Value: Soll Haben Schein Sein*, Kat. Siemens Kulturprogramm, Westfälischer Kunstverein Münster, Köln 1998, S. 5.

3 Diesen Eindruck hatte auch Andreas Denk in seiner Rezension *Skulptur-Biennale 1999 im Münsterland*, in: *Kunstforum International*, Bd. 147, Sept.–Nov. 1999, S. 337 ff.

4 Quelle im März 2001: http://www.spd-siegen.de/aktuelles/richtungzukunft/k2_09.html

5 Vgl.: *Festivalisierung der Stadtpolitik. Stadtentwicklung durch große Projekte*, Hg.: Hartmut Häußermann, Walter Siebel, *Leviathan*, Sonderheft, Nr. 13, 1993.

6 Anders als bei der 1999er Ausgabe der *Skulptur-Biennale* kommen im Jahr 2001 auch Vorschläge von Künstlerinnen zur Realisierung (knapp ein Drittel der Beiträge) – dafür bleiben im Essayteil des zugehörigen Kataloges die Schreiber unter sich.

7 Claudia Büttner, *Die Poesie der grünen Wiese. Die Geschichte der ‚Skulpturenausstellung im öffentlichen Raum'*, in: *Zur Sache Kunst am Bau. Ein Handbuch*, Hg.: Markus Wailand, Vitus H. Weh, Wien 1998, S. 57.

8 Vgl.: Josef Strau, Andreas Siekmann, *Die wir soziale Intervention*, in: *A.N.Y.P*, Nr. 8, 1997, S. 18.

9 So fielen zum Jahresende 1990 z.B. die Notierungen von Christie's an der Londoner Börse um 63 Prozent, und die Umsätze am internationalen Auktionsmarkt waren von 4,3 Milliarden Dollar (1989) auf 1,6 Milliarden (1990) geschrumpft. Allein Sotheby's Gewinn sank zwischen 1989 und 1991 von 177 auf 12 Millionen Dollar, d.h. auf weniger als 7 Prozent (*Art Sales Index*, 1996).

10 Christoph Behnke, *Der Homo Oeconomicus in der Kunst. Kultursponsoring und ‚New Public Management'*, in: Kat. *Kunst in der Leipziger Messe*, Hg.: Brigitte Oetker, Christiane Schneider, Köln 1997, S. 266.

11 Auch in Sachsen-Anhalt beauftragte der Landtag im Sommer 2000 die Regierung mit der Erstellung eines „Landeskulturkonzepts", das einerseits aus der soziologischen Vollerfassung kultureller Initiativen und Institutionen und andererseits aus der Empfehlung „kulturpolitischer Grundsätze" besteht. Das Konzept soll evaluieren, wo eingespart und was zu einem wirtschaftlichen Standortfaktor ausgebaut werden kann.

12 Johann Moser, *Kunst, die gut tut?*, in: *Ortsbezug: Konstruktion oder Prozeß?*, Hg.: Hedwig Saxenhuber, Georg Schöllhammer, Wien 1998, S. 76 u. 95.

13 Andrea Fraser, *Services*: *Eine Arbeitsgruppen-Ausstellung*, in: *Games, Fights, Collaborations – Das Spiel von Grenze und Überschreitung. Kunst und Cultural Studies in den neunziger Jahren*, Hg.: Beatrice v. Bismarck, Diethelm Stoller, Ulf Wuggenig, Köln 1996, S. 94. Zu dieser „Flut von Ausstellungen" gehörten *Culture in Action* (Chicago), *Sonsbeek '93* (Arnheim), *Project Unité* (Firminy), *Backstage* (Hamburg), *On Taking a Normal Situation* (Antwerpen), *Kontext Kunst* (Graz), *Integrale Kunstprojekte* (Berlin), *Fontanelle* (Potsdam) u.a.

14 Der Künstler Stephan Dillemuth visionierte eine solche Rückkehr zum HofkünstlerInnentum in seinem Buch *Corporate Rokoko und das Ende des bürgerlichen Projektes*, Köln 1998.

10 Christoph Behnke, *Der Homo Oeconomicus in der Kunst. Kultursponsoring and 'New Public Management'*, in: cat. *Kunst in der Leipziger Messe*, eds. Brigitte Oetker, Christiane Schneider, Cologne 1997, p. 266.

11 In Saxony-Anhalt, the state parliament also commissioned the government to create a "state cultural concept" during summer 2000. On the one hand, this consists of the complete sociological registration of cultural initiatives and institutions, whilst on the other hand it recommends certain "fundamentals in cultural politics". The concept is intended to evaluate where savings might be made, and what could be developed into an economic location factor.

12 Johann Moser, *Kunst, die gut tut?*, in: *Ortsbezug: Konstruktion oder Prozeß?*, eds. Hedwig Saxenhuber, Georg Schöllhammer, Vienna 1998, p. 76 and p. 95.

13 Andrea Fraser, *Services*: *Eine Arbeitsgruppen-Ausstellung*, in: *Games, Flights, Collaborations – Das Spiel von Grenze und Überschreitung, Kunst und Cultural Studies in den neunziger Jahren*, eds. Beatrice v. Bismarck, Diethelm Stoller, Ulf Wuggenig, Cologne 1996, p. 94. Among this "flood of exhibitions" were *Culture in Action* (Chicago), *Sonsbeek '93* (Arnheim), *Project Unité* (Firminy), *Backstage* (Hamburg), *On Taking a Normal Situation* (Antwerp), *Kontext Kunst* (Graz), *Integrale Kunstprojekte* (Berlin), *Fontanelle* (Potsdam).

14 The artist Stephan Dillemuth envisioned a return to the notion of the court artist in his book *Corporate Rokoko und das Ende des bürgerlichen Projektes*, Cologne 1998.

Tranlation: Lucinda Rennison

Anpassung und Exotik

Wie die Kunst auf dem Land die Sünden der Stadt wiederholt

Gerrit Gohlke

Zwischen Kyritz und Pritzwalk, nicht weit von Gantikow, ein paar Kilometer vor Rüdow liegt Drewen. 261 Einwohner sollen es sein, deren über Eck verteilte Gehöfte und Häuser aus Drewen einen Winkelanger machen, in dem die straffe Ordnung der Vorgärten wie ein Setzkasten des häuslichen Friedens erscheint. Der politische Umbruch hat in Drewen nicht nur die Zukunft über den Haufen geworfen, sondern auch Farbe auf die Hauswände gebracht, und mittlerweile wird mit Funktionalität und Sinn für Größe die Dorfstraße saniert. Auf ihr soll man bald schneller nach Drewen fahren, doch vielleicht legt man den neuen Asphalt auch nur der Dorfjugend als Fluchtweg zu Füßen. Drewen ist zu abgelegen, um wichtig zu erscheinen. Es ist für eine Kontroverse zu alltäglich. Es hat kein Kapital außer der Bereitschaft seiner Bewohner, am Ort zu verharren. Und doch ist Drewen vom Nirgendwo zum Schauplatz geworden. Vom Dorf ist es zum Kunstdorf aufgestiegen. Es bekam das IKD. So heißen die Initialen des Kunstforums Drewen. Dessen großes I steht für Internationalität.

Hester Oerlemans
Werden / Becoming, Partie 8,
Brandenburgische Kunsttage,
Drewen 2000

Conformity and Exoticism

When Art Goes Country it Repeats the Sins of the City

Between Kyritz and Pritzwalk, not far from Gantikow, a few kilometres before Rüdow – there is: Drewen. 261 inhabitants are said to live there, their farms and houses neatly arranged in patterns around the village green. The strict order of the front gardens resembles a printer's type-case of domestic peace. In Drewen, the political changes after the last German elections not only messed up the future, but also brought colour to the walls of the houses, and now even the village street is being functionally restored, and with a proper sense of proportion, too. This road is to carry people more quickly into Drewen than ever before, but perhaps the new asphalt is actually smoothing the escape route of the village youth. Drewen is too remote to seem important. And it is simply too normal for controversy. It has nothing going for it apart from its inhabitants' loyalty and willingness to hang on in there. And yet Drewen has risen from nowhere into a showground. It has been lifted from a local community to an art community. It has received the IKD. These are the impressive initials of Internationales Kunstforum Drewen – International Art Forum Drewen.

And really, Drewen's art is international, because it comes from far-away shores: it is an imported good, scattered around the village after careful research, made for perfect fit, monitored by temporarily installed art officials acting under the auspices of a Minister for Environmental Planning. Drewen is everywhere. It is a showcase. Drewen demonstrates the misunderstanding that introducing art alone places it in the public eye. It is a scene, like many others. Wherever art promises run of the mill places an aesthetic update, the local authorities will fall down before its feet. Not because they are eager for controversy, but because the effect of art in remote places can be like when the circus comes to town. And in this respect, you can count on art. For usually it appears as a phenomenon controlled

Antoine Prum, Boris Kremer
Bildungsreise / Culture Trip, Drewen on tour, Partie 8, Brandenburgische Kunsttage, Drewen 2000

from far afield, like the visit of a high-ranking personality with his entourage. Essentially this flash-in-the-pan effect is not the artists' fault, and not the fault of the art's administrators and their caste either. This is all due to a loss of public discourse, and Drewen is our example.

It is a good example, because in Drewen every effort was made to avoid any mistake. In addition, it is a functional example, as it was the practice piece for the *Sculpture Biennial* documented by this catalogue. Before it came to Steinfurt, therefore, the circus also made a guest appearance in Drewen. The curator of Drewen is also the curator of Steinfurt. The artists invited to Drewen included the more thoughtful representatives of a "young garde", some from Scandinavia, some from the Benelux countries. No monuments were unloaded from trailers, instead the artists were doing extended rounds, even going as far as living with the locals during the preparations. Drewen has no need to hide in face of the District of Steinfurt. Most of the works at Drewen are original ideas conceived for the specific setting, nestled into the village, scattered around it. There were no exaggerations to bewail under the reign of international art in Drewen, and the insertion of foreign ideas followed the rules of decency, taking place with propriety.

Some of the works were not bad at all. Hester Oerlemans, a Dutch artist, had a neon anagram of the village name mounted on the bus shelter.[1] *Werden* (literally: becoming) became an illuminated programme, oscillating between irony and hope. There were light cases. A barn door became the frame for a patchwork of painted ready-mades. Since the romantic appears luxurious in times of change, the installation artist Susanne Ruoff explored the enrapture for the transitory in Romantic painting by laying out fruit and local vegetation in the village church weaving it into a knotted carpet. According to a concept by Jasper van den Brink, a *Fluid Register of Inhabitants* was made on the labels of beer bottles, and Zeger Reyer's coolly illuminated oval at roof level became a trademark emblem of the village's culture as a *Wind-Ei* (literally, this means a non-starter, but the name also plays on the word Ei – egg). And still Jan Svenungsson's *Chimney Stack* without a fireplace juts an impressive thirteen metres outside of Drewen, left by the Swedish artist to the Kunstforum as early as in 1996 as a solitary surrealism among the fields. Recently a counterpart lengthened by another two metres is towering near Greven. It is quite something when symbols rise by bricks transmuting into concrete images

Antoine Prum, Boris Kremer
Bildungsreise / Culture Trip,
Drewen meets Jan Hoet, Partie 8,
Brandenburgische Kunsttage,
Drewen 2000

Und wirklich, Drewens Kunst ist international, denn sie entsteht weit außerhalb: Importware, von befristet bestallten Geschäftsträgern der Kunst unter der Schirmherrschaft eines Ministers für Raumordnung im Dorf ausgestreut, mit Bedacht recherchiert und paßgenau installiert. Drewen ist überall. Es ist ein Fallbeispiel. Drewen handelt vom Irrtum, daß die Herbeiführung von Kunst bereits Öffentlichkeit sei. Es ist ein Auftrittsort wie viele. Wo die Kunst den Allerweltsplätzen ein ästhetisches Update verheißt, werfen sich die Magistrate ihr zu Füßen. Nicht aus Gier auf die Kontroverse, sondern weil die Kunst auf entlegene Orte wie ein Gastspiel der Styling-Bundesliga wirkt. Die Kunst verhält sich dabei recht zuverlässig. Denn sie erscheint zumeist als ferngesteuerte Erscheinung, gleich einem hohen Besuch mit Entourage. Das liegt nicht an den Künstlern. Es liegt nicht an der Kaste ihrer Administratoren. Es liegt an einem Verlust der Öffentlichkeit, und Drewen ist unser Beispiel.

Es ist ein gutes Beispiel, weil man sich in Drewen Mühe gab, alle Fehler zu vermeiden. Darüber hinaus ist es ein zweckmäßiges Beispiel, denn es war die Vorübung für jene *Skulptur-Biennale*, die dieser Katalog dokumentiert. Bevor er nach Kreis Steinfurt kam, gastierte der Circus also in Drewen. Der Kurator von Drewen ist auch der Kurator von Kreis Steinfurt. Unter den eingeladenen Künstlern in Drewen waren die nachdenklicheren Vertreter einer jungen Garde, mal aus Skandinavien, mal aus Benelux. Es wurden keine Monumente mit dem Tieflader abgeladen, sondern die Künstler sind ausführlich zur Visite gekommen, sie haben während der Vorbereitungen sogar einheimisch gewohnt. Drewen muß sich vor Kreis Steinfurt nicht verbergen. Die meisten Drewener Werke sind Originalerfindungen für den Ort gewesen, ins Dorf eingebettet, im Dorf verstreut. Es gab unter der Herrschaft der internationalen Kunst auch in Drewen keine Übertreibungen zu beklagen, und die Einfügung der fremden Ideen folgte dem Anstand und geschah nach Gehörigkeit.

Manches Werk gelang nicht schlecht. Hester Oerlemans, eine niederländische Künstlerin, hatte ein Neon-Anagramm des Dorfnamens auf das Wartehäuschen der Bushaltestelle montiert. Dort wurde *Werden* zum leuchtenden Programm, changierend zwischen Ironie und Hoffnung. Es gab Leuchtkästen. Ein Scheunentor wurde zum Keilrahmen eines Patchworks aus malerischen Readymades. Weil im Umbruch Romantik luxuriös erscheint, stellte die Installationskünstlerin Susanne Ruoff die Vergänglichkeitstrunkenheit der romantischen Malereitraditionen auf die Probe, indem sie die Früchte und Geflechte der Dorfvegetation in der Kirche

and it is impossible to call it nothing when, in 2000, a house is alienated using woven netting. In Drewen there was no kitsch.

So all went well, it was a pattern of adaptation. Art proved its flexibility. Methodically and with care, artists came and added art to the village as a variation on their own repertoires. Whom, one must ask oneself, did they present this to? To passers-by from the art business, or to the villagers? And since many of the projects have a reference to the village: How much experience of the village flowed into the works? The question sounds pedantic, for art surely does not do any harm, and it will have given one or other of the Drewen inhabitants a side look at a form of curiosity which is rare around village greens, after all. But it is worth asking – not about this preliminary achievement of praiseworthy good will, but about the exhibition itself. How is art exhibited here, where there is no museum? What ensemble is created by uniting these temporary individualist works into a network: What kind of aesthetic course do we have in Drewen?

For it is a course. The village has become the setting for a path of various stages, which – as a dramatic sequence – avoids the sober rationality of simple exhibition rooms. The point is not the concentration of aesthetic investigation processes into one comparative setting, but precisely artefacts' insertion into space and their distribution; emphasizing their character as art objects by becoming, bit by bit, the décor of the niches in which they have been placed. In this way, art does emphasize aspects of the village, but more than this, it becomes décor covering the entire width and pictorial quality of a settlement. The programme of the exhibition sees itself pointing the way. At the forefront of a new movement of artistic intervention in landscape areas, it aims to establish a critical signal. The task is to avoid "artification", by which a mere leaving

wie einen Teppich verlegte. Es entstand nach einem Konzept Jasper van den Brinks ein *Flüssiges Bevölkerungsregister* auf Bierflaschenetiketten, ein in Dachhöhe kühl illuminiertes Oval Zeger Reyers wurde als *Wind-Ei* zum Markenemblem der Ortskultur. Und noch immer ragt vor Drewen der 13 m hohe Schornstein ohne Feuerstelle in die Luft, den der Schwede Jan Svenungsson dem Kunstforum schon 1996 als einsamen Surrealismus auf dem Acker hinterließ – ein um zwei Meter angewachsenes Pendant steht seit kurzem bei Greven. Es ist nicht nichts, wenn Symbole in Ziegeln als handfeste Bilder auferstehen, und es ist nicht zu verachten, wenn 2000 ein Drewener Haus mit Netzgewebe verfremdet wurde. In Drewen geschah kein Kitsch.

Gut gelaufen also, ein Musterfall der Adaption. Die Kunst hat ihre Geschmeidigkeit bewiesen. Die Künstler sind mit Methode und Sorgfalt gekommen und haben dem Dorf die Kunst als Variation ihres Repertoires zugefügt. Wem eigentlich, muß man fragen, haben sie dieses Angebot gemacht? Den Passanten des Kunstbetriebs oder den Dorfbewohnern? Und da es vielen der Projekte ausdrücklich um dem Ortsbezug geht: Wieviel Dorferfahrung ist in die Werke geflossen? Die Frage klingt kleinlich, da die Kunst ja nicht schadet und dem einen oder anderen Drewener Seitenblicke auf eine Sorte Merkwürdigkeiten beschert, die in Winkelangern immerhin selten sind. Es lohnt sich aber, nicht nach dieser Vorleistung eines anerkennenswert guten Willens, sondern nach der Ausstellung selbst zu fragen. Wie wird Kunst hier ausgestellt, wo es ja kein Museum gibt? Zu welchem Ensemble werden die temporären Individualismen vernetzt: Welcher Art ist Drewens ästhetischer Parcours?

Denn es ist ein Parcours. Das Dorf ist zum Schauplatz eines Stationenweges geworden, der als theatralische Folge die nüchternen Rationalitäten einfacher Ausstellungsräume vermeidet. Es geht gerade nicht um die Konzentration der ästhetischen Untersuchungsverfahren an einem Ort des Vergleichs, sondern um die räumliche Einfügung und Verteilung der Artefakte, die ihren Charakter als Kunstobjekte dadurch hervorkehren, daß sie Stück für Stück zum Dekor der vorgefundenen Nischen werden, in die man sie stellt. Die Kunst betreibt so die Hervorhebung dörflicher Aspekte, mehr noch aber wird sie zur Flächenausstattung der ganzen Breite und Bildhaftigkeit eines Siedlungsfleckens. Das Programm der Ausstellung versteht sich als richtungsweisend. Es will an der Spitze einer neuen Bewegung der Kunstintervention im Landschaftsraum ein kritisches Signal aufstellen. Die „Bekunstung", gemeint ist die bloße Hinterlegung der Objekte, soll vermieden werden, wie es im Programmtext des Ausstellungsgestalters kritisch heißt, es gehe um Interaktion.[1] Die Interaktion besteht nicht nur im gelegentlichen

behind of art objects is meant, and – as is critically noted in the exhibition designer's programmatic text – it is a matter of interaction.[2] This interaction does not only consist of occasional contact between the artists and their hosts, but also in a permeation of the village by art. Art takes on the patronage of the village area. It leaves behind signs in a wide field. Only the question is, who reads the signs and who subjects them to criticism? Who will walk the interactive projects' stations of the cross? Who opposes the images, who agrees with them?

The curator's pretension to avant-gardism cannot conceal the fact that art has precisely the same exotic relation to the villagers as the villagers have to art. There is a contact, but there is no true public discourse. The precondition for public discourse would be an aesthetic intervention incorporating the everyday life of the hosts. The problem of colonial promotion programmes becomes the artists' problem in Drewen. Repairs to the village street and the local authorities' conflicts are not the problem for this aesthetic outing into the country, staged in Drewen. It is possible to find many events and experiences which are characteristic of a village in the constantly changing rural environment. And many of these characteristics have been long prepared and aesthetically determined by the familiar information and entertainment media. But to liberate the lasting, everyday quality of Drewen's aesthetics from this grip within the four weeks of the exhibition, making them available to art, appears something of an heroic utopia. Worse still, Drewen's take-over by art would be an unattractive utopia in exhibition terms. It would have to designate the limitations of art, and avoid any form of cover-up which employs labels. Art would have to achieve something which makes over-excessive demands on it: the creation of identity as an act of resistance. And would anyone in Drewen ever have requested that kind of project?

Certainly, at the start, the new curator expected protests. There had been more conventional art in Drewen, the citizens preferred what they were used to, rather than the new. The fact that different art had to be shown in a different way should not be misunderstood as criticism of the inhabitants of Drewen. Only art itself was to be put to the test.[3] The best of the Drewen projects, therefore, are concerned with precisely this task. They are subtle, new ways of devoting artistic scepticism towards the applicability of art. The Drewen projects manifest doubt in the absorption

Ine Lamers
Lichtwerbung für Kunst / Lighted Showcase for Art, Partie 8, Brandenburgische Kunsttage,
Drewen 2000

Kontakt der Künstler mit ihren Gastgebern, sondern in der Durchdringung des Dorfes mit Kunst. Die Kunst übernimmt ein Patronat für den dörflichen Raum. Sie hinterläßt auf breitem Feld ihre Zeichen. Die Frage ist nur, wer die Zeichen liest und wer sie der Kritik unterzieht. Wer schreitet den Kreuzweg der Interaktionsprojekte ab? Wer widersetzt sich den Bildern, wer stimmt ihnen zu?

Der Avantgardeanspruch des Kurators täuscht nicht darüber hinweg, daß die Kunst zu den Dorfbewohnern im gleichen exotischen Verhältnis steht, wie die Dorfbewohner zur Kunst. Es gibt einen Kontakt, aber keine Öffentlichkeit. Öffentlichkeit hätte zur Voraussetzung, daß sich die ästhetische Intervention den Lebensalltag der Gastgeber einverleibt. Das Problem kolonialer Fördermaßnahmen wird zum Problem der Künstler in Drewen. Die Sanierung der Dorfstraße und die Konflikte der Lokalverwaltung sind nicht das Problem der ästhetischen Landpartie, zu deren Bühne Drewen wird. Es lassen sich viele Ereignisse und Erfahrungen finden, die für ein Dorf im stetig veränderten ländlichen Umfeld prägend sind. Und viele dieser Prägungen sind von den geläufigen Informations- und Unterhaltungsmedien längst zugerichtet und ästhetisch determiniert. Die stete Alltäglichkeit der Ästhetik Drewens diesem Zugriff zu entziehen und der Kunst verfügbar zu machen, erscheint in einer vierwöchigen Ausstellungszeit aber als heroische Utopie. Schlimmer noch, die Bemächtigung Drewens durch die Kunst wäre eine ausstellerisch unattraktive Utopie. Sie müßte die Grenzen der Kunst benennen und die etikettierende Bemäntelung vermeiden. Die Kunst müßte leisten, was eine Überforderung ihrer Aufgabe ist: Identität stiften als Widerstandsakt. Und hatte man in Drewen um ein solches Projekt jemals nachgesucht?

Der neue Kurator jedenfalls hatte zu Beginn schon Proteste erwartet. In Drewen hatte es konventionellere Kunst gegeben, die Bürger wollten das Gewohnte lieber als das Neue. Daß andere Kunst anders zu zeigen sei, müsse man nicht als Kritik an den Drewenern mißverstehen. Auf dem Prüfstand stehe nur die Kunst selbst.[2] Und so handeln die besten Drewener Projekte von genau dieser Aufgabenstellung. Sie sind subtile Umwidmungen der künstlerischen Skepsis gegen die Anwendbarkeit der Kunst. Die Drewener Projekte manifestieren den Zweifel an der Vereinnahmung der Kunst durch kuratorische Konzepte im Grünen und verwandeln ihn in eine Dienstleistung für die Bewohner. Das gilt für Drewens neues Wartehallensignet wie für eine mit Hinterlist als Kulturaustausch getarnte Kaffeefahrt, die viele Dorfbewohner in Kontakt mit belgischen und luxemburgischen Kunstdörfern,

of art in green areas by curators' concepts, and they transform this into a form of service for the inhabitants. This is true of Drewen's new bus-shelter signet and of a pleasure trip cunningly disguised as cultural exchange which brought many villagers into contact with art villages, museums and exhibition initiatives in Belgium and Luxembourg.[4] The successful works are examples of ironical bows with which art fulfils a residual purpose. It was art's lack of reference to a public discourse, its predictable lack of message in Drewen's everyday life which made the curator into a determined follower of this form of emergency strategy; a strategy criticizing his own project. He promotes an art which deliberately makes itself useful as "non-art". Thus good art concerning the weakened effectiveness of art is created. Far more important, however, is an application of irony to a resigned message: only as "non-art" is site-specific art able to enter into an amicable relationship with the everyday habits of a non-specialised public. The response to the trend towards the spectacular in art is an artistic strategy of incognito. The colonialists avoid cult. They leave behind unobtrusive, multipurpose tools.

It is possible, with good reason, to greet these aesthetic techniques as the first steps in a schizophrenic art praxis' self-therapy. Its obvious suffering consists in a disparity between the complexity of art's self-analysis and presentation to the public which is oriented merely on show-value. Since the eighties, advanced aesthetics' urge for self-enlightenment has reflected on art itself. During this period, museums have been constructing panoramas with public appeal from the difficult provocations and deconstructions – primarily from reflections on the art business by "context critical" aesthetics, whose manifestations are often based

Susanne Ruoff
Vermoosung der Kirche / Moss Growing in a Church, Partie 8, Brandenburgische Kunsttage,
Drewen 2000

Museen und Ausstellungsinitiativen brachte.[3] Die gelungenen Arbeiten sind Beispiele ironischer Verbeugungen, mit denen die Kunst einen Restnutzen erfüllt. Es ist die Beziehungslosigkeit der Kunst zu einem öffentlichen Diskurs, ihre vorhersehbare Aussagelosigkeit in der Alltäglichkeit Drewens, die den Kurator zum entschlossenen Anhänger einer derartigen projektkritischen Notstrategie macht. Er fördert eine Kunst, die sich mit Bedacht als Nichtkunst nutzbar macht. So entsteht gute Kunst – über die Wirkungsschwächen der Kunst. Weit wichtiger aber ist die Ironisierung der resignativen Botschaft: Nur als Nichtkunst kann die Kunst vor Ort noch ein verträgliches Verhältnis zu den Alltagsgewohnheiten eines nichtspezialisierten Publikums eingehen. Die Antwort auf die Spektakularisierung der Kunst ist das Incognito der künstlerischen Strategie. Die Kolonialisten vermeiden den Kult. Sie hinterlassen unauffällige Mehrzweckwerkzeuge.

Mit gutem Grund kann man diese ästhetischen Techniken als erste Schritte der Selbsttherapie einer schizophrenen Kunstpraxis begrüßen. Deren unübersehbares Leiden besteht in dem Mißverhältnis zwischen der Komplexität ihrer Selbstanalysen und der allein schauwertorientierten öffentlichen Präsentation. Der Selbstaufklärungsdrang der fortschrittlicheren Ästhetik seit den achtziger Jahren ist auf die Kunst selbst zurückgefallen, seit die Museen aus den diffizilen Provokationen und Dekonstruktionen, vor allem aus den Kunstbetriebsreflexionen einer „kontext-kritischen" Ästhetik und ihren auf pop-kulturellen Traditionen basierenden Oberflächen publikumswirksame Panorame konstruieren – als populistische Entschädigung für das aufgerüstete theoretische Gepränge des innerbetrieblichen Diskurses. Die besseren Arbeitsergebnisse der Kunst vor Ort zeugen von der Einsicht der Künstler in diesen Mechanismus und von ihrem Versuch, neue Freiräume zu besetzen. Der Preis dieser Verfahren ist freilich, daß ihre eigentliche Absicht weiterhin nur der kritischen Nachbereitung zugänglich wird, daß der große Mangel der kitschig-oberflächlichen Populärmuseumskultur also weiterbesteht: Die kritischen Techniken einer immer ausgefeilter medialen Kunst bleiben internes Maschinenwerk unter den inszenatorisch zur Rezeption freigegebenen Benutzeroberflächen. Münchhausen nicht unähnlich ziehen sich einige Künstler am eigenen Schopf aus diesem Dilemma. Sie hoffen auf die anarchische Interaktion durch die Verbreitung grotesker Mißverständnisse und durch subkulturelle Gemeinschaftsstiftung in Drewen auf Kaffeefahrten und an den Kontaktplätzen der pubertierenden Jugend. Die Ausstellung selbst aber entkommt der Krise nicht. Sie erkennt und benennt sie, um ihr erneut zu verfallen.

on the traditions of pop-culture – as a populist compensation for the theoretically loaded character of discourse within the business. The more successful results of site-specific art work demonstrate the artists' insight into this mechanism and their attempts to occupy new spaces. However, the price of this process is that, as before, its actual intention is only available to critical evaluation afterwards, and that the great failings of kitschy, superficial, popular museum culture continue to exist: The critical techniques of increasingly polished media art remain internal mechanisms beneath those user surfaces which are produced for reception. Like Münchhausen, some artists present a rather far-fetched solution to this dilemma. They hope for anarchic interaction as an outcome of distributing grotesque misunderstandings and creating subcultural communities, in Drewen on pleasure trips and at those places where adolescents congregate. But the exhibition itself cannot avoid the crisis. It recognizes and names it, only to fall prey to it once again.

This succumbing to the compulsion to exhibit should not be damned as capitulation on the part of the exhibition makers. It is more important to make reference to the structure of the problem: the unsolved problems of event exhibitions are repeated in the rural, outside settings for the tourist art business – indeed, they even come to a head. They do not come to a head simply because the tempting colonization of spaces as yet apparently aesthetically unsaturated forces artists to strategic hurry, something which could be experienced in the past – particularly in the artistic revaluation of abandoned industrial properties. Contemporary art's problems of representation also emerge more clearly here because when art is exported to the

Dieses Unterliegen unter den Ausstellungszwang ist nicht als Kapitulation der Ausstellungsmacher zu verdammen. Wichtiger ist der Hinweis auf die Struktur des Problems: An den ländlichen Außenstandorten eines touristischen Kunstbetriebes wiederholen sich die ungelösten Probleme der Ereignisaustellungen, und sie spitzen sich sogar zu. Sie spitzen sich nicht allein deshalb zu, weil die verlockende Kolonisierung ästhetisch noch ungesättigt erscheinender Räume die Künstler zu strategischer Eile zwingt, wie es sich in der Vergangenheit besonders bei der künstlerischen Aufwertung aufgegebener Industrieimmobilien erleben ließ. Die Darstellungsprobleme zeitgenössischer Kunst treten auch deshalb noch deutlicher zu Tage, weil mit dem Export der Kunst in die Randzonen des ästhetischen Gewerbes die Öffentlichkeit weiter schwindet. Was durch den Abstand zur Gewerbsszenerie des Ausstellungsbetriebes ein heilender Schock sein könnte, legt dem inszenatorischen Personal um so wirksamer den Zwang zur panoramatischen Schaustellung auf. Wo sich etwa die zehnte *documenta* bei aller Sperrigkeit noch eine protestantische Diät karger Musealität und theoretischer Vollwertkost leisten konnte, weil die Großausstellung ohnehin mit jedwedem Konzept ein Publikumsmagnet ist, muß die in die Landschaft projizierte Kunstschau nach einer Stunde Autofahrt vom Ballungszentrum auf's flache Land Kompensation für verkehrstechnische Unbill bieten. Die Kunst muß ad hoc sichtbar sein. Sie muß sich begreifen lassen. Sie muß präsent sein als Spaziergang durch Originalität. Der Fragmentierung der Öffentlichkeiten entkommt die exportierte Kunst nicht.

Tatsächlich besteht das Verfahren der dezentral-internationalen, der lokalligistisch abgespielten Bundesliga-Ausstellung in einer Mobilisierung der Hersteller und Inszenatoren bei gleichzeitiger Vereinzelung und Punktualisierung des Kunstkonsums. Eine Scheinöffentlichkeit installiert sich hier, in der über Wohl und Glücken der ästhetischen Praxis in vom lokalen Geschehen abgekoppelten Publikationen entschieden wird. Kein Leser deutscher Lokalfeuilletons möchte sich den umgekehrten Weg wünschen. Tatsächlich aber wird so nicht allein das „Land" zur Projektion einer reisenden Kaste betrieblicher Agenten; vor allem wird der

peripheral zones of the aesthetic business, its public character disappears even more. What could – as a result of its distance to the trade scene of the exhibition business – be a healing shock, actually forces the personnel in charge of staging to an increasingly panoramic presentation. Whilst the tenth *documenta*, for example, being as unwieldy as it was, could still afford a Protestant diet of bare museum presentation and theoretical wholefood – since this large-scale exhibition is a public magnet whatever its concept – an hour's drive out of the centres to the flat countryside must be compensated for by an easily accessible exhibition. The art must be visible ad hoc. It must permit itself to be grasped. It must be present, as a stroll through originality. Exported art cannot escape the fragmentation of its public character.

Indeed, the process of the decentralized-international, of the premier league exhibition played in the local league, consists of a mobilization of producers and stagers alongside a simultaneous isolation and selectivity of art consumption. A feigned public discourse manifests itself here, within which decisions concerning the quality and success of aesthetic practice are made by publications without any link to local events. No reader of the cultural pages in local newspapers would wish for things to be the other way around. In fact, though, this is not only transforming the "country" into the projection of a travelling caste of "art agents"; moreover, critical discourse about the public relevance of the artefacts installed is rendered even more difficult. A showpiece in a picturesque environment definitely becomes a "gourmandise". Only the temporary re-application of art, making it non-art, still promises a serious connection with its setting.

In any case, the established exhibition location as a centre of public participation may have degenerated into a utopian ideal. The curator's practice of managing goods of public attention, the museums' benchmarking can no longer be controlled by the artists as contributors. The necessary methodical debate about self-reference and the weakness of public discourse, about the double life of aesthetic practice with a glossy surface borrowed from pop and enigmatic encoding of its critical intentions – can only take place alongside a new definition of the exhibition business, should the fatalism of this sector already capitulate in face of the evolutionary pressure of the media. We cannot expect the export of presentation to attractive, outside areas to provide models of approach between art presentation and art production which are capable of putting a stop to the urge for types of presentation involving

Zeger Reyers
Wind-Ei/Wind Egg, Partie 8,
Brandenburgische Kunsttage,
Drewen 2000

kritische Diskurs über die öffentliche Relevanz der installierten Artefakte weiter noch erschwert. Das Schaustück in pittoresker Umgebung wird endgültig zur Gourmandise. Allein die temporäre Umwidmung der Kunst in Nicht-Kunst verspricht noch die seriöse Verbindung zum Ort.

Der etablierte Ausstellungsort als Zentrum öffentlicher Partizipation mag ohnehin zum utopischen Ideal verkommen sein. Die kuratorische Praxis als Management öffentlicher Aufmerksamkeitswerte, das Benchmarking der Museen, ist von den Künstlern als Zuträgern nicht mehr zu kontrollieren. Der fällige Methodenstreit um die Selbstreferentialität und Öffentlichkeitsschwäche, um das Doppelleben der ästhetischen Arbeit mit einer pop-tradierten Schauoberfläche und einer Kryptisierung der kritischen Absichten – er kann nur gemeinsam mit einer Neudefinition des Ausstellungsgewerbes geführt werden, sollte der Fatalismus der Branche auch bereits vor dem medialen Evolutionsdruck kapitulieren. Modelle der Annäherung zwischen Kunstpräsentation und Kunstproduktion, die den Zwang zur verschmelzenden und nivellierenden Schaustellung zu bremsen vermöchten, sind nicht aus dem Export der Schaustellung in reizvolle Außenräume zu erwarten. Der gesuchte eigentliche *lokale* Wert ist die Neubestimmung des Ausstellungslokals – als Plattform einer substantielleren Antwort auf die Krise öffentlicher Ästhetik.

Vielleicht ließe sich aus einem solchen Rückbezug auf diskursmotivierende Präsentationen auch eine veränderte Strategie der Kunstinszenierung im ländlichen oder regionalen Raum ableiten. Einstweilen zeigt sich die Überzeugungskraft der Kunst außerhalb der Projekträume und Institutionsdekonstruktionen nur dort, wo sie sich de-ästhetisiert. Wo sie also Netzwerke befördert, die Mitsprache verweigert und Entlastung von ihrer eigenen Allgegenwart im designten Alltag gewährt. Diesen hilfreichen Dienst gewährt sie allerdings um den Preis ihrer Erkennbarkeit.

Bis zur Lösung des Problems sichern die zahlreichen lokalen Gastspiele der internationalen Hochkultur immerhin das Überleben der Künstler, Organisatoren und ihrer Kritiker.

1 „Auf dem Prüfstand steht ... die landauf, landab um sich greifende Idee der Bekunstung öffentlicher Räume, einschließlich des Natur- und Landschaftsraumes ... Und deshalb sollen die Kunstwerke der *Partie 8* die Wirkrichtung der *Brandenburgischen Kunsttage 2000* präzisieren, damit weniger traditionell skulptural experimentiert als vielmehr kommunikative Beziehungen gestaltet werden.“ Christoph Tannert: *Kunst abladen verboten. Drewen, ein Dorf im Wandel: soziale Interaktion statt Bekunstung*, in: *Brandenburgische Kunsttage. Partie 8*, Drewen: 3.9.–8.10.2000. Beilage zum *Tagesspiegel.*

2 Ebda.

3 Antoine Prum und Boris Kremer, 2000.

merger and levelling off. The actual "local" value sought after is a new definition of the setting for the exhibition – as a platform for a more substantial response to the crisis of public aesthetics.

Perhaps an alternative strategy for the staging of art in rural or regional areas could be derived from such a reference back to presentations which motivate discourse. In the meantime, the convincing power of art manifesting itself outside of project rooms and the deconstruction of institutions appears only where it voluntarily abdicates aestheticism; that is where art promotes networks, where it refuses to have a say, and where it offers relief from its own omnipresence in our designed everyday life. However, it is only able to facilitate this service at the cost of its own recognisability.

Until a solution to the problem has been found, the numerous local guest performances of international high culture at least ensure the survival of artists, organisers and their critics.

1 "What is being put to the test ... is the spreading, country-wide idea of the 'artification' of public places, including natural and landscape areas ... and for that reason, the artworks of the *Partie 8* should make absolutely clear the effective direction of the *Brandenburgische Kunsttage 2000*, so that the creation of communicative relations emerges, rather than sculptural experiment." Christoph Tannert, *Kunst abladen verboten. Drewen, ein Dorf im Wandel: soziale Interaktion statt Bekunstung*, in: *Brandenburgische Kunsttage. Partie 8*, Drewen: 3.9.–8.10. 2000. Supplement to the *Tagesspiegel.*

2 Ibid.

3 Antoine Prum and Boris Kremer, 2000.

Translation: Lucinda Rennison

Heiße Räume. Künstlerische Topographien zwischen Natur und Navigation

Hot Spaces. Artistic Topographies Between Nature and Navigation

Knut Ebeling

1. Topographien

Unter Topographie versteht man graphische Raumdarstellungen oder Ortsbeschreibungen, die dreidimensionale Situationen in zwei Dimensionen übertragen: Die klassische Topographie ist die Kunst, einen dreidimensionalen Ort in eine zweidimensionale Fläche zu verwandeln. Aus der Unmittelbarkeit der Orte der Welt wird eine mittelbare Ansicht gewonnen; aus der verwirrenden Vielgesichtigkeit des Wirklichen ein überschaubares Panorama generiert. Auf gewisse Weise ist die Fläche, die die Übersicht hervorbringt, neu entstanden: Sie enthält Koordinaten und Koordinationsmöglichkeiten, die die bloße Wirklichkeit nicht bot. Der koordinierte Raum ist im Gegensatz zur bloßen Wirklichkeit operabel, er ist handhabbar. Man kann nicht nur Dinge in ihm machen; man kann auch etwas mit ihm machen, wie die Geschichte der Geopolitik zeigt. Mit den räumlichen Koordinaten ist es zum Beispiel möglich, Verbindungen zwischen verschiedenen Orten herzustellen, die in Wirklichkeit außer Sichtweite lagen. So berichtet Proust von einer Ortsbeschreibung, „die uns wunderbar nicht deshalb schien, weil sie eine Entfernung durchmaß, sondern weil sie zwei deutlich unterschiedene Ortsindividualitäten der Erde miteinander in Verbindung brachte, uns von einem Namen zu einem anderen führte."[1]

Als Ergänzung oder Substitution des beschränkten Blicks nahm die Topographie das in den Blick, was dem Menschen entging. Es wurde ein fiktiver Standpunkt geschaffen, den kein Mensch je haben konnte. Ähnlich wie die Zentralperspektive einen räumlichen Fluchtpunkt konstruierte, der in der Wirklichkeit nicht vorhanden war, generierte die Topographie einen artifiziellen Raum, den kein Mensch jemals gesehen hatte. Die Topographie brachte das hervor, was er nicht sehen konnte. Damit war sie die omnipräsente und quasi göttliche Übersicht, die dem Menschen auf immer verwehrt bleiben würde.

Während jede topographische Beschreibung mit der Fiktion spielt, sie sei eine Abbildung des Realen, verheimlicht sie die Tatsache, daß sie das Reale nicht abbildet, sondern vielmehr überschreibt. Die Topographie erzeugt die Räume, die sie abzubilden vorgibt. Dabei ist es der Trick dieser klammheimlichen Erzeugung, daß die Formationsregeln, die einen Raum in eine Fläche verwandeln, in ihr nicht auftauchen. Jede Topographie wird von Agenten codiert, die sich in ihr selbst verbergen. Der Ort, *topos* der Topographie, ist also ein Übertrag von einem in ein anderes Medium – nicht ein Ort, sondern das Gegenteil eines Ortes, ein Nicht-Ort,

1. Topographies

Topographies are graphic representations of space or descriptions of places that convert three-dimensional situations into two dimensions: The classic topography is the art of transforming a three-dimensional place into a two-dimensional surface. An indirect view is gained from the directness of the world's places; a comprehensible panorama is generated from the confusing multifaceted quality of reality. In a certain way, the surface that produces the overview has been created anew: It contains coordinates and possibilities of coordination that naked reality did not offer. It is possible to operate with and deal with the coordinated space, in contrast to naked reality. It is possible to do things not only in it, but also with it, as the history of geopolitics shows. With spatial coordinates, it is possible for example to create connections between different places that, in reality, do not lay in sight of each other. Thus, Proust reports on a description of a place "that appeared wonderful to us, not because it surveyed a distance, but because it connected two markedly different individual places of the earth and led us from one name to another."[1]

As a supplementation or substitution for the limited view, topography gathered into its glance what eluded the individual. A fictional standpoint was created, one no person could ever take. In a way similar to how central perspective construes a spatial vanishing point that was not present in reality, topography generated an artificial space that no person had ever seen. Topography brought forth what no one could see. This made it the omnipresent and quasi-divine overview that would always remain beyond the individual.

Every topographical description plays with the fiction that it is a depiction of the real, but it hides the fact that it does not depict the real, but writes over it. Topography creates the space that it claims to depict.

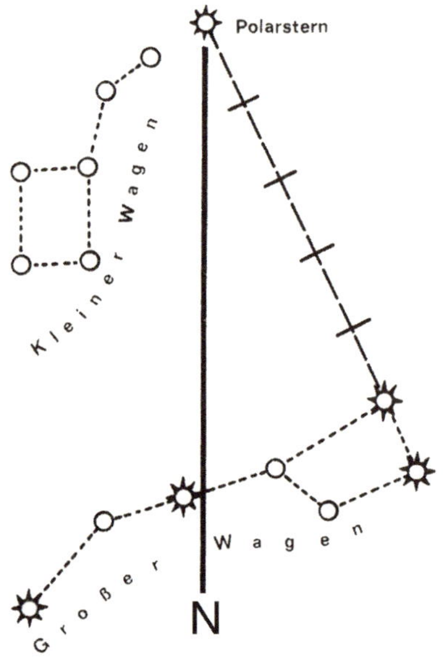

eine Heterotopie.[2] Künstliche Räume – jeder Raum ist künstlich, worauf noch die deutsche Bedeutungseinheit von abstraktem und konkretem Raum, von Landschaftsraum und *Zimmer* verweist – kommen uns nur deshalb natürlich vor, weil ihre Konstruktionsweisen uns entzogen sind: Weil die Raumdarstellung oder Ortsbeschreibung von diskreten Generatoren hergestellt wird, verwechseln wir die Realität regelmäßig mit ihrer kartographischen Form. Würden wir ständig die Kulturgeschichte des Blicks vor Augen haben, mit dem wir unsere Räume konstruieren, wir würden kaum die Straße überqueren können.

Ganz gleich wie künstlich oder klammheimlich die topographischen Systeme jemals waren: der Mensch fühlte sich in ihnen heimischer als angesichts der Wirrnisse realer Gegenwart. Während man über die Anlässe dieser Erfindung namens Raum streiten mag – die einen mögen als Urszene der Topographie das angeborene Bedürfnis, sich in der Welt zu orientieren ansehen, die anderen werden die Karte als Effekt von Kriegen und Kanonen beschreiben –, so ist es unbestreitbar, daß der produzierte Raum zum primären Raum wurde. Jede Kulturgeschichte der Vision berichtet davon, wie eine konstruierte Wirklichkeit zum natürlichen Lebensraum des Menschen wurde. Seit die Fiktion der Koordination so selbstverständlich wurde, daß Räume erst als Karten vorstellbar wurden, bewegen sich Menschen in künstlichen Räumen. Als Mikro-Topograph bildete jeder Mensch seine eigene Raumbeschreibung heraus. Mit ihr wurde es möglich, sich selbständig in Räumen zu orientieren. Die Orientierung im Kopf fiel mit der Orientierung in der Wirklichkeit zusammen. Als Kant 1786 fragte, *Was heißt: sich im Denken orientieren?*, liefen in der Welt bereits topographisch ferngesteuerte Maschinen herum, die sich auf fiktiven Landkarten umherbewegten.

The trick of this covert creation is that the rules of formation that transform a space into a surface are not visible in it. Every topography is encoded by agents that hide themselves in it. The site, the *topos* of the topography is thus a transfer from one medium into another – not a place, but the opposite of a place, a non-place, a heterotopy.[2] Artificial spaces – every space is artificial, as is indicated by the unity of meaning in German of abstract and concrete space, of landscape space and of a *room* – seem natural to us because their means of construction are obscured from us: Because the spatial representation or description of a place is created by discreet generators, we regularly confound reality with its cartographic form. If we constantly had in mind the cultural history of the glance, with which we construct our spaces, we would hardly be able to cross the street.

However artificial or secret the topographical systems ever were: a person felt more at home in them than in the real present, in the face of the latter's confusions. While the occasions for this invention called space may be debatable – some may see the inborn desire to orient ourselves in the world as the primal scene of topography, while others will describe the map as the effect of wars and cannon – it is indisputable that the produced space became the primary space. Every cultural history of vision reports on how a construed reality became people's natural living space. Since the fiction of coordination became taken for granted, so that spaces became imaginable only as maps, people have moved within artificial spaces. As a micro-topographer, every person formed his own description of space. This description enabled him to orient himself independently in space. The orientation in the mind coincided with the orientation in reality. When Kant asked in 1786, *What does it mean to orient oneself in thought?*, topographically remote-control machines were already running around in the world on fictional maps.

2. Navigations

Modern topographical media, like intra-city regulations of streams of traffic or electronic navigation systems, were not the first things to show that a place's topographical construction is not as simple as it might appear on first glance. Proust already found reason for disappointment in the inevitable reduction of the description that attenuates a place from three to two

Die unterschiedliche Massenverteilung auf der Erde mit 15.000 facher Überhöhung gezeichnet / The distribution of mass on the earth exaggerated 15,000 times over

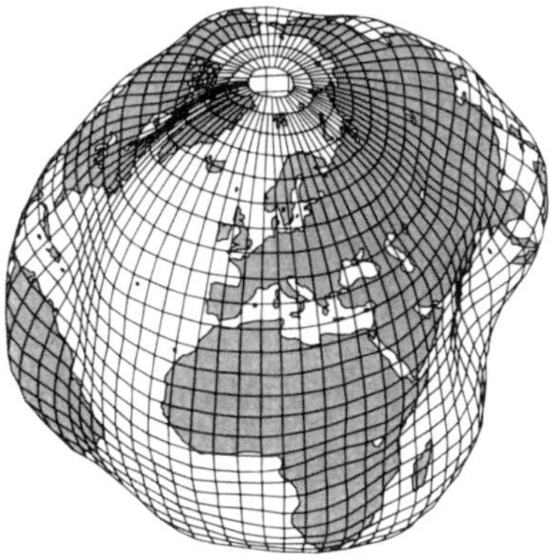

Bestimmen der Nordrichtung mithilfe des Polarsterns / Finding the direction north by the North Star

2. Navigationen

Nun zeigen nicht erst die modernen topographischen Medien wie innerstädtische Verkehrsstromregelungen oder elektronische Navigationssysteme, daß die topographische Konstruktion eines Ortes nicht ganz so unproblematisch ist, wie sie auf den ersten Blick aussieht. Die unvermeidbare Reduktion der Ortsdarstellung, die einen Ort von drei in zwei Dimensionen herunterfährt, war schon für Proust Grund zur Enttäuschung: „Diese Bilder waren noch aus einem anderen Grunde falsch, nämlich weil sie notwendigerweise stark vereinfacht waren ... Die Fassungskraft von Namen ist nur gering, ich konnte kaum zwei oder drei wichtigste Sehenswürdigkeiten der Stadt in sie hineinbringen ...".[3] Tatsächlich scheint es mit der Abbildung von Orten in andere Medien – sei dies nun der Schilderwald der modernen Großstadt oder die elektronische Stimme des Navigationssystems – nicht allzu weit her zu sein. Berliner wissen so gut wie Proust, daß Landkarten oder Stadtpläne oder Navigationssysteme mitnichten die städtische oder landschaftliche Wirklichkeit wiedergeben; wer einmal mit Erschrecken festgestellt hat, daß die Straße in seinem Stadtplan, die ihn letzte Woche noch heil nach Mitte brachte, nicht mehr existiert, zweifelt entnervt am Kartenbild der Welt. Wenn die Orte sich tatsächlich als Flächen darstellen ließen, hätten die Umleitungsschilder einen nie in das abgelegene Industriegebiet und die elektronische Stimme einen nie auf den Acker neben der Stadt geführt.

Die Einsicht in die kartographische Konstruierbarkeit der Wirklichkeit ist empfindlicher als man meint: Der Glaube, daß auf der einen Seite die reale Gegenwart existiert, und auf der anderen die fiktive Landkarte, die sie repräsentiert, gelangt spätestens im realen Verkehrspark der Großstadt an seine Grenzen. Hier hat die Karte längst die Herrschaft über das Reale an sich gerissen. Wenn die moderne städtische – und spätestens nach Lenins Einebnung des Unterschiedes von Stadt und Land – auch die ländliche Wirklichkeit ebenso fiktiv oder ebenso real ist, wie die Karte, die sie konstruiert, dann bewegen wir uns immer schon in einem verorteten und geplanten, in einem virtuellen Raum.

dimensions: "These images were false for another reason, as well, namely that they were necessarily greatly simplified ... Names have little power to encompass; I could barely fit two or three of the most important sights of the city in them ...".[3] Indeed, the reproduction of places in other media – whether in the forest of signs in the modern big city or in the electronic voice of the navigation system – is not so great. Berlin residents know as well as Proust that maps and navigation systems do not reproduce the urban or rural reality at all; after registering with shock that the street that just last week securely brought him to Mitte district no longer exists, anyone despairs, annoyed, of the map's image of the world. If places really could be represented as surfaces, then the detour signs would never have led one into the remote industrial region nor the electronic voice taken one to a field outside the city.

The insight into the cartographic construability of reality is more sensitive than we think: The belief that the real present exists on the one hand and the fictional map representing it on the other reaches its limits, at the latest, in the actual traffic park of the big city. Here the map has long since usurped dominion over the real. If modern urban reality and, after Lenin's leveling of the difference between city and country at the latest, rural reality as well are equally as fictional or equally as real as the map that construes them, then we have always moved in a sited and planned, in a virtual space.

In point of fact, we rid ourselves of the philosophical dilemma of the difference between description and reality if we grasp the topographical description, not as a representation of reality, but as the true reality. If we uncouple the description from the described and understand topography constructivistically as its own art of ordering with the goal of constructing

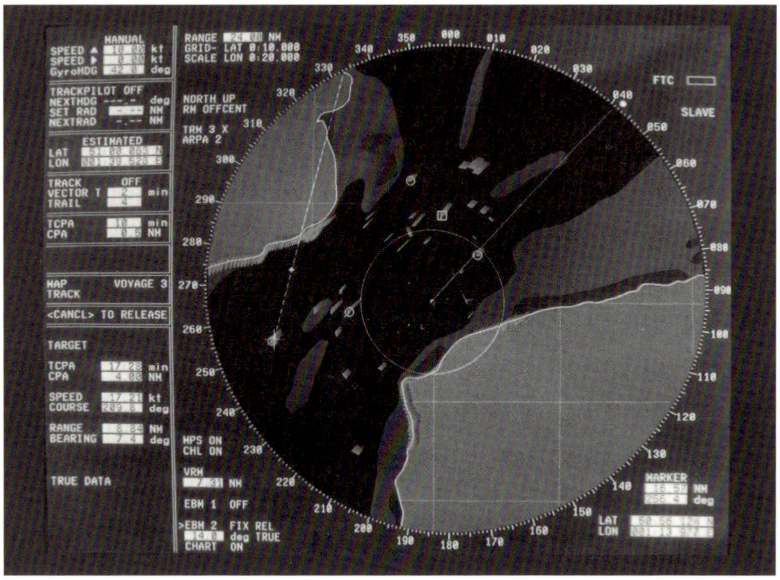

Elektronische Seekarte mit einem Radarbildschirm kombiniert / Electronic nautical chart combined with a radar screen

Tatsächlich ist man das philosophische Dilemma der Differenz zwischen Beschreibung und Wirklichkeit los, wenn man die topographische Beschreibung nicht als eine Darstellung der Wirklichkeit, sondern als die eigentliche Wirklichkeit begreift. Koppelt man die Beschreibung vom Beschriebenen los und versteht die Topographie konstruktivistisch als eine Kunst der eigenen Ordnung mit dem Ziel der Konstruktion von künstlichen Räumen, wird es möglich, sich allein in der virtuellen Realität des topographischen Raumes zu orientieren. Vergleicht man die Zeichen der Karte nicht mehr mit der Realität, liest man sie auf keine Wirklichkeit mehr bezogen, kann man sich auch nicht mehr verlaufen – freilich kann man dann auch nicht mehr ankommen: Man kann nur noch fahren, fahren, fahren, wie der Text von Virilio einmal prophetisch verhieß.[4]

3. Karten

Die Beschreibung befindet sich allein schon deshalb nicht in Differenz zur Wirklichkeit, weil das topographische System dieselbe erst produziert. Karten bilden nicht nur dreidimensionale Räume ab, zunächst einmal produzieren sie eine eigene Räumlichkeit. Sobald ein neues Medium bereitsteht, ergibt sich die Möglichkeit, die Gesamtheit der topographischen Daten in das neue Medium zu übertragen – in topographische Karten, elektronische Navigationssysteme oder digitale Bildsuchmaschinen. Jedes Medium produziert eine neue Welt. Innerhalb des neuen Mediums entsteht der abgebildete Ort neu – ebenso wie die neue Art der Abbildung das Format entwirft, nach dem die Orte der Welt fortan gedacht werden. Indem Karten dreidimensionale Daten ordnen, standardisieren und formatieren, entwerfen sie die Folie, auf der die Räume gedacht und verwaltet werden können.

Jeder kennt die Situation, in der er sich, weil er sich verlaufen hat, seine Position auf dem Stadtplan vorzustellen versucht: Hier wird die Karte nicht mit der Wirklichkeit, sondern die Wirklichkeit mit dem Plan korrigiert. Eine Wirklichkeit wird also nicht von einem Plan abgebildet, in dem wir dann verloren gehen, sondern dieser konstruiert topographisch das Bild von verheißungsvollen Räumen, denen die Wirklichkeit nie gerecht wird. Daher auch die Enttäuschung des Erzählers der *Suche nach der verlorenen Zeit*, die er jedes Mal erfährt, wenn er an Orte kommt,

artificial spaces, it becomes possible to orient ourselves solely within the virtual reality of the topographical space. If we no longer compare the signs on the map with reality, reading them as no longer referring to any reality, then we can no longer lose our way – of course, we also can no longer arrive: We can only drive, drive, drive, as Virilio's essay once prophesied.[4]

3. Maps

The description is already not different than reality, because the topographic system is what produced the latter in the first place. Maps not only reproduce a three-dimension space; first they produce their own form of space. As soon as a new medium is available, the possibility emerges to transfer the entirety of topographical data to the new medium – in topographical maps, electronic navigation systems, or digital image-seeking machines. Each medium produces a new world. Within the new medium, the reproduced place arises anew – just as the new kind of reproduction designs the format according to which the world's places will be conceived from then on. Maps order, standardize, and format three-dimensional data, thus creating the foil on which space can be conceived and administered.

Everyone knows the situation in which, having got lost, he tries to imagine his position on the map of the city: Here the map is not corrected to fit the reality, but reality is made to fit the map. A reality is thus not reproduced by a map in which we then get lost; rather, the map topographically construes the image of promising spaces that reality can never do justice to. Thus the narrator of *Remembrance of Things Past* is disap-

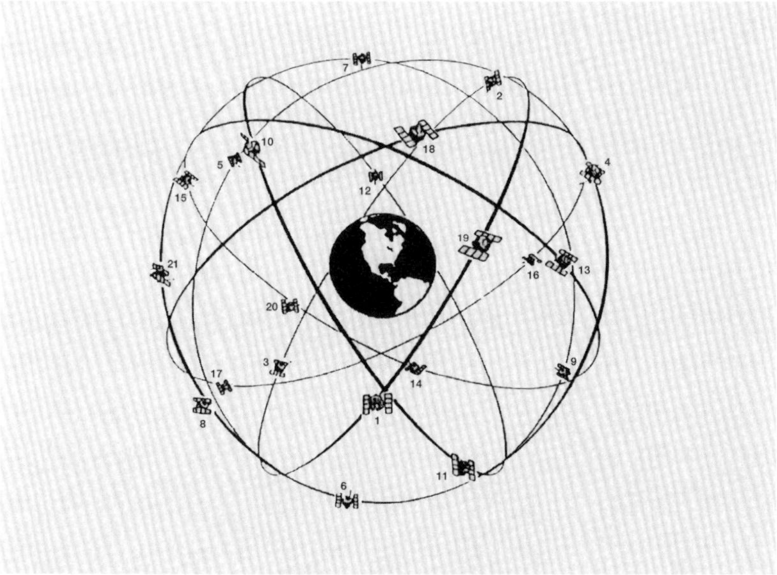

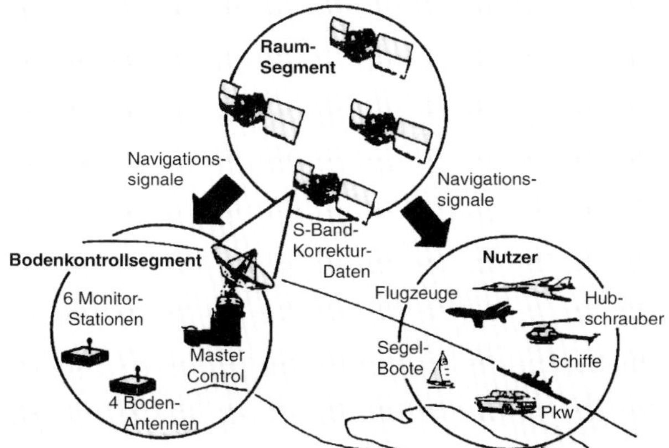

Die 21-Satelliten-Konstellation des NAVSTER GPS-Verfahrens mit Nutzer- und Kontrollsegment / The 21-satellite constellation of the NAVSTER GPS procedure with user and control segment

pointed every time he comes to a place he knew before only through studying the map: "But if these names absorbed for all time the inner view that I had of these places, then only because they transformed them ... they presented them to me as more beautiful and differently than Norman or Tuscan cities can be in reality, thereby multiplying the pleasures my imagination willfully invented, and prepared for my journeys future disappointments all the greater."[5]

What we have in front of our eyes in the form of a map with its place names corresponds with reality, if only because the map provides the logic according to which reality can be conceived in the first place: The reason we can orient ourselves with maps is not that they represent the world correctly or truly, but that we have learned to scan reality for the signs the maps provide us. We have accustomed ourselves so completely to reading reality as a map that we confound the map with the reality; this is the only reason we have the impression that maps represent reality – not because they actually do so. The minor deviations between construction and reality that put us in the rural field or underground parking garage function here as the mistakes that ratify the basic correspondence on a more fundamental level: as the exceptions to the rule. As the exception to the rule of the map, reality seems alienating; it is an offense, the resistance of the real against complete abstraction. It becomes as if extraterrestrial: "The countenance of the region seemed to us completely changed, because, in the topographical image that we create of the individual places, the concept of space does not play the greatest role by any means ... Certain places that we always see in isolation do not seem to adhere to a measure in common with the rest, but to exist almost outside of the world ..."[6]

The space of the world is always already artificial and administered, we are always already extraterrestrials on the ground we move upon. Since the map dictates the format according to which reality is conceived, every landscape is for us always already coordinates or territory. Ever since the world was conceived in the form of the map, landscape and coordinates have belonged together. There is no alternative to these artificial worlds; we have no access to a space without spatial order. We cannot perceive any landscape without wondering where we are. We know no world lacking topographical descriptions, and we always already move within a coordinated and spatially administered world. Spaces are thus doubled not only in maps; the idea or imaginability of these spaces

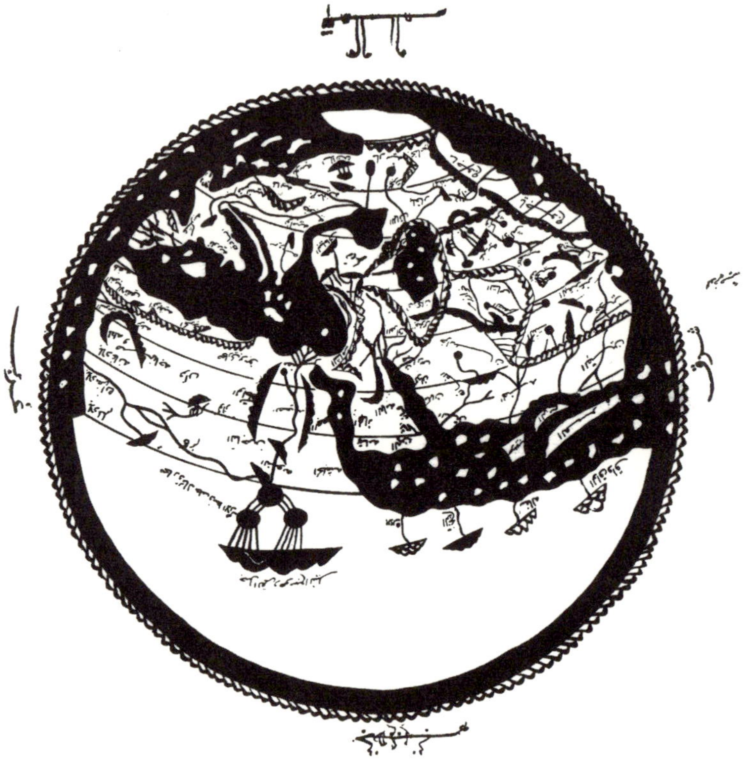

Arabische Zonen-Weltkarte / Arabian Map of the world showing zones,
Kopie einer Karte von Irdisi / copy of a map from Irdisi 1154, um / ca. 1500

die er vorher nur auf der Karte studiert hatte: „Doch wenn diese Namen sich für alle Zeiten mit der inneren Anschauung tränkten, die ich von jenen Stätten besaß, so doch nur, weil sie sie umwandelten ... sie stellten sie mir schöner und anders dar, als normannische oder toskanische Städte es in Wirklichkeit sein können, vermehrten dadurch die von meiner Phantasie willkürlich erfundenen Freuden und bereiteten um so schwerere künftige Enttäuschungen für meine Reisen vor."[5]

Was man in der Form des Stadtplans mit seinen Ortsnamen vor Augen hat, stimmt schon deshalb immer mit der Realität überein, weil der Plan diejenige Logik bereitstellt, nach der jene überhaupt erst gedacht wird: Wir können uns nicht deshalb auf Karten orientieren, weil sie die Welt korrekt oder wahrheitsgetreu abbilden, sondern wir finden uns aus dem Grund auf Karten zurecht, weil wir gelernt haben, die Wirklichkeit nach den Zeichen abzusuchen, die Karten uns bereitstellen. Nur weil wir uns so vollkommen daran gewöhnt haben, die Wirklichkeit als Karte zu lesen, daß wir sie mit der Wirklichkeit verwechseln, erhalten wir den Eindruck, daß Karten Wirklichkeiten abbilden – und nicht deshalb, weil sie es tatsächlich täten. Die kleinen Abweichungen zwischen Konstruktion und Realität, die uns auf den Acker oder in die Tiefgarage führen, funktionieren hier als diejenigen Fehler, die die prinzipielle Übereinstimmung auf einer fundamentaleren Ebene ratifizieren: als Ausnahmen von der Regel. Als Ausnahme von der Regel der Karte wirkt die Wirklichkeit nur noch befremdlich, sie ist das Anstößige, der Widerstand des Realen gegen die völlige Abstraktion. Sie wird gleichsam außerirdisch: „Das Antlitz der Gegend schien uns ganz verändert, da in dem topographischen Bild, das wir uns von den einzelnen Orten machen, der Raumbegriff bei weitem nicht die größte Rolle spielt ... Gewisse Orte, die wir immer isoliert sehen, scheinen keinem gemeinsamen Maß mit den übrigen zu unterstehen, sondern fast außerhalb der Welt zu existieren ..."[6]

is produced by topographical systems in the first place. Ever since the first maps, we no longer compare realities with their descriptions; we produce worlds by describing them:

"Certain names of cities, like Vézelay, Chartres, Bourges, or Beauvais serve to denote in abbreviated form the most important church there. With cities we do not yet know, this special meaning that we so often attach to them lends the whole name a certain architectonic shape that then, when we want to include the entire city, which we have not yet seen, stamps the same stone ornaments with the same stylistic characteristics upon the city, as if with a mold, making it one big cathedral."[7]

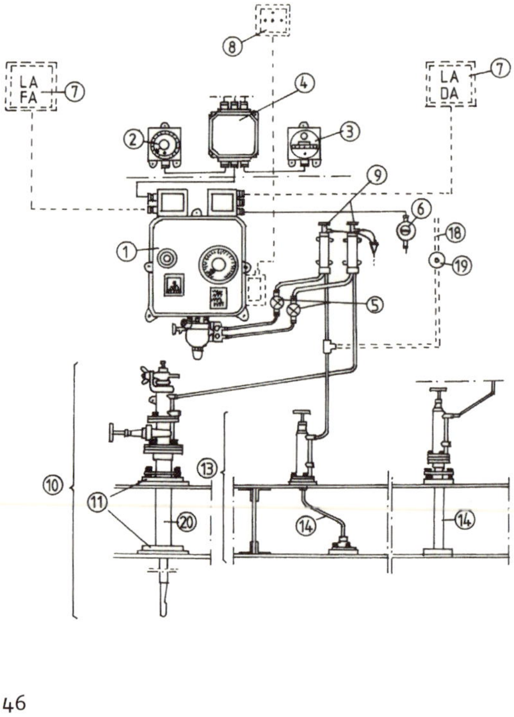

Zonenweltkarte / Map of the world, Leipzig, um / ca. 1500, mit bewohnbaren und unbewohnbaren Zonen / showing habitable and inhabitable zones

Der Raum der Welt ist immer schon artifiziell und verwaltet, wir sind immer schon Außerirdische auf dem Grund, auf dem wir uns bewegen. Weil die Karte das Format vorgibt, nach der Wirklichkeit gedacht wird, ist jede Landschaft für uns immer schon Koordinate oder Territorium. Seit die Welt in der Form der Karte gedacht wird, gehören Landschaft und Koordination zusammen. Zu diesen künstlichen Welten gibt es keine Alternative; wir haben keinen Zugang zu einem Raum ohne Raumordnung. Wir können keine Landschaft wahrnehmen, ohne uns zu fragen, wo wir uns befinden. Wir kennen keine Welt ohne topographische Beschreibungen, wir bewegen uns immer schon innerhalb einer koordinierten und räumlich verwalteten Welt. Räume werden also nicht nur in Karten verdoppelt; die Vorstellung oder Vorstellbarkeit dieser Räume wird durch topographische Systeme erst produziert. Seit den ersten Plänen vergleichen wir Wirklichkeiten nicht mehr mit ihren Beschreibungen; wir produzieren Welten dadurch, daß wir sie beschreiben:

„Gewisse Städtenamen wie Vézelay, Chartres, Bourges oder Beauvais dienen dazu, in abgekürzter Form die wichtigste Kirche dort zu bezeichnen. Diese spezielle Bedeutung, die wir ihnen so oft beilegen, verleiht – wenn es sich um Städte handelt, die wir noch nicht kennen – dem ganzen Namen eine bestimmte architektonische Gestalt, die dann, wenn wir die ganze Stadt, die wir noch nicht gesehen haben, mit in ihn einbeziehen wollen, dieser wie mit einer Gußform die gleichen Steinornamente mit denselben Stilmerkmalen aufprägt und sie zu einer einzigen großen Kathedrale macht."[7]

4. *Territorialisierungen*

Die Kartenhaftigkeit der Wirklichkeit hat nicht nur Konsequenzen für uns, sondern ebensosehr für die Realität selbst. Indem die topographischen Beschreibungen den Raum handhabbar machen, bleibt dieser nicht getrennt von den Operationssystemen: Jede Entscheidung über einen Raum, der auf einer Karte gefällt wird – also praktisch jede territoriale Maßnahme – ist ein Eingriff der Karte in die Wirklichkeit. Die Karte bildet nicht nur Eingriffe in die Wirklichkeit ab, zuallererst stellt sie selbst einen permanenten Eingriff dar, den sie nicht umhin kann, unaufhörlich weiter abzubilden.

Staudruck (Pitot)-Fahrtmeßanlage SAL 59 der schwedischen Firma JUNGER / Pitot static air speed indicator SAL 59 from the Swedish firm JUNGER

4. *Territorializations*

Reality's map-like quality has consequences not only for us, but also and equally for reality itself. Since topographical descriptions make space operable, the latter cannot be separated from the operating systems: Every decision made on a map about a space – practically every territorial measure – is a map's intervention in reality. The map not only reflects interventions in reality, it is from the beginning itself a constant intervention that it cannot avoid constantly continuing to depict.

The geopolitical logic of the map could remain in hiding as long as the topographical media acted in relative coherence. As long as the relationship between reality and its representation remained stable – as long as the map remained the map and the world remained the world – we did not need to concern ourselves with the topographical fate of the real. Territories were produced through topographies as long as the logic of representation remained unchanged. Everything changed when it suddenly became possible to generate worlds through spatial descriptions – when we began to design maps of brains, circuit diagrams of machines, and programmes for computers. In the course of a universal territorialization, spaces became artificially creatable and thus freely disposable – or at least the virtual spaces opened up the insight into the in-principle constructibility of spaces, which may have always existed. Spaces were no longer merely geographical givens, like cities, countries, continents, surfaces of the earth, economic realms, and climate zones. In the course of a rapidly expanding mania to depict – which today is digitalization mania – the interior spaces of people, like nervous and circulatory systems, and of machines now became navigable spaces. Indeed, even texts and processes could be grasped as unfoldings of spatial logics, as territories.[8]

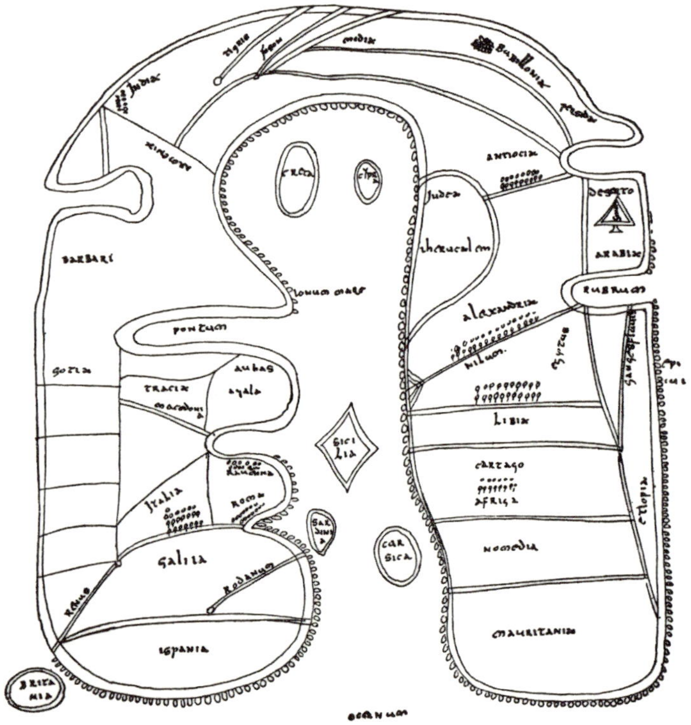

Weltkarte von Albi /
Map of the world from Albi,
8. Jahrhundert / 8th century

Die geopolitische Logik der Karte konnte solange unter Verschluß bleiben, wie die topographischen Medien in einer verhältnismäßigen Kohärenz agierten. Solange das Verhältnis zwischen der Wirklichkeit und ihrer Abbildung stabil blieb – solange die Karte die Karte und die Welt die Welt blieb – brauchte man sich über das topographische Schicksal des Realen keine Sorgen zu machen. Territorien wurden solange durch Topographien produziert, wie die Logik der Darstellung unverändert blieb. Alles wurde anders, als Welten durch Raumbeschreibungen plötzlich generierbar wurden – als man begann, Karten von Gehirnen, Schaltpläne von Maschinen und Programme für Computer zu schreiben. Im Zuge einer universellen Territorialisierung wurden Räume künstlich herstellbar und damit verfügbar – oder wenigstens gaben die virtuellen Räume die Einsicht in die prinzipielle Konstruierbarkeit von Räumen frei, die vielleicht schon immer bestanden hatte. Räume waren nicht mehr nur geographische Gegebenheiten wie Städte, Länder und Kontinente, Erdoberflächen, Wirtschaftsräume und Klimazonen. Im Zuge einer rasch um sich greifenden Darstellungswut – die heute Digitalisierungswut heißt – wurden nun auch Innenräume von Menschen, wie Nervensysteme und Blutkreisläufe, und das Innere von Maschinen zu navigierbaren Räumen. Ja sogar Texte und Prozesse wurden als Ausfaltungen von räumlichen Logiken, als Territorien begreifbar.[8]

Man muß McLuhans Rede vom *global village* nicht erst buchstäblich lesen, um zu begreifen, daß jedes neue Medium seine eigene Art der Räumlichkeit entfaltet. Und man muß nicht erst Napoleons *Bureau Topographique* zitieren, um die interne Verbindung dieser neuen Räumlichkeiten an diskrete Machtmechanismen zu verstehen – um zu sehen, daß die Macht über die topographischen Ordnungen zugleich die Macht über die Räume bedeutet, die sie geschaffen hat. Die Macht

We need not take McLuhan's expression *global village* literally to understand that each new medium develops its own kind of spatiality. And we need not cite Napoleon's *Bureau Topographique* to understand the inner connection between these new spatialities and discrete power mechanisms – to see that power over topographical orders also means power over the spaces that it has created. The power to describe the world is synonymous with the power to have the world at one's disposal; just as the topographer, the mapmaker in the *Bureau Topographique* was, in the final analysis, the most powerful man, so too the modern navigation systems decide into which ditches or onto which fields they send their adherents. But it would be a mistake to assume that it is merely a question of whether or not to follow the topographical systems of space. Since we cannot understand the space of city and country without a system of operations and navigations, the description of this space affects everyone who moves

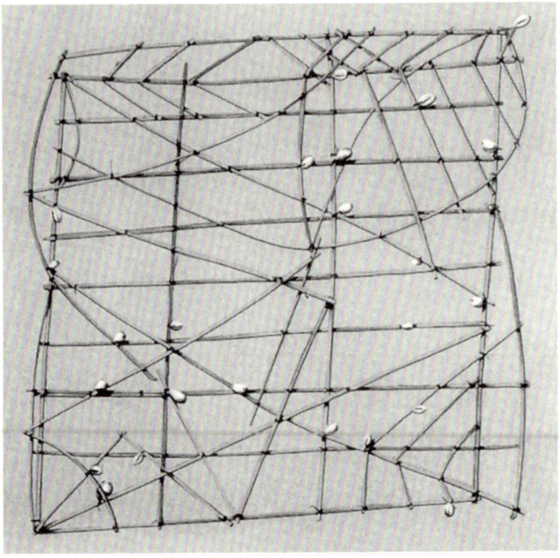

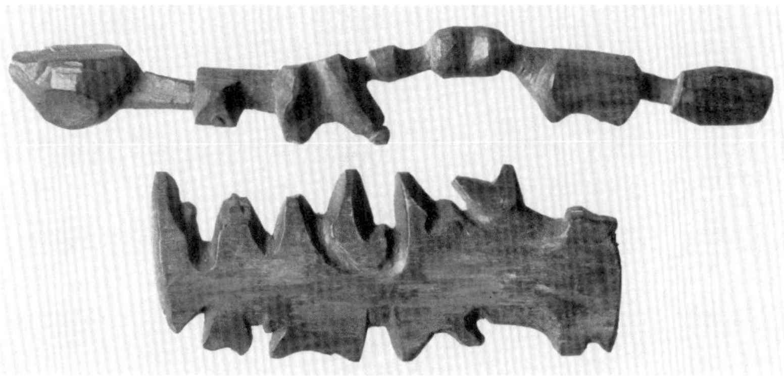

Reliefmodelle der Grönlandküste von den Eskimos / Relief model of the Greenland coast by the Eskimos

der Beschreibung der Welt ist gleichbedeutend mit der Verfügungsgewalt über sie; so wie der Topograph, der Kartenschreiber im *Bureau Topographique* letztendlich der mächtigste Mann war, verfügen die modernen Navigationssysteme darüber, in welchen Graben oder welchen Acker sie den schicken, der ihnen folgt. Dabei wäre es ein Fehler anzunehmen, es ginge allein um die Frage, den topographischen Raumsystemen zu folgen oder nicht. Insofern als wir den Raum von Stadt und Land nicht ohne ein System von Handhabungen und Navigationen verstehen, tangiert seine Beschreibung jeden, der sich in ihm bewegt. Jeder ist der codierenden Ordnung des Raumes unterworfen. Es ist nicht möglich, den topographischen Systemen zu entkommen; jedes Mal, wenn ein Raum verstanden und mental aufgezeichnet wird, hat man es mit einer Logik und mit einer Macht der Aufzeichnung zu tun. Es kann heute also weniger darum gehen, der Macht der Aufzeichnung zu entfliehen, als sie mikropolitisch in ihren kleinsten Ausfaltungen zu durchdringen.

5. Programme

Am wirkungslosesten innerhalb dieser Dynamik der Territorialisierung erscheint der Rekurs auf das Subjekt und seine Verständigungs- und Selbstverständigungsleistung. Die topographischen Systeme werden am allerwenigsten von Subjekten ausgehebelt, die selbst nur Koordinaten im topographischen Raum sind. Denn fertige Subjekte bewegen sich nicht in vorgefertigten oder unberührten Räumen; Räume produzieren Wesen, die das Gefühl haben, sich in ihnen frei bewegen zu können. Die Freiheit ist gleichsam in die Räume eingebaut, die diese Idee als Packungsbeilage mitliefern.

Aus dieser Situation folgt eine abweichende Interpretation der räumlichen Wirklichkeit: Stadt- und Landschaftsplaner bauen keine Räume für menschliches Verhalten, sondern die Menschen verhalten sich gemäß der Räume und der Regeln, die diese bereitstellen. Jeder hat die Raumstrukturen in sich, die seine Räume ihm eingeben – aber keiner hat das Format dieser Räume selbst bestimmt. Wir bewegen uns nicht selbst-verständlich in Räumen, die mit uns nichts zu tun haben, sondern die Räume produzieren die Verhaltensweisen, mit denen wir in ihnen zu

Karte der Marshall-Inseln aus Blattrippen der Kokospalme mit Muscheln als Inseln / Map of the Marshall Islands made of coconut palm leafveins with shells as islands

in it. Everyone is subjected to the coded order of space. It is not possible to escape the topographical systems; every time a space is understood and mentally recorded, we are dealing with a logic and with a power of recording. Thus, today it cannot be a matter of fleeing the power of recording, but of micropolitically penetrating its most minute twists and turns.

5. Programmes

Within this dynamic of territorialization, the least effective thing seems to be to take recourse to the individual and his ability to communicate and to communicate with himself. What is least likely to overthrow topographical systems is individuals, who are themselves merely coordinates in the topographical space. For finished individuals do not move in pre-finished or virgin spaces; spaces produce beings that have the feeling of being able to move freely in them. The freedom is as if built into the spaces, which provide this idea as part of the package.

This situation leads to a deviating interpretation of spatial reality: City and landscape planners do not build spaces for human behavior; rather, people behave in accordance with the spaces and the rules that spaces provide. Everyone has within himself the spatial structures infused in him by his spaces – but no one determined the format of these spaces himself. We do not move as a matter of course in spaces that have nothing to do with us; rather, the spaces produce the behaviors with which we believe we are acting in them. The individual as mapmaker who does not see to the bottom of maps' power mechanisms is the effect of spaces whose programmes he does not know. The idea that this individual could, in these spaces, communicate about himself and about his situation

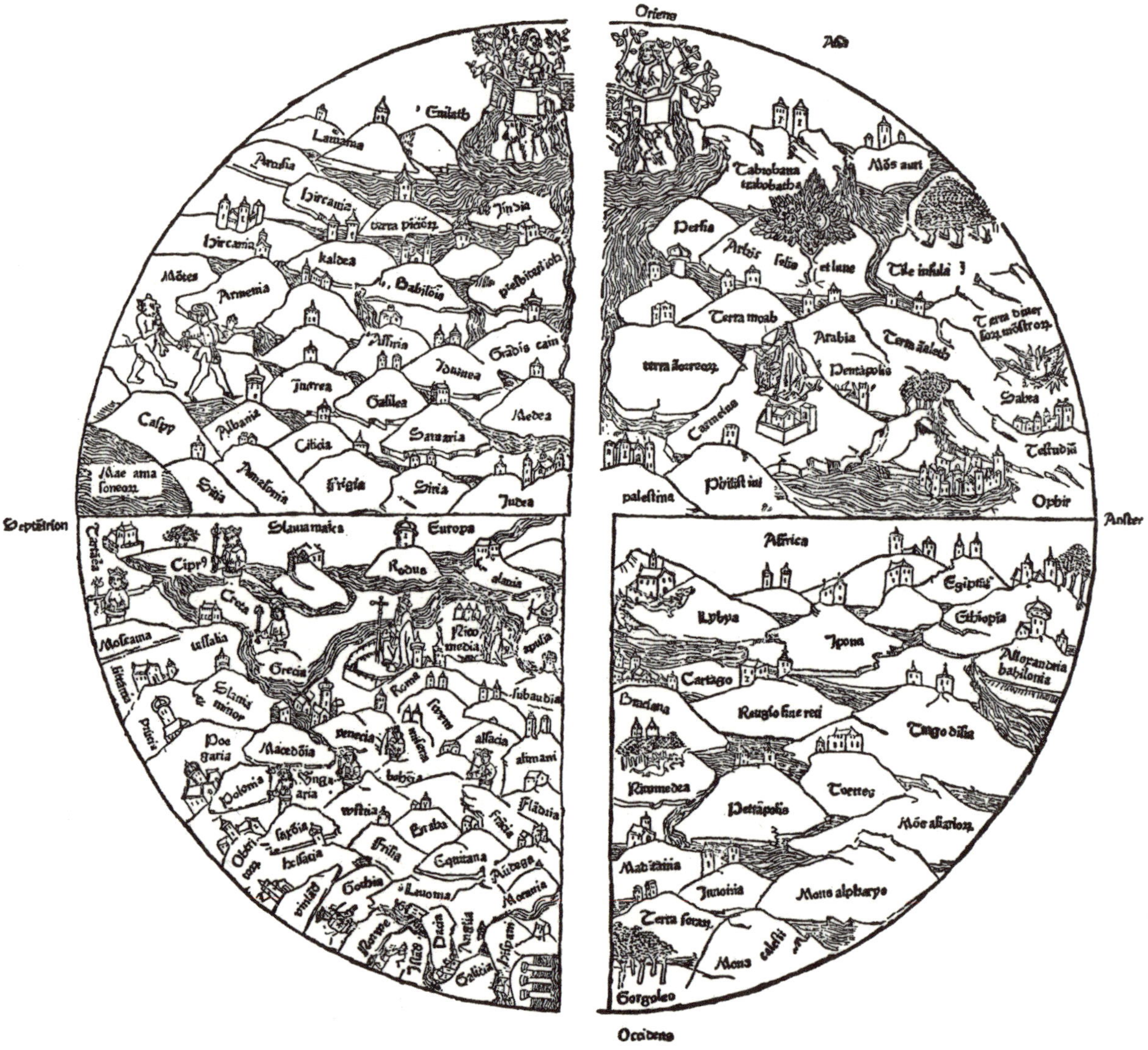

handeln glauben. Das Subjekt als Ausfertiger von Karten, deren Machtmechanismen es nicht durchschaut, ist der Effekt von Räumen, deren Programme es nicht kennt. Der Gedanke, dieses Subjekt könnte sich in diesen Räumen über sich und seine Lage im Raum verständigen – also der aufklärerische Gedanke, der aller Kunst im öffentlichen Raum zugrunde liegt – wirkt wie Tropfen in heiße Räume. Räume sind ebenso virulent wie es der „heiße Begriff" Foucaults gewesen war.[9]

Weil das Format der Räume nicht sichtbar, aber auch nicht verborgen ist, macht es wenig Sinn, hier von Öffentlichkeit zu sprechen. Der öffentliche Raum kann nur so öffentlich sein wie die topographischen Koordinaten, die ihn produzierten. Während das Konzept der Öffentlichkeit im Zeitalter von verschlüsselten source codes und monopolisierten Softwareprogrammen hoffnungslos antiquiert wirkt, entpuppt sich die Utopie des Öffentlichen als die subjektive Anverwandlung dessen, was objektiv nicht in den eigenen Händen liegt: Mit dem Konzept des öffentlichen Raums versuchte man es sich in einer Welt gemütlich zu machen, die nicht die eigene war.

in space – i.e. the Enlightenment idea upon which all art in public spaces is based – seems like a droplet evaporating on hot spaces. Spaces are as virulent as was Foucault's "hot concept".[9]

The format of spaces is neither visible nor hidden, so it makes little sense to speak here of the public realm. The public space can be only as public as the topographical coordinates that produced it. While the concept of the public realm seems hopelessly antiquated in the era of source codes and monopolized software programmes, the utopia of the public realm reveals itself as the subjective assimilation of what is not objectively in its own hands: The concept of public space was an attempt to make ourselves cozy in a world that was not our own.

Inkunabel-Weltkarte aus dem *Rudimentum Novitorium* / Early world map from the *Rudimentum Novitorium*, Lübeck 1475

Für die Kunst bedeutete das, daß das Kunstwerk im öffentlichen Raum nicht wirklich die Bedeutung haben konnte, die der Künstler ihm zugedacht hatte; im total verorteten Raum nahmen Objekte wie Kunstwerke Bedeutung an, je nachdem wie sie im Raum angeordnet waren. Was sich kritische Subjekte in diesem Raum zu sagen hatten, gehorchte stets dem Programm, das der jeweilige Raum erlaubte; was kritische Künstler als Kunstobjekte im öffentlichen Raum ablegten, folgte immer dem Format, das der Raum produziert hatte. Kunst im Konzept des öffentlichen Raums funktionierte also nach dem Modell von Kunstausstellungen in Einkaufszentren: Ihr Schein der Autonomie war eingefaßt und hervorgebracht von Wächtern, die den öffentlichen Raum genauso reglementieren, wie auch der museale Raum überwacht ist. Am Ende war es immer die Polizei, die darüber entschied, was Kunst war und was nicht.

6. Einkaufszentren

Vermutlich ist es die fundamentale Künstlichkeit der Karte, die für das stete künstlerische Interesse an ihr gesorgt hat. Künstler, von jeher Schöpfer imaginärer Welten, integrierten spätestens seit der Renaissance künstliche Landkarten in ihre perspektivischen Gemälde: Leonardo zeichnete als Kartograph für Cesare Borgia, El Greco malte 1602 den Plan von Toledo in eine Vedute der Stadt, und Vermeer zeigt im Hintergrund seiner *Allegorie der Malerei* gar eine Landkarte der Niederlande. Die Karten sind hier noch ebenso fiktiv und konstruiert wie die Malerei, die sie schmücken. Mit dem Beginn der klassischen Moderne und den modernen kartographischen Techniken zerbrach das Band, das Künstler und Kartographen einmal verbunden hatte: In dem Maße, wie die Kartentechniken sich anschickten, Wirklichkeit originalgetreu wiederzugeben, ging Künstlern wie Max Ernst, Jasper Johns, Marcel Broodthaers oder On Kawara in ihren Karten die Wirklichkeit verlustig. Sie machten fiktive und erträumte, psychotische und halluzinierte Karten – und arbeiteten dabei unversehens an der unheilvollen Unterscheidung zwischen Fiktion und Wirklichkeit, die am Beginn der Neuzeit noch verschleiert war.

Die moderne Opposition wird von den zeitgenössischen Topographen unterwandert. Im allgemeinen Einkaufszentrum der Kultur geht es für Künstler nicht darum, Objekte so zu plazieren, daß sie ihre kritische Funktion auch entfalten können. Die Zeit, in der Künstler ihre Arbeiten einem ohnehin unbeeinflußbaren

For art, this means that the artwork in the public space could not really have the meaning the artist intended; in the totally surveyed space, objects like artworks take on meaning in accordance with how they were arranged in the space. What critical individuals had to say to each other in this space always obeyed the program permitted by the respective space; what critical artists presented as art objects in the public space always followed the format that the space had produced. Art in the concept of public space thus functioned according to the model of art exhibitions in shopping centers: Their appearance of autonomy was framed and produced by guards who regiment public space in the same way that museum space is guarded. In the final analysis, it was always the police who decided what is art and what is not.

6. Shopping Centers

It is probably the artificiality of the map that has ensured constant artistic interest in it. Artists, always creators of imaginary worlds, have integrated artificial maps in their perspectival paintings since the Renaissance at the latest: Leonardo worked as a cartographer for Cesare Borgia, El Greco painted the map of Toledo in a veduta of the city in 1602, and Vermeer showed a map of the Netherlands in the background of his *Allegory of Painting*. The maps here are as fictional and constructed as the paintings they adorn. With the beginning of classical modernism and modern cartographic techniques, the bond once connecting artists and cartographers broke: To the degree that map techniques strove to reflect reality true to the original, artists like Max Ernst, Jasper Johns, Marcel Broodthaers, and On Kawara lost reality in their maps. They made fictional and dreamed, psychotic and hallucinated maps – and thereby unintentionally worked on the calamitous distinction between fiction and reality, which was still veiled at the beginning of modern times.

Contemporary topographers infiltrate this modern opposition. In the general shopping center of culture, the point for artists is not to place objects in a way that permits them to unfold their critical function. The time is past when artists could set their works, as utopia or criticism, in opposition to a stream of commodities that could not be influenced anyway. Today the point is more to see through the forces of this stream, to redirect it – or not to redirect it. Since the mode of the public realm, and with it also the possibility of criticism, is itself up for grabs, artists now ask about the coordi-

Weltkarte in ovaler Projektion in Benedetto Bordones *Isolario* / Map of the world in oval projection in Benedetto Bordone's *Isolario*, Venedig / Venice 1528

Jan Vermeer van Delft
Allegorie der Malerei / *Allegory of Painting*, um / ca. 1673, Kunsthistorisches Museum, Wien / Vienna

Warenstrom als Utopie oder Kritik entgegensetzten, ist vorbei. Heute geht es eher darum, die Kräfte des Stroms zu durchschauen, um sie umzulenken oder auch nicht. Da der Modus der Öffentlichkeit – und mit ihm auch die Möglichkeit der Kritik – selbst zur Disposition stehen, fragen Künstler heute nach den Koordinaten, die ihre Arbeit von außen begrenzen, nach den Verwertungen, denen sie im Gefüge der Kultur anheimfallen und nach den Politiken, die sie ermöglichen. Da man kaltschnäuzig genug ist, anzunehmen, daß jede Architektur prinzipiell Konsumarchitektur ist, ist jedem Künstler klar, daß von ihm eine Dienstleistung erwartet wird wie von jedem anderen Beschäftigten im Einkaufszentrum auch.

7. Legenden

In der Logik der Karte gedacht, operieren Künstler heute eher auf der Ebene der codierenden Legende als innerhalb der Karte selbst. Sie beschäftigen sich weniger damit, Dinge in die Landschaft zu stellen, die dann auf Karten erscheinen oder auch nicht. Vielmehr behandeln sie die Bedingungen des Erscheinens und Verschwindens selbst, die Gesetze, denen diese Erscheinungen im Öffentlichen gehorchen. Sie arbeiten mit den Formatierungs- und Umformatierungsregeln, die Räume in Flächen codieren, und fragen nach den medialen Verfahren ihrer Speicherung, Verarbeitung und Übertragung – inklusive der Verzerrung, Verfremdung und Entstellung, denen sie durch diesen Vorgang anheimfallen. Topographische Künstler wie Michael Müller produzieren heute Ortsbeschreibungen, die durch ihre Detailfülle und Akribie zwar wirklich aussehen, aber durch und durch fiktiv sind. Wie

nates that limit their work from the outside, about the uses they fall prey to in the structure of culture, and about the policies that they make possible. Since we are hard-boiled enough to assume that every architecture is in principle architecture for consumption, every artist is clearly aware that a service is expected from him as much as from every other employee in the shopping center.

7. Legends

Thinking in the logic of the map, artists today tend to operate more on the level of the encoded legend than within the map itself. They are less concerned with placing things in the landscape that then may or may not appear on the map. Rather, they deal with the conditions of appearance and disappearance themselves, the laws that these appearances in the public realm obey. They work with the rules of formatting and reformatting, which encode spaces on surfaces, and they inquire into the media procedures for storing, processing, and conveying them – including the distortion, alienation, and mutilation they are subjected to in this procedure. Topographical artists like Michael Müller today produce descriptions of places whose wealth of detail and whose painstakingness makes them appear real, though they are fictional through and through. As with the Situationists, imagination is not used to expand the realm of the real – advertising has taken up this business today. The artistic topographies put reality in the service of imagination: Here, the utopia is no longer the fantastic Other to the real, as on the classic artists' maps; the real itself is improbable and fantastic through and through – as everyone can testify to who has sought the street on Potsdamer Platz that he drove on only a week ago.

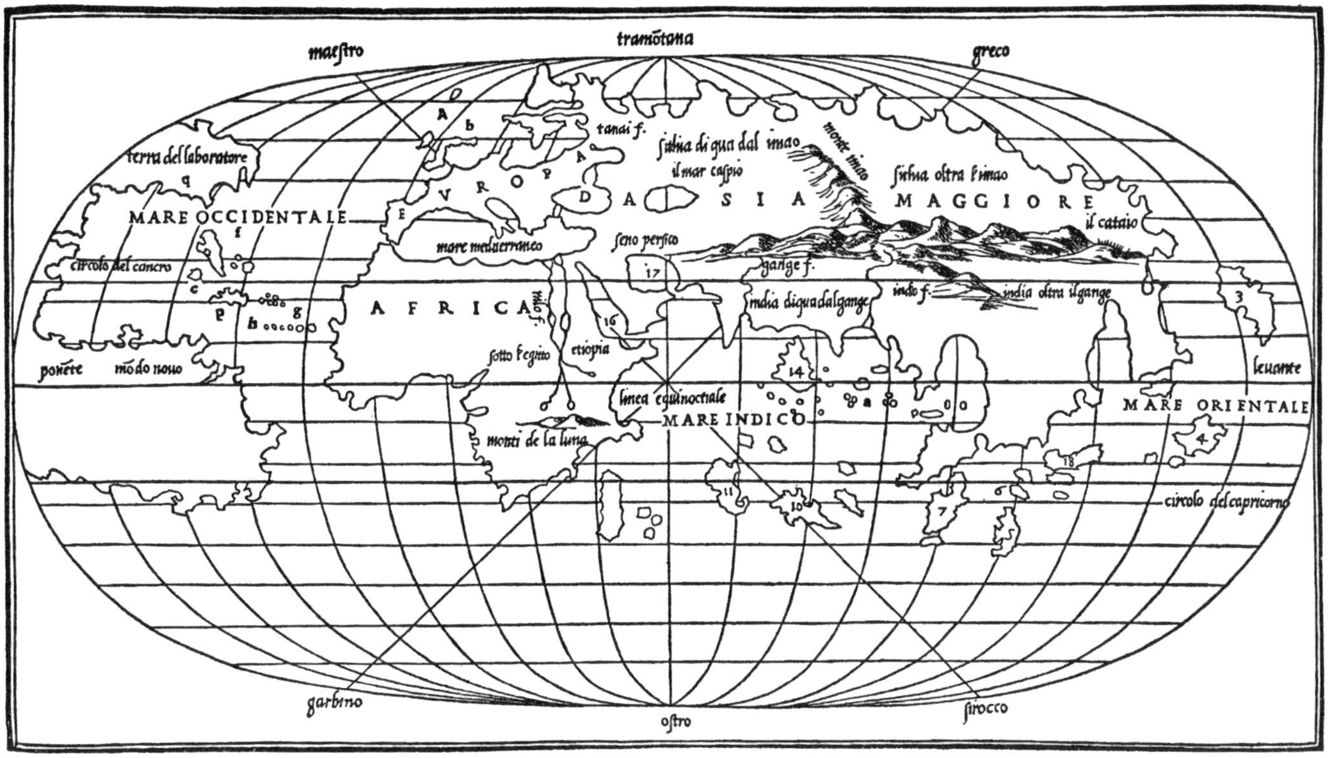

bei den Situationisten wird die Phantasie nicht benutzt, um den Bereich des Wirklichen zu erweitern – dieses Geschäft hat heute die Werbung übernommen. Die künstlerischen Topographien nehmen die Wirklichkeit in den Dienst der Phantasie: Die Utopie ist hier nicht mehr das phantastische Andere des Realen wie auf den klassischen Künstler-Karten; das Reale selbst ist durch und durch unwahrscheinlich und phantastisch – was jeder bezeugen kann, der auf dem Potsdamer Platz einmal nach der Straße suchte, die er vorige Woche noch gefahren ist.

8. Monumente

Künstler beschäftigen sich heute – um eine Unterscheidung Michel Foucaults aufzugreifen – mit *Monumenten* und nicht mit *Dokumenten*.[10] Während das Dokument etwas anderes abbildet und dokumentiert, steht das Monument für sich. Es repräsentiert keine Ordnung, sondern generiert selbst eine neue Ordnung im topographischen Raum. Monumental ist ein solches Wissen, das von den Bedingungen der Bedeutung handelt: beispielsweise das Wissen um die Formationsregeln, die dafür sorgen, welche Dinge auf einer Karte erscheinen und welche nicht – oder, allgemeiner, das Wissen von den Gesetzen, die überhaupt regeln, wie ein realer Ort im neuen kartographischen Raum beschaffen sein wird.

8. Monuments

Artists concern themselves today, to adopt a distinction of Michel Foucault's, with *monuments*, not with *documents*.[10] The document represents and documents something else; the monument stands for itself. It does not represent an order, but generates a new order in topographical space. A knowledge that deals with the preconditions of meaning is monumental: for example, the knowledge of the rules of formation that determine which things appear on a map and which do not – or, more generally, the knowledge of the laws that govern what a real place will be like in the new cartographic space. As on archeological maps, monuments are depicted memorials that also depict the reason for the map's appearance. Modern maps depict streets, highways, and data networks that determine the mode of the map at the same time. Here, the monument is not only the size that a map gives its places; the reverse is the case: the monument also determines the space that is represented in the first place. Because they are at the same time effects and instruments of practices of power, monuments have power over the boundaries of spaces. As the basic unit of the topographical, the monument provides at the same time the storage medium and the code of territories.

中原
黄河
天地心
赤水
日本国
朝鮮国
琉球国

Koreanische Weltkarte / Korean world map, 17.–18. Jahrhundert / 17th–18th century

Wie auf den archäologischen Karten sind Monumente dargestellte Denkmäler, die zugleich den Erscheinungsgrund der Karte darstellen. Auf modernen Karten werden Straßen, Autobahnen und Datennetze abgebildet, die zugleich den Modus der Karte vorgeben. Das Monument ist hier nicht nur diejenige Größe, die einer Karte ihre Orte gibt; umgekehrt bestimmt das Monument auch den Raum, der überhaupt dargestellt wird. Weil sie zugleich Effekte und Instrumente von Machtpraktiken sind, verfügen Monumente über Grenzen von Räumen. Als Grundeinheit des Topographischen ist das Monument zugleich Speichermedium von Territorien als auch dessen Codierung.

Die Möglichkeit einer topographischen Kunst des Monuments ergibt sich aus der Position zwischen den Medien, in denen Künstler heute arbeiten. Sobald Künstler von einem Format der Raumbeschreibung in ein anderes wechseln, müssen sie über die Neuformatierung der künstlichen Welt verfügen. Jedes Mal wenn ein Ort oder ein Raum in ein anderes Medium übertragen wird, jedes Mal, wenn ein Bild digitalisiert wird, liegen die Fragen nach den Formationsregeln und Entstehungsgesetzen des neuen Raums offen: Wie werden Räume und Ereignisse in Flächen codiert? Und wie werden sie aus ihnen ausgelesen? Künstler, die sich mit Topographien beschäftigen, stehen also nicht nur vor der alten territorialen Frage der äußeren Grenze und ihres Verlaufs; ebensosehr stehen sie vor dem neuen topographischen Problem der internen Grenzen, die einen Raum erst von innen heraus entstehen lassen: durch Codes, die in ihm nicht erscheinen.

Was diese Welten im Kopf mit denen Leonardos verbindet, ist die Tatsache, daß sie sich nicht von der Phantasie, sondern von Sachzwängen leiten lassen. Die Karten der zeitgenössischen Topographen entstehen aus einer Komplizenschaft zwischen utopischem Drang und Treue zur Wirklichkeit; sie sind nicht ausgedacht. Wenn die künstlichen Paradiese auch fiktiv sind, so ist es doch die Realität, die das Format vorgibt: Nach dem Fluß kommt die Mündung, auf die Straße folgt die Siedlung. Das ist die Poetik der Karte, in der Logistik und Surrealistik, Berechnung und Obsession, Natur und Navigation neu zusammenfügt sind – was man vielleicht sogar vom Potsdamer Platz in der Rush-hour sagen kann.

1 Marcel Proust, *Auf der Suche nach der verlorenen Zeit*, Bd. 2, Berlin 1976, S. 262.

2 Michel Foucault, *Andere Räume*, zuerst erschienen in: *Idee Prozeß Ergebnis*, Ausstellungskatalog der Internationalen Bauausstellung, Hg.: Senator für Bau- und Wohnungswesen, Berlin 1987. Wiederabgedruckt in: *Aisthesis. Wahrnehmung heute oder Perspektiven einer anderen Ästhetik*, Hg.: Karlheinz Barck, Peter Gente, Heidi Paris, Stefan Richter, Leipzig 1990, S. 34–46. Während Foucault mit seinem

The possibility of a topographical art of the monument results from its position between the media in which artists work today. As soon as artists shift from one format of describing space to another, they must exercise power over the new formatting of the artificial world. Whenever a place or a space is transposed to another medium, whenever an image is digitalized, the questions about the new space's rules of formation and the laws of development are revealed: How are spaces and events encoded in surfaces? And how can they be read out of surfaces again? Artists who are concerned with topographies thus face not only the old territorial question of the outer boundary and its course; they also face the new topographical problem of the internal boundaries that allow a space to arise organically in the first place: through codes that do not appear in it.

What connects these worlds in the mind with those of Leonardo is the fact that they are not guided by imagination, but by practical constraints. The maps of contemporary topographers arise from a complicity between the utopian urge and truth to reality; they are not thought up. If the artificial paradises are fictional, too, then it is still reality that dictates the format: After the river comes the delta, after the street comes the settlement. That is the poetics of the map, in which logistics and surrealism, calculation and obsession, nature and navigation are put together anew – as we can perhaps even say about Potsdamer Platz at rush hour.

1 Marcel Proust, *Remembrance of Things Past*, translated from the German version *Auf der Suche nach der verlorenen Zeit*, Vol. 2, Berlin 1976, p. 262.

2 Michel Foucault, *Andere Räume*, initially published in: *Idee Prozeß Ergebnis*, exhibition catalogue of the Internationale Bauausstellung, ed. Senator für Bau- und Wohnungswesen, Berlin 1987. Reprinted in: *Aisthesis. Wahrnehmung heute oder Perspektiven einer*

Konzept der Heterotopie ganz richtig gesehen hat, daß Räume verschiedenen Ordnungen gehorchen, hat er übersehen, daß diese Heterotopien nicht nur nicht sichtbar sind, weil sie sich an anderen Orten befinden – daß nicht nur Friedhöfe oder Irrenanstalten Heterotopien bilden. Auch topographische Systeme bilden Heterotopien – die sich diesmal nicht nur an einem anderen Ort befinden, sondern die nicht mehr nach einer räumlichen Ordnung funktionieren und deshalb keinen Ort haben. Vgl.: Wolfgang Ernst, *M.edium F.oucault. Weimarer Vorlesungen über Archive, Archäologie, Monumente und Medien*, Weimar 2001.

3 Marcel Proust, *Auf der Suche nach der verlorenen Zeit*, Bd. 1, Berlin 1976, S. 520.

4 Paul Virilio, *Fahren, fahren, fahren*, Berlin 1978.

5 Marcel Proust, *Auf der Suche nach der verlorenen Zeit*, Bd. 1, Berlin 1976, S. 517 f.

6 Ebda., Bd. 4, Berlin 1976, S. 508.

7 Ebda., Bd. 2, Berlin 1976, S. 278.

8 Vgl.: Michel Foucault, *Le langage de l'espace*, in: *Critique*, Nr. 203, April 1964, S. 378–382; wiederabgedruckt in: Michel Foucault, *Dits et Ecrits*, Paris 1994, S. 407–411.

9 Michel Foucault, *Der Wille zum Wissen. Sexualität und Wahrheit I*, Frankfurt/M. 1977, S. 8.

10 Michel Foucault, *Archäologie des Wissens*, Frankfurt/M. 1973, S. 14 f. Vgl. auch: David Stewart, *Why Foucault*, in: *Architecture & Urbanism*, Nr. 121, 1980, S. 101–106 und Georges Teyssot, *Heterotopias and the History of Spaces*, ebda., S. 79–100.

anderen Ästhetik, ed.: Karlheinz Barck, Peter Gente, Heidi Paris, Stefan Richter, Leipzig 1990, p. 34–46. Foucault, with his concept of heterotopy, quite rightly saw that spaces conform to disparate orders, but he overlooked that these heterotopies are not only invisible, because they are found in other places – that not only cemeteries or insane asylums are heterotopies. Topographic systems, too, are heterotopies – heterotopies that are not only located in other places, but that no longer function in accordance with spatial orders and thus have no site. Cf. Wolfgang Ernst, *M.edium F.oucault. Weimarer Vorlesungen über Archive, Archäologie, Monumente und Medien*, Weimar 2001.

3 Marcel Proust, *Auf der Suche nach der verlorenen Zeit*, Vol. 1, Berlin 1976, p. 520. Translated from the German version.

4 Paul Virilio, *Fahren, fahren, fahren*, Berlin 1978.

5 Marcel Proust, *Auf der Suche nach der verlorenen Zeit*, Vol. 1, Berlin 1976, p. 517 f. Translated from the German version.

6 Ibid., Vol. 4, p. 508. Translated from the German version.

7 Ibid., Vol. 2, p. 278. Translated from the German version.

8 Cf. Michel Foucault, *Le langage de l'espace*, in: *Critique*, nr. 203, April 1964, p. 378–382; reprinted in: Michel Foucault, *Dits et Ecrits*, Paris 1994, p. 407–411.

9 Michel Foucault, *Der Wille zum Wissen. Sexualität und Wahrheit I*, Frankfurt/M. 1977, p. 8.

10 Michel Foucault, *Archäologie des Wissens*, Frankfurt/M. 1973, p. 14f. Cf. also: David Stewart, *Why Foucault*, in: *Architecture & Urbanism*, nr. 121, 1980, p. 101–106 and Georges Teyssot, *Heterotopias and the History of Spaces*, ibid., p. 79–100.

Translation: Mitch Cohen

Der öffentliche Körper

Plädoyer für eine neue öffentliche Kunst zur Rückeroberung der Subjektivität

Marius Babias

Drop Sculpture und Stadtmöblierung, „Modell Bürgerbeteiligung" oder „Modell demokratische Kunst" – kein anderes Genre der bildenden Kunst kam in den letzten Jahrzehnten kontroverser in Berührung mit der Öffentlichkeit als die „Kunst im öffentlichen Raum". Totgesagt und immer wieder auferstanden polarisiert sie die Öffentlichkeit, ganz gleich, wie abgegriffen und theoretisch erledigt ihre ästhetischen Strategien auch sein mögen. Der lange Weg der Kunst im öffentlichen Raum von der autonomen Drop Sculpture über die Stadtmöblierung und die partizipatorische Public Art bis hin zur sozialkritischen Interventionspraxis mündete stets in den öffentlichen Skandal, obwohl sich durch die Jahrzehnte die gesellschaftlichen Rahmen- und Produktionsbedigungen permanent veränderten sowie die Bewertunsgkriterien verschoben. Es hat alles nichts genützt: Kunst im öffentlichen Raum – ob im Stadtraum oder in der Landschaft, ob in der Metropole oder in der Provinz – ist das demokratische Gespenst der bildenden Kunst. Es erschreckt die Öffentlichkeit, aber es langweilt die Fachwelt.

Kunst-im-öffentlichen-Raum-Projekte in Landschafts- und sogenannten Kulturräumen sind genauso zum Subgenre einer die Subjektivität verschlingenden „öffentlichen Kunst" geworden wie vorgeblich diskursive Projekte im urbanen Raum. Mögen die kulturpolitischen und ästhetischen Ordnungsprinzipien beider Kontexte – hier Landschaft und Provinz, dort Metropole und Diskurs – noch so unterschiedlich erscheinen, mögen die Beweggründe für die Beauftragung solcher Projekte in Fragen von Stadt- und Landmarketing, Imagewerbung und Tourismus hier wie dort lokalpolitisch sich unterscheiden, so markieren doch beide Kontexte – hier schleichend, dort eruptiv – die Symptome einer dramatischen Veränderung des Öffentlichkeitsbegriffs. Wenn also im folgenden von Kunst im Stadtraum die Rede ist und Projekte in Landschafts- und Kulturräumen außen vor bleiben, dann aus einem einfachen Grund: Die hier erörterten Konfliktlinien zwischen dem Öffentlichen und dem Sozio-Personalen, die längst auch in Landschafts- und Kulturräumen Einzug gehalten haben, lassen sich im dicht bevölkerten und konfliktgeladenen Stadtraum deutlicher beschreiben. Beide, Stadt und Land, sind keine gegenseitig sich ausschließenden Gegensätze mehr, wovon die marxistische Theorie und in neuerer Zeit sowohl die US-amerikanische Gegenkultur als auch in Deutschland die Umweltschutzbewegungen ausgingen, sondern gegenseitig sich durchdringende komplementäre Kräfte derselben Psycho-Ökonomie.

The Public Body

Plea for a New Public Art to Reconquer Subjectivity

Drop sculpture and city furnishing, "model: community involvement" or "model: democratic art" – no other genre in the visual arts came into more controversial contact with the public than "art in public space". Declared for dead and resurrected again and again, it polarizes the public regardless of how worn-out and theoretically done-for its aesthetic strategies might be. The long march of art in public space from the autonomous drop sculpture through city furnishing and participatory public art to the socially critical practice of intervention always led to public scandal, although the social conditions concerning programme and production have undergone continuous change over the course of decades and the criteria of judgement have shifted. None of it worked: art in public space – whether in the city or the countryside, in the metropolis or the provinces – is the democratic ghost of the fine arts. It frightens the public, but it bores the specialists.

Art in public space projects in landscape and so-called cultured areas have turned into a sub-genre of a subjectivity-devouring "art in public" just as much as the purportedly discursive projects in urban areas have. Although the cultural-political and aesthetic ordering principles of both contexts – on the one hand the landscape and the country, on the other the metropolis and the discourse – might appear very different, and although the motives for putting on such projects might, in a local political sense, differ in questions of city and rural marketing, image advertising and tourism – both contexts evince, sometimes insidiously, sometimes eruptively, symptoms of a dramatic change in the concept of public. Thus, if the following is more a discussion on art in the urban environment than on projects in landscape and cultured areas, then it is for the simple reason that the lines of conflict examined here between the public and the socio-

Tätowierter Mann auf Nukahiwa / Tattooed man on Nukahiwa, um / ca. 1810

Der öffentliche Raum ist schon lange nicht mehr im Stadtpark oder auf einem einsamen Feldweg in der Landschaft zu Hause. Dieser imaginierte öffentliche Raum ist nicht mehr Objekt, sondern Subjekt unserer Lebenswelt. Er beschriftet, tätowiert und formt unsere Körper zu „öffentlichen Körpern". Dieser „öffentliche Körper", den wir dann im sogenannten öffentlichen Raum spazierentragen – ob in einem Club oder in einem Vogelschutzgebiet – ist der einzige uns noch verbliebene öffentliche Freiraum – und dieser wird zunehmend mitgeformt vom Spannungsverhältnis zwischen den objektiven Kriterien der gesellschaftlichen Veränderung, die sich aktuell in den Heilsversprechen der Neuen Ökonomie niederschlagen, und dem naiven Beharren auf Individualität im sozio-personalen Alltagsleben.[1]

Das Psycho-Ökonomische und das Sozio-Personale

Es ist eine Banalität, aber Banalitäten haben eine zähe Langlebigkeit an sich. Sie scheinen so selbstverständlich und wirkungsmächtig zu sein, daß sie leicht übersehen werden. So verhält es sich auch mit der Kunst im öffentlichen Raum. Trotz der sukzessiven Umwandlung der Kunst in ein Medium der Subjekt-Reproduktion unter den herrschenden psycho-ökonomischen Bedingungen des Postfordismus, trotz der unübersehbaren Privatisierung öffentlicher Räume und politischer Foren mit dem Effekt, daß der Subjekt-konstituierende Anteil der Kritik zurückgeht und der Anteil der Warenwelt an der identitären Ausformung der Subjektivität zunimmt, und schließlich trotz der seit Mitte der neunziger Jahre heftig geführten Stadtentwicklungs- und Urbanismus-Debatten, die den naiven Öffentlichkeitsbegriff vieler Kunst-im-öffentlichen-Raum-Projekte eigentlich längst erledigt hatten, hält sich dieses Genre hartknäckig.

Was ist schiefgelaufen? Weshalb wird die Öffentlichkeit noch immer mit Kunst-im-öffentlichen-Raum-Projekten konfrontiert bzw. belästigt, die dem alten und überlebten Konzept der Stadtmöblierung folgen, oder – in der neueren Variante der Spaßgesellschaft – als Generatoren lustiger Konflikte fungieren? Weshalb wird der Stadtraum noch immer als ästhetische Problemzone konstruiert, obwohl die dramatischen Veränderungen des Öffentlichkeitsbegriffs sich woanders abspielen, auf dem Feld des Sozio-Personalen und des Psycho-Ökonomischen? Weshalb werden trotz besseren Wissens Konzeptionen eines öffentlichen Imaginären reanimiert, restauriert und reformiert – und zwar derzeit in einem wesentlich problematischeren Abhängigkeitsbereich des Politischen und Kulturellen, als es die vergleichsweise leicht zu durchschauende Stadtmöblierung jemals war, nämlich in jenem politisch überformten Bereich der Kunst-am-Bau?

personal, which also made their appearance in the country quite some time ago, can nonetheless be most clearly described in the densely populated and conflict-laden city space. Both, city and countryside, are no longer two mutually exclusive opposites, an assumption held by Marxist theory and, in more recent times, by both the American counterculture and the German environmental protection movements, but rather two mutually permeating complementary forces of the same psycho-economy. Public space has long since ceased to be at home in the city park or on the lonely country road. This imagined public space is no longer the object, but rather the subject of our living world. It inscribes, tattoos and forms our bodies into "public bodies". This "public body" which we walk around with in the so-called public space – whether in a club or a bird protection area – is the only free public space left to us – and its form is increasingly being influenced by the tense relationship between the objective criteria of social change currently being reflected in the New Economy's promise of salvation and the naïve insistence on individuality in socio-personal daily life.[1]

Erreichen die Nachrichten aus den Metropolen, wo klassische Open-Air-Ausstellungen mit Kunst im öffentlichen Raum so gut wie verschwunden sind und KünstlerInnen statt dessen von städtischen Einrichtungen zu öffentlichkeitskritischen Public-Art-Projekten wie *weitergehen* und *Aussendienst* in Hamburg oder *kunstprojekte_riem* in München regelrecht animiert werden, die Provinz lediglich als leises Echo? Daß in solchen Projekten die Widersprüche der ausgerufenen Zivilgesellschaft an die KünstlerInnen für eine temporäre Problemlösung delegiert werden, was sich zu Zwecken des Stadtmarketings hervorragend eignet, ist nicht verborgen geblieben.

Dennoch stecken in der seit Anfang der neunziger Jahre sich vollziehenden Transformation der öffentlichen Kunst von der Stadtmöblierung zur Public Art und ihren Partizipationsangeboten Möglichkeiten einer kritischen Kunstpraxis, beispielsweise durch die Erprobung von Kollektivmodellen oder Interventionspraxen. Zwar hat sich bis nach Leipzig und Lüneburg herumgesprochen, daß der öffentliche Raum längst nicht mehr auf öffentlichen Plätzen und Straßen im Stadtraum zuhause ist, sondern er es sich auch in den institutionellen Kontrollzonen selbst gemütlich gemacht hat, weshalb immer mehr Kunstvereine, Kunsthallen und Museen auch in der Provinz die zunehmende Entöffentlichung von Information, Wissen und Subjektivität thematisieren. Daß aber die Stoßrichtung dieser institutionellen Initiativen, die auf einmal ihr Herz für Drogenkonsumenten, Obdachlose und moralisch verwahrloste Ghetto-Kids entdeckt haben, auf die Scheinversöhnung sozial-politischer Konflikte und vor allem auf die Ausdrucksbiotope der Subjektivität zielt, sozusagen auf den „öffentlichen Körper" der Subjekte, klammern solche vorgeblich „kritischen" Ausstellungsprojekte zumeist aus.

Kann es sein, daß der Grund für die zunehmende Tätowierung der „öffentlichen Körper" mit künstlerischen Sinnangeboten genau in dieser von den Institutionen geförderten kritischen Kunstpraxis begründet liegt – sozusagen als zyklische Gegenreaktion auf den kommunitaristischen Rigorimus der Public Art? Auch in der Wiederkehr der Stadtmöblierung im Gewande der Kunst-am-Bau-Projekte für die Berliner Bundesbauten läßt sich dieses Strukturmoment erkennen: Die Beauftragung von öffentlicher Kritik in Form von Kunstprojekten ruft die Chimäre einer demokratischen Meinungsfreiheit an, die mit letzter Kraft ihre mühseligen Sinnangebote zusammenkratzt, um behaupten zu können, daß die Kunst frei sei. Längst sind die sozialen Ränder der Gesellschaft zerfranst, die sozio-personale Sphäre und das Alltagsleben fest im Griff der Marketingstrategen, die „öffentlichen Körper" mit Warenlogos übersät, während die KünstlerInnen,

The Psycho-Economic and the Socio-Personal

It is a banality, but banalities have a tough habit of sticking it out. They seem so self-evident and powerful in effect that they can be very easily overlooked. That is how it is with art in public space, as well. Despite art's successive transformation into a medium of subject reproduction under the reigning psychoeconomic conditions of Post-Fordism; despite the all too apparent privatization of public areas and political forums, with the effect that the share of criticism which constitutes the subject is decreasing while the share the consumer world has on the formation of subjective identity is increasing; and finally, despite the debates on city and urban development which have been carried on vehemently since the middle of the nineties and which have actually long since dispensed with the naïve concept of public retained by many art in public space projects – this genre remains stubbornly steadfast.

What went wrong? Why is the public still being confronted with and harassed by art in public space projects that follow the old and overhauled concept of city furnishing, or – in a newer variation of the fun society – that operate as generators of amusing conflicts? Why is the city space still being construed as an aesthetic problem zone, although dramatic changes in the concept of public are happening elsewhere, in the field of the socio-personal and the psycho-economical? Why, even though we know better, are conceptions of a public imagination being reanimated, restored and reformed – and that, for the moment, in a considerably more problematic area of political and cultural contingency than the comparatively easy to see through city furnishing ever was, namely in that politically overworked area of art for architecture? Does the news from the metropolises – where classic open-air

Olaf Metzel
Nicht mit uns / Not with Us, 2000,
kunstprojekte_riem, München

die doch in Wirklichkeit die Grenzen zwischen den „objektiven" und „subjektiven" Kriterien der Veränderung im Dienste der Psycho-Ökonomie verschieben, noch immer die Konstruktion des gesellschaftlichen Imaginären für sich in Anspruch nehmen.

Bitterfelder Weg revisited

Wenn der DDR-Kunst schon nachgesagt wird, daß sie eine gigantische ABM-Maßnahme im Dienste der Staatsideologie war, was soll man über die Westkunst sagen, die in vielen Public-Art-Projekten genau das praktiziert, was der damalige DDR-Staatsratsvorsitzende Walter Ulbricht auf der *Ersten Bitterfelder Konferenz* 1959 von den KünstlerInnen verlangte, nämlich „die Entfremdung zwischen Künstler und Volk zu überwinden". Das Grundparadigma der DDR-Kulturpolitik gründete auf Andor Gabors sogenannte „Geburtshelfertheorie" von 1928, wonach aus bürgerlichen Schichten stammende Autoren bis zu ihrem Verschwinden lediglich dazu gut wären, einem neuen Typus des Arbeiterschriftstellers das Schreiben beizubringen. Ebenso gingen Maler in die Fabriken, um den Arbeitern das Malen beizubringen. Das liest sich heute haargenau wie die Absichtserklärung vieler wohlstandsgelangweilter Akademie-AbgängerInnen, die vorzugsweise in Kunst-im-öffentlichen-Raum-Projekten ihre knospende politische Libido ausleben.

Karl-Heinz Jakob
Mechanisierung der Landwirtschaft / Mechanization of Agriculture, 1961,
Wandbild / wallpainting,
Industrie- und Handelskammer,
Chemnitz

exhibitions with art in public space have more or less disappeared and artists are instead being virtually animated by municipal institutions to take part in public art projects critical of the public such as *weitergehen* (*moving on*) and *Aussendienst* (*public service*) in Hamburg or *kunstprojekte_riem* (*artprojects_riem*) in Munich – reach the provinces as nothing more than a faint echo? It is no secret that in such projects, the contradictions of the self-proclaimed civilian society are being delegated to the artists for a temporary solution to a problem which proves marvelously appropriate for serving the purposes of city marketing.

Despite this, possibilities for critical art practice can be found in the transformation taking place since the beginning of the nineties of art in public space from city furnishing to public art with its offers of participation, for example through the testing out of collective models or practices of intervention. The news may have reached Leipzig and Lüneburg that the public arena has long since ceased to be at home on the public squares and streets of the city, but has rather made itself comfortable in the institutional zones of control themselves, for which reason more and more art cooperatives and other exhibition spaces and museums, in the provinces as well, are addressing the decrease in public access to information, knowledge and subjectivity. That the main thrust of these institutional initiatives, however, which have all of a sudden discovered a heart for drug addicts, morally destitute ghetto kids and the homeless, aim for a mere semblance of reconciliation of social political conflicts and, above all, for the expressive biotope of subjectivity, so to speak for the "public body" of the subjects, is for the most part avoided by such purportedly "critical" exhibition projects.

Is it possible that the reason for the increasing tattooing of the "public body" with artistic offers of meaning lies founded in precisely this critical art practice currently being sponsored by the institutions – so to speak as a cyclical counteraction to the communitarian rigorism of public art? This structural feature can also be recognized in the return of city furnishing in the guise of art for architecture projects for Berlin's federal buildings: The contracting of public criticism in the form of art projects conjures up the chimera of a

Die *Bitterfelder Weg*-Doktrin war spätestens 1978 überwunden. In der *8. Kunstausstellung der DDR* 1978 setzte die Leipziger Schule ein neues Genre durch: das „Problembild". Das „Problembild" ist eine weitere verblüffende Parallele zur heutigen Situation: Die Leipziger Schule verband die affirmative Kritik an den gesellschaftlichen Verhältnissen mit einem strikten Neo-Akademismus und wurde bis zum Mauerfall für die DDR-Nationalkultur identitätstiftend. Genau darin, könnte man ironisch folgern, besteht heute wieder die Aufgabe der reanimierten Stadtmöblierung im Gewande der Berliner Kunst-am-Bau-Projekte, nämlich identitäre Sinnangebote, eben schöne „Problembilder" für die Schrödersche Zivilgesellschaft bereitzustellen.

Die künstlerische Ausstattung der Berliner Regierungsbauten hat zwar die Diskussion kurzzeitig neu entfacht und den Aktionsradius von Kunst im öffentlichen Raum scheinbar neu vermessen – sozusagen im inneren Außenraum der Gesellschaft, dem Parlament –, doch wurde weder diese hauptsächlich um den dürftigen Topos der „Berliner Republik" zentrierte Diskussion in eine generelle Debatte um die neuartigen sozio-personalen und kulturellen Expeditionen des Politischen positioniert noch wurde die Frage nach der ästhetischen Strategie der jeweiligen Projekte grundlegend neu erörtert. So sind die allermeisten Projekte Ausdruck einer amorphen künstlerischen Individualität und einer sportiven Dabei-sein-ist-alles-Strategie geblieben.

Man ist ja schon dankbar, daß die Graffiti, die russische Soldaten bei der Eroberung des Reichstags 1945 im Gemäuer hinterlassen hatten, nun als historisches Ornament dessen Gänge und Flure zieren, obwohl der Hintergedanke der Planer ein anderer war: dem Reichstag eine archäologische Anmutung zu geben, ihn in eine neuzeitlich-demokratische Höhle von Lascaux zu verwandeln.

democratic freedom of opinion which gathers together its wearisome offers of meaning with a last breath in order to assert that art is free. The social edges of society have long since become frayed, the socio-personal sphere and everyday life are firmly in the clutches of the marketing strategists, the "public body" strewn with product logos, whereas the artists, who in reality shift the boundary between the "objective" and "subjective" criteria of change in the service of the psycho-economy, still lay claim to the construction of the socially imaginary.

Bitterfeld Revisited

If the art of the GDR is said to have been a gigantic work-generating measure in the service of state ideology, what should be said about Western art, which in public art projects practices precisely what the former GDR Chairman of the Council of State Walter Ulbricht demanded of the artists at the *First Bitterfeld Conference* in 1959 – namely "to overcome the alienation between artists and the people". The founding paradigm of the GDR's cultural politics was based on Andor Gabor's so-called "birth assistance theory" of 1928, according to which authors coming from the bourgeois classes were merely good for teaching a new type of working class writer how to write. Painters, as well,

Graffiti russischer Soldaten / Graffiti by Russian soldiers, 1945, Reichstag, Berlin

Sogar der Diskussionsstand von 1987, als die „Modell-Bauer" Reinhard Mucha und Thomas Schütte in ihren öffentlichen Skulpturen in Münster das Konfliktbewußtsein der Künstlerpersönlichkeit in Beziehung setzten zur ästhetischen Konvention der Werkautonomie, wurde in den Projekten für die Berliner Bundesbauten spielend unterschritten.[2]

Dabei hätten sich aus der Konstellation der Auftragsvergabe durch den Bund brisante Fragen ergeben müssen. Ein Projekt – Hans Haackes *Der Bevölkerung* – wagte den Konflikt, auch wenn die öffentliche Diskussion darüber als Provokationskalkül abgestempelt wurde und die eigentliche Brisanz verdeckte. Es mußte schon etwas politisch zutiefst Beunruhigendes dran sein an diesem Projekt, wenn die Vorsitzende des Kunstbeirats Rita Süssmuth in der Parlamentsdebatte vor der Abstimmung die eigene CDU-Fraktion vor dem falschen politischen Signal nach rechtsaußen warnte. Hans Haacke wird einfach den Ruf nicht los, ein kunstpolitischer Provokateur zu sein. Von links nach rechtsaußen waren sich viele Kritiker einig. Sie argumentierten, Haacke habe doch einen hübschen Medienerfolg erzielt, eine Realisierung sei überflüssig, da der Künstler seine Aufgabe bereits erfüllt habe, nämlich im ästhetischen Konflikt zugleich den politischen sichtbar gemacht zu haben. Mehr könne kritische Kunst nicht leisten. Diesem Argument ist ent-

went to the factories to teach the workers there how to paint. This sounds exactly like the departing declaration of many academy graduates who are bored by an affluent society and who prefer to live out their budding political libido in art in public space projects.

The *Bitterfeld Weg* doctrine was overcome in 1978 at the very latest. In the *8th Art Exhibition of the GDR* 1978, the Leipzig School prevailed with a new genre: the "problem painting". The "problem painting" is another amazing parallel to today's situation: the Leipzig School combined affirmative criticism of social conditions with a strict neo-academicism and became identity-forming for the GDR's national culture up until the fall of the Berlin Wall. One could come to the ironic conclusion that the task of the reanimated city furnishing in the guise of Berlin's art for architecture projects lies precisely therein – that is, in providing meaningful offers for identity, and thus nice "problem paintings" for Schröder's civilian society.

The artistic furnishing of Berlin's governmental buildings might have temporarily provoked the discussion anew and apparently redefined the radius of activity of art in public space, so to speak in the interior outdoor space of society, the parliament; neither this discussion, however – centered as it was around the shabby topos of the "Berlin Republic" – was integrated into a general debate on the new socio-personal and cultural expeditions of the political, nor was the question as to the aesthetic strategies of the respective projects discussed in a fundamentally new manner. Thus, most of the projects remained an expression of an amorphous artistic individuality and a sportive strategy of "being there is everything".

One can be thankful that the graffiti Russian soldiers left behind on the walls after conquering the Reichstag in 1945 now decorate the halls and passageways of the Reichstag as a historical ornament, although another thought was at the back of the planner's mind: to lend the Reichstag a sense of the archaeological, to transform it into a modern democratic cave of Lascaux.

The projects for the Berlin federal buildings even fell well short of the state of discussion from 1987, when the "model builders" Reinhard Mucha and Thomas Schütte, with their public sculptures in Münster, set the consciousness of conflict of the artist's personality in relation to the aesthetic convention of the work's autonomy.[2]

Here, explosive questions would have had to ensue out of the constellation in contract allocation on the part of the federal government. One project – Hans

Hans Haacke
Der Bevölkerung / To the Populace,
2000, Reichstag, Berlin

schieden zu widersprechen, da es die kritische Rolle des Künstlers bei der Befragung des gesellschaftlichen Wandels und Umbaus, so wie Haacke sie versteht, loslöst aus dem werkautonomen Kontext und statt dessen zum Gegenstand eines je nach Stimmungslage und Parteipolitik wechselnden Interesses macht. Die Absurdität der Debatte, die weder Teil des Kunstwerks noch ihr Ersatz sein kann, drückte sich in der vorauseilenden und emotionsgeladenen Interpretation eines Werks aus, das noch gar nicht existierte. Es war ein Versuch der Politik, kulturelle Deutungshoheit zu erlangen.[3]

Etwas anderes machte die Haacke-Debatte ganz nebenbei deutlich: Der „öffentliche Raum" und die in der Demokratie hochgehaltene „öffentliche Meinung" sind die Konstrukte eines übergreifenden medialen Erzähl- und Erlebnisraums geworden, in dem Konflikte generiert und gesellschaftliche Widersprüche skandalisiert werden sollen.

Der „virtuelle Körper" von morgen

André Gorz hat im Kontext seiner Überlegungen zum Verschwinden der fordistischen Arbeitsgesellschaft den „virtuellen Körper" von morgen folgendermaßen beschrieben: „Die allgegenwärtige Digitalisierung schafft nicht nur die Arbeit (im Sinne von *poiesis*) ab, also die körperlichen und manuellen Fertigkeiten. Sie schafft auch die sinnlich erfahrbare Welt ab ... Sie disqualifiziert die Sinne, setzt die Gewißheit außer Kraft und entzieht den Boden unter den Füßen. Immer leistungsstärkere Prothesen ersetzen die Sinnesorgane. Mikromotoren werden in den Körper eingepflanzt, kolonisieren und motorisieren ihn. Elektronische Simulationen treten an die Stelle der Reize der fühlbaren Welt, verschaffen dem Körper intensivere Lustgefühle als das unangemessen gewordene Wahrnehmunsgvermögen und überkompensieren durch Halluzinationen die Ungreifbarkeit der virtuellen Welt."[4]

Haacke's *Der Bevölkerung* (*To The Populace*) – dared take on the conflict, even if the public discussion over it was labeled a calculated provocation and concealed the actual explosiveness. There must have been something politically deeply unsettling about this project if the chairwoman of the art committee, Rita Süssmuth, warned her own CDU (Christian Democratic Union) fraction against sending the wrong political signal to the extreme right in the parliament debate preceding the vote. Hans Haacke just cannot shake off the reputation of being an art political provocateur. From the left to the far right, many critics agreed, arguing that Haacke was shooting for a nice little media success, that a realization was superfluous, and that the artist had already fulfilled his task, which was to make the political conflict simultaneously visible in the aesthetic conflict. Critical art cannot achieve anything more than this. This argument should be decisively contradicted, because it removes the artist's critical role in questioning social change and restructuring, in the way Haacke understands it, from the context of the autonomous work, making it instead into the object of an interest which changes according to the current mood and party politics. The absurdity of the debate, which was neither part of the art work nor capable of serving as its substitute, was expressed in the hasty and emotionally laden interpretation of a work which did not yet even exist. It was an attempt on the part of politics to attain a cultural sovereignty of interpretation.[3]

Entirely on the side, the Haacke debate made something else clear: the "public space" and the "public opinion" held so high by democracy have become the constructs of an extensive media space of narration and experience in which conflicts are supposed to be generated and social contradictions scandalized.

Horst Sakulowski
Porträt nach Dienstschluß / Portrait after Working Hours, 1976, Stadtmuseum Jena

Mit anderen Worten: Der technologische Fortschritt, der untrennbar verbunden ist mit den Glücksversprechen der Neuen Ökonomie, hat einen hohen Preis: den Verlust der eigenen Welt und des eigenen Körpers, der zum virtuellen Träger des Technologischen wird. Die Techno-Wissenschaft wird gleichsam zum Subjekt der Produktion, des Denkens und des Werdens, sie hebt die Grenze zwischen dem Technischen und dem Lebendigen auf. Zur neuen Leitdisziplin der Humanwissenschaften, so Gorz, würde die sogenannte „Technosophie" aufsteigen – „ein totaler Sieg des immateriell gewordenen Kapitals ..., dem es dadurch gelingt, die Menschen ihres Körpers und ihrer Welt zu enteignen, um sich ihr Leben total zu eigen zu machen".[5]

Das ist Psycho-Ökonomie: Die sozio-personale Sphäre und das Alltagsleben, die scheinbar letzten noch verbliebenen Ausdrucksbiotope der Subjektivität, werden bevölkert von „öffentlichen Körpern", die Cyborgs und Produktionsmittel in einem, also zugleich Kapital, Ware und Arbeit sind. Der „öffentliche Körper" trägt die Warenlogos der Psycho-Ökonomie spazieren, in ihm sind die Antagonismen zwischen den Klassen und Schichten eingeschmolzen, er ist eine Legierung des Technologischen und des Lebendigen.

Der Cyber-Sports-Imperativ

Welche Rolle die Warenwelt bei der identitären Ausformung des „öffentlichen Körpers" spielt, zeigt das neue Branding-Konzept des Nike-Konzerns, der sich von einem Turnschuh-Hersteller in einen Symbolproduzenten verwandelt hat und in seinem [techlab in Oregon den neuen Cyber-Sports-Imperativ konfektioniert. Bei der Eröffnung von Niketown 1999 in Berlin wurde noch der urbane Raum als Brand gesetzt: „Laß dich nicht von deiner Stadt ausnutzen. Nutze deine Stadt aus", lautete das damalige Motto. Neuerdings hat sich die Marketingstrategie noch weiter vom eigentlichen Produkt entfernt, [techlab zielt auf das Subjekt selbst und auf seine Transformation in einen „öffentlichen Körper". Das eigentliche Produkt – der Sneaker, der die Transzendierung seines Gebrauchswerts vollzogen hat –

The "Virtual Body" of Tomorrow

André Gorz, in the context of his considerations on the disappearance of the Fordian working society, described the "virtual body" of tomorrow as follows: "The ubiquitous digitalization is not only doing away with work (in the sense of poiesis), that is, with the physical and manual skills. It is also doing away with the sensually experienceable world ... It disqualifies the senses, abolishes certitude and pulls the rug out from underneath our feet. More and more powerful prostheses are replacing the sensory organs. Micromotors are being planted into the body, colonizing and motorizing it. Electronic stimulations are replacing the stimuli of the palpable world, delivering the body more intensive feelings of pleasure than the perceptual faculties, which have grown deficient, and over-compensating the intangibility of the virtual world with hallucinations."[4]

In other words: technological progress, which is inseparably connected to the happiness promised by the New Economy, carries a high price: the loss of one's own world and one's own body, which is turned into a virtual carrier of the technological. Techno-science becomes, as it were, the subject of production, thought and development; it does away with the boundary between the technological and the living. According to Gorz, the so-called "technosophy" would rise up to the level of a new chief discipline in the humanities – "a total victory of capital, which has become immaterial ... which succeeds, by robbing humans of their bodies and their world, in making their lives totally its own."[5]

That is the psycho-economy: the socio-personal sphere and everyday life, the seemingly last remaining expressive biotopes of subjectivity, are becoming populated by "public bodies", which are cyborgs and production means in one, that is capital, goods and labor all at the same time. The "public body" carries

Nike-Werbung / Nike advertisement, 2001 (Women need innovations of their own)

wird zum Trägermedium einer paramilitärischen Vorstellung des Körpers. Nicht Turnschuhe sollen verkauft werden, sondern, wie es Tom Holert formuliert, „Lifestyle-Optionen und Sinn-Angebote"[6]. Nike konstruiert derzeit das Bild des Cyber-Sportlers, dessen Techno-Körper mit anderen geistigen Fähigkeiten verschmilzt. Athletische Anforderungen wie Ausdauer und Kraft werden verkoppelt mit Intelligenz – der Cyborg als theoretisches Modell der neuen Subjektivität. In dieser Modellierung eines neuen Sportler-Körpers ist die symbolische Beziehung zur Techno-Industrie, zur Nano-, Gen- und Bio- und IT-Technologie evident.

Die Rückeroberung der Subjektivität

Die KünstlerInnen der Public Art Mitte der neunziger Jahre agierten im Bewußtsein, daß Kunst Ausdruck einer gesellschaftlichen Dauerkrise ist. Sie entwarfen Modelle kritischer Teilhabe im Feld des Politischen und des Kulturellen. Sie schlüpften oftmals in parallel geschaltete, verschiedenartige Rollen, Medien und Genres. Sie akzentuierten ihre Rolle als KulturproduzentInnen neu und beschäftigten sich mit gesellschaftlichen Rahmenbedingungen der Kunstproduktion, mit Stadtentwicklung, mit dem Internet, Körperpolitiken, Techno- und Club-Kultur. „Welche gesellschaftlichen Effekte erzielen künstlerische Projekte überhaupt?", fragte das Projekt *weitergehen* der Kulturbehörde Hamburg.[7] Zwei Jahre später könnte die Antwort lauten: Die Rückeroberung der Subjektivität ist die dringendste Aufgabe von Kunst im öffentlichen Raum, d. h. den „öffentlichen Körper" als theoretisches Modell der Psycho-Ökonomie zu kritisieren und gewissermaßen die Warenlogos von ihm abzurubbeln. Dieser zur Zeit sich ausformende „öffentliche Körper" ist der Untersuchungsgegenstand einer neuen öffentlichen Kunst.

the product logos of the psycho-economy around on itself, the antagonisms between the classes and social strata are melded within it; it is an alloy of the technological and the living.

The Cyber-Sports Imperative

What role the product world plays in the formation of the identity of the "public body" can be seen in the new brand concept of the Nike concern, which has transformed from being a manufacturer of athletic shoes into a producer of symbols and which manufactures the new cyber-sports imperative in its Oregon [techlab. At the opening of Niketown in Berlin in 1999, the urban space was cast as a brand, as well: "Do not let yourself be exploited by your city. Exploit your city" was how the motto went. Recently, the marketing strategy has removed itself even further from the actual product; [techlab is aiming for the subject itself and its transformation into a "public body". The actual product – the sneaker, which has absolved the transcendence of its product value – becomes the carrying medium of a paramilitary idea of the body. It is not athletic shoes that are being sold here, but rather, as Tom Holert formulates it, "lifestyle options and options for meaning". Nike is presently construing the image of the cyber-athlete, whose techno-body melds with other mental faculties. Athletic demands such as stamina and strength are coupled with intelligence – the cyborg as a theoretical model of the new subjectivity. In this modeling of a new athletic body, the symbolical relationship to the techno-industry, the nano-, genetic, bio- and IT-technology is evident.

The Reconquering of Subjectivity

In the middle of the nineties, the artists of public art were operating in the consciousness that art is an expression of an extended social crisis. They designed models for critical participation in the political and cultural field. They often slipped into parallel roles, media and genres of different types. They accentuated their role as the producers of culture anew and involved themselves with social conditions of art production, with urban development, with the internet, body politics, techno and club culture. "Which social effects do artistic projects bring about, anyway?" Hamburg's cultural authorities' project *weitergehen* (*moving on*) asked.[7] Two years later, the answer could be: the reconquering of subjectivity is the most urgent task of art in public space, that is, to criticize the "public body" as a theoretical model of the psycho-economy and to a certain extent to rub the product logos off it. This "public body" currently in formation is the object of examination of a new public art.

1 Auch wenn die Neue Ökonomie an den Börsen eingebrochen ist und ironischerweise zu Maßnahmen der Alten Ökonomie greift, zu Entlassungen von Mitarbeitern, so stellt sie nach wie vor eine die Fantasie beflügelnde Ausbeutungsressource bereit, nämlich Zukünftigkeit. Diese Zukünftigkeit drückt sich trotz der aktuellen Krise der New Economy beispielsweise im Euphemismus „Next Economy" aus.

2 Der Ansatz der „Modell-Bauer" biete „die Chance, durch den Prozeß des modellhaften, exemplarischen Durchspielens von alternativen Möglichkeiten der Orientierung dienen zu können, sofern es sich bewußt um ein vorübergehendes Durchgangsstadium handelt, das sich die Klärung der eigenen Position zum Ziel setzt. Sie birgt aber zugleich das Risiko, sich in einer koketten Eitelkeit über das intellektuelle Virtuosentum zu erschöpfen, denn der Zustand einer allgemeinen Verunsicherung und Perspektivlosigkeit läuft Gefahr, theoretisch legitimiert und festgeschrieben zu werden, wenn das spielerische Moment des Relativismus zu kurz kommt und das theoretische Training der Dialektik zum Selbstzweck wird." Vgl.: Hannelore Kersting, *Kunst-Modelle*, in: *Skulpturen Projekte in Münster 1987*, Hg.: Klaus Bußmann und Kasper König, Köln 1987, S. 367.

3 Die Publikation zur Haacke-Ausstellung im Frankfurter Portikus enthält Faksimiles und eine komplette und Guiness-Buch-rekordverdächtige Bibliografie der Zeitungsartikel und Kommentare. Vgl.: Hans Haacke, *Der Bevölkerung*, Köln 2000.

4 André Gorz, *Arbeit zwischen Misere und Utopie*, Frankfurt / M. 2000, S. 162.

5 Ebda., S. 164.

6 „Brainware im Strukturwandel" , Interview mit Tom Holert von Krystian Woznicki, in: *Springerin*, Bd. IV, Heft 4 (Dez. 2000–Feb. 2001), S. 6–9.

7 Vgl.: Hg.: Marius Babias, Achim Könneke, *Die Kunst des Öffentlichen. Projekte / Ideen / Stadtplanungsprozesse im politischen / sozialen / öffentlichen Raum*, Amsterdam-Dresden 1998.

1 Even though the New Economy has broken down on the stock market and, ironically, is resorting to methods of the Old Economy – sacking workers – it still provides a resource for exploitation that fires the imagination: the promise of the future. Despite the present crisis of the New Economy, this is expressed in the euphemism "Next Economy".

2 The approach of the "model-builders" offers "the opportunity of helping orientation by working through alternative possibilities using models and examples – provided we are aware that we are dealing with a transitional phase aimed at clarifying one's position. But it also risks exhausting itself in exaggerated vanity about intellectual virtuosity, because there is a danger that the situation of general insecurity and lack of perspective will be theoretically legitimated and endorsed if the playful moment of relativism does not get its due and the theoretical training of the dialectic becomes an end in itself." Cf. Hannelore Kersting, Kunst-Modelle, in: *Skulpturen Projekte in Münster 1987*, ed. Klaus Bußmann and Kasper König, Cologne 1987, p. 367.

3 The publication on the Haacke exhibition in the Portikus in Frankfurt contains facsimiles and a complete bibliography of newspaper articles and commentaries suspiciously reminiscent of the *Guiness Book of Records*. Cf. Hans Haacke, *Der Bevölkerung*, Köln 2000.

4 André Gorz, *Arbeit zwischen Misere und Utopie*, Frankfurt / M. 2000, p. 162.

5 Ibid., p. 164.

6 "Brainware im Strukturwandel" (Brainware in Structural Change), interview with Tom Holert by Krystian Woznicki, in: *Springerin*, vol. 4, no. 4 (Dec. 2000–Feb. 2001), pp. 6–9.

7 Cf. eds. Marius Babias, Achim Könnecke, *Die Kunst des Öffentlichen. Projekte / Ideen / Stadtplanungsprozesse im politischen / sozialen / öffentlichen Raum*, Amsterdam-Dresden 1998

Translation: Andrea Scrima

Was geschieht eigentlich mit der Natur, wenn plötzlich eine Skulptur in ihr errichtet wird?

What Actually Happens to Nature When a Sculpture is Suddenly Erected in It?

Raimund Stecker

Sehen wir unseren Alltag mit den Augen eines Ästheten? Nehmen wir wahr – so wäre *Ästhetik* eigentlich zu übersetzen – nehmen wir wahr, was uns in unserem normalen und alltäglichen Umfeld begegnet? Schauen wir beispielsweise Natur oder sehen wir nur hin? Schauen wir auf ein Feld oder fragen wir nur nach Nutzen und Ertrag? Schauen wir einen Baum auch, indem wir nach seinem Wesen fragen oder gucken wir ihn nur an? Betrachten wir, was uns umgibt – bringen wir das uns umgebende Ungeordnete, dieses Chaos, in unseren Kosmos des Bewußtgewordenen oder belassen wir es, mehr oder minder nicht wahrgenommen, außerhalb unseres Erfahrungshorizonts?

Vermessen wäre es zu behaupten, wir täten's, wir sähen unseren Alltag mit den Augen eines Ästheten, wir nähmen wahr und machten uns so alles bewußt! Vielmehr hat das flüchtige Nebenbeihinsehen, das oberflächliche Checken, verdrängt, was zur Wahrnehmung und in ihrer Folge zur Erkenntnis unabdingbar ist. Das unter die Haut dringende Betrachten, mithin das profund Ästhetische, das mit den Sinnen Wahrnehmen scheint dementgegen am Beginn des 21. Jahrhunderts außer Mode geraten.

Eine Folge dessen ist es – und sie ist als ein signalhaft lautes Zeichen der Zeit zu werten –, daß ein für die einen zur Existenzsicherung notwendiges Umfeld für andere zum bloßen Anguckobjekt umge*wertet* wird. Der fruchtbare Acker beispielsweise geriert sich so bildlich zur monochromen Fläche. Und eine andere, profund auf ihr basierende und durch die apparative Bildtechnologie noch forcierte Folge ist es, daß so alles zum kurz beachteten Motiv und schnellen Bild wird. Dies muß aber nicht nur negativ sein, ist man bereit zu verstehen, daß darin auch ein Vermögen steckt. So gilt fraglos letzteres als Folge des Vorherigen für all das, was wir mit dem Begriff *Natur* fassen. Ein Blick in nahezu jeden Urlaubsfilm liefert den Beweis dafür, daß wir uns so, d.h. bloß hinguckend und nicht anders verhalten. Geknipst wird die Alm, der Obstbaum, der Wald, der Flußlauf, die Aue und das Rapsfeld, geknipst wird der Reisbauer in Indien, der unter ärmlichsten Bedingungen sein Feld bestellt oder die Ernte einholt.

Schnell wurden die Motive gesehen, zügig wurden sie aufgenommen und nebenbei werden die Photos sich angeschaut. Die Ruhe, die Zeit der Betrachtung, die der Maler oder Zeichner sich nahm, sie ist heutzutage so wenig nötig, wie die Muße, von der Öko-Ideologen träumen, denken sie an das Bestellen der Felder.

Do we see our everyday life with the eyes of an aesthete? Do we perceive – for that is the actual meaning of aesthetic – do we perceive what we come across in our normal everyday environment? For instance, do we see nature or merely look at it? Do we look at a field or just ask about its utilisation and yield? Do we see a tree in the sense that we also ask about its essence or do we merely look at it? Do we observe what is around us – do we bring the disorder surrounding us, this chaos, into our cosmos of things we have become conscious of, or do we leave it, more or less unperceived, outside our horizon of experience?

It would be presumptious to claim that we did this, that we saw our daily life with the eyes of an aesthete, that we perceive and thus make ourselves conscious of everything! Rather, the fleeting glance, the superficial check has suppressed what is indispensable for perception and subsequent cognition. Observation that gets under the skin, which means the profoundly aesthetic, perceiving with the senses seems to have gone out of fashion at the beginning of the twenty first century.

One result of this – which should be regarded as an indicatively loud sign of the times – is that what is for some people a necessary environment for securing

Atlasreisen, Werbung / advertisement, 2001

Genuines Wissen um die Bedingungen vor Ort wird nicht mehr vorausgesetzt (dies kauft man sich allenfalls von Beratern ein). Naturverständnis wird nicht eingefordert (dies scheint genauso für den Agrartechnologen zu gelten wie für den entfremdeten Bildner, wie für den Nebenbeibildbetrachter).

Auf der anderen Seite ist hingegen festzuhalten, daß viel mehr Bilder und daß von allem Bilder gemacht werden – was ohne Zweifel eben auch (zumindest potentiell) ein Vermögen darstellt. Alles wird Bild, obwohl selbstverständlich dabei der Preis für unseren Film nicht selten den Tagelohn des fotografierten Bauern übersteigt und obwohl selbstverständlich sich weder die Mühsal des Existentiellen noch das notwendige Wissen um den Reisanbau und die Ernte bildlich widerspiegeln.

Nun, was hat diese dialektisch moralische Gemahnung mit einem Kunstprojekt zu tun, das ein Dutzend international eingeladene Künstler auf dem *platten Land* zwischen Münster und Osnabrück versammelt? Zum einen handelt es sich bei dieser Region, in der die *Skulptur-Biennale Münsterland* nun zum zweiten Mal stattfindet, um einen Landstrich, in dem das Verhältnis der Bevölkerung zur Natur auch – ja vor allem! – (noch) ein ökonomisch existentielles ist und nur kaum ein visuelles. Des weiteren will mit dieser moralisierenden Gemahnung behauptet werden, daß Natur *bildlich* wahrzunehmen, gleichsam divertierender Alltag vor allem für diejenigen geworden ist, die in keinem existentiellen Abhängigkeitsverhältnis zur Natur stehen. Und schlußendlich soll festgehalten werden, daß Bilder entstehen – und das heißt: Natur wird in einen anderen und zwar in einen zumindest potentiell *ästhetischen* Kontext überführt.

Die Natur, so wäre zu formulieren, verändert ihr Gesicht durch das Verhältnis, mit dem ihr der Mensch begegnet. Natur also wird dadurch, daß immer weniger Menschen zu ihr in einem existentiellen Verhältnis sich befinden und durch die alltägliche Möglichkeit der Übertretung des Gebotes, sich kein Bild zu machen, Stück für Stück zum einen zum reinen Anguckobjekt, zum anderen mutiert sie

existence is re-*evaluated* for others into a mere object to look at. For example, the fertile field is transformed pictorially into the monochrome surface. And another result profoundly based on this and reinforced by the use of picture technology equipment is that everything becomes a briefly-noticed subject and quick picture. But this does not only have to be negative, if we are prepared to understand that there is also hidden treasure in it. Following what I have said above, this undoubtedly applies to everything we understand by the term *nature*. A glance at almost all holiday films proves that we behave like that and not differently, i.e. we simply look at things. We take snapshots of the mountain pasture, the fruit tree, the forest, the river course, the meadow and the rapeseed field, snapshots of the rice farmer in India cultivating his field under the poorest conditions or bringing in the harvest.

The subjects are seen quickly and snapped swiftly and the photos are looked at on the side. The peace, the time for observation that the painter or draughtsman used to take is as little necessary today as the leisure that ecological ideologists dream of when they think about the cultivation of fields. Genuine knowledge about the conditions on the spot is no longer a precondition (if necessary, one can buy this knowledge from consultants). Understanding of nature is not required (this seems to apply just as much to the agrarian technologist as to the alienated sculptor and the person who looks at pictures on the side).

On the other hand we should note that many more pictures are made and that pictures are made by everyone – which undoubtedly also represents a treasure (at least potentially). Everything becomes a picture, though obviously the price of our film is often more than the daily wage of the photographed farmers and obviously the picture does not visually reflect the existential struggle nor the necessary knowledge of rice growing and the harvest.

Now what does this dialectical moralistic reminder have to do with an art project that gathers a dozen invited international artists to the *flat land* between Münster and Osnabrück? For one thing, the region where the *Sculpture Biennial Münsterland* is being held for the second time is an area in which the population's relationship to nature is – above all! – (still) an economically existential relationship and only barely a visual one. What is more, with this moralising reminder I want to claim that perceiving nature *pictorially* has become, as it were, a diverting everyday activity particularly for those who have no dependent relationship to nature. And finally we should note

Fränkische-Schweiz-Museum,
Tüchersfeld,
Deutschland / Germany

Baldassare Lanci
Scenografia / Entwurf für ein Bühnenbild / Scenery,
Mitte 16. Jahrhundert / Middle of 16th century,
Gabinetto Disegni e Stampe degli Uffizi, Florenz / Florence

idealiter zum Anschauungsobjekt, zum ästhetischen Gegenstand. Die Tatsache also, daß man sich mehr und mehr Bilder von der Natur macht, entkräftet nicht nur das Existentielle, sondern adelt auch das Anschauliche. Ja, in dem Maße, in dem das existentielle Interesse schwindet, scheint das ästhetische zuzunehmen.

Dies zeitigt bisweilen fatale Folgen. Folgen, die das Bild über die Natur stellen. Denn das ideale Bild der Natur bestimmt immer präsenter ihr Aussehen. So fußen beispielsweise Landschaftsschutzauflagen nicht selten auf visuellen Vorstellungen, darauf, daß ein *ideales Landschaftsbild* Realität werden oder bleiben soll, darauf, daß, wie der Begriff schon sagt, eine geistige Vorstellung von Landschaft in der Natur Wirklichkeit werden, daß also gleichsam ein synthetisches Konzept Realität erlangen soll, daß – zugespitzt formuliert: ein domestiziertes *Bild* von Landschaft das nur noch scheinbar gewachsene Landschaftsbild bestimmt, ja, in letzter Konsequenz dieses sogar ersetzt.

Wo anders denn in der Kunst können dergestaltige Anliegen ihre Wurzeln haben? So, wie aus Vermessungen des Menschen ideale Maße für die Darstellungen des Menschen extrapoliert wurden mit dem heute greifbaren Ergebnis, daß wir Menschen zu schaffen in der Lage sind, die einem geistigen Idealbild vom Menschen entsprechen, so verhält es sich auch mit der Natur – und im Detail mit der Landschaft. Die Kultur, das menschliche Streben des Beackerns, siegt über die Natur, also über das, was eigenen Gesetzen folgend so wächst, wie es aus sich heraus angelegt – *genetisch determiniert* würde man heute sagen – wächst. Das Sosein tritt mithin an die Stelle des Soseinsollens. Zumindest scheint dies so. Das Wort *vermessen* offenbart also spätestens hier seinen janusköpfigen Sinn: Wie vermessen ist eigentlich das Vermessen?

that pictures are created – and that means: nature is transferred to another context, in fact a context that is at least potentially *aesthetic*.

Nature, we could say, changes its face through the relationship with which man encounters it. Given that fewer and fewer people are in an existential relationship to nature and given the daily possibility of breaking the commandment not to make a graven image or likeness for oneself, nature is gradually becoming a pure object to look at, and on the other hand it is changing conceptually into an object to view, an aesthetic object. The fact that people make more and more pictures of nature not only weakens the existential but also ennobles the visual. Indeed, the aesthetic interest seems to be growing to the same extent that the existential interest is disappearing.

Gerhard Richter
Familie am Meer / Family at the Seaside, 1964,
Städtisches Kunstmuseum Bonn

Wann dieser Prozeß begann, der das *ideale Landschaftsbild* gleichsam als Bild für Landschaft begreifen läßt, der also ein Bild als Vorbild für das Bild von der Landschaft auf den Plan treten läßt, ist nicht mit Bestimmtheit zu datieren. Festzuhalten aber ist, daß diesem Streben künstlerisch und humanistisch die Denkungsart zugrunde liegt, daß Kunst sich nicht damit begnügt, Vorhandenes zu schildern, um es durch den Transport beispielsweise in die Welt der Bilder einer Erklärung näherzubringen, sondern daß diesem Streben unterliegt, daß Kunst *bild*end zu wirken vermag und *bild*end wirken soll. Das Künstlerverständnis als das eines Schöpfers ist diesem Denken die Conditio sine qua non. Es schließt eben das Verständnis des Künstlers als das eines Erklärers aus. Nicht die Wiedergabe von Natur steht somit im uns hier interessierenden zur Darstellung gebrachten Interesse des Künstlers, sondern die aktive *Bild*ung, mithin nicht das Gesehene, sondern das zu Schaffende.

Dieses Bewußtsein ist das Bewußtsein des Künstlers in der Renaissance. Und da auch beginnt es, Bilder von der Natur, also *Landschaften* zu machen, die mit Worten wie „Naturbühne"[1] zu fassen sind. Wie eine Theaterkulisse wurde Landschaft begriffen – und dies motivisch sowie motiv-schaffend als auch szenenrahmend, also szenenabhängig. Joseph Gramm schreibt in seiner 1912 verfaßten Entstehungs- und Entwicklungsgeschichte der idealen Landschaft: „Nicht der Zauber unberührter Natur fesselte hier (in der Toskana, Anmerkung des Verfassers) den Künstler, wohl aber die bildmäßige Wirkung einer klassisch gestalteten Natur ... Bei der Anlage von Gebäuden waren nicht nur Zweckmäßigkeitsgründe maßgebend, man nahm auch Bedacht, daß die Bauten das Gesamtbild hoben und beherrschten."[2]

This sometimes produces disastrous results: results that place the picture above nature. Because the ideal picture of nature is increasingly present in determining its appearance. Landscape protection orders, for instance, are not infrequently based on visual conceptions, on the idea that a *picture of an ideal landscape* should become or remain reality, on (as the term makes clear) an intellectual conception that landscape in nature should become reality, that a synthetic concept should achieve reality. To put it more sharply, these protection orders are not infrequently based on the idea that a domesticated *picture* of landscape determines the only apparently natural landscape picture, indeed even replaces it at the very end.

Where else than in art could concerns like this have their roots? Ideal dimensions for the representation of human beings are extrapolated from measurements of human beings with the tangible result that today we are in a position to create human beings who correspond to an ideal image of human beings. The same goes for nature – and in detail for landscape. Culture, the human endeavour of cultivation, triumphs over nature, over that which grows according to its own laws in its own characteristic way – *genetically determined*, we would say today. The way it is takes the place of the way it should be. At least that is how it seems. But how presumptious is to measure the landscape?

We cannot say exactly when the process began that made us understand the *picture of the ideal landscape* more or less as the picture for landscape, that introduced a picture as the model for the picture of the landscape. But what we should note is that in artistic and human terms this endeavour is based on the way of thinking which holds that art is not satisfied with describing what already exists in order to give an explanation by transportation into the world of pictures, for instance. What underlies this endeavour is that art can and should work pictorially. Understanding the artist as a creator is the conditio sine qua non for this way of thinking. It excludes understanding the artist as an interpreter. What interests us here is that the realization of the artist's intention is not the reproduction of nature but active shaping, and consequently not what is seen but what is to be created.

This consciousness is the consciousness of the artist in the Renaissance. And then was also the beginning of making pictures of nature, *landscapes*, that are

Richard Long
Camp Stones Aomori, 1997,
aus der Serie / from the series *Eight Days Walking in the Shiramaki Mountains, Japan 1997*, Sammlung des Künstlers / collection of the artist

Venice, Las Vegas, 2000

Peter Hutchinson
Avalanche, 1988, Privatsammlung / private collection

Der Blick in die Natur war also schon früh einer, der nicht mehr dem Gewachsenen, sondern dem Gestalteten galt. Und hier waren es stets Bilder, die die Vor-BILDfunktion einnahmen. So liest es sich wie ein Konzeptpapier für ein Renaissance-Disney-Land, was Gramm an einer anderen Stelle aufführt. Architekturen wurden einfach zu *idealen* Stadtveduten synthetisiert: „Zwischen der Loggia dei Lanzi", so beschreibt er ein Florenzbild Baldassare Lancis, „den Uffizien und dem Signorienpalast mit Michelangelos und Bendinellis Skulpturen hindurch erblickt man in der Ferne den Dom mit dem Campanile und Or San Michele, alles zwar in der topografisch richtigen Reihenfolge, doch entgegen der malerisch reichen Silhouette der Wirklichkeit zu festen Massen zusammengeschlossen."[3]

Heute ist es auch de facto kein Problem mehr, solche Visionen Realität werden zu lassen, da wie die Natur auch Städte kaum mehr ihrem Wachstum überlassen werden (was übrigens, sofern man dies wollte, selbstverständlich ein höheres Maß an Baukultur voraussetzen würde, als wir es für unsere Gegenwart gemeinhin reklamieren dürfen), sondern auf dem Reißbrett oder per CAD geplant werden. So bedürfte es nur der Verrücktheit eines Magnaten, um den gerade zitierten Stadtprospekt in der Wüste entstehen zu lassen.

expressed by words like "natural stage"[1]. Landscape is understood as a theatre backdrop – in terms of motifs and creating motifs and as scenic framing, thus dependent on the scene. In 1912 Joseph Gramm wrote in his history of the creation and development of the ideal landscape: "It was not the magic of untouched nature that fascinated the artist here (in Tuscany – author's note) but the pictorial effect of classically-designed nature ... Not only functional reasons were decisive for the construction of buildings, people also took care that the buildings enhanced and dominated the total picture."[2]

The view into nature was thus already early on a view that was no longer about what was grown but what was constructed. And here it was always pictures that assumed the model function. What Gramm presents at another point reads like a concept paper for a Renaissance Disneyland. Architecture was simply synthesised into *ideal* urban vedutas: "Between the Loggia dei Lanzi", as he describes a picture of Florence by Baldassare Lanci, "through the Uffizi and the Signori Palace with Michelangelo's and Bendinelli's sculptures we see in the distance the cathedral with the campanile and Or San Michele, everything in topographically correct sequence, but amalgamated into solid masses against the painterly rich silhouette of reality."[3]

Today it is de facto no longer a problem to make such visions reality, since both nature and cities are hardly left to their own growth anymore (which, incidentally, insofar as we wanted it, would obviously presuppose a greater degree of building culture than we can generally reclaim for our present). Today nature and cities are planned on the drawing board or by CAD. All it would need is the craziness of a magnate to create the city view we have just quoted in the desert.

Goldene Urne, Sichtachsen zu Synagoge und Kirche / Golden Urn, view axes to synagogue and church, Wörlitzer Anlagen / Park of Wörlitz

Haus-Rucker-Co
Rahmenbau / Frame, 1977,
anläßlich der / for
documenta 6, Kassel

Aus der ehemaligen Motivation zur Idealität, anschaulich geworden in einem Bild als potentiellem Vorbild, entstünde so eine real existierende Ansicht, die ihrerseits wieder Motiv für Bilder sein könnte. Nur wären die dann aufgenommenen Bilder Abbilder einer Realität. Die heutige Phototechnik vermag dies sogar so virtuell zu realisieren, daß es der faktischen Motive einer gegebenen Vorbildlichkeit erst gar nicht mehr bedarf. Es reicht ja das Bild von der Motivation, weil eh keiner mehr nach dem authentischen Abbildverhältnis fragt.

Zeitlich zwischen den Eckdaten um 1500 und um 2000 sind selbstverständlich die Bemühungen anzuführen, die sich im vorvirtuellen Zeitalter ihre Bahnen brachen. Mikrokosmen von Welt in Form von Gärten und Parks wurden angelegt. Wobei uns hier nicht das Verhältnis von Weltvorstellung und Weltvorstellungsrealisierung interessiert, sondern das Hilfsmittel wie diese Realisierungen wahrgenommen werden sollten. *Points de Vue* wurden errichtet, womit der Blick gerichtet wurde. Blickweisen wurden so vorgegeben. Zu sehende Bilder wurden vorgestellt.

Natur wurde also auch hier bildlich begriffen, auch hier bildlich gestaltet. Von der Welt wurden mithin Bilder entworfen. Gesehen wurde folglich so, wie gesehen werden sollte.

Hat sich an diesem Bedürfnis bis heute etwas fundamental geändert? Behauptet sei: nein! Selbst Künstler, die sich weitgehend einem hermetischen und bildbaren Werkbegriff verweigern, wie Hamish Fulton, Richard Long, Peter Hutchinson oder Andy Goldsworthy, vertrauen letztendlich dann doch dem Photo mehr denn ihrem eigentlichen künstlerischen Projekt – dem Wandern, dem Sein in der Natur, dem Gärtnern und dem Arbeiten mit Natur.

Für die *Skulptur-Biennale Münsterland* gilt aber – und der Begriff *Skulptur* im Titel besagt dies signifikant – eh schon gleichsam programmatisch, daß solchen immateriellen Kunstprojekten kein Raum geschenkt werden kann. Materie gewordene skulpturale Gedanken sind gewünscht, TAT-Sachen sind gefordert, Faktizitäten. In ihrem Selbstverständnis orientiert sie sich vielmehr an den eben schon erwähnten barocken Garten- und Parkanlagen, und da an den *Points de Vue*.

Doch weniger Sichtpunkte werden das Münsterland künstlerisch nobilitieren, denn *Points de visite*. Orte werden geschaffen, die, sind sie einmal in der Landschaft gesehen, aufgesucht werden möchten. Nicht nur das Auge kommt mithin zu seinem Recht, sondern auch das Handlungsbedürfnis[4], nicht nur visuell erlebt so das Münsterland eine Aufwertung, sondern auch fitnesstouristisch.

In this way the former motivation to create the ideal, which became clear in the notion of a picture as potential model, would give rise to a real existing view that could be a subject for pictures again. But the pictures taken then would be reproductions of a reality. Present-day phototechnology can even create this so virtually that there is absolutely no need anymore for the real-life subject, for a given exemplariness. The picture of the motivation is enough because anyhow nobody asks anymore about the authentic reproductory relationship.

We should obviously mention the endeavours in the period between ca. 1500 and ca. 2000 that paved the way in the pre-virtual era. Microcosms of the world were created in the form of gardens and parks. Here we are not interested in the relationship between the conception of the world and realization of the conception of the world, but the device that helped determine how the realization should be perceived. *Points de vue* were set up to direct the vision. This created predetermined ways of looking. Pictures to be seen were presented.

Here, too, nature was understood pictorially; here, too, it was pictorially designed. Pictures were created from the world. Things were seen as they should be seen.

Has something changed fundamentally in this need up to the present? No! It is claimed. In the end even artists who generally reject a hermetic and depictable idea of an artwork, artists like Hamish Fulton, Richard Long, Peter Hutchinson or Andy Goldsworthy trust the photo more than their actual artistic project – hiking, being in nature, gardening and working with nature.

But what holds for the *Sculpture Biennial Münsterland* – and the term *sculpture* in the title says this significantly – in any case, more or less program-

Dies mindert selbstredend nicht die Bedeutung der realisierten Werke, und dies verunnötigt auch nicht ihr genaues Betrachten. Denn die seit Jahrhunderten betriebene und seit den historischen Avantgarden gleichsam selbstverständliche Emanzipation der Kunst als autonomes Moment verhindert, daß über den organisatorischen Rahmen hinaus Funktionsmomente vorgegeben sind. Auch wenn die realisierten Kunstwerke als Besuchspunkte organisatorisch genutzt werden, so bestimmt diese Funktion doch nicht in Gänze ihr Sein als Kunstwerk. Dieses erfordert vielmehr zumeist ein isoliertes Sehen, beziehungsweise ein dialogisierendes. *Es* in der Landschaft – so verstehen sich meistensteils die Werke. Als solche wollen sie gesehen werden, als solche wollen sie photographisch dokumentiert werden.

In diesem Selbstverständnis liegt vielleicht der entscheidende Unterschied zwischen den *Points de Vue* in barocken Garten- beziehungsweise Parkanlagen und den *Points de Visite* im Münsterland. Die Punkte der *Skulptur-Biennale* kommen selbstbewußter daher. Sie suchen bisweilen nicht mehr nur den Blick zu richten, sondern die Natur sich visuell, und das heißt vor allem motivisch zu unterwerfen, oder sie skulptural, und das meint hier produktiv verändernd, zu nutzen. Die vorhandene Natur wird – so könnte es zugespitzt formuliert werden – zur szenischen Staffage der Kunst oder auch zum skulptural-konstitutiven Movens.

So oder so: Die Skulpturen verändern die Natur, sei es faktisch oder auch visuell. Denn erst durch ihre Existenz in ihr wird visuell bewirkt, daß das nunmehr Ganze als *Landschaft* zu sehen ist, als *Landschaft* im Sinne eines komponierten Naturblicks, als Bild aus der Natur. Bewirkt ein *Point de Vue*, daß die Natur zu ihm hin gesehen wird, so bewirken die Werke der *Skulptur-Biennale Münsterland*, daß auch die Natur zu ihnen hin erfahren wird und vor allem, daß die Natur durch sie eben zu einer *Landschaft* wird.

matically, is that no space can be given to immaterial art projects like this. What is desired are sculptural thoughts that have become material, ACTualities, facts. The *Biennial's* self-understanding is orientated much more to the baroque gardens and parks we have just mentioned, and the *points de vue* there.

But Münsterland will artistically ennoble fewer points for viewing than *points de visite*. Places will be created that ask to be visited once they have been seen in the landscape. Not only the eye comes into its own, but also the need to act[4], and Münsterland experiences re-evaluation not only visually but in terms of keep-fit tourism.

Of course this does not diminish the importance of the works created, nor dispense with the need to look at them carefully. The emancipation of art as an autonomous moment, which has been practised for centuries and is more or less self-evident since the historical avant-garde, prevents functional moments being established beyond the organisational framework. Even if the works created are used as organisational visiting points, this function does not wholly determine their existence as artworks. Rather, this requires seeing in isolation, or seeing that sets up a dialogue. *It* in the landscape – this is how most of the works understand themselves. They want to be seen as such, they want to be photographically documented as such.

Maybe the decisive difference between the *points de vue* in baroque gardens or parks and the *points de visite* in Münsterland lies in this self-understanding. The points of the *Sculpture Biennial* appear more self-aware. At times they seek not only to direct the vision, but to make nature submit to them visually, and that means particularly in terms of motifs. Or they want to use nature sculpturally, and that means changing it productively. Existing nature – we could put it more sharply – becomes the scenic staffage of art or the constitutive motivation for the sculptures.

One way or another: the sculptures change nature, whether actually or visually. Because only by their existence in nature is the visual effect achieved that what is now the totality is to be seen as *landscape*, as *landscape* in the sense of a composed view of nature, a picture made out of nature. If a *point de vue* has the effect that nature is seen at it, the works of the *Sculpture Biennial Münsterland* have the effect that nature is experienced at them and above all that nature becomes a *landscape* through them.

Die Skulpturen – wir kommen zur Titelfrage zurück –, die Skulpturen im Münsterland bewirken so gesehen eine entscheidende Transvaluation der Region, des Landes. Sie bewirken, daß Natur, daß Ackerland und Forst zu einer realexistierenden *Landschaft* werden. Kein Naturnutzer vermag zukünftig mehr nur noch über den Nutzwert der Natur zu spekulieren. Stets schaut er auch Kunst und schaut so sein Land – da gestaltet – mit zumindest auch visueller Motivation, wenn nicht gar mit ästhetischer und in ihrer Folge mit komplex bewußter. Der Mensch in der Landschaft des Münsterlandes wird so gesehen zum Ästheten!

Was eingangs mit negativem Vorzeichen bemerkt wurde – das visuelle Streben, das visuell ausgerichtete Denken und Verhalten –, kehrt sich also zum Positiven. Denn das Visuelle ist fraglos die Voraussetzung für das Ästhetische, dem das Erkennen folgt. Und das Münsterland wird durch die *Skulptur-Biennale* als ein ästhetisch zu Schauendes bewußt. Das Münsterland wird gleichsam *bildhaft* durch die *Skulptur-Biennale* – *pittoresk* könnte man dies nennen. Nicht nur darin liegt das Moment der Veränderung, das Skulpturen in der Natur bewirken – aber auch darin. Welche Aufwertung!

1 Joseph Gramm, *Die ideale Landschaft – Ihre Entstehung und Entwicklung*, Freiburg im Breisgau, 1912, S. 29.
2 Ebda.
3 Ebda., S. 23.
4 Manfred Schneckenburger, Themenheft: *Plastik als Handlungsform*, Kunstforum International, Bd. 34, 1979.

Which brings us back to the question in the title. Looked at this way, the sculptures in Münsterland achieve a decisive transvaluation of the region, the land. They have the effect of making nature, farmland and forest into a real existing *landscape*. In future no nature user can continue to speculate only on the economic value of nature. He or she will always be looking at art as well, and thus looking at his or her countryside – arranged in this way – at least with visual motivation, if not with aesthetic and consequently with complex, more conscious motivation. Looked at this way, the person in the landscape of Münsterland will become an aesthete!

What I commented on negatively at the start – striving for a visual ideal, visually-orientated thinking and behaviour – thus takes a positive turn. The visual is undoubtedly the precondition for the aesthetic, which is followed by cognition. And due to the *Sculpture Biennial*, people will become conscious of Münsterland as an aesthetic sight to be looked at. The *Sculpture Biennial* will make Münsterland *pictorial*, as it were – *picturesque*, we can call it. The moment of change effected by sculptures in nature lies not only in this – but also in this. What a re-evaluation!

1 Joseph Gramm, *Die ideale Landschaft – Ihre Entstehung und Entwicklung*, Freiburg im Breisgau, 1912, p. 29
2 Ibid.
3 Ibid, p. 23
4 Manfred Schneckenburger, *Plastik als Handlungsform*, Kunstforum International, theme issue, vol. 34, 1979.

Translation: Karen Margolis

Bentlage
B 70
B 65
Stockmann
Salinenkanal

Stoppt den Raumfetischismus

Stop Spatial Fetishism

Mario Mentrup Photos Claudia Basrawi

Ich kann mich nicht mehr erinnern. Es gibt nur Bruchstücke. Unsere Kleinfamilie, Eltern mit zwei Kindern aus Emden, Ostfriesland, fuhr mit dem Auto ein- bis zweimal im Jahr ins Ruhrgebiet, erst Recklinghausen, Gelsenkirchen, dann später Essen zu der Verwandtschaft väterlicherseits. An die damalige Welt der Comics, der Abenteuerromane kann ich mich am besten erinnern. Hefte und Bücher verschlang ich als 8–10jähriger zuhauf, um der Langeweile beim Verwandtenbesuch zu entfliehen. Vom Aufenthalt im Ruhrgebiet ist mir in der Erinnerung wenig geblieben. Die Verwandtschaft, das war die Oma, die Mutter meines Vaters, seine Schwester, ihr Ehemann und eine Tochter. Der Mann, mein Onkel, redete viel und lang. Um es für alle Beteiligten erträglicher zu machen, besonders für meine Eltern, wurde dann wohl einhellig beschlossen, Ausflüge ins Umland zu unternehmen. So kam ich mit dem Münsterland in Kontakt.

An die Fahrten kann ich mich gar nicht erinnern, ich las Comics im Auto, die Wege sind also Traumpfade, wo Comicstars wie Silberpfeil, Buffalo Bill, Leutnant Blueberry, Rick Master, Prinz Eisenherz im Gedächtnis aufflackern. An den Ausflugsorten machten wir das, was meine Eltern mit uns auch im Emsland und in Ostfriesland unternahmen: Waldlehrpfade, Trimm-Dich-Pfade durchackern bzw. Schleusen, Schlösser besichtigen und in Gasthöfen speisen. An den Orten, die wir gemeinsam mit der Ruhrgebiet-Fraktion besuchten, muß irgendwie noch mehr los gewesen sein. In meiner Erinnerung geistern da freilaufende Urwaldtiere, dicke Bäume, im Wald herumstehende Märchenfiguren aus Plastik herum. An lange Kletterarien in der Nähe von Burgen und an riesige Spazierwege kann ich mich erinnern. Aber auch an die langwierigen, nie enden wollenden Ausführungen meines Onkels, an die gequälten Gesichter meiner Eltern und an meinen sehnlichsten Wunsch, allein gelassen zu werden, um die Gegend ohne Begleitung von Erwachsenen auskundschaften zu können oder um einfach nur abzuhauen. Abhauen war damals modern in der Jugendliteratur und im Fernsehfilm. 1973. 1974. Es blieb beim Comic und Abenteuerbuch.

I can't remember anymore. There are only fragments. Once or twice a year our family with two children from Emden, East Friesland, drove to the Ruhr District, first to Recklinghausen and Gelsenkirchen, later to Essen to visit my father's relations. What I remember best is the world of comics and adventure stories back then. As an 8- to 10-year-old I devoured masses of comics and books to stave off the boredom of visits to relations. I don't remember much about our trips to the Ruhr District. Our relations there were my grandma (my father's mother), his sister, her husband and their daughter. The man, my uncle, talked incessantly. To make things more bearable for everyone, especially my parents, it was unanimously agreed to go on outings in the surrounding area. That's how I got to know Münsterland.

I can't remember the journeys at all. I read comics in the car, so the roads are dream paths where comic stars like Silver Arrow, Buffalo Bill, Lieutenant Blueberry, Rick Master and Prince Ironheart flicker up in my memory. On the outings we did what my parents

Mein Vater hatte ein ambivalentes Verhältnis zu seiner Heimat. Das Katholische muß ihm arg zugesetzt haben in der Jugend, bis heute ist er konfessionslos, Glaube und Kirche, vor allem das Katholische war nie ein Thema meiner Kinderstube. Und das obwohl mütterlicherseits ein italienischer Katholik der Herr im Haus war, aber im protestantischen Ostfriesland sind Katholiken und Italiener nicht so wichtig. Die Fahrten ins Ruhrgebiet und damit auch die in die anderen „schwarzen Regionen“, wie mein Vater sein Heimatgebiet zu nennen pflegte, wurden immer weniger bzw. eingestellt. Die Familientreffen fanden bald nur noch in Ostfriesland statt. Auswärtige Familienbesuche konzentrierten sich auf Geheiß meines Großvaters dann auf Italien.

Als ich mit achtzehn einen Führerschein besaß, erkundete ich mit meinen Freunden die Umgebung. Meine Freundin wollte zum Shoppen meistens nach Groningen, Holland. Nachts fuhren wir nach Oldenburg, Bremen, manchmal nach Wilhelmshaven und gelegentlich sogar nach Cloppenburg, bzw. in irgendwelche Käffer im Oldenburger Münsterland, in denen umgebaute Mühlen und Scheunen als Disco oder Konzertraum fungierten.

Zwei dieser Fahrten waren besonders neblig. Die Gegend um Cloppenburg herum erschien nachts sehr schaurig: vor allem, wenn man nicht mehr als zehn Meter weit gucken konnte und nur noch den Weg nach Hause finden wollte. Oberkonzentriert schaute man auf die Straße, um die Straßenschilder nicht zu verpassen, statt dessen sahen wir ein Riesenkruzifix nach dem anderen am Wegesrand stehen. Nun, es war die Zeit, wo man *Der Exorzist*, *Dracula jagt Minimädchen* und *Insel der Verdammten* auf Video guckte. Und es war die Hochzeit des Gruftirock. Daß eine Kneipendisco in Cloppenburg mit ganz normaler Discoklientel *Pogo* hieß, habe ich übrigens nie verstanden.

Während meiner Zivildienstzeit mußte ich im Ammerland verweilen, Nachtausflüge ins Münsterland wurden zur Regel. Die ganze Umgebung machte das. Auch Bremer Punks. War zu der Zeit wohl angesagt, in Scheunen zu *Cramps* und *Prince* zu tanzen.

did with us in Emsland and East Friesland: ploughing through educational walks in the woods and keep-fit walks with gymnastics, or visiting locks and palaces and eating in restaurants. There must have been more going on at the places we visited with our relations from the Ruhr District. My memory is haunted by free-roaming primeval forest animals, big trees, plastic fairytale figures standing around in the woods. I can remember long operatic climbs near castles and enormous walking paths. But also my uncle's endless boring dissertations, my parents' pained expressions and my deep longing to be left alone, to be able to explore the area without grown-ups or simply do a bunk. In those days doing a bunk was the latest thing in juvenile literature and on television. 1973. 1974. The bunk stayed in the comics and adventure stories.

My father had an ambivalent relationship to his home region. Catholicism must really have got on his nerves when he was young; since then he hasn't belonged to any church. Religion and the church, especially the Catholic church, were never an issue in my childhood – even though on my mother's side an Italian Catholic was head of the household. But Catholics and Italians aren't so important in Protestant East Friesland. We made fewer trips to the Ruhr District

Jahre später, meine Freunde und ich lebten nun in Berlin, hatte ich ein Münsterland-Experience. (Ich schreibe jetzt mal dieses eine Wort auf englisch, denn es geht hier um jemanden, der sich bis heute Spoon nennt, er war der damalige Bassist unserer Band *Knochen=Girl*). Unsere Band war die Antithese zu Gruftirock, aber Spoon war trotzdem leidenschaftlicher Schwarzkittel geblieben und kam aus dem Münsterland. Sein großer Wunsch, einmal mit seiner Berliner Band in der Fabrik Coesfeld aufzutreten, sollte ihm nicht verwehrt bleiben. Es war 1990, wir machten mit einer amerikanischen Psychedelia-Band eine kleine Tour durch Deutschland. Spoon war in den Achtzigern so etwas wie der Haus-DJ in der Fabrik gewesen und freute sich auf den Auftritt. Wir sollten leider Gottes mit den alten Punks *UK SUBS* auftreten. Uns schwante Böses. Das war „*The Year punk broke*", das Jahr für uns, in dem Punk brach. Kurz gesagt, wegen eines Versehens der Druckerei war unser Bandname ungefähr 700% größer auf dem Plakat als der Schriftzug der britischen Altpunks, das fanden wir noch lustig, aber die *UK SUBS* waren schlichtweg Arschlöcher, mit allem Drum und Dran: Allüren, Groupies, Whiskeyfahnen. Als bei unserem Auftritt auf der riesigen Bühne noch die Nebeleffektmaschine angeworfen wurde, war es mit unserer Show ganz aus, nach zehn Minuten. Wir waren sauer. Das Publikum fand es lustig, wir stritten uns mit den Veranstaltern, Spoons alten Kumpeln, und drohten den alten britischen Säcken Prügel an. Spoon hat seitdem nie wieder von Coesfeld gesprochen.

and the other "black regions", as my father used to call his home area, and then stopped going altogether. It wasn't long before family gatherings were only held in East Friesland. Family trips abroad concentrated on Italy at the behest of my grandfather.

When I got my driving licence at 18 I explored the Ruhr District with my friends. My girlfriend wanted to go shopping mostly in Groningen in Holland. At night we drove to Oldenburg, Bremen, sometimes to Wilhelmshaven and occasionally even to Cloppenburg or godforsaken places around Oldenburg in Münsterland where there were discos and concerts in converted mills and barns.

Two of these journeys were particularly foggy. At night the area around Cloppenburg was very creepy, especially when visibility was less than ten metres and we only wanted to find our way home. We scanned the road intently so as not to miss the road signs, but instead we saw one huge cross after another on the wayside. This was the time when we watched videos of *The Exorcist*, *Dracula A.D. 1972* and *The Island of the Damned*. And it was the heyday of Gothic rock. Incidentally, I've never understood why a disco pub in Cloppenburg with a totally normal clientele was called *Pogo*.

During my civilian service I had to stay in Ammerland, and night outings to Münsterland became a regular event. The whole area did this. And punks from Bremen as well. Back then the in thing was dancing to *Cramps* and *Prince* in barns.

Der Nebel lichtet sich. April 2001

> Henri Lefêbvre, in: *Die Revolution der Städte* (verfaßt 1970): „Das Momentane gehört den Zauberern – der Priester befaßt sich mit dem All. Müssen wir daran erinnern, daß das ‚Bäuerlich-Ländliche' zwar zuerst da war und lange die beherrschende Rolle spielte, ohne Zweifel, aber erst unter dem Einfluß der Eroberer, der Verwalter der politischen Stadt Gestalt angenommen hat." (Deutsche Ausgabe, Frankfurt / M. 1990)

Münster ist – ich argumentiere jetzt wie Lefêbvre – eine solche Stadt, die nur als politisches Gebilde, sich über die Wogen des Ländlichen erhebt, sie umspielt, sie ernährt und zuweilen überflutet. Schon im 16. Jahrhundert begann das städtische Gewebe, das Land in ganz Europa zu überwuchern. Vorher herrschten die Schloßherren, die verfluchten geheiligten Persönlichkeiten. Die Körper der Ungeheiligten hängte man in Käfigen am Kirchturm auf. Das bäuerlich-ländliche Feld war wie ein Gitter im Raum. Um sich zu orientieren, brauchte man Magie und Religion. Aber die Welt der Eigentümer zerbrach. Der Raum stand nun frei zur Verfügung. Es gab keine Mythen mehr; nur noch Kopien des alten bäuerlichen Themenkreises. Die Stadt hat im 19. Jahrhundert die Natur entthront. Seitdem gilt die Sehnsucht des städtischen Menschen dem künstlichen Paradies. Kunstwerke, Philosophien ersetzten Magie und Religion. Die Urbanisierung setzte ein. Medien aller Art bekamen die Macht.

Der Raum ist Schöpfung

> „Für den Urbanisten ist der Raum Schöpfung. Wer den Raum erschafft, erschafft das, was ihn ausfüllen wird." Henri Lefêbvre

Man kann für oder wider das Monument sein, aber ein Monument war schon immer utopisch, es ist der verzweifelte Versuch, das Herz eines Raumes festzuhalten.

Im Münsterland stehen sehr viele Burgen, sehr viele Schlösser. Münster ist die Stadt der Kirchen: Alles Reliquien der feudalen Herrschaften. Die städtische Persönlichkeit demonstriert das Herz des Raumes mithilfe von Kunstwerken. Die Stadtlandschaft Münster ist gesäumt von Kunst. Kaum ein Schloß oder Platz ohne Kunst. Die Antwort auf die *Skulptur-Biennale 2001* im Kreis Steinfurt ist die *Artline 5* von Jan Hoet in Borken.

Wie heißt es im Ausflugsjournal 2001 der *Westfälischen Nachrichten* über das Heimathaus Münsterland: „Ausstellungen dokumentieren Kultur". Die Stadt Sendenhorst ist

Years later when my friends and I were now living in Berlin, I had a Münsterland Experience with someone who still calls himself Spoon, the bass player in our band *Knochen=Girl* back then. Our band was the antithesis of Gothic rock, but Spoon remained a passionate ghoulie and came from Münsterland. He was determined to fulfil his greatest wish, to play in the Fabrik Coesfeld with his Berlin band. It was 1990, we went on tour with an American psychedelia band, a little tour around Germany. In the eighties Spoon had been something like the house DJ in the Fabrik and was looking forward to our gig. Unfortunately, we were due to appear with the old punks *UK SUBS*. We had misgivings. For us that was "the year punk broke". To cut a long story short, the printers made a mistake and on the poster the name of our band was roughly 700 % bigger than that of the British old punks. We were amused, but the *UK SUBS* were simply assholes with everything to match: airs and graces, groupies, whisky on their breath. When we got on the huge stage the fog machine was turned on, and that was the end of our show, after ten minutes. We were angry. The audience thought it was funny, we quarrelled with the organisers, Spoon's old mates, and threatened to beat up the old British bastards. Spoon has never mentioned Coesfeld again.

The fog clears. April 2001.

Henri Lefêbvre in *The Urban Revolution* (written in 1970): "The momentary belongs to the magicians – the priest concentrates on the universe. We have to remember that although the 'peasant-rural' was there first and undoubtedly played the dominant role for a long time, it only took shape under the influence of the conquerers, the administrators of the political city." (*La révolution urbaine*, Paris 1970)

Münster – I'm arguing now like Lefêbvre – is this type of city, that rises only as a political entity above the expanse of the countryside, that laps at its edges, nourishes it and sometimes floods it. In the 16th century the city fabric had already begun to overgrow the countryside throughout Europe. Before then the rulers were the lords of the castle, the accursed hallowed personalities. The bodies of the unhallowed were hung in cages on the church tower. The rural peasant field was like iron bars in the space. People needed magic and religion to get their bearings. But the world of the property owners collapsed. Now the space was freely available. There were no myths anymore; only copies of old peasant themes. In the 19th century the city disenthroned nature. Since then city people have longed for the artificial paradise. Artworks and philosophies replaced magic and religion. Urbanisation began. Media of all kinds got the power.

Space is creation

"For city planners space is creation. Anyone who creates space creates that which will fill it." (Henri Lefêbvre, op. cit.)

You can be for or against the idea of the monument, but a monument has always been utopian, it is the desperate attempt to capture the heart of a space.

In Münsterland there are lots of fortresses, lots of palaces. Münster is the city of churches: all relics of

dort „*Ein Mekka für Kulturfans*". „Natur trotz städtischer Umgebung", eine Info über das Münsterländer Dorf Altenberge. „... Zahlreiche Wohngebiete schufen Platz zum Leben. Das naturnahe Wohnen wird von der Bevölkerung sehr geschätzt. In den Gewerbegebieten siedelten sich viele Unternehmen an, so daß heute von einem ausgewogenen Branchenmix gesprochen werden kann."
Branchenmix. Das ist es, wovon die sozialen Hilfskräfte, die Planer, die Technokraten, die Werber, die Journalisten träumen. Wie informiert uns der Verkehrsverein Steinfurt: „Tradition und Fortschritt harmonieren in Steinfurt besonders gut miteinander ... Burgsteinfurt hat ... seinen mitteralterlichen Charme bewahrt. Borghorst dagegen zeigt sich in moderner Architektur. Zweckmäßig, mit großer Fußgängerzone und vielen sanierten und renovierten Häusern." Zweckmäßige Branchenmixe finden sich im Münsterland überall. Das Kloster Gravenhorst wird als „Werkstatt der Visionen" und bisher noch virtuelles Mitspielmuseum angeworben. Zudem entsteht dort ein interaktives Kuscheltiermuseum. Münsters alternativer Stadtführer *Stattreisen* entdeckt den Personen-Nahverkehr und beschreibt zweistündig die Entwicklung des münsterischen Verkehrs. In der münsterischen Innenstadt wurde ein ausrangiertes Kino zu einem Skater-Zubehör- und Modegeschäft umfunktioniert, Skatervideos flackern über die Leinwand.

Die Repräsentation der bäuerlichen Zeit lebt weiter. Das Münsterland ist das Gebiet der rustikalen Themenparks, der Rollenspiele; selbst Hexen auf Besen hüpfen herum in Tecklenburg; Magie, Okkultes, Mystisches verkauft der Hexenladen *Witchcraft*.

feudal rule. The urban personality demonstrates the heart of the space with the help of artworks. The Münster city landscape is lined with art. There's hardly a palace or square without art. The answer to the *Sculpture Biennial 2001* in Kreis Steinfurt is the *Artline 5* by Jan Hoet in Borken.

Writing about Heimathaus Münsterland (local history museum), the *Westfälischen Nachrichten* (*Westphalian News*) journal of outings for 2001 says: "Exhibitions document culture". It describes the town of Sendenhorst as "a Mecca for culture fans". "Nature instead of a city environment", an information brochure about the Münsterland village Altenberge, says: "... A large number of residential areas created space for living. The inhabitants really appreciate living close to nature. Lots of enterprises moved into the industrial areas so that today we can speak of a balanced business mix."

Business mix. That's what social workers, planners, technocrats, advertising agents and journalists dream of. Steinfurt Tourist Association informs us: "Tradition and progress harmonise particularly well in Steinfurt ..., Burgsteinfurt has ... retained its medieval charm. Borghorst, on the other hand, is a place for modern architecture. Functional, with big pedestrian precincts and lots of refurbished and renovated houses." There are functional business mixes all over Münsterland. Gravenhorst Monastery is being used as a "workshop of visions" and a "participatory museum" which is still at the virtual stage. An interactive stuffed toy museum is also being set up there. Münster's alternative city guide *Stattreisen* discovers public transport and has a two-hour description of the development of transport in Münster. In Münster's inner city a disused cinema has been converted into a shop for fashion and skater accessories. Skater videos flicker on the screen.

The representation of the peasant era lives on. Münsterland is the region of rustic theme parks and role-playing: even witches on brooms hop around in Tecklenburg; magic, the occult, mystical things are on sale in the shop *Witchcraft*.

After business mix and alternative explorations we were in the mood when we were signed up for a psychogeographical experiment – by "we" I mean Jerry Cornelius and Norton from England, Claudia Basrawi from Berlin and me. The adjective "psychogeographical", whose vagueness was also very welcome to the Situationists, can be transposed to the investigation of the given or consciously constructed geographical environment which directly affects the emotional behaviour of the individual. For instance, psychogeography provides information about soil and climatic conditions and the economic and ideological perspectives of a society. So there we were in the hotel foyer in Münster, discussing the situation. Jerry Cornelius, a friend of Michael Moorcock's, made the following suggestion, as expected. Like the fools at the local

Nach Branchenmix und alternativen Streifzügen stand uns der Sinn, als wir zu einem psychogeographischen Experiment angeheuert wurden, wir, die Engländer Norton und Jerry Cornelius, die Berliner Claudia Basrawi und ich. Das Adjektiv „psychogeographisch", dessen Unbestimmtheit auch den Situationisten sehr willkommen war, läßt sich auf die Erforschung der Wirkungen der gegebenen oder bewußt eingerichteten, direkt auf das Gefühlsverhalten des Individuums einwirkenden geographischen Umwelt übertragen. Zum Beispiel gibt die Geographie Aufschluß über Boden- und Klimaverhältnisse, über die wirtschaftliche und weltanschauliche Perspektive einer Gesellschaft. Gut, da waren wir nun, im Hotelfoyer in Münster und diskutierten die Lage. Jerry Cornelius, ein Freund von Michael Moorcock, machte wie erwartet folgenden Vorschlag. Er wolle, wie die Narren beim hiesigen Karneval, in der Tradition eines Jan van Leyden der Vielweiberei nachgehen, an die zwanzig Weiber auftreiben, sowie psychogeographischen Sex studieren, ergo einen sexualmagischen Akt in einem der Käfige an der Lambertikirche betreiben, um dann am nächsten Tag an den Externsteinen Yoga-Übungen zu machen.

Wir klärten ihn auf, daß erstens der Teutoburger Wald nicht ganz münsterisch ist und daß es keine beweisbaren Leyline-Verbindungen zwischen den alten heiligen Stätten gibt. Jerry Cornelius wurde wütend und rannte weg. Wir haben ihn nicht wieder gesehen. Daraufhin bekam Norton auch einen Wutanfall. Norton hat, soweit mir bekannt, keinen Nachnamen und ist das Alter Ego des britischen psychogeographischen Romanciers Iain Sinclair. Norton war außer sich. Er schrie: „Diese Externsteine sind doch nur Projektionsflächen für fantasierende Hippies und Hippies in Uniform, den Neonazis, Fuck'em all." Dann begann er eine englische Organisation namens *Equi-Phallic Alliance* zu paraphrasieren: „All diese Leute stecken bis zum Hals in ihren verrückten Mythen (wie wir alle, wenn wir blind und frustriert in Verschwörungstheorien, Wiedergeburtsmythen und Heldenfabeln gefangen sind). Protofaschistisch ist das. Insbesondere ist das ungemein faschistisch im kulturellen Sinne, vor allem,

carnival, he wanted to follow the polygynous tradition of Jan van Leyden and get hold of around twenty women, as well as studying psychogeographic sex. Ergo an act of sexual magic in one of the cages at the Lambertikirche, followed by yoga exercises the next day at the sacred stones. We explained to him that first of all the Teutoburg Forest doesn't entirely belong to Münsterland and that there are no verifiable ley line links between the old holy places. Jerry Cornelius got furious and ran away. We've never seen him again. Then Norton went ballistic too. As far as I know, Norton doesn't have a surname and is the alter ego of the British psychogeographical novelist Iain Sinclair. Norton was beside himself. He shouted: "These sacred stones are just projection surfaces for fantasising hippies and hippies in uniform, neo-Nazis. Fuck 'em all." Then he started paraphrasing an English organisation called *Equi-Phallic Alliance*. "All these people are up to their necks in their crazy myths (like all of us when we're trapped blind and frustrated in conspiracy theories, myths of rebirth and heroic fables). That's proto-

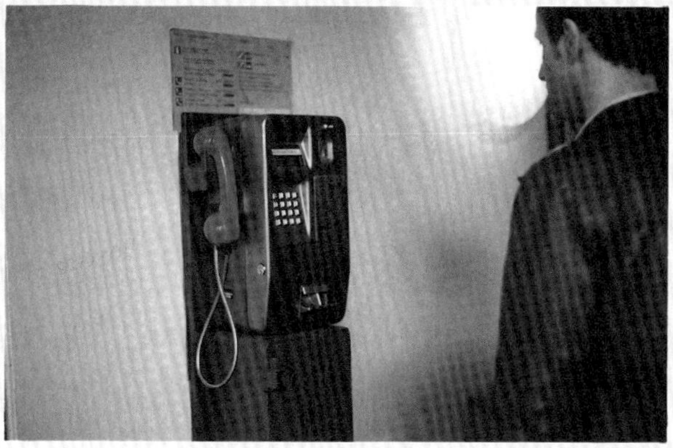

wenn es sich als ein Effekt in der soziopathischen Form zeigt, wenn Menschen ein Territorium für sich in Anspruch nehmen wollen. Diese Leute ersetzen Ultra-Nationalismus durch Ultra-Regionalismus. Widersetzt euch der Projektion von Raum über Raumlosigkeit, widersetzt euch dem Betrug des zerstörerischen und pittoresken Landschaftglaubens, dem falschen kulturellen Partikularismus, der erträumten Regionsgemeinschaft." Vom lauten Geschrei ganz heiser geworden, verzog sich Norton auf sein Zimmer und ließ mich und Claudia allein.

Claudia und ich beschlossen, allein, auf eigene Faust, das psychogeographische Experiment weiterzuführen.

In Münster ließen wir uns von den scharfen Klimazonen der Stadt leiten. Es war windig und regnete. Folglich mieden wir weiträumige Plätze und folgten engeren Pfaden. Das schienen andere Spaziergänger ohne bestimmtes Ziel auch zu tun; ohne ein verabredetes Zeichen lief uns eine Gruppe afrikanischer Touristen immer wieder über den Weg. Östlich vom Prinzipalmarkt, gegenüber dem Bischöflichen Generalvikariat, spürten wir auf dem Fußgängersteig einen Magnetismus. Die zwei Ladenbesitzer an dem Ort schienen das wohl zu wissen, das Blumentopfgeschäft nannte sich raumbezogen *Grün und Form*, das Buchgeschäft daneben *Buchmarkt Medium*. Wir wollten wissen, was uns 10 Meter weiter gen Osten erwartete und stießen auf eine kleine helle Gasse mit netten geschlossenen Pinten, die uns ein Gefühl der Zufriedenheit vermittelten. Am frühen Nachmittag regnete es wieder, am Hauptbahnhof ließen wir uns beraten, wie man mit dem Bus zum Kreis Steinfurt kommt; wir sind

fascist. And it is tremendously fascist in the cultural sense, especially when it's manifested in sociopathic form, when people want to claim a territory for themselves. They replace ultra-nationalism with ultra-regionalism. Resist the projection of limited space onto unlimited space, resist the swindle of destructive and picturesque belief in landscape, false cultural particularism, imaginary regionalism." Totally hoarse from shouting so loud, Norton retired to his room and left me and Claudia alone.

Claudia and I decided, alone, to continue the psychogeographical experiment on our own.

In Münster we took our cue from the city's keen climatic zones. It was windy and rainy, so we avoided spacious squares and followed narrower paths. Other strollers with no particular aim seemed to be doing the same; without any prearranged signals we kept running into a group of African tourists. To the east of Prinzipalmarkt opposite the episcopal general vicariat we felt a magnetic force on the narrow sidewalk. The two shop-owners there seemed to know about it: the flowerpot shop was appropriately called *Grün und Form* (*Green and Form*), and the bookshop next door had the name *Buchmarkt Medium* (*Medium Book Market*). We wanted to find out what was in store for us ten metres further eastwards and came upon a small light lane with nice closed pubs that gave us a feeling of satisfaction. In the early afternoon it rained again. At the train station we asked how to get to Kreis Steinfurt by bus; we never got there. The bus driver threw us out somewhere in the middle of some village. There was nothing to see except family houses, horses, asparagus fields, a church and an empty phone booth. From a psychogeographic viewpoint places either have an attractive or repulsive character. This little patch of earth was very cold and it was raining heavily again.

nie dort angekommen. Irgendwo in irgendeiner Siedlung schmiß uns der Busfahrer raus. Außer Einfamilienhäusern, Pferden, Spargelanbau, einer Kirche und einer leerstehenden Telefonzelle war nichts zu sehen. Psychogeographisch gesehen haben Orte anziehende oder abstoßende Charaktere, dieses Plätzchen Erde war sehr kalt, und es regnete wieder stark. Wir suchten Unterschlupf in der Telefonzelle. Claudia Basrawi entwickelte einen Fetischismus für diesen kleinen Raum. Sie begann sofort und auch am nächsten Tag in Rheine wie hypnotisiert, leerstehende Telefonzellen zu fotografieren. Telefonzellen sind inzwischen chemisch reine Körper geworden und bergen trotzdem eine Vielfalt von Stimmungskombinationen auf engstem Raum, weil sie der nächsten Vergangenheit angehören: Telefonzellen gehören den toten Medien an. Man sollte sie einsammeln und zusammen mit einem anderen toten Medium, der Reiterstatue, mitten auf ein ödes Feld stellen: so böte sich den Passanten das Schauspiel einer psychogeographischen Kommunikation. Auf unseren Streifzügen fiel uns auf, daß die Münsterländer ländliche Tradition mit zeitlosem Chic kreuzen. Es ist die Region (wenn ich trotz Nortons Kampfansage an den Regionalismus (s.o) noch von Regionen sprechen darf) der Barbour-Jacken. Claudia nennt dieses Kleidungsstück „die Bomberjacken der Betuchten". Meine hatte ich leider in Berlin gelassen. Aber ich kann mich eh nie entscheiden, ob Barbour oder Bomber. Für die Zugfahrt zurück nach Berlin kaufte ich mir einen Comic.

Dylan Dog – Traditioneller Grusel mit italienischem Chic.

We took shelter in the phone booth. Claudia Basrawi developed a fetish for this little space. Right away and also the next day in Rheine she started photographing empty phone booths as if she were hypnotised. Phone booths have become chemically pure structures but they still contain a variety of mood combinations in a very small space, because they belong to the imminent past: phone booths are part of the dead media. They should be collected together and put in the middle of a desolate field along with another dead medium, the statue of a figure on horseback. This would offer passers-by the spectacle of a psychogeographical communication. On our wanderings it struck us that the people of Münsterland mix rural tradition with timeless chic. If I can still speak of regions after Norton's challenge to regionalism (see above), it's the region of Barbour jackets. Claudia calls this item of clothing "the bomber jacket of the well-heeled". Unfortunately I'd left mine behind in Berlin. But I can never decide anyway between Barbour or bomber. I bought a comic for the train ride back to Berlin.

Dylan Dog – traditional horror with Italian chic.

Translation: Karen Margolis

IA-L 594
Gerdemann
Oelrich
94,7
S u n d e r n
IA-L 597
TECKLENBURG
IA-L 597

Die realisierten Entwürfe von
The realized projects of

Dagmar Demming
Kendell Geers
Sabine Hornig
inges idee
Ronald Jones
Via Lewandowsky
Won Ju Lim
Vittorio Messina
Mariele Neudecker
Otmar Sattel
Robert Scheipner
Jan Svenungsson

Photos Jens Liebchen

Dagmar Demming

Dagmar Demming
Die Zone / The Zone, 2001

ca. 400 m^2 Wald / forest
7 Warnschilder, Scheinwerfer, Audiobeam, CD-Player, Random Access, CD mit 40/80 Min. Textcollage, Zeitschalter, Bewegungsmelder
7 signs, reflectors, audiobeam, CD-player, random access, CD with 40/80 min. sound, timer

Hörstel (bei/next to Kloster Gravenhorst)

Kendell Geers

Kendell Geers
Waiting for the Barbarians, 2001

Labyrinth: 31,50 m x 31,50 m x 3,20 m
600 m Maschendrahtzaun, Spanndrähte, Pfosten mit Y-Auslegern, bekrönt mit Widerhakensperrdraht, bepflanzt mit Efeu
600 m wire-netting fence, wire, Y-shaped poles, crowned by razor wire, planted ivy

Hörstel (bei/next to Kloster Gravenhorst)

Sabine Hornig

Emsakropolis, 2001

5,08 m x 2,60 m x 2,85 m
Stahlbetonguß
reinforced concrete

Ibbenbüren-Dörenthe

inges idee

Der Bolzplatz / The Soccer Pitch, 2001

48,40 m x 23,10 m
Rasen, Jugendfußballtore, Markierungskreide
grass, junior-sized soccer goals, marking chalk

Emsdetten

Ronald Jones

The Lengerich Garden Project, 2001

ca. 1000 m^2
Garten auf Kalksteinboden, Pflanzen, Steingärten, Brunnen, Aussichtsplattform, Parkbänke, rollstuhlgerechte Zulegung
Garden on limestone, plants, stone garden, well, vantage platform, park benches, wheelchair access

Lengerich

EMSSPORT

Via Lewandowsky

Emssport, 2001

Kubus/cube: 5 m x 5 m x 5 m
Baustahl verzinkt, Tartanfläche
zinced steel, tartan track

Rheine-Bentlage

Won Ju Lim

Horizonte / Horizons, 2001

Größe variabel / dimensions variable
8 DVD Player, 4 Monitore, 4 DVD Projektionen,
jeweils in einem Loop von etwa 15 Minuten
8 DVD players, 4 monitors, 4 DVD projections,
each loop approximately 15 minutes

Bismarckturm, Tecklenburg

Vittorio Messina

Vittorio Messina
Two green Windows, 2001

je / each 3,50 m x 9 m
Tiefe / depth: Basis / base 1,20 m, oben / top 0,60 m
Kalksandstein, Naturstein, Ziegel, Putz
industrial sand stone, natural stone, bricks, plaster

Rheine-Bentlage

Mariele Neudecker

Versunkenes Dorf / Sunken Village, 2001

ca. 20 m x 30 m (5–7 m pro Gebäude / per building)
3 Gebäude, Holz, Dachziegel, Metall, Beton
3 buildings, wood, tiles, metal, concrete

Tiggelsee, Steinfurt

Mariele Neudecker

Otmar Sattel

Otmar Sattel
SCHUTZ – K.O.nTAKT / PROTECTION – C.O.nTACT, 2001

13 m x 9 m x 1 m
8 Markisen, Solarsteuerung Voltaik
8 awnings, solar control device Voltaik

Reinermanns Brücke, Emsdetten-Isendorf

Robert Scheipner

Robert Scheipner
aPOLLO, 2001

Maße variabel / dimensions variable
(Längsachsen / longitudinal axes: *aPOLLO 1:* ca. 1,50 m, *aPOLLO 2:* ca. 2 m, *aPOLLO 3:* ca. 2,50 m)
Kupferrohre, Fittings, Eisen, Kunststoff
copper pipes, fittings, iron, plastic

Emsdetten-Hembergen

Jan Svenungsson

Jan Svenungsson
Der sechste Schornstein / The Sixth Chimney, 2001

h 15 m, ø Basis / base 1,50 m, ø Spitze / top 1,00 m
Backstein, Mörtel
bricks, mortar

Greven

Photos Jan Svenungsson

Grundlegung / laying the foundation: John Cox

Auf dem Gerüst / on the scaffolding:
links / left Colin Smith, rechts / right Henry Bowcock

Baustelle / building site

Ems
IB-K 2
Alte Ems
37,0
Schmitz
öbke
IB-K 2
Hembergen
38,7
Ems
40,1
Lehmkuhl

Roland Boden *Ziegelhaus im Ruinenstil*

Brick House in the Style of Ruins

Bärbel Hartje

Die Ruine wurde ab Mitte des 18. bis Mitte des 19. Jahrhunderts zu einem wichtigen Bestandteil der Landschaftsgartenkunst, die in ihrer Ausführung das romantische Ideal einer unberührten Natur zum Vorbild hatte. Demnach galt es, die Ruine so zu gestalten, daß sie authentisch wirkte und den Anschein erweckte, schon seit Jahrzehnten dem unaufhaltsamen Verfall durch Verwitterungsprozesse ausgesetzt und ein natürlicher Bestandteil der Landschaft zu sein. Die scheinbare Versunkenheit im Erdboden wurde ebenso imitiert wie die Witterungsschäden am Gestein. Nichts sollte zu erkennen geben, daß der künstliche Aufbau der Ruine tatsächlich ein Eingreifen durch den Menschen in die Natur war – so wie auch jeder andere Eingriff in den Landschaftsgarten dem Zweck diente, den in der romantischen Vorstellung existierenden Urzustand der Natur nachzuahmen und auf einem kleinen Fleck Erde wiederherzustellen. „Es wurde so viel Wert auf das Kaschieren der Entstehung von Landschaftsgärten durch Menschenhand gelegt, weil es darauf ankam, im Landschaftsgarten gerade die von der menschlichen Kultur verdorbene Natur in der Landschaft rezipierbar werden zu lassen."[1]

Die Ruine von Roland Boden, die zwar auch als fertiges Bauwerk errichtet wird, funktioniert anders. Sie steht nicht im Zusammenhang mit einem Landschaftsgarten, sondern befindet sich auf freier Flur, auf einem Grundstück inmitten des landwirtschaftlich stark genutzten Münsterlandes. Die ursprüngliche Form des

From the middle of the 18th to the middle of the 19th century, the ruin became an important component of landscape garden art. Its execution took the romantic ideal of untouched nature as its model. Accordingly, ruins were designed to seem authentic, to create the appearance of having been exposed for decades to ineluctable decay due to weathering processes, and of being a natural part of the landscape. Apparent sinking into the ground was imitated as much as was the weathering damage to the stone. The intention was that nothing should reveal that the artificial construction of the ruin was indeed a human intervention in nature – just as every other intervention in the landscape garden served the purpose of imitating and reconstructing on a small plot of earth the primal state of nature posited by the romantic imagination. "The reason so much value was placed on hiding the fact that human hands created landscape gardens is that the point of the landscape garden was to make it possible to appreciate nature, unsullied by human culture, in the landscape."[1]

Roland Boden's ruin, which was also built as a finished construction, functions in a different way. It has no connection with any landscape garden, but is located in the open, on a plot of land in the middle of Münsterland, a region characterized by intensive agriculture. It is still easy to make out the original form of the house that the ruin pretends to have once been. It corresponds to the typical construction style in Münsterland: a red, unfaced brick gabled house with

Roland Boden
Ziegelhaus im Ruinenstil /
Brick House in the Style of Ruins,
2000, Projekt für die /
project for the *Skulptur-Biennale*,
Computermontage

Roland Boden
Urban Shelter Units™, 2000,
Computermontage für / for
MANIFESTA 3,
Ljubljana, Slowenien / Slovenia

Hauses, das die Ruine vorgibt einst gewesen zu sein, ist noch gut zu erkennen. Sie entspricht der des typischen Baustils im Münsterland: ein rotes und unverputzt geklinkertes Giebelhaus mit Satteldach, akkurat ausgerichtet auf einem geklinkerten Hof. Die zur Blickachse gerichtete Giebelseite der Ruine ist vollständig hochgemauert; an einer Längsseite ist eine Fensteröffnung und die Freilassung für die Haustür gänzlich von Ziegeln umrahmt. Eine Ecke dieser Seite und die beiden anderen Seiten sind unvollständig und mit vielen Abstufungen zwischen den Ziegelreihen errichtet. Von einem Dach keine Spur. Das Mauerwerk erweckt insgesamt den Eindruck eines zufälligen Verfalls, obwohl es sich in einem fertigen Zustand befindet. Aber es fällt nicht schwer, sich vorzustellen, daß die Ruine vielleicht vor Zeiten ein bewohntes Haus gewesen war. Es ist dem Betrachter überlassen, Vermutungen anzustellen, warum sich das Objekt jetzt in dem Zustand befindet, den er vor sich hat.

Bei der romantischen Ruine stand der Zahn der Zeit als Zerstörungsursache im Vordergrund, bei Roland Bodens Ruine weist nichts auf diese Begründung hin. Es gibt weder einen arrangierten Pflanzenbewuchs noch sind die Ziegel speziell

a saddle roof, accurately aligned on a brick courtyard. The gable side of the ruin that faces the axis of view is complete up to the top; on one long side, a window opening and the space for the main door are completely framed with bricks. One corner of this side and the two other sides are incomplete, with many steps between the rows of bricks. There is no trace of a roof. The masonry gives an overall impression of coincidental decay, although it is in a state of completion. But it is not hard to imagine that this ruin was once a house people lived in. It is left up to the viewer to speculate why the object is now in the condition he sees it in.

In the romantic ruin, the tooth of time stood in the foreground as the cause of destruction. In Roland Boden's ruin, nothing points to this causality. There is neither an arranged growth of plants, nor are the bricks treated in a special way to look old and damaged, nor has the ruin sunk anywhere into the earth. Instead, it gives a clean, highly polished impression and thus eludes the romantic function of awakening a yearning, utopian idea of long-past, better times. It might point even more to the present.

Present-day Münsterland gives the impression of a region that has achieved affluence through its agriculture. In the video Roland Boden developed to illustrate his design, the camera pans across rich fields and well-kept houses and courtyards. The conveyed image of the landscape is clean and orderly, almost petit bourgeois. There are no unattended construction sites or abandoned farmhouses or other buildings displaying signs of decay. "Much seems to be new or to be constantly

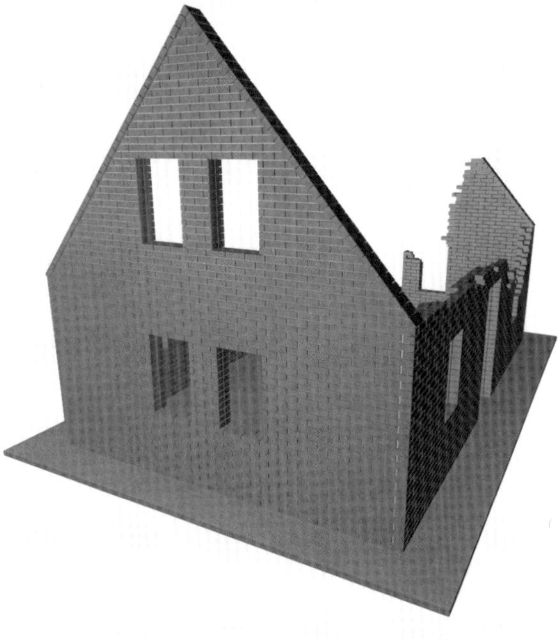

Roland Boden
Ziegelhaus im Ruinenstil /
Brick House in the Style of Ruins,
2000, Projekt für die /
project for the *Skulptur-Biennale*,
Computermontage

bearbeitet, so daß sie zermürbt aussehen, noch ist die Ruine zum Teil in Erdmassen versunken. Vielmehr hinterläßt sie einen sauberen, blankpolierten Eindruck und entzieht sich somit der romantischen Funktion, eine sehnsuchtsgeladene utopische Vorstellung von längst vergangenen besseren Zeiten zu wecken. Sie könnte eher auf die Gegenwart verweisen.

Das Münsterland heute erweckt den Eindruck einer Gegend, die sich durch Landwirtschaft ihren Wohlstand errungen hat. In dem von Roland Boden entwickelten Video zur Veranschaulichung seines Entwurfs fährt die Kamera an satten Feldern und gepflegten Häusern und Höfen vorbei. Das vermittelte Bild der Landschaft ist sauber und ordentlich, fast kleinbürgerlich. Brachliegende Bauvorhaben, verlassene Gehöfte oder sonstige Bauten, die Spuren eines Verfalls zeigen, sind nicht zu finden. „Vieles scheint neu zu sein oder aber ständig erneuert zu werden."[2] Es gibt kein Dazwischen, keine Übergangssituation des noch nicht Vollendeten bzw. des halb Zerfallenen. Alles ist fertig, endgültig, ganz – oder nicht mehr vorhanden. Zudem spiegelt sich in den vielen liebevoll instand gehaltenen historischen Bauten und Schlössern der Gegend ein sehr ausgeprägtes Geschichtsbewußtsein der Münsterländer wider. Roland Bodens Ruine wird demnach den gewohnten Blick auf die Landschaft sehr irritieren, weil sie genau das von ihm vermißte Dazwischen des Liegengebliebenen ausfüllt. Das Objekt verbindet auf ironische Weise die Präsenz der historischen Architektur mit der „baumarktkonformen Häuslichkeit der Gegenwart", den scheinbar individuellen Fertighäusern, die sich doch alle ähneln. Es stellt sich die Frage, welche Art Geschichtsbewußtsein in einer Gegend dominiert, deren Architektur geprägt ist von geklinkerten, sauberen Gehöften und alten, herrschaftlichen Schlössern.

renewed."[2] There is nothing in between, no transitional situation of the as yet unfinished or of the half-decayed. Everything is finished, final, complete – or no longer present at all. Additionally, the region's many lovingly maintained historical buildings and castles reflect the Münsterland people's strong sense of history. Roland Boden's ruin will thus confuse the accustomed view of the landscape, because it fills out precisely what is missing: the in-between of the unattended. The object ironically combines the presence of historical architecture with the "region's domesticity in conformity with the hobby and construction outlet", the seemingly individual pre-fab houses that nonetheless all resemble each other. The question arises: What kind of historical consciousness dominates in a region whose architecture is characterized by clean brick farmhouses and old, lordly castles.

In his earlier works, Boden already thematized conflicts of modern civilization and their expression in architecture and middle-class living conditions. In the manipulated digital photographs of *Real Substitution II* (1996) and *Erscheinungen paralleler Realität* (*Appearances of Parallel Reality*, 1997), for example, he developed scenarios of the individual citizen's defensive, immobile encapsulation against possible attacks by militant groups, which, according to Enzensberger, to whom Boden refers, do their mischief not only in distant civil wars. "In reality, the civil war has long since moved into the center of civilization ... It is waged not only by terrorists and secret services, Mafiosi and skinheads, Neo-Nazis and private security guards, but also by inconspicuous citizens who turn into hooligans, arsonists, amuck-runners, and serial killers overnight."[3] For the exhibition *City Index* in Dresden in the summer of 2000, Boden's work *Furcht, Erregung, Koma & Verdruß* (*Fear, Agitation, Coma & Vexation*)

Roland Boden
Erscheinungen paralleler Realität / Appearances of Parallel Reality,
1997, Computermontage

Bereits in seinen früheren Arbeiten thematisiert Boden Konflikte der modernen Zivilisation und deren Ausdruck in der Architektur und den bürgerlichen Wohnverhältnissen. Bei den manipulierten Digitalfotografien etwa von *Real Substitution II* (1996) oder *Erscheinungen paralleler Realität* (1997) entwickelt er Szenarien defensiver, immobiler Abschottung des einzelnen Bürgers gegenüber möglichen Angriffen militanter Gruppierungen, die nach Enzensberger, auf den er sich u.a. bezieht, nicht nur in weit entfernten Bürgerkriegen ihr Unwesen treiben. „In Wirklichkeit hat der Bürgerkrieg längst in den Metropolen Einzug gehalten ... Geführt wird er nicht nur von Terroristen und Geheimdiensten, Mafiosi und Skinheads, Neonazis und Schwarzen Sheriffs, sondern auch von unauffälligen Bürgern, die sich über Nacht in Hooligans, Brandstifter, Amokläufer und Serienkiller verwandeln."[3] Zur Ausstellung *City Index* im Sommer 2000 in Dresden durchbricht Boden mit seiner Arbeit *Furcht, Erregung, Koma & Verdruß* die in den oben erwähnten Arbeiten thematisierte Häuserfassade und dringt in das Wohnzimmer des Kleinbürgers ein. Hier zeigt sich, daß sich dieser wohl fühlt in seinem trauten Heim und geschützt vor jedweden feindlichen Übergriffen. Diese Unbekümmertheit wird ironisch hinterfragt, wenn auf dem in die Installation integrierten Fernseher das Werbevideo für die *Urban Shelter Units™* (2000) läuft. Dabei handelt es sich um vielfältig kombinierbare Module, die, zusammengebaut zu einer komfortablen Kleinbehausung, den perfekten Schutz gewährleisten.

Bodens Ruine verweist weniger auf die global geltenden „Strukturen des molekularen Bürgerkriegs" (Enzensberger) als vielmehr auf lokale Gegebenheiten des Münsterlandes. In dessen Wohnarchitektur sieht Roland Boden die Mentalität der Sorglosigkeit, des Wunsches nach Ruhe, Sicherheit und Ordnung und des Abschüttelns vergangener problematischer Zeiten ausgedrückt. Er reflektiert diesen regungslosen Zustand mit Hilfe der Ruine, die wohl auch heute noch als Metapher für alle Vergänglichkeit des irdischen Lebens aufzufassen ist. Sie hat ihren Schaudereffekt noch nicht eingebüßt und scheint wachrütteln zu wollen.

1 Günter Hartmann, *Die Ruine im Landschaftsgarten. Ihre Bedeutung für den frühen Historismus und die Landschaftsmalerei der Romantik*, Worms 1981, S. 97.
2 Soweit nicht anders angegeben handelt es sich bei diesen Zitaten um Aussagen von Roland Boden, die seinem unveröffentlichten Entwurf für das *Ziegelhaus im Ruinenstil* entstammen.
3 Hans Magnus Enzensberger, *Aussichten auf den Bürgerkrieg*, Frankfurt / M. 1994, S. 18–19.

broke through the house façades thematized in the aforementioned works, into the living room of the petit bourgeois. Here we see that the citizen feels secure in his own home, protected from every hostile attack. This unconcern is ironically questioned when the advertising video for *Urban Shelter Units™* (2000) plays on the television that is integrated in the installation. These units are modules that can be combined in many ways; put together to make a comfortable small dwelling, they guarantee perfect protection.

Boden's ruin points less to the globally valid "structures of the molecular civil war" (Enzensberger) than to the local conditions of Münsterland, in whose residential architecture Roland Boden sees the expression of a mentality of unconcernedness, the desire for quiet, security, and order and to shake off problematic times of the past. He reflects this motionless standstill with the aid of the ruin, which is still to be grasped as a metaphor for all the transience of earthly life. It has not lost its ability to make us shudder and seems to want to shake us awake.

1 Günter Hartmann, *Die Ruine im Landschaftsgarten. Ihre Bedeutung für den frühen Historismus und die Landschaftsmalerei der Romantik*, Worms 1981, p. 97.
2 Where not otherwise noted, these quotations are statements by Roland Boden, taken from his unpublished concept for the *Ziegelhaus im Ruinenstil.*
3 Hans Magnus Enzensberger, *Aussichten auf den Bürgerkrieg*, Frankfurt / M. 1994, pp. 18–19.

Translation: Mitch Cohen

Dagmar Demming

Urlaub von der Wunschmaschine

Vacation from the Wish Machine

„Die scheinbare Undefinierbarkeit der Kunst ist ein bezaubernder Ort der Hoffnung.“
Dagmar Demming

“The apparent undefinability of art is a magical location of hope.”

Tabea Metzel

Wünsche, die über das Persönliche, das individuelle Schicksal des Wünschenden hinausgehen und die gesamte Menschheit einbezögen, seien keine Wünsche sondern Ideologien, meint einer der Protagonisten in Andreij Tarkowskijs Kino-Klassiker *Stalker* (1980). Der wohlmeinendste Menschheits-Wunsch verliert leicht das Konfliktpotential aus den Augen, das die Überschneidung mit anderen Interessen birgt, wenn hinter der Wunscherfüllung die Durchsetzungsmacht droht. Auf diese Weise kann die Geschichte des Christentums als eine Geschichte des Grauens erzählt werden. Sich vor der Äußerung des Wunsches in den anderen hineinzuversetzen, könnte Wunder wirken. Denn Perspektivenwechsel sind die Voraussetzung für neue Einsichten. In diesem Sinne suchen die Arbeiten von Dagmar Demming die andere Sicht der Dinge, eine Sicht jenseits des aktuell Sichtbaren.

Mit ihrer *Auforderung zum Voyeurismus* (1992) führt Demming die Unzulänglichkeit einseitiger Sichtweisen vor Augen. Für die Installation wird eine Fensterscheibe durch ein Mattglas mit zwei runden transparenten Aussparungen in Augenhöhe ersetzt. So kann man durch ein fest installiertes Fernglas direkt und unbehelligt in das Nachbarfenster sehen. Die rücksichtslose Blickfixierung läßt die Beschränktheit der Sicht gewahr werden. Dieser Aspekt wird auch in Demmings Arbeit *Frau und Mann*, die Teil der Installation *LagerregaL* (1992) ist, hervorgehoben. Darin zeigen frei in Regalen stehende Dias die Hinterköpfe einer Frau und eines Mannes, die in Anbetracht der Diarücken die Unhintergehbarkeit der einmal festgehaltenen Ansicht vergegenwärtigen. Indem Demming den Blick auf die Gesichter vorenthält, macht sie bewußt, daß eine Veränderung des Standpunktes normalerweise neue Ansichten bringen kann – und umgekehrt. Wer sich nicht bewegt, bleibt in seiner Perspektive gefangen und ist auf das angewiesen, was zufällig im Blickfeld erscheint. Für die aktive Konstruktion der für uns einsichtigen Welt sind wir selbst verantwortlich. Dabei ist der Blick immer an den Leib des Sehenden gebunden und ist mit diesem als Körper unter Körpern von der Sichtbarkeit nicht

Wishes that go beyond the personal and individual fate of the wishing person and include the entirety of mankind are no longer wishes, but rather ideologies, according to one of the protagonists in Andreij Tarkowski's film classic *Stalker* (1980). The most well-intentioned wish for humanity can easily lose sight of the conflict potential which an overlapping with other interests harbors within it if the power of realization threatens to emerge from behind the fulfilment of the wish. Thus, the history of Christianity can be told as a history of cruelty. To put oneself in another's position prior to the expression of a wish could work wonders. In this sense, Dagmar Demming's

Liebe – einen Porsche – eine Frau – Gesundheit – daß mein Kind die Operation überlebt – daß mich die anderen mögen – einen Job – Zeit – einen Hund – Geld – zurück in die Heimat – meinen Vater finden – einen hinreißenden Liebhaber – keinen Alkohol mehr brauchen – schlagartig gesund sein – mit meiner Schwester wieder sprechen – gute Freunde – daß meine Eltern sterben – ein photographisches Gedächtnis – meinen alten Job – Spaß – nicht so viel arbeiten – ein Haus am Meer – Frieden – eine Weltreise – daß meine Mutter wieder lebt – ein Kind – dünner sein – Reisen – neue Freunde – umschwärmt sein – daß mein Boß stirbt – an einem Ort reiner Poesie sein – Freiheit – berühmt sein – daß es Aids nicht gibt –ein Pferd – Erfolg – Koks – einen richtigen Job – viel Geld – nie mehr arbeiten müssen – eine Weltreise – Singen können – gute Arbeit machen – ein Hollywood Star sein – keine Schulden mehr haben – einen Freund – nicht mehr allein sein – schlank sein – deutsch verstehen – schlafen können – keine Angst mehr haben – Erfüllung – meinen Traummann finden – Zeit – Claudia Schiffer sein – in der Gegenwart präsent sein – alle Sprachen können – kreativ sein – daß meine Großmutter wieder lebt – einmal nach Jamaika fliegen – daß meine Frau nicht Krebs hat – Zeitreisen können – ein tolles Auto – zuverlässige Leute – schön sein –

Dagmar Demming
Mom and Dad in Recent American Voices, 1996,
Alyce de Roulet Williamson Gallery, Pasadena

ausgenommen. So wird, wer der *Aufforderung zum Voyeurismus* nachkommt, durch die Ausstellungssituation selbst vorgeführt. Demming pointiert die Negation der psycho-sozialen Voraussetzung des Voyeurismus mit dem *Spion* (1990), den sie mit rhetorischer Ironie in eine Glastür einsetzt. Es gibt kein Sehen ohne Gesehenwerden. Nur entlarvt sich der Blick eben nicht immer sofort. So sind gerade diese Arbeiten vor dem historischen Hintergrund der Offenlegung der ersten Stasi-Akten zu sehen. Als aktuelle Kommentare zur zynischen Absurdität von Observationsberichten zwischen perfider Psychologisierung und vermeintlicher gesellschaftlicher Relevanz stehen sie neben den Arbeitszyklen *Otto-Nuschke-Straße 554, 1560 Potsdam* (1991) und *Persönliches* (1991–95), in denen sich Demming mit den Opfern des Gewahrsamstaates DDR beschäftigt.

Demming spielt in ihren Installationen auf immer neue Weise mit der Konstruiertheit und Fragwürdigkeit unserer Ansichten. Sie macht auf Umstände auf-

love – a Porsche – a woman – good health – that my child survives the operation – that other people like me – a job – time – a dog – money – to go back home – to find my father – a fantastic lover – not to need alcohol anymore – to be healthy overnight – to talk to my sister again – good friends – that my parents would die – a photographic memory – my old job – fun – not to work so hard – a house at the seaside – peace – a world trip – that my mother were alive again – a child – to be thinner – to travel – new friends – to be surrounded by admirers – that my boss would die – to be in a place of pure poetry – freedom – to be famous – that AIDS didn't exist – a horse – success – cocaine – a proper job – lots of money – that I never had to work again – a world trip – to be able to sing – to do good work – to be a Hollywood star – love – to have no debts anymore – a boyfriend – not to be alone anymore – to be slim – to understand German – to be able to sleep – not to be afraid anymore – fulfilment – to find my dream man – time – to be Claudia Schiffer – to be really here in the present – to be able to speak every language – to be creative – that my grandmother were alive again – to fly to Jamaica someday – that my wife does not have cancer – to be able to travel through time – a super car – reliable people – to be beautiful –

art searches for the other view of things, a view beyond the immediately visible.

With her *Aufforderung zum Voyeurismus* (*Call to Voyeurism*, 1992), Demming demonstrates the inadequacy of the one-sided view. For the installation, a window pane is replaced with a sheet of matte glass containing two round transparent openings at eye height. Thus, through a permanently installed telescope, one can see directly and undisturbed into a neighboring window. The ruthless fixation of the gaze calls attention to the limitations of the view. This aspect is also emphasized in Demming's piece *Frau und Mann* (*Woman and Man*), which is part of the installation *LagerregaL* (*Storage Shelf*, 1992). In this work, slides standing freely on shelves portray the backs of the heads of a woman and a man which, when the backs of the slides are regarded, visualize the impossibility of getting around a view once it is held. In that Demming withholds a view of the faces, she makes the viewer aware that a change in standpoint can normally bring about new perspectives – and vice-versa. Whoever will not move remains imprisoned in his or her perspective, dependent on whatever happens to appear within the visual field. We are responsible for our own active construction of a perceptible world. The view is however always bound to the body of the person seeing and, as a body among bodies, is not exempt from being seen. Thus, whoever complies with the *Aufforderung zum Voyeurismus* is put on display by the exhibition situation. With *Spion* (*Peephole*, 1990), which she set into a glass door with rhetorical irony, Demming underscores the negation of voyeurism's psycho-social precondition. There is no seeing without being seen. It is just that the gaze does not always reveal itself immediately. Thus, precisely

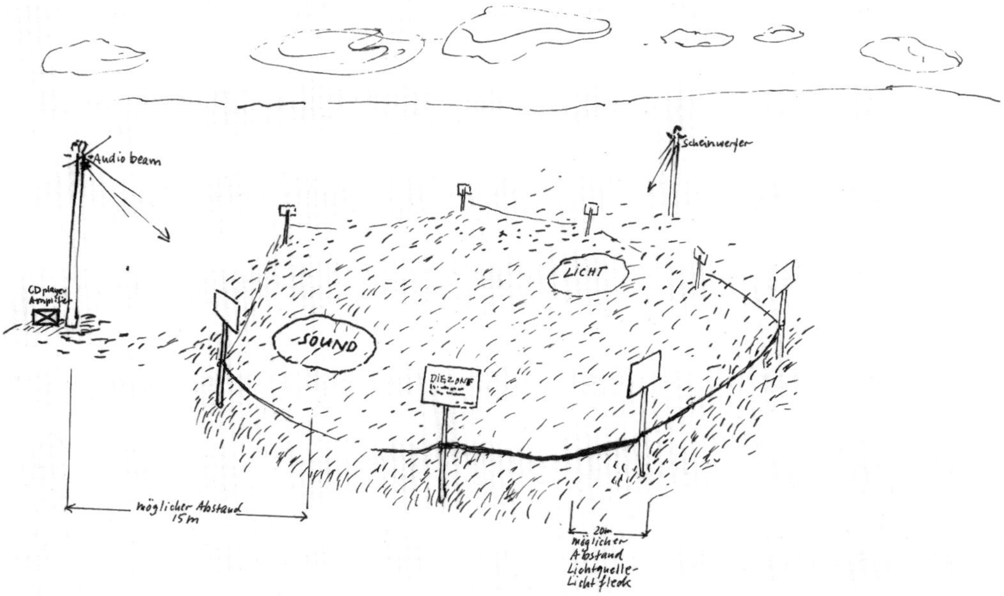

Dagmar Demming
Die Zone / The Zone,
2000, Projekt für die / project for the
Skulptur-Biennale,
Skizze / sketch

merksam, die im Alltag vielleicht nicht gesehen werden oder auf die der Blick durch systematische Ausgrenzung geradezu verstellt wird. So baute sie etwa im Rahmen einer Performance für die Ausstellung *All Work No Play* eine *Temporäre Architektur* (1995) nach dem Vorbild von Verschlägen, wie sie von den zahllosen Obdachlosen in den toten Winkeln der Konsumgesellschaft errichtet werden. Die rhetorische Doppelbödigkeit der von Dagmar Demming inszenierten Sichtbarkeiten erschließt sich oft erst auf den zweiten Blick. Durchaus buchstäblich zeigt diese sich in der Installation *Totale Ausgangssperre* von 1992, die in der Ausstellung *Leiblicher Logos* (1995) zu sehen war. Mit beinahe narrativer Dramatik werden neben der Videoprojektion einer laufenden, scheinbar nicht von der Stelle kommenden Frau, ein an der Wand hängendes, weißes und ein hingeworfenes, rotes Samtkleid in Szene gesetzt. Klischeehafte Assoziationen von Frauenzimmern mögen hier schnell bei der Hand sein. Doch, wie Hanne Loreck schon bemerkte, wird man sich „über die Leichtigkeit wundern, mit der die Metaphern mit Füßen zu treten sind".[1] Ein Podest, das aus dem Material des umliegenden Ausstellungsraumes geschaffen ist, überführt die evozierten Frauenbilder ihrer vielschichtigen historischen und gesellschaftlichen Institutionalisiertheit.

Dagmar Demmings häufig multimediale Arbeiten verweigern sich dem schnellen Konsum. Die Klanginstallationen unterlaufen die einfache, mit einem Blick erfaßbare Objekthaftigkeit und fordern ihre eigene Zeit der Wahrnehmung. Meist liegen ihnen Interviews und Umfragen zugrunde, die Demming zuvor in Kneipen, Supermärkten oder Fußgängerzonen aufgezeichnet hat. Auf diese Weise entstand auch die Installation *Lukas 18, 9–14* (1993/95), mit der Demming die schon bald nach der Wende aufflammenden (nicht nur) deutsch-deutschen Ressentiments der Stammtische aufgreift. Per Zufallsgenerator zusammengestellt lassen sich Aussagen von Männern und Frauen in 32 verschiedenen deutschen Dialekten vernehmen, in denen es immer wieder um die positive Abgrenzung gegenüber „den anderen" geht. In der Gegenüberstellung mit dem Bibelzitat „Ich danke Dir, Gott, daß ich

these works are to be seen against the historical background of the opening of the first Stasi files. As an up-to-date commentary on the cynical absurdity of observation reports hovering between perfidious psychology and alleged social relevance, they stand alongside the work series *Otto-Nuschke-Straße 554, 1560 Potsdam* (1991) and *Persönliches* (*Personal*, 1991–95), in which Demming involved herself with the victims of the police state of the GDR.

In her installations, Demming each time plays with the construed nature and questionability of our views in a new way. She calls attention to conditions that are perhaps not seen in the everyday, or the view of which has become distorted through systematic exclusion. In this manner, she built a *Temporäre Architektur* (*Temporary Architecture*, 1995) for the exhibition *All Work No Play* modeled after the shelters built by the countless homeless in the blind corners of the consumerist society. The rhetorical duality of Dagmar Demming's staged visibilities often only reveals itself at second glance. This is demonstrated in a thoroughly literal manner in the installation *Totale Ausgangssperre* (*Total Curfew*, 1992), which could be seen in the exhibition *Leiblicher Logos* (*Corporeal Logos*, 1995). With nearly narrative dramatics, a white velvet dress

Dagmar Demming
Aufforderung zum Voyeurismus / Call to Voyeurism, 1992,
Galerie Bergmannstraße 111, Berlin

nicht bin wie andere Leute" erzeugt die Klanginstallation eine „tragikomische Kakophonie der Borniertheit".[2] Demmings Klanginstallationen setzen auf die psychologische Dimension der Unmittelbarkeit des Gesagten. So werden etwa die unerwiderten Rufe nach *Mom and Dad* (1996) von Stimmen unterschiedlichen Alters zum spannungsvollen Hörbild der früh erworbenen Ein-Wort-Sätze und ihrer sedimentierten Bedeutungen. Oder sie nutzen den ephemeren Moment des Gesprochenen. Nur kurz zur Erscheinung gebracht sind die akustischen Eindrücke schon der Erinnerung anheim gegeben. Mit metaphorischer Wirksamkeit sucht Demmings *9.6.–Hommage à Lidice* (1997) der Nichtdarstellbarkeit des Grauens gerecht zu werden. In Gedenken an das von den Nazis zerstörte Dorf ließ sie eine Schallplatte mit den gesprochenen Namen aller Opfer pressen.

Im Rahmen der *Skulptur-Biennale Münsterland 2001* hat Demming einen geheimnisvollen Sperrbezirk ausgezeichnet. Schilder weisen darauf hin, daß *Die Zone* nur auf eigene Gefahr betreten werden darf und „warnen" davor, daß dort Wünsche in Erfüllung gehen. In der Dunkelheit ist schon von weitem ein unheimlicher Lichtschein zu beobachten und wer es wagt, die *Zone* zu betreten, kann vielleicht die Wünsche anderer Menschen in der Luft liegen hören. Auf unheimliche Weise ist der Ort dieser Wunschäußerungen nur zufällig zu entdecken. Es gibt kein Leiser- oder Lauter-Werden der Stimmen, wo sie ihren Ursprung haben, bleibt unvermittelt. Mit Sicherheit sind sie jedoch nicht dort zu vernehmen, wo das dunstige Licht über der Wiese liegt. Vielleicht kann man sich gerade hier, in genügender Distanz zu den Wünschen der anderen, auf seine eigenen Sehnsüchte und Begehren besinnen. Oder sollte man sich auch von diesem Licht nicht in die Irre führen lassen? Demmings Beitrag entstand in Anlehnung an den Film *Stalker*. Innerhalb der von Tarkowskij beschriebenen „Zone" soll es einen Raum geben, in dem Wünsche erfüllt werden – allerdings nur die aufrichtigsten, sehnlichsten und verborgensten Wünsche. Doch wer wagt es schon, sich mit dem Unbewußten einzulassen? Wünsche sind ein Spiegel des Wünschenden und der Gesellschaft,

hanging on the wall and a red velvet dress thrown before it were set into scene next to the video projection of a woman walking, yet not, apparently, progressing forwards. Cliché associations of women might quickly come to mind here. And yet, as Hanne Loreck already commented, one can "wonder about the facility with which metaphors can be kicked around."[1] A pedestal made from the material of the surrounding exhibition space delivers the images of women evoked to their many-layered historical and social institutionalization.

Dagmar Demming, whose works are often multimedia in form, refute rapid consumption. The sound installations undermine a simple objectification capable of being taken in with one glance and demand their own time for being perceived. For the most part, they are based on interviews and surveys which Demming previously taped in bars, supermarkets or pedestrian zones. The installation *Lukas 18, 9–14* (1993/95) – in which Demming picks up on the barroom resentments flaring up (not only) between East and West Germans soon after the fall of the Berlin Wall – came about in this way, as well. Put together by a random generator, statements by men and women in 32 different German dialects can be heard which all deal with a positive distancing from "the other". In the juxtaposition with the Bible quote "I thank Thee, Lord, that I am not like other people", the sound installation produces a "tragicomic cacophony of narrow-mindedness."[2] Demming's sound installations aim for the psychological dimension of the immediacy of the said. Thus, the unanswered calls for *Mom and Dad* (1996) by voices of varying age are transformed into a tense acoustic image of early one-word

Dagmar Demming
Lukas 18, 9–14, 1993,
innerhalb der Ausstellung / installation view *Fontanelle*,
Kunstspeicher Potsdam

Dagmar Demming,
LagerregaL / Storage Shelf,
1992, Galerie von der Tann,
Berlin, Detail

die sie sozial kodiert und konnotiert. Wer kann schon sicher sein, daß die marktwirtschaftliche Wunschproduktion vor ihm Halt gemacht hat? In der Anspielung auf die ehemalige „Ost-Zone" erfährt die Orientierung des Begehrens bei Demming eine ironische Verkehrung der Wunschprojektion im Film *Stalker*. Mit der Warnung vor den Konsequenzen der Wunscherfüllung führt Dagmar Demming auch die zeitliche Bedingtheit unserer Wünsche vor Augen.

1 Hanne Loreck, *Relation zwischen Gestalt und Erscheinung*, in: *Leiblicher Logos, 14 Künstlerinnen aus Deutschland*, Kat. Staatsgalerie Stuttgart 1995, S. 32 f.
2 Ulrich Clewing, *Die Stillen und die Besten*, in: *Art* 9, 1993, S. 97.

sentences and their sedimentary meanings. Or they employ the ephemeral aspect of the spoken. The acoustic impressions appear only briefly and are quickly relegated to the memory. With metaphoric force, Demming's *9.6.– Hommage à Lidice* (1997) seeks to pay justice to the unrepresentability of horror. In memory of the city destroyed by Nazis, she had a record pressed with the spoken names of all its victims.

In the framework of the *Sculpture Biennial Münsterland 2001*, Demming drew up a mysterious restricted zone. Signs inform the passerby that *Die Zone* (*The Zone*) may only be entered at one's own risk, "warning" that wishes become fulfilled there. In the darkness, an

Dagmar Demming

Temporäre Architektur / Temporary Architecture, 1995, innerhalb der Ausstellung / installation view *All Work No Play*, Dresden-Hellerau

Persönliches / Personal, Serie / series 1991–1995

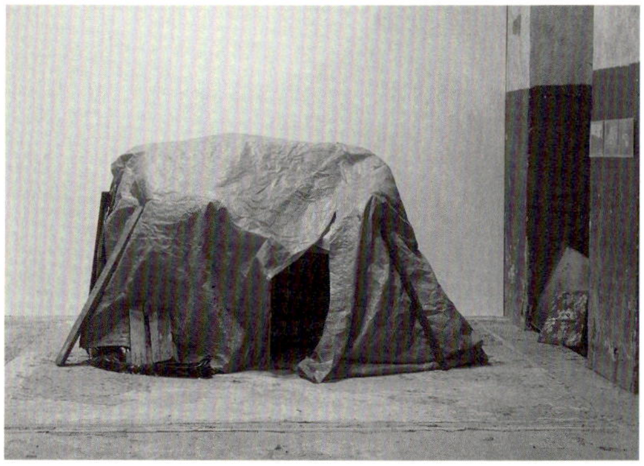

uncanny glow of light can already be observed from far away, and whoever dares enter the *Zone* can perhaps hear the wishes of other people riding on the wind. In a strange way, this location of wish expression can only be discovered accidentally. There is no increase or decrease in the volume of the voices, and it remains unclear where the source of the voices might be. Certainly, however, they cannot be heard over there, where the foggy light is shining over the meadow. Perhaps this is just the place to meditate on one's own longings and desires, far enough away from other people's wishes. Or should we take care not to be led astray by this light, as well? Demming's contribution arose in direct reference to the film *Stalker*. Within the "zone" described by Tarkowskij, there is supposed to be a space in which wishes are fulfilled – only the most sincere, longed-for and hidden wishes, however. Yet who would really dare take up with the unconscious? Wishes are a mirror of the wishing person and the society, which encodes and connotes them socially. Who can really be sure that the wish production of a market economics will come to a halt at his or her feet? In Demming's piece, the orientation of desire undergoes an ironic reversal in wish projection in the film *Stalker* with a hint at the former "East Zone". In her warning against the consequences of wish fulfilment, Dagmar Demming also demonstrates the temporally conditioned nature of our desires.

1 Hanne Loreck, *Relation zwischen Gestalt und Erscheinung*, in: *Leiblicher Logos, 14 Künstlerinnen aus Deutschland*, cat. Staatsgalerie Stuttgart 1995, p. 32 f.
2 Ulrich Clewing, *Die Stillen und die Besten*, in: *Art* 9, 1993, p. 97.

Translation: Andrea Scrima

Kendell Geers

Waiting for the Barbarians

Jan Winkelmann

Er haßt den Kunstbetrieb. Im Palazzo Grassi pinkelte er in Duchamps Urinoir. Im Rahmen der Ausstellung *Crap Shoot* ließ er Rudi Fuchs eine Woche lang von einem Privatdetektiv beschatten. In Glasgow sprengte er ein Loch in die Wand des Museums. Er wichste auf ein *Hustler* Centerfold und hängte es anschließend gerahmt in eine Ausstellung. Die metallene Identitäts-Marke um seinen Hals wird nach seinem Tod meistbietend versteigert, und viele Titel seiner Arbeiten enthält er dem Publikum mit dem Hinweis *Title Withheld* vor ... Die Rede ist von einem feinsinnigen, oftmals schüchtern wirkenden, redegewandten und belesenen Südafrikaner namens Kendell Geers.

Der hier anklingende Widerspruch zwischen Persönlichkeit und Werk ist weniger diskrepant als dies zunächst scheinen mag. Geers' künstlerische Strategie basiert auf präzise konstruierten Schockmomenten, die den Betrachter in seinen natürlichen Wahrnehmungsgewohnheiten mit unmittelbaren und verstörenden Bildern aus dem Gleichgewicht bringen und nachhaltig befremden. Als eine Form des Widerstands entwickeln Geers' Eingriffe in den Kunstkontext gleichzeitig auch Bedeutung für die Wirklichkeit außerhalb dessen. Dabei spielen mediale Codes, populärkulturelle und historische Referenzen eine ebenso große Rolle, wie sein eigener kultureller Background und der politische Kontext, dem er entstammt, und ohne den sein Werk in seinen komplexen und hoch politischen Implikationen nicht zu verstehen ist.

Geers Arbeiten reflektieren immer den spezifischen Kontext in Form von Raum, Ort und Zeit, für den oder in dem ein Projekt entsteht. Nicht selten bilden diese Faktoren unterschiedliche Subtexte, die seinen Arbeiten eingeschrieben sind und sie als ortsspezifische Setzung interpretierbar machen, diese im gleichen Moment aber auch davon losgelöst lesbar werden lassen. Das Projekt *Waiting for the Barbarians* vereint einige dieser Spezifika auf paradigmatische Weise.

In der Nähe des einstigen Zisterzienserinnenklosters Gravenhorst soll ein quadratischer Irrgarten mit einer Kantenlänge von 30 m und einer Gesamtfläche von 900 qm errichtet werden. Die Wände des Irrgartens sind in Form von Grenzzäunen geplant, deren Abschluß in 3 m Höhe eine Spirale sogenannten Widerhakensperrdrahts, wie er zur Sicherung von Ländergrenzen und Militäranlagen verwendet wird, bildet. Das Zentrum der Anlage markiert ein Grenzturm der ehemaligen deutsch-deutschen Grenze, der sich über die Zäune erhebt und von dem aus die labyrinthischen Wege überblickt und „entschlüsselt" werden können. Nach der Fertigstellung der Anlage ist es vorgesehen, die Zäune mit Efeu zu bepflanzen.

He hates the art establishment. In the Palazzo Grassi, he pissed into Duchamp's urinal. For the exhibition *Crap Shoot*, he had Rudi Fuchs shadowed by a private detective for a week. In Glasgow, he blew a hole through the wall of the museum. He jerked off over a *Hustler* centerfold and hung it, framed, in an exhibition. The metal identity tag around his neck is going to be auctioned off to the highest bidder after his death, and he holds many of his works' titles back from the public, referring to them as *Title Withheld*. We are talking about a sensitive, articulate, widely read and often seemingly shy South African by the name of Kendell Geers.

The contradiction suggested here between personality and work is less discrepant than might at first appear. Geers' artistic strategy is based on precisely constructed moments of shock which throw the viewer off balance in his natural habits of perception by using immediate, disturbing images which produce a lasting alienation. As a form of resistance within the art context, Geers' interventions at the same time acquire meaning for the reality outside this context, as well. Here, media codes, pop cultural and historical references play as large a role as his own cultural background and the political context he comes from, without which his work cannot be understood in its complex and highly political implications.

Geers' works always reflect the specific context in terms of the space, location and time for which or in which a project is developed. Not infrequently, these factors comprise different subtexts which are inscribed into his works, rendering them interpretable as site-specific placements, but also, at the same time, allowing for a legibility independent of the respective

Der von Geers für dieses Projekt gewählte Ort ist in mehrfacher Hinsicht für die Form, Gestalt und die komplexen inhaltlichen Implikationen und Referenzen der Arbeit von Relevanz. An ihm verbinden sich Geschichte, Gegenwart und Zukunft sowohl auf reale wie auch auf metaphorische Weise. Der Teutoburger Wald wurde als Austragungsort der Varus-Schlacht zum Symbol des Sieges der „barbarischen" Germanen über die römischen Legionen, aufgrund dessen sich die Grenze des Römischen Reiches und damit ihr Einflußbereich unterhalb des Rheins verschob. Ein weiteres geschichtsträchtiges und für die territoriale Neuordnung Europas folgenreiches Ereignis in dieser Region war der Westfälische Friede, der 1648 den Dreißigjährigen Krieg beendete und die Aufteilung Europas in souveräne Einzelstaaten zur Folge hatte. Die hier angeführten militärischen Auseinandersetzungen, bzw. die durch sie hervorgerufenen, weitreichenden territorialen und hegemonialen Veränderungen, verdichten sich symbolhaft in Form des Zauns aus Widerhakensperrdraht, der als ein Instrument der Ein- und Ausgrenzung diese Funktion auch in seiner martialisch anmutenden Erscheinung transportiert. Die vorgegebene Ästhetik schließt sowohl potentielle Handlungsfelder als auch mögliche Aktionsmechanismen ein und öffnet als ein eindringliches und stark emotionalisierendes Bild unterschiedliche, in erster Linie negativ aufgeladene Assoziations- bzw. Bezugsfelder. In seiner Form verweist der Irrgartenzaun nicht zuletzt auch auf den ihm zugrundeliegenden Produktions- respektive Installationsprozeß – er sollte, was einen integralen Bestandteil der Arbeit bildet, von der Bundeswehr aufgebaut und installiert werden –, womit Geers die Organisatoren und ihre politischen und administrativen Verbindungen bei der Realisierung des Projektes auf subtile Weise instrumentalisiert hätte.

context. The project *Waiting for the Barbarians* unites some of these specifications in a paradigmatic manner.

Conceived for a site nearby the former Cistercian nuns' monastery Gravenhorst is a square garden in the form of a labyrinth with a side length of 30 meters, encompassing 900 square meters in all. The walls of the garden are planned to resemble border fences whose top edge at a height of three meters is to be crowned with a spiral of so-called "razorwire", as is commonly used for the protection of national borders and military bases. The center of the grounds is marked by a border tower from the former boundary between East and West Germany which rises above the fences and from which one can view the labyrinthine paths and "decode" them. After the completion of the grounds, ivy is to be planted along the fences.

The location Geers has chosen for this project is relevant in a multiple sense to the shape, form, and the complex thematic implications and references of the work. History, the present and the future are connected to it in a real as well as metaphorical way. As the site of the Varus Battle, the Teutoburger Forest became the symbol of the victory of the "barbaric" Germanic tribes over the Roman legions, as a result of which the border of the Roman Empire and thereby its sphere of influence was shifted to below the Rhine. A further historical occurrence in this region which was rich in consequences for the territorial reordering of Europe was the Peace of Westphalia which ended the Thirty Years' War in 1648, resulting in the subdivision of Europe into single sovereign states. The military conflicts listed here as well as the far-reaching territorial and hegemonial changes brought about through them converge symbolically in the form of the barbed-wire fence, which transports its function as an instrument both of enclosure and exclosure through its martial appearance, as well. The purported aesthetic includes potential fields as

Kendell Geers

Title Withheld (Deployed), 1999,
Aufbau der Installation /
installation set-up, Galerie für
Zeitgenössische Kunst,
Leipzig

Daneben verweisen sowohl der Widerhakensperrdraht selbst als auch der Titel der Arbeit auf den sozio-historischen Kontext, dem Geers entstammt. Der von dem südafrikanischen Autor J. M. Coetzee 1980 veröffentlichte Roman *Waiting for the Barbarians* erzählt die Geschichte eines provozierten Grenzkonflikts zweier südafrikanischer Kleinstaaten und des damit verbundenen menschlichen Leids. Anhand des Schicksals seines Protagonisten exemplifiziert Coetzee Fragen nach der Würde und Mitverantwortung des Einzelnen in einem Regime, das sich über Recht und Anstand hinwegsetzt. In ähnlicher Weise impliziert die spezielle Form des Stacheldrahts die ihm inhärenten spezifischen Funktionsmechanismen. Als eine Erfindung des Apartheid-Regimes diente er den dortigen Sicherheitskräften als ein einfach handhabbares, schnell zu installierendes und probates Mittel, um größere Areale innerhalb kürzester Zeit abzusperren und so auf einfache Weise kontrollierbar zu machen. In diesem Sinne repräsentiert der „Razorwire" eine institutionalisierte Politik der Regulierung und Kontrolle von Zugangsmöglichkeiten. Die Präsentation in einem anderen politischen Gefüge führt zu einer Bedeutungsverschiebung vom konkreten, funktional-repräsentativen Zeichen zu einem allgemeingültigeren Bild, das, in der spezifischen Form eines Irrgartens, weitere Assoziationsfelder und Zuschreibungen impliziert.

Über diese, dem „Material" innewohnenden Bezugs- und Interpretationsfelder hinaus erschließen sich durch die Geschichte und Gegenwart des konkreten Orts weitere Deutungsebenen. Einerseits liegt der von Geers präferierte Ort in der Nähe des sogenannten „Nonnenpättchens", der den Bewohnerinnen des Klosters damals als Fluchtweg vor einfallenden Angreifern zum nahegelegenen Dorf diente. In diesem Zusammenhang ist auch die Bedeutung der Region für die christlichen Pilger auf ihren Reisen nach Santiago de Compostela von Bedeutung, deren strapaziöser Weg zur Erlösung sehr oft in Gemälden oder auf Bodenplatten von Kathedralen in Form eines Labyrinths symbolische Verwendung findet. Auf der anderen Seite wird das ehemalige Kloster in den nächsten Jahren in ein „Mitspielmuseum" für Kinder

well as possible mechanisms of action and, as a piercing and emotionally provocative image, opens up various, for the most part negatively charged fields of association and reference. In its form, the labyrinth fence also refers not least to the installation and production process at its foundation – it is meant to be erected and installed by the army, a fact comprising a fundamental component of the work – in which Geers, in a subtle way, integrates the organizers and their political and administrative connections into the realization of the work.

Simultaneously, the barbed wire itself as well as the title of the work hint at the socio-historical context Geers comes from. The novel *Waiting for the Barbarians*, written by the south African author J. M. Coetzee and published in 1980, tells the story of a provoked border conflict between two smaller South African states and the human suffering caused by it. Through the fate of his protagonist, Coetzee poses questions as to the dignity and responsibility of each individual in a regime that places itself above justice and decency. In a similar way, the special form of barbed wire implies the specific mechanisms of function inherent to it. As an invention of the Apartheid regime, it served the security forces there as an easily manageable, proven tool which could be installed quickly in order to cordon off larger areas within the shortest span of time, thus making them controllable in a simple way. In this sense, the razorwire represents an institutionalized politics of regulating and controlling possibili-

Kendell Geers
(blow), Situation, (Implosion), 1993/99,
High Red Centre, Centre for
Contemporary Art, Glasgow, 2000

umgewandelt, womit dem seit Jahren leerstehenden Gebäudekomplex eine neue Funktion zukommt und er dadurch als ein Ort der Kommunikation und Wissensvermittlung wiederbelebt wird. Geers Irrgarten ist also sowohl als eine Art Ergänzung der ohnehin vorgesehenen Nutzung als ein Erlebnis- und Spielmuseum für Kinder zu verstehen, wie er andererseits auch einen Ort symbolisch markiert, der im Laufe seiner Geschichte eine religiöse Bedeutung hatte und unterschiedliche kriegerische Auseinandersetzungen erlebte.

Geers' *Waiting for the Barbarians* ist eine Art Antimonument der unzähligen Grenzen auf dieser Welt, die Länder und Menschen teil(t)en und in zahllose Streitigkeiten und Kriege verwickelt(e)n und gleichzeitig auch ein Ort der spielerischen Aneignung, der Suche nach dem richtigen Weg und im übertragenen Sinne ein Bild der Sinnsuche mit ihren unzähligen Umwegen und Einbahnstraßen. Der technoide Irrgarten wird seine martialische Gestalt so lange behalten, bis sich die grüne Anarchie in Form des Efeus dieses Bauwerks bemächtigt hat und die natürliche Flora die Anlage mit einem biologischen Mantel des Schweigens überzieht, ohne sie jedoch wirklich gänzlich zum Verschwinden und somit zum Vergessen zu bringen.

ties of access. The presentation in another political structure leads to a shift in meaning from the concrete, functional, representative sign to a more generally valid image which, in the specific form of the labyrinth, implies further fields of association and ascription.

Beyond these fields of reference and interpretation inherent to the "material", further planes of interpretation are revealed by virtue of the history and present of the concrete location. On the one hand, the location favored by Geers lies near the so-called "Nonnenpättchen" (Little Nuns' Way), which in those days served the monastery's inhabitants as an escape route from approaching attackers to a nearby village. In this context, the meaning of the region for the Christian pilgrims on their journeys to Santiago de Compostela is significant, whose difficult path to redemption very often finds symbolic usage in the form of a labyrinth in paintings or on the slabs of cathedral floors. On the other hand, the former cloister is going to be turned into a "play-along museum" for children over the next several years, with which the building complex, which has been empty for years, will acquire a new function, becoming reanimated as a location for communication and the impartment of knowledge. Thus, Geers' labyrinth is to be understood both as a kind of extension of the usage in any case intended for it – as a museum for adventure and play – as well as, on the other hand, the symbolic designation of a location which possessed a religious meaning over the course of its history and experienced various war conflicts.

Geers' *Waiting for the Barbarians* is a kind of antimonument to the innumerable borders of this world which separate and have separated countries and people and have drawn and continue to draw them into countless conflicts and wars; at the same time, it is a location of playful appropriation, of the search for the right path and, in a wider sense, an image of the search for meaning with its countless detours and one-way streets. The technoid labyrinthine garden will retain its martial form for as long as it takes until the green anarchy in the guise of ivy has overpowered this structure and the natural flora has covered the grounds with a biological cloak of silence – without ever really making them entirely disappear, however, or allowing them to become forgotten.

Translation: Andrea Scrima

Geng Jianyi *Ich sehne mich zu sehen*

I am Yearning/Longing to See

Leng Lin

Die neunziger Jahre waren eine Ära voller Kreativität. In der Vergangenheit trennte zeitliche Distanz die einzelnen Kulturkreise voneinander. Heute ist diese Distanz vom ununterbrochen schrumpfenden Raum zum Verschwinden gebracht. Die einst sich über die Zeit ausdrückenden Unterschiede der Kulturen haben sich zu einer unentrinnbaren Koexistenz vielfältiger Kulturen verändert. Die sich entfaltenden Beziehungen zwischen den Kulturen, zwischen Kultur und bestimmten Orten, zwischen Kultur und Ideologie sind zur Basis des künstlerischen Schaffens einer neuen Epoche geworden. Nach diesem Muster ist auch die chinesische Gegenwartskunst in die internationale moderne Kunst integriert worden. Nach über 100 Jahren der Selbsterneuerung und Entwicklung wirkt sie heute auf das internationale Kunstgeschehen mit ihrem speziellen kulturell-nationalen Geist ein. Zu einem wichtigen Ziel der Entwicklung internationaler Kunst ist es geworden, diese Relationen zu hinterfragen und den Dialog zu suchen, um eine neue Form der Beziehung aufzubauen und dabei wiederum die Struktur dieser Form klar zu erkennen, in der Hoffnung, darin verborgene neue Fragestellungen zu entdecken.

Der chinesische Gegenwartskünstler Geng Jianyi hat sich mit seiner hinterfragenden Vorgehensweise in den Dialog und die Entwicklung der internationalen Kunst eingeklinkt. Seine besondere Art, sich in die zeitgenössische Diskussion einzubringen, zeigt sich auch in den beiden Projektentwürfen für die *Skulptur-Biennale Münsterland 2001*. Geng Jianyi nutzt dabei umfassend die natürlichen und künstlichen Gegebenheiten vor Ort, um schlagfertig und zugleich auf zen-buddhistische Weise die gegenwärtige Entwicklung der Kulturen zu ergründen.

In seinem Projekt *River* präsentiert Geng Jianyi von der Warte der Dritten Welt ausgehend den intensiven Wunsch eines „Hinausgehen-wollens". Die Umsetzung dieses Plans stellt er unter das Motto „ich sehne mich zu sehen" (I am yearning/longing to see). 50 bis 60 ungefähr einen halben Meter im Querschnitt messende Augäpfel aus Kautschuk sollen in einem Fluß installiert werden. Sie weisen unterschiedliche Farben auf, die die verschiedenen Regionen, Kulturen und Nationalitäten repräsentieren sollen. Die natürliche Strömung des Flusses und der an- und abschwellende Wasserstand stellen dabei prägnant die komplexen und fragilen Beziehungen zwischen den verschiedenen Regionen, Kulturen und Ethnien heraus.

The nineties were characterized by vigorous artistic creativity. In the past, the distance between cultures was defined by time. Today, the distance disappears and the space for cultures is increasingly shrinking. Cultural difference once caused by time is now replaced reluctantly by co-existence of diverse cultures. As a result, the relations between cultures, relations between culture and specific places, relations between culture and ideology have become the basis of today's artistic creation. In the same manner of modernity, contemporary Chinese art, with its legacy of 100 years of self-reform and evolution, has been integrated into the international art arena. The modernity bears a particular national, cultural spirit. Questioning these relations and seeking for dialogue to establish new type of relations, and gaining insight into the relations so as to find out hidden problems have become an important goal for international art in its development.

Chinese contemporary artist Geng Jianyi has always tried to keep up with this global trend in his artistic creation. One may find in two of his art projects submitted to the *Sculpture Biennial Münsterland 2001* a unique way of participation in the pursuit of the common goal. Geng makes best use of natural and artificial resources available in the exhibition site, displaying an ingenious, Zen-like approach towards the goal of gaining an insight into the development of present-day world cultures.

With the project *River*, Geng expresses a strong will of "going out" from a starting point of the Third World. Geng gives it a label: "I am yearning/longing to see". He puts into a river 50–60 rubber-made eyeballs, each about 50 centimeter in diameter. The "eyeballs" are painted in different colours, as Geng says, representing different regions, cultures, races and nationalities. The natural flow and rise and fall of the river clearly

Geng Jianyi
River, 2000, Projekt für die/
project for the *Skulptur-Biennale*,
Computermontage

Geng Jianyi
River, 2000, Projekt für die/
project for the *Skulptur-Biennale*,
Zeichnung/drawing

Der Wunsch zu „sehen" wird ganz direkt im Sehorgan gebündelt. Das Begreifen der äußeren Welt ist nicht allein eine Notwendigkeit für die jeweiligen kulturellen Identitäten, sondern gleichzeitig eine Grundvoraussetzung für das Errichten von Beziehungen zueinander geworden. Für die Dritte Welt bedeutet „sich sehnen zu sehen" nicht allein die intensive Hoffnung auf Selbstentwicklung, sondern deutet unterschwellig auch auf die Unterschiede und Ungleichheiten der Positionen hin, die innerhalb des Austauschs und der Mischung der Kulturen heute weiterhin existieren. Daraus erwachsen Zweifel an den Ergebnissen dieser Prozesse von Austausch und Vermengung. Die Abstrahierung des „Sehens" selbst drückt aus, daß in der gegenwärtigen Welt bereits eine allgemeingültige kulturelle Sicht existiert bzw. sich kontinuierlich weiterentwickelt hat. Durch das „Sehnen zu sehen" wird die Abstrahierung des „Sehens" in besonderer Weise als konkrete Handlung von der Position der Dritten Welt aus konstatiert. In dem Entwurf zu *River* versucht Geng Jianyi, durch Hinterfragen die Substanz des „Sehens" zu ergründen. Mit Seilen sollen die an der Wasseroberfläche treibenden Augäpfel im Flußbett verankert werden. Bei steigendem Wasserstand werden sie zunehmend stärker an einem Ort fixiert und können sich kaum noch bewegen. Fällt der Wasserstand, so können sich die Augäpfel verhältnismäßig frei bewegen. Die Freiheit des „Sehens" ist nicht ohne Grenzen möglich, sondern sie wird vom An- und Abschwellen des Wasserstandes kontrolliert. Diese zen-buddhistische Herangehensweise bringt prägnant die nicht zu beherrschende Kraft, die hinter dem „Sehen" steht, ans Licht. „Sich sehnen zu sehen" wird so zu einem bloßen Versuch und der

show the complex, unstable relations between cultures from different regional and national backgrounds.

Thus, the will to "see" is concentrated directly on the organ of seeing. Understanding the outside world becomes not only the needs of different cultural identities but also a prerequisite for establishing relations among them. For the Third World, "yearning/longing to see" reflects a strong will for self-development. It also suggests difference and inequality in the process of cultural interchange and fusion and a doubtful attitude towards the results of interchange and fusion. The abstract "will to see" expresses a commonly seen, existing state of world art: Though there is a strong will "to see", the abstraction of the will has made the act a specific one of the Third World. In the *River* project, Geng intends to see more clearly the truth of "seeing" in a way of questioning. The "eyeballs" are tied to the riverbed with ropes while floating on the surface of the river. When the water rises, the eyeballs are hard to move as the ropes tighten; when the water falls to some degree, the eyeballs move with certain freedom on the water surface, suggesting that the freedom to "see" is limited and controlled by the fluctuation of the river water. This Zen-like approach gives one a deeper insight into the uncontrollable power behind the will to "see". "Yearning/longing to see" is reduced to a sheer attempt and "what can be seen" becomes "what has been seen", which is a typical Third World expression. Geng's *River* can be read as a specific act of the Third World, one of its general expressions, which is actually invented by the West.

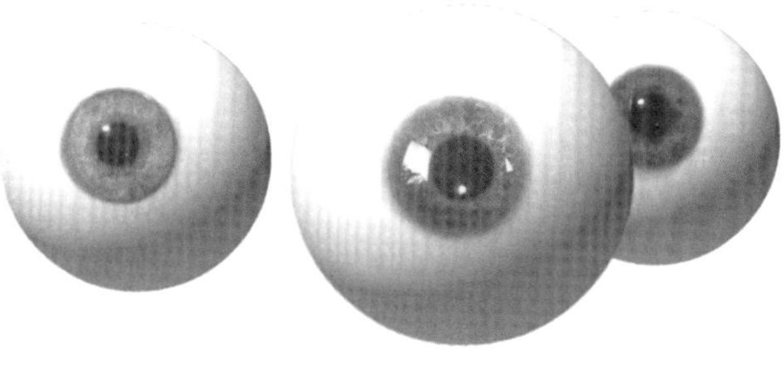

Sachverhalt des „Sehens" zur einzigen Realisierung des Ausdrucks des „Sehens". Das ist eine typische Äußerung der Dritten Welt. Man kann diesen Entwurf Geng Jianyis als den Anspruch eines konkreten Agierens der Dritten Welt innerhalb der vom Westen geschaffenen, allgemein gültigen Situation betrachten.

Etwas anders als bei *River* lenkt Geng Jianyi in seinem zweiten Projektvorschlag *Image* das Augenmerk auf Überlegungen zu Ideologie. Er bedient sich aber einer verwandten Methode, nämlich dem Gebrauch der vor Ort vorhandenen Dinge. Geng Jianyi setzt eine alte Kalkfabrik ins Zentrum seines Projekts. Die Fabrik ist ein typisches Produkt der Modernisierung. Für den chinesischen Künstler Geng Jianyi ist ihr Bild darüber hinaus verknüpft mit einem bestimmten gesellschaftlichen System und der Ideologie, die dieses System impliziert. Vor dem Hintergrund der Auflösung und des Zusammenbruchs der sozialistischen Ideologie auf der ganzen Welt und besonders in Kontrast zu dem gegenwärtig aufblühenden und sich entwickelnden sogenannten Informationszeitalter, erscheint die Fabrik, so kaputt und schmutzig, umso mehr wie ein gerade weggeworfenes Objekt, das deutlich das Bewußtsein der alten Zeit trägt. Geng Jianyi plante, die ehemals in dieser Fabrik verwendeten Werkzeuge in doppelter Größe, seitlich neben dem Gebäude in einer fast an religöse Verehrung gemahnenden Weise, senkrecht aufgereiht

Slightly different from project *River*, Geng's *Image* project prefers to explore the subject of ideology, but with an approach similar to that of the previous project – the use of objects already existing. Geng uses an abandoned lime factory as part of his project since the factory is a typical product of modernization. But to Chinese artist Geng Jianyi, the factory means more than that: Its image has connections with certain social system and related ideology. Against the backdrop of the collapse and disintegration of socialist ideology worldwide, and in the still emerging "Information Era", the factory looks even more like a newly abandoned, stained, dilapidated item, which breathes clearly a smell of the bygone era. Geng reinvents the productive tools one times bigger in size than they actually were when used in the old lime factory. Then,

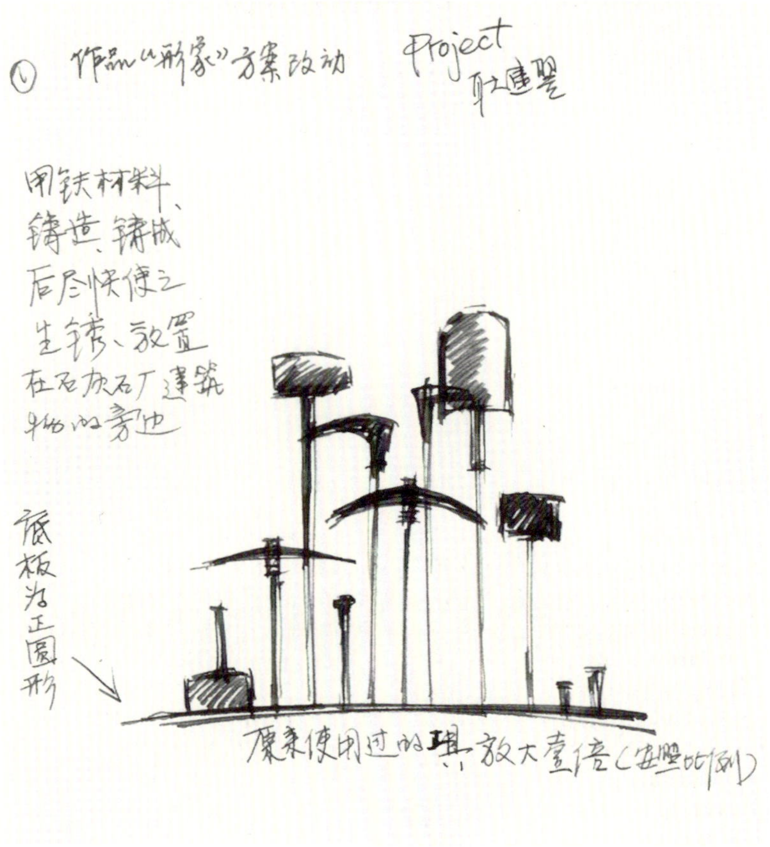

Geng Jianyi
Image, 2000, Projekt für die / project for the *Skulptur-Biennale*, Zeichnung / drawing

aufzustellen. Ihre rostrote Oberfläche verschmilzt mit den Seiten des Gebäudes zu einer Einheit: ihr Nebeneinander und die sie begleitende Ideologie verdichten sich zu einer historischen Spur.

Im Projekt *River* können wir Geng Jianyis Erklärungen und Zweifel am aktuellen, kulturell vielfältigen Diskurs gespiegelt sehen; im Projekt *Image* hingegen erkennen wir seine mit Romantik angefüllten Erinnerungen an die einst die halbe Welt beherrschende gesellschaftliche Praxis des Sozialismus. In diesem Projekt symbolisiert die rostrote Farbe zweifelsohne den nicht umkehrbaren, nicht aufzuhaltenden historischen Prozeß. Doch Geng Jianyi möchte mit seiner ritualisierten Präsentation in diesem Projektentwurf eine Unmittelbarkeit des historischen Bewußtseins wiederbeleben. Diese Unmittelbarkeit ist wie ein Bild, das man nicht leicht auslöschen kann. Sie birgt in sich den ständigen Impuls, einen noch besseren Weg zu schaffen. Der neben der Kalkfabrik unablässig strömende, vom Rost gefärbte Fluß wirkt wie eine nicht enden wollende Illusion. Seine Natürlichkeit scheint noch immer von der Existenz einer unsterblichen Utopie, die von der Menschheit aufgegeben wurde, zu künden. Man könnte sagen, daß Geng Jianyi in *River* mit einer natürlichen Herangehensweise den gegenwärtigen pluralistischen Diskurs hinterfragt; im Projekt *Image* bezieht er, von einer historischen Haltung angeleitet, eine kritische Position gegenüber der heutigen Gesellschaft, die sich auf seine persönlichen kulturellen und gesellschaftlichen Erfahrungen stützt.

Übersetzung: Andreas Schmid, Martina Siebert

he erects them side by side with the structure of the factory, in a way almost like religious worshipping rituals. The tools' rusty, red colored surface makes them appear to be part of the abandoned lime factory. These symbolic tools, along with their accompanying ideology, have condensed as kind of historical remnants.

In project *River* one can see Geng's reading of and his doubt about cultural pluralism of today while in his project *Image* one can find that the artist casts a somewhat romantic, retrospective eye upon the socialism practice once dominated almost half of the globe. In his latter project, the red colour itself no doubt shows an irreversible, unchecked historical process. But Geng's ritualized treatment of the project reveals an effort to restore a directness of the sense of history. Like an indelible image, the directness always has a hidden impulse behind it, an impulse to create a better path. And the reddish running water in the river near the lime factory appears to be an unbroken dream, its natural flow suggesting the existence of a certain utopian ideal which has been discarded by mankind. If it is safe to summarize Geng's *River* project as "questioning present-day cultural pluralism through a natural approach", then it is still fair to read his *Image* project as "questioning contemporary society from a historical point of view and on the basis of his own cultural and social experiences."

Translation: Yang Yingshi, Zhu Linyong

Kalle Grude *Bitte, bitte, schränkt mich nicht ein!* *Please, Please Do not Box Me In*

Mika Hannula

Strukturen. Ja, Strukturen – dies scheint das Kredo der Arbeit des norwegischen Künstlers Kalle Grude zu sein, womit klar und konsequent der Rahmen für das Interessensgebiet abgesteckt wäre, in dem Grude sich bewegt. Es sind Strukturen, oder um präziser zu sein, unser Verhältnis zu ihnen. Wie gehen wir im Alltag mit Strukturen um? Was wollen, erwarten, wünschen oder fürchten wir?

Mit dem Ziel, diese Strukturen zu befragen, konzipierte Grude sein Projekt für die *Skulptur-Biennale Münsterland 2001*. Jedoch wird es nicht über das Stadium eines großartigen Vorschlags hinausgehen. Die Tatsache, daß dieses Vorhaben nicht realisiert werden wird, ist kein Scheitern, sondern wesentlicher Bestandteil des Projekts im Sinne eines Experiments. Es läuft letztlich auf die Frage hinaus, wie Strukturen funktionieren, und wie man mit ihnen spielen und sie unterlaufen kann.

Es handelt sich hier um den ewigen Konflikt, der dem Wunsch zu beschützen innewohnt – ein durchaus verständlicher Wunsch, der aber in seiner übertriebenen Form dazu führen kann, daß man das, was man beschützen möchte, erdrückt. Also stehen wir vor einem unauflösbaren Dilemma. So heißt es schon in einem Schlager: „Every man (or woman) tends to kill the thing he (or she) loves."

Grude ist allerdings keineswegs grundsätzlich gegen Strukturen oder steht ihnen prinzipiell kritisch gegenüber. Er möchte sie ausloten und austesten, um in jeweils ganz verschiedenen Kontexten zu untersuchen, wie und warum sie funktionieren.

Im Sommer 2000 realisierte Grude ein Projekt in der Galerie F15 in Moss, Norwegen. Dabei entschloß er sich, Strukturen zu durchbrechen. Er baute einen Gang für einen albernen, kleinen Pudel, eine Art Laufsteg für ein mechanisches Spielzeugtier. Dieser Steg war hoch unterhalb der Decke konstruiert und zog sich durch mehrere Räume der Galerie. Er durchbrach Wände und sogar Türen. Die Arbeit hatte den stimmigen Titel: *Kein Problem*.

Für die *Skulptur-Biennale* bleibt Grude seiner Arbeitsweise treu und nennt sein Projekt *Vorschlag*. Dazu der Künstler: „Mein Vorschlag sieht den Bau eines transparenten Stahlturms inmitten der Landschaft vor. Es sollte ein Zylinder sein, leicht konisch, mit einer Höhe von 17 m, einem Durchmesser von 1,65 m an der Grundfläche und 1 m an der Spitze. Im Innern dieses Zylinders möchte ich einen Baum pflanzen." Unzählige Löcher, durch die man in den Turm sehen und durch die der Baum nach außen wachsen könnte, sollten den Turm perforieren.

Structures. Yes, structures, that seems to be the credo of the work by the Norwegian artist Kalle Grude, setting both the framework and marking the area of interest he explores. It is structures, or to be more precise, our relationship to them. How do we deal with structures in our daily lives? What do we want, expect, wish or fear?

With the intention to confront these structures Grude developed his proposal for the *Sculpture Biennial Münsterland 2001* – a project that did, however, not get beyond the proposal stage. However, the fact that it will not be realized is not a failure, but a significant part of the project being conceived as an experiment. It all comes down to the question of how structures operate and how you can play with them or even twist them.

Grude's work deals with the ongoing conflict arising from the desire to protect – an understandable wish, which, if you take it too far, leads to strangling the very thing you were supposed to protect. Hence, we face an unsolvable dilemma. As a song goes: "Every man (or woman) tends to kill the thing he (or she) loves."

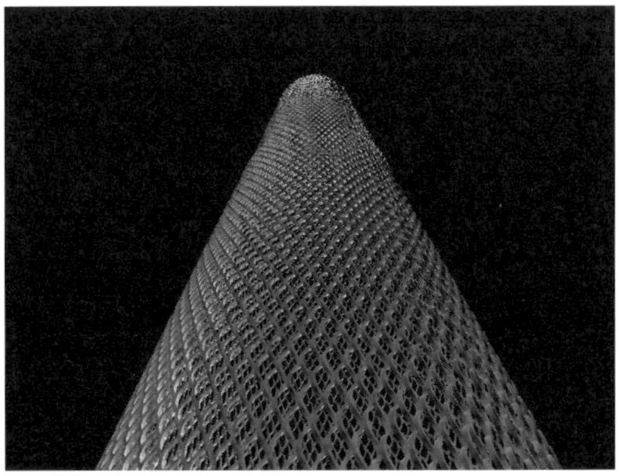

Kalle Grude
Vorschlag / Proposal, 2000, Projekt für die / project for the *Skulptur-Biennale*, Computersimulation

Es wird schnell klar, daß sich Grude schon von Anfang an mit dem Gedanken angefreundet hatte, daß sein Projekt nicht realisiert werden würde. Dies ist der Arbeit geradezu eingeschrieben. Zum einen ist eine Stahlkonstruktion von 17 m Höhe nicht gerade ästhetisch oder gefällig. Sie ist ein Störfaktor. Zum anderen ist diese Idee weder ansprechend noch lustig und zwar aufgrund des ihr innewohnenden Konflikts. Denn der Grundgedanke des Projekts liegt in dem aufkeimenden Zwiespalt zwischen der Stahlkonstruktion und dem Baum, der in sie hineingepflanzt werden sollte. Im weiteren Sinn geht es hier also – und dies mit treffsicherer Ironie – um den Konflikt zweier Kulturen: Das Künstliche, von Menschenhand Geschaffene steht dem Gewachsenen, der Natur gegenüber.

Der dritte Punkt, der gegen eine Verwirklichung des Vorschlags spricht, ist die Tatsache, daß das Projekt gegen die ungeschriebenen Regeln für Skulptur im öffentlichen Raum verstößt. Sie ist nicht ortsspezifisch. Der Turm könnte überall im Münsterland gebaut werden: neben einer Schule, an einem Fluß oder nahe einem Fabrikschornstein. Aber gerade das Beispiel der Fabrikschlote verdeutlicht, daß der Vorschlag doch in starkem Maße die spezifische Region berücksichtigt. Höhe und Materialcharakter des Turms mit dem Baum im Innern offenbaren, daß das Projekt sehr wohl Bezug auf seinen Ort nimmt und unter Berücksichtigung von Atmosphäre und Charakter der weiteren Umgebung geplant wurde.

Aber wie stellt sich die nähere Umgebung dar? Grudes Projekt beruht auf den Eindrücken, die er bei seinem ersten Besuch der Region gewonnen hatte. Ihn interessierte, wie ernsthaft alle am Projekt Beteiligten bemüht waren, die unmittelbare Umgebung zu erfassen. Dann betrachtete er die nahe stehenden Bäume, ihre Höhe – und die zuvor erwähnten Fabrikschlote. In etwa würden die Höhe der Bäume sowie der Schornsteine der Höhe des Turmes entsprechen. Aber auch davon abgesehen müßte der Turm eine Höhe von 17 m haben, damit der drohende Konflikt zwischen Struktur und Natur überhaupt ausgelöst würde: Hätte der Turm eine Höhe von 7 m, würde der Baum zu schnell wachsen und somit gewinnen. Wäre der Turm gar 27 m hoch, hätte der Baum überhaupt keine Chance. Aber zur Erinnerung: Dies alles spielt sich nur in Ihrer und meiner Vorstellungswelt ab.

Grude though is not against structures per se, he is not even generally critical of them. He wants to confront and challenge them, to find out in each given context how they function and why.

In summer 2000 Grude carried out a project at gallery F15 in Moss, Norway. With that particular work he decided to break through the structures: He built a track for a small ridiculous poodle, a sort of cat walk for a mechanical toy. It was constructed high-up, close to the gallery's ceiling, crossed several rooms by breaking through walls and even doors. The work had a perfect title: *No Problem.*

For the *Sculpture Biennial* Grude remains true to his approach and labels his project a proposal. But what kind of proposal is it? In the artist's own words: "My proposal is a transparent steel tower for the landscape of Münsterland. It will be a cylinder, slightly conical, 17 meters high, with a diameter of 1.65 meters at ground level and 1 meter at the top. Inside this cylinder, I intend to plant a tree." The tower should be perforated by thousands of holes through which you could look inside and through which the tree could grow out of the structure.

It is quite obvious that from the very beginning Grude has been flirting with the possibility that his project might not be realized. It is written all over it. First of all, a steel structure of that height is not aesthetically pleasing. It is annoying. Second, with that particular conflict inherent to the work, the idea is neither nice nor funny. It is about the emerging battle between the steel structure and the tree planted inside. In a broader sense – and with a lot of poignant irony – it is about a clash of cultures: man-made construction versus nature.

The third factor working against this project being realized is that it contravenes the unspoken rules of public sculpture: It is not site-specific. The tower could be installed almost anywhere within the Münster region, beside a school, along a riverside, or near a factory chimney. But the very example of the chimneys shows that the context is not irrelevant to the proposal. The height of tower with the tree inside, and its particular material reveal that the project does refer to the surrounding area, and that it was conceived with the general look and feel of the landscape in mind.

But what is the look and feel? Grude's proposal is based on his first impressions during an early visit of the project site, a park. He was very interested in the way how all people involved in the project took the task of referring to the surrounding so seriously. Then he himself paid attention to the height of the nearby trees – and to the factory chimneys mentioned earlier. Grude's idea is that the trees and chimneys would

Kalle Grude
Vorschlag / Proposal, 2000,
Projekt für die / project for the
Skulptur-Biennale,
Computersimulation

Der Begriff des Vorstellungsvermögens führt uns dann auch wieder zum Kern des Vorschlags. Bei dem Konflikt geht es um Zeit. Dieses Projekt ist ein Schlag gegen unsere Erwartungen und Fähigkeiten. Grude gewährt uns detaillierte Informationen darüber, wie die Ausgangssituation seines Projekts aussieht. Er weigert sich jedoch, den Propheten zu spielen und Vermutungen darüber anzustellen, was geschehen wird. Er weiß es nicht, und wir ebensowenig.

Allein die Zeit wird zeigen und entscheiden, was geschehen wird. Hält der Turm, oder werden Wind oder ein Schneesturm ihn umstürzen? Kann die Struktur den Baum schützen, oder wird sie ihn töten, indem sie ihm nicht gestattet zu wachsen und zu gedeihen? Schwierige Fragen, auf die es keine Antwort geben kann. Uns bliebe lediglich, fünfzehn Jahre abzuwarten, bis der Baum ausreichend Zeit gehabt hätte zu wachsen.

Durch den subtilen Umgang mit Zeit lenkt Grude unsere Aufmerksamkeit auf einige wesentliche Aspekte unserer Alltagsstrukturen. Dies sind Strukturen, die nicht nur für den Bereich der zeitgenössischen Kunst, sondern für alle Bereiche heutiger Gesellschaften wesentlich sind. Ich glaube nicht zu übertreiben, wenn ich behaupte, daß es in allen Lebensbereichen eine ausgeprägte Tendenz gibt, alles und jetzt zu verlangen. Jetzt, nicht morgen, nicht in zwei Wochen oder in drei Jahren, sondern genau jetzt. Ich will es, du willst es, wir wollen es jetzt. Ruhm, Reichtum, Liebe und Wunder. Wir haben uns so entsetzlich, so furchtbar an die Illusion gewöhnt, daß alles jetzt und hier erreicht werden kann. Dabei haben wir vollkommen vergessen, daß die meisten Dinge, hinter denen wir herjagen, nicht ohne beständige, lange und andauernde Anstrengung zu erlangen sind – Dinge wie Vertrauen, Zusammengehörigkeitsgefühl und Glück.

almost match the height of the tower. Above that the tower has to be 17 meters high in order to trigger off and sustain the looming conflict between nature and structure. If it was 7 meters high, the tree would grow and "win" too easily. If the tower was 27 meters, the tree would not have a chance at all. But remember: all this is just happening in your and my imagination.

Imagination lands us softly at the heart of the proposal. The conflict inherent to the proposal is about time. It is a kick against our expectations and abilities. Grude provides us with detailed information about what the project's set-up looks like. He does not, however, guide us any further: He is not playing the prophet by predicting what exactly will happen. He does not know, nor do we.

Kalle Grude
Vorschlag / Proposal, 2000,
Projekt für die / project for the
Skulptur-Biennale,
Computersimulation

Kalle Grude

Alle disse innviklede rekker av årsaker og virkninger / All these complicated matters / All diese verwickelten Reihen von Ursachen und Wirkungen, 2000, Galerie F15, Moss, Norwegen / Norway

Forhasted slutning / Rushed Conclusion / Überstürzte Schlussfolgerung, 2000, Galerie F15, Moss, Norwegen / Norway

Kalle Grude gibt uns nicht, was wir wollen. Er gewährt uns keine unmittelbare Befriedigung. Hier gibt es nur das Warten, und das ist immer am schwierigsten. Und die Notwendigkeit, daß der Betrachter den Vorschlag fortdenkt: Es liegt in unser aller Vorstellungskraft, sich auszumalen, was während dieser langen und doch gleichzeitig kurzen fünfzehn Jahre geschehen könnte.

Es geht also in Kalle Grudes Vorschlag um Strukturen. Und innerhalb dieser Strukturen braucht es ein wenig Aufruhr und Hybris. Etwas, das die Strukturen auf den Kopf stellt und sie durchbricht. Grude unternimmt bei seinem Vorschlag für die *Skulptur-Biennale* das, was der einzig wahre Mohammed Ali in seiner frühen Karriere gemacht hat, als er eine sehr bestimmte und klare Haltung gegenüber unseren Alltagsstrukturen mit den Worten gefordert hat: „Ich werde nicht so sein, wie ihr mich gerne hättet."

Übersetzung: Astrid Mania

Only time will tell and decide what will eventually happen. Does the structure hold, or does it fall with the wind or a sudden unexpected snow storm? Can the structure protect the tree, or does it kill the tree, not allowing it to grow and prosper? Difficult questions to which there are no answers. All we can do is wait for about 15 years so that the tree might have had time to grow.

With the subtle aspect of longevity involved in the project Grude manages to highlight some significant aspects of our everyday structures. These are structures that are not only effective in the field of contemporary art, but in any part of today's societies. I think it is not exaggerating to claim that there is a strong tendency in all parts of life to expect and demand that we get it all now. Now, not tomorrow, in two weeks' or 3 years' time, but now. I want it, and you want it. We want it now. Fame, fortune, love and miracles. We have been so terribly, horribly accustomed to the illusion that it can all be achieved right here, right now. At the same time we have forgotten, though, that most of the things we are after cannot be achieved without continuous, long-lasting effort – things such as trust, a sense of belonging and happiness.

Kalle Grude does not give us what we want. There is no instant pleasure, just waiting, which is always the hardest part. And also the need for you to develop the proposal further. It is you and me who must imagine what could happen during those long, but at the same time short 15 years.

So it is structures that Kalle Grude's proposal is about. And within these structures some crazy hype and hubris is needed. Something which turns the tables and breaks the rules. With his proposal for the *Sculpture Biennial* Grude does what the one and only Mohammed Ali did in his early boxing career, when claiming a very distinct but demanding attitude towards our daily structures, stating: "I am not going to be what you want me to be".

Martin Honert *EinBILDungen?* *IMAG(E)ination?*

Raimar Stange

„Sich Luftschlösser bauen" steht sprichwörtlich für die begehrliche Annahme von etwas, was auf keinerlei „realer Grundlage beruht". Wahrscheinlich beruht auch unsere Erinnerungsarbeit auf keiner solch realen Basis. Sicher ist zwar: man wurde geboren, etwa am 18. Januar, als zweieiiger Zwilling gar, Kindheit stellte sich ein, Schulzeit und Jugend, Studium ... und heute ist man also Kunstkritiker. Aber was besagen diese Eckdaten? Was wirklich interessant ist, liegt doch zwischen, neben, über und unter ihnen: die gefühlten Zustände, die Hoffnungen und Enttäuschungen etc. Und eben diese uneindeutigen Emotionen vermitteln sich uns von Anfang an über Bilder, über solche, die wir von den Eltern vermittelt bekamen, über solche, die gesellschaftlich allgemein anerkannt sind, aber auch über individuelle Gegenbilder und Utopien. Bilder also aus familiären Photoalben, aus bunten Gazetten voller verheißungsvoller Werbung, Bilder aus Schulbüchern und aus Filmen, Videos und Kunstbänden füllen schnell unser „imaginäres Museum" aus. „Hetereoglossie" nannte der britische Kulturkritiker John Fiske dieses Verfahren, aus den eigenen Interpretationen von verschiedensten, sowohl privaten wie auch „medialen" Bilderwelten und den sich dabei einstellenden Unschärferelationen, sich eine eigene Weltsicht herzustellen.

Proverbially, "to build castles in the air" stands for the desirous supposition of something which does "not have any real foundation". Our recollections are probably not built on a real foundation either. There is certainty, of course, about one's birth, around the 18th January, even about the fact of being a non-identical twin; then childhood began, school and youth, studies ... and today one is an art critic. But what do these key dates signify? The things that are really interesting lie between, beside, above and below them: the conditions experienced, the hopes and the disappointments etc. And from the very beginning, precisely these indistinct emotions come to us via pictures – those which were conveyed to us by our parents, those which are generally acknowledged in society, but also some individual, personal counter-images and utopias. This means that pictures from the family photo album, from those brightly-coloured magazines full of advertising promising so much, pictures from school books and from films, videos and volumes of art soon fill up our "imaginary museum". The British cultural critic John Fiske referred to this process as "hetereoglossie": creating a view of the world for ourselves from our own interpretations of the most diverse private and "media" worlds of images and from the relations of indistinctness which thus present themselves.

In the work *Fata Morgana* (1996) by Martin Honert we see a boy build an exotic castle in the air for himself: Palm trees surround the dreamlike constellation, the entire happening – painted in a naturalistic, naïve manner and welded into strips of transparent synthetic resin – hangs shimmering in space. In front of it

Martin Honert
Zelt / Tent, 2000, Projekt für die / project for the *Skulptur-Biennale*,
Galerie Johnen & Schöttle, Köln / Cologne

Martin Honert
Fata Morgana / Mirage, 1996,
Museu d'Art Contemporani,
Barcelona, 1997

In der Arbeit *Fata Morgana* (1996) von Martin Honert sehen wir einen Jungen sich ein exotisches Luftschloß bauen, Palmen säumen das traumhafte Gebilde, das ganze Geschehen hängt naturalistisch-naiv gemalt, eingeschweißt in transparenten Kunstharz-Bahnen, flirrend im Raum. Davor liegt ein kleiner „tatsächlicher" Sandhügel, gleichsam eine so konkrete wie inszenierte Initialzündung für die phantasiereiche, aber eben auch klischeehafte EinBILDungskraft, die die Arbeit *Fata Morgana* vorführt. Klischeehaft, also wortwörtlich auf „Vorbildern" beruhend, ist *Fata Morgana* schon deswegen, weil so gut wie keiner von uns je solche Luftschlösser tatsächlich gesehen hat, aber wohl jeder von uns sich etwas unter diesem Phänomen vorstellen kann. Und dies sieht in etwa so aus, wie Martin Honert es in seiner Arbeit darstellt. Es geht uns bei dieser mentalen Produktion gewissermaßen so, wie Karl May, der über Landstriche anschaulich und überzeugend schrieb, ohne diese je besucht zu haben. Oder wie Marcel Proust, dessen *Suche nach der verlorenen Zeit* größtenteils nicht auf eigenen Erfahrungen basiert, sondern auf, sein Biograph George Painter führt dies minutiös vor, gesammelten Photographien und anderen Bildern. Die Arbeit *Fata Morgana* ist somit typisch für Martin Honerts künstlerische Strategie, die das Wechselspiel von Erinnerung, Wahrnehmung und EinBILDungskraft unter verschiedensten Facetten untersucht.

there is a small "real" heap of sand, quasi a detonator – as concrete as it is staged – for the fanciful if hackneyed power of IMAG(E)ination demonstrated by the work *Fata Morgana*. *Fata Morgana* is hackneyed – literally, that is, based on earlier pictorial models – since hardly any one of us has actually seen such castles in the air, but all of us can probably conceive of something under this phenomenon. And this looks roughly like what Martin Honert has depicted in his work. This mental production is a similar process – in a way – to that of Karl May, who wrote about stretches of countryside in a vivid and convincing way without ever having visited them. Or it is like Marcel Proust, whose *Remembrance of Things Past* was not primarily based on his own experience, but – and his biographer George Painter demonstrates this in great detail – on collected photographs and other pictures. The work *Fata Morgana* is typical of Martin Honert's artistic strategy, which is to investigate the interplay of recollection, perception and IMAG(E)ination from a wide range of aspects.

Martin Honert suggested the work *Zelt* (*Tent*) for the *Sculpture Biennial Münsterland 2001*. His idea to erect a tent made of polyester as an artistic sculpture in the landscape is somewhat older: In the summer of 1990, the Munich gallery owner Rüdiger Schöttle had offered the artist the opportunity to participate in the former's *Bestiarium* project. At the beginning of 1991, Honert presented the model of a tent for the first time in a Munich exhibition, but a concrete realisation never came about. The *Sculpture Biennial* is now the opportunity to finally realise the sculpture; in this context, at first it was important for Honert to entertain possible locations without having too fixed conceptions. But of course the *Zelt* needs very specific landscape conditions, such as a field with bushes, a clearing in the woods or something similar. So now we have a closed tent – a realistic reproduction of a tent made of

Martin Honert

Foto / Photo, 1993,
Museum für Moderne Kunst,
Franfurt am Main

Feuer / Fire, 1992,
Privatsammlung / private
collection, USA

Für die *Skulptur-Biennale Münsterland 2001* schlug Martin Honert die Arbeit *Zelt* vor. Die Idee, ein Zelt aus Polyester als künstlerische Skulptur in der Landschaft aufzustellen, ist schon älter: Im Sommer 1990 hatte der Münchner Galerist Rüdiger Schöttle dem Künstler angetragen, an Schöttles *Bestiarium*-Projekt teilzunehmen. Anfang 1991 dann stellte Honert das Modell eines Zeltes in einer Ausstellung in München zum ersten Mal vor, zur konkreten Ausführung aber gelangte es nicht. Die *Skulptur-Biennale* also ist jetzt der Anlaß, die Skulptur endlich zu realisieren, dabei war es Honert wichtig, sich zunächst ohne zu konkrete Vorstellungen auf mögliche Orte einzulassen. Doch das *Zelt* braucht natürlich ganz spezielle landschaftliche Gegebenheiten, wie eine Wiese mit Sträuchern, Waldlichtungen oder ähnliches. Dort stünde jetzt ein geschlossenes Zelt, ein Zelt als realistische Abbildung aus glasfaserverstärktem Polyester. Noch das letzte Detail ist eine getreue Nachbildung in starrer, fester Materialität. Mit seiner Firsthöhe von 180 cm hat das Zelt aber eine leichte Übergröße, die allerdings kaum spürbar ist. Die irritierende Wirkung von *Zelt* basiert in erster Linie auf dem Widerspruch einer durch Wind und Wetter bewegten Natur und dem darin starren, gleichsam eingefrorenen GeBILDe. Statt Vertrautheit stellt sich plötzlich ein fast schon surrealer Effekt ein, der sich der Überblendung von zwei verschiedenen „Wirklichkeiten" verdankt.

Martin Honert verzichtet bei seiner räumlichen Fiktion eines Zeltes wiederum auf jedwede vordergründige Dramatisierung – wie der oben schon angesprochene Karl May es sicherlich getan hätte – und auf jedwede Psychologisierung – wie Marcel Proust es vielleicht versucht hätte – und erzielt gerade dadurch eine fast schon beklemmende Wahrnehmung. Gerade nämlich weil es Honert vor allem um die BILDliche Wirkung geht, gelingt es ihm „inhaltliches" Unbehagen zu erzeugen. Ähnliches ist bei seiner wohl bekanntesten Skulptur *Foto* (1993) zu beobachten: Der Künstler hatte hier ein Photo aus dem Honertschen Familienalbum als dreidimensionale Skulptur nachgestellt. Der fünfjährige Martin sitzt da an einem viel zu großen Küchentisch, seine kleinen Beine baumeln über dem Boden. Mit großen Augen blickt der Junge ein wenig überrascht in die ihn ablichtende Kamera. Bei der Übersetzung des Photos in den von der Skulptur besetzten Raum ist Martin Honert quasi 1:1 vorgegangen: Noch die auf dem Photo herrschenden Lichtverhältnisse hat er sklavisch nachgestellt – und prompt treten diese in Widerspruch zu den Lichtverhältnissen, die im Umfeld der Skulptur *Foto* den Ton angeben. Unheimlichkeit – nach Sigmund Freud, stark verkürzt formuliert, die Heimat des Verdrängten – stellt sich klammheimlich ein.

polyester reinforced with glass-fibre. Down to the last detail, it is a true reproduction of rigid, firm materiality. However, with a ridge height of 1.80 m, the tent is slightly oversized, although this is scarcely noticeable. The main reason for the irritating effect of *Zelt* is the contradiction between nature as it is moved by wind and weather, and the object rigid within nature, as if frozen. Instead of familiarity, the outcome is an almost surreal effect due to the superimposition of two different "realities".

However, Martin Honert rejects any kind of obvious dramatisation with this spatial fiction of a tent, just as Karl May, already mentioned above, would surely have done. He also declines any form of psychological interpretation – as Marcel Proust would perhaps have attempted to do – and in this way, he achieves an almost oppressive awareness. For precisely because Honert is primarily concerned with the pictorial effect, he succeeds in creating disquiet with respect to content. It is possible to observe a similar effect in the case of his probably best-known sculpture *Foto* (*Photo*, 1993): here the artist staged a photo from the Honert family album as a three-dimensional sculpture. The five-year-old Martin sits at a far too big kitchen table, his little legs dangling above the floor. The boy looks with big, rather surprised eyes into the camera which is photographing him. In the translation of the photo into the space occupied by the sculpture, Martin Honert operated 1:1 as it were: He even slavishly reproduced the light conditions which dominate on the photo – and of course these are in direct opposition to the light conditions which set the tone in the sculpture's surroundings, so that the uncanny – the home of the suppressed, according to Sigmund Freud – surreptitiously appears.

Translation: Lucinda Rennison

Sabine Hornig

„Gegenstände werden da sein, bevor sie etwas sind; und sie werden anschließend immer noch da sein, hart, unveränderlich, äußerlich anwesend, ihre eigene Bedeutung verspottend.“[1]

“Objects will be there before they have become something; and in the end they will still be there, hard, unchangeable, externally present and derisive of their own meaning.”[1]

Astrid Mania

Die architekturalen Skulpturen von Sabine Hornig beruhen auf vorgefundenen Strukturen, die in andere Materialien übertragen, im Maßstab modifiziert und in den Ausstellungskontext versetzt werden, der einer vollkommen anderen Begrifflichkeit unterliegt. Losgelöst von ihrer ursprünglichen Funktionalität öffnen sich die plastischen Objekte nun kunstimmanenten Fragestellungen, werden als Skulpturen gelesen, die immer auch eine Wahrnehmung von Architektur reflektieren.

Neben den frei im Raum stehenden Plastiken, die unabhängig vom Ort ihrer Präsentation konzipiert sind, nimmt Sabine Hornig mit ihrer Reihe der *Einbauten* gezielte Eingriffe in die Raumsituation des jeweiligen Ausstellungsortes vor: Durch das Einfügen von künstlichen Wänden, Lichtschächten und Fenstern, die aus reflektierenden oder durchsichtigen Großdias bestehen, unterteilt die Künstlerin den Raum, dessen ursprüngliches architektonisches Koordinatensystem verzerrt wird. Der Raumeindruck verfremdet sich, die Orientierung wird bewußt erschwert, und die verläßlichen und bekannten Eigenschaften des Ausstellungsortes müssen neu erfahren werden. Zudem zeigen die in solche Konstruktionen eingesetzten transparenten Photographien häufig Außenräume oder Landschaften, so daß ein zusätzliches Moment der Irritation geschaffen wird: Die Grenzen zwischen Innen- und Außenraum werden aufgelöst.

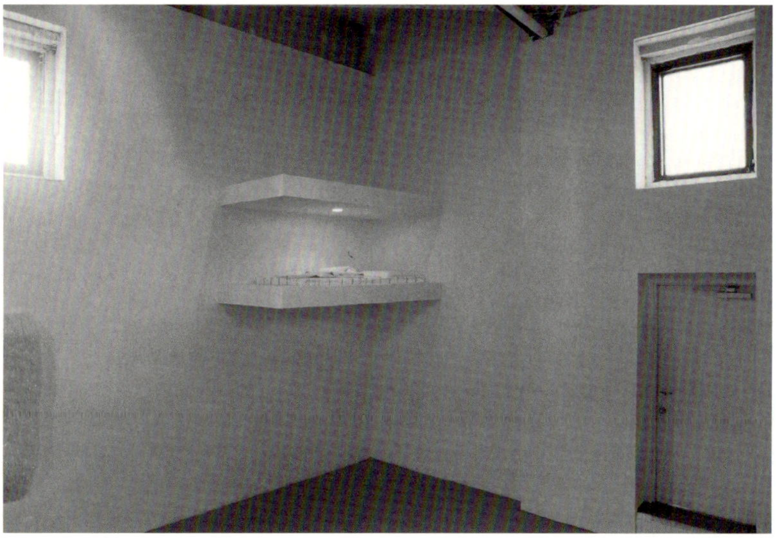

Sabine Hornig
Sleepcorner, 2000, Installationsansicht / installation view, P.S.1. Clocktower Gallery, New York

Sabine Hornig's architectural sculptures are based on found structures that are transferred into other materials, modified in scale and transposed into the exhibition context, which is subject to an entirely different set of concepts. Freed from their original function, the plastic objects open themselves up to questions intrinsic to art, become read as sculptures which always reflect back upon a perception of architecture.

Along with the freely standing sculptures, which are conceived independently of the location of their presentation, Sabine Hornig undertakes planned interventions into the spatial situation of the respective exhibition location in her series of *Einbauten* (*Installments*): through the addition of artificial walls, light shafts and windows made from large-scale reflecting or transparent slide film, the artist subdivides the space, whose original architectonic system of coordinates becomes distorted. The spatial impression is rendered unfamiliar, orientation consciously made difficult, and the reliable and known properties of the exhibition location have to be experienced anew. In addition, the transparent photographs employed in such constructions often depict outdoor spaces or landscapes, giving rise to an additional factor of irritation: the borders between interior and exterior space are dissolved.

With her designs for the *Sculpture Biennial Münsterland 2001*, Sabine Hornig has conceived outdoor works for a landscape environment for the first time. The realized project *Emsakropolis* is based on a found architectonic situation following upon her investigation into the contingencies of sculpture, architecture and spatial experience. Sabine Hornig photographed buildings

Sabine Hornig
Emsakropolis, 2000, Projekt für die / project for the *Skulptur-Biennale*, Modell / model

Mit den Entwürfen für die *Skulptur-Biennale Münsterland 2001* hat Sabine Hornig erstmals Arbeiten für den Außenraum, für eine landschaftliche Umgebung konzipiert. An ihre Untersuchung der Bedingungen von Skulptur, Architektur und Raumerfahrung anschließend basiert das realisierte Projekt *Emsakropolis* auf einer vorgefundenen architektonischen Situation. Sabine Hornig hat Rohbauten in Griechenland fotografiert[2] und in Dreidimensionalität rückübertragen: ein kubisches Betonskelett, das Grundmodul eines Hauses, beliebig in die Fläche und die Höhe erweiterbar. Die Decke wird von sechs Stützen getragen, die große Öffnungen bilden und so die umgebende Landschaft umrahmen. Die Künstlerin hat den ursprünglichen Maßstab des Rohbaus reduziert und unterläuft so dessen eigentliche Funktion. Die einst auf den menschlichen Maßstab zugeschnittene Konstruktion erlaubt nun keine Nutzung mehr, im Inneren dieses Baus könnte ein Mensch kaum aufrecht stehen. Wie eine manieristische Scheinarchitektur wirkt die Skulptur von Ferne sehr viel monumentaler und offenbart ihr wahres Maß erst im Vergleich zu anderen Bezugsgrößen.

Emsakropolis verkehrt zeitliche und architektonische Logik: Der Rohbau wird zur Ruine; das Gebäude, das seiner Nutzung noch harrt, wird in eine Skulptur übersetzt, die nun nicht mehr funktionalen, sondern ästhetischen Kriterien unterliegt und sich in ein kunsthistorisches Verweissystem einfügt. So hat Sabine Hornig mit Bezug auf den nahe gelegenen, barocken Bagnopark eine zeitgenössische Umsetzung des traditionellen Spannungsverhältnisses von Natur und Kunst geschaffen. In der historischen Parkanlage sind Architektur und Landschaft kunstvoll verwoben. Obwohl verspielt anmutend sind sie einem strengen gestalterischen Konzept unterworfen, in dem künstlich geschaffene Grotten, Pavillons und Ruinen ein bedeutungssteigerndes Wechselspiel mit der nach barocken ästhetischen Normen geordneten und gezüchteten Natur eingehen.

Sabine Hornigs skulpturaler Torso impliziert auch den Topos der künstlichen, gebauten sowie der gemalten, phantastischen Ruine. Wie eine Zeitmaschine ermöglicht die Ruine ein Aufheben temporaler Gesetzmäßigkeiten – sie gewährt die romantische Retrospektive ebenso wie ein in die Zukunft gedachtes „Histori-

under construction in Greece[2] and then transferred them back into three-dimensionality: a cubic skeleton of concrete, the foundation module for a house whose surface and height can be extended at will. The ceiling is carried by six supports that form large openings, thus framing the surrounding landscape. The artist reduced the original scale of the shell construction, thereby evading its actual function. The construction, once intended for human proportions, can now no longer be used; a person would hardly be able to stand up straight inside this construction. Like a mannerist false architecture, the sculpture appears much more monumental from a distance and only reveals its true scale when compared with other points of reference.

Emsakropolis inverts temporal and architectonic logic: the shell construction is turned into a ruin; the building still awaiting usage is translated into a sculpture now subject to aesthetic rather than functional criteria, thereby entering into an art historical system of signs. Thus, Sabine Hornig has created a contemporary version of the traditional relationship of tension between art and nature in reference to the baroque Bagnopark situated nearby. On the historical park grounds, architecture and landscape are artfully interwoven. Although playful in appearance, they are subject to a rigid design concept in which artificially created grottoes, pavilions and ruins enter into a reciprocal game with a nature ordered and grown according to baroque aesthetic norms, enhancing the meaning of both.

Sabine Hornig's sculptural torso also implies the topos of the artificial, the constructed as well as of the painted, fantastical ruin. The ruin, like a time machine, renders the abolition of temporal laws possible – it allows for romantic retrospection as well as for the "historical becoming of a building"[3] conceived for the future. This thought became decisive particularly in

Sabine Hornig
Rauputz Forest, 2000, Installation / installation view Hochschule für Bildende Künste, Dresden, Sammlung / collection Frank Cohen

schwerden des Bauwerkes"[3]. Dieser Gedanke wurde besonders für die architektonischen Visionen totalitärer Regime bestimmend. So bezog auch Speer bei seiner Konzeption Berlins bereits den Verfall der von ihm zu errichtenden, klassizistischen Bauwerke unter dem Aspekt der Monumentalität des Ruinösen mit ein.[4]

Die Bezüge zur griechischen Klassik und den seither als Herrschaftsarchitektur dienenden Neoklassizismen sind in Sabine Hornigs Skulptur überdeutlich: Durch den Titel *Emsakropolis* wie durch den strengen Charakter der Struktur mit ihren säulenartigen Stützen stellt Hornig ihr Werk in den Kontext einer Rezeption klassizistischer Architektur. In diesem Bedeutungsgeflecht entwickelt sich aber auch wieder der Gedanke einer Zwiesprache von Natur und Architektur, da in der griechischen Tradition besonders der Hochtempel in Kontrastierung zur Topographie wesentlich zur Bedeutungssteigerung des sakralen Baus beitrug.

Auch der (nicht realisierte) Vorschlag *Emser Kubus* reflektiert das Wechselspiel zwischen Landschaft und Architektur- oder Kunstform: Der kubische Körper, als dessen Vorbild der schlichte Bau einer Haltestelle diente, ist gegenüber dem

respect to the architectonic visions of totalitarian regimes. Thus, with this aspect of the monumentality of the ruinous in mind, Speer, too, already included the decay of the classical constructions he was planning to erect into his conception of Berlin.[4]

The references to Greek Classicism and to the Neoclassicisms which have since served as the architecture of ruling power are more than clear in Sabine Hornig's sculpture: Hornig places her work in the context of a reception of classical architecture by virtue of the title *Emsakropolis* as well as the stringent character of the structure, with its column-like supports. In this complex of meaning, however, the idea of a dialogue between nature and architecture develops once again, for in the Greek tradition, it was especially the high temple and its confrontation with the topography which contributed considerably to enhancing the meaning of the sacred structure.

The (not realized) proposal *Emser Kubus* (*Ems Cube*) also reflects the relationship between landscape and architecture or art form: the cubic form, patterned after the simple construction of a bus stop, is reduced in size and slightly modified in contrast with the original. Left open towards the back, it is merely the protective side walls and the bench which are still reminiscent of the original function of this structure. Freed from its inherited context, it becomes transformed into an aesthetic object entering into a dialogue with the landscape: through the opening on both sides, one can look out onto the environment as though one were looking through a "deep viewfinder"[5]. The sculpture *Emser Kubus* refers to the possibilities of landscape repre-

Sabine Hornig
Entrance to Olympic Boulevard, 1998, Installation / installation view Hochschule der Künste, Berlin

Sabine Hornig
Emser Kubus / Ems Cube,
2000, Projekt für die / project
for the *Skulptur-Biennale*,
Computermontage

Sabine Hornig
Plattenbau (Bosna), 2000, Installation / installation view Hochschule für Bildende Künste, Dresden, Sammlung / collection Frank Cohen

Original verkleinert und leicht abgewandelt worden. Zur Rückseite hin aufgelassen erinnern lediglich die schützenden Seitenwände sowie eine Sitzbank noch an die ursprüngliche Funktion dieser Struktur. Aus ihrem angestammten Kontext gelöst wird sie zu einem ästhetischen Gegenstand transformiert, der in einen Dialog mit der Landschaft tritt: Durch die beiderseitige Öffnung blickt man wie aus einem „tiefen Sichtrahmen"[5] in die Umgebung. Die Skulptur *Emser Kubus* verweist auf die Möglichkeiten der Landschaftsdarstellung im kunsthistorischen Kontext zwischen romantischer Naturbetrachtung und nüchterner Naturbezwingung. Die „Laubenarchitektur" ermöglicht zwar aus ihrem Inneren heraus die kontemplative Schau der Natur, von Ferne jedoch wird die Umgebung zum Motiv, eingezwängt in das „Passepartout" der Skulptur.

So wie Sabine Hornigs *Einbauten* in Ausstellungsarchitekturen die Erfahrung des Raumes verändern, so bewirken ihre skulpturalen Interventionen in die Landschaft eine veränderte Wahrnehmung der Umgebung. Sie offenbaren, in welchem Maße Natur ein Gegenstand der Kultur ist, in welchem Maße Literatur, Architektur und Malerei die Auffassung von Natur und Landschaft prägen. Auf komplexe Weise reflektieren Hornigs Skulpturen auch über sich selbst, sprechen als „Meta-Architektur" über ihre eigene Historie und Rezeption. Und trotz all seiner Bezugsebenen und Bedeutungsschichten ist *Emsakropolis* auch ein lyrisches Gebilde, das mit seiner grauen, harten Betonstruktur die Schönheit der Umgebung betont.

1 Alain Robbe-Grillet, *Für einen neuen Roman*, zit. nach Ulrich Wilmes (Hg.), Dan Graham: *Ausgewählte Schriften*, Stuttgart 1994, S. 138.
2 Die Photographien von Sabine Hornig gehen dabei weit über den Charakter der Dokumentation, des Beweisstückes hinaus. Sie sind als eigenständige Kunstwerke konzipiert und stehen als solche gleichberechtigt neben dem plastischen Werk.
3 Herbert Burda, *Die Ruine in den Bildern Hubert Roberts*, München 1967, S. 87.
4 „Daher habe die Architektur der Reichsbauten auch dann noch, wenn sie Ruinen seien, ästhetischen und repräsentativen Ansprüchen zu genügen." In: Rainer Rotermundt, *Jedes Ende ist ein Anfang, Auffassungen vom Ende der Geschichte*, Darmstadt 1994, S. 124.
5 Sabine Hornig, zit. nach dem Entwurfstext zu *Emser Kubus*.

sentation within the art historical context between a romantic observation and a sober constraint of nature. While the "gazebo architecture" allows for a contemplative view of nature from within, from further away, however, the surroundings become the subject, forced into the sculpture's "frame".

Just as Sabine Hornig's *Installments* change the experience of space in exhibition architecture, so do her sculptural interventions into the landscape bring about a changed perception of the environment. They reveal to what extent nature is an object of culture, to what extent literature, architecture and painting have influenced the idea of nature and landscape. In a complex way, Sabine Hornig's sculptures reflect upon themselves, as well; as "meta-architecture", they tell of their own history and reception. And despite all its planes of reference and layers of meaning, *Emsakropolis* is also a lyrical construction which in its hard grey cement structure underscores the beauty of the environment.

1 Alain Robbe-Grillet, *Für einen neuen Roman* (For a New Novel), cit. by Ulrich Wilmes (ed.) in: Dan Graham: *Ausgewählte Schriften*, Stuttgart 1994, p. 138.
2 Sabine Hornig's photographs far surpass the character of documentation or evidence. They are conceived as independent works and as such coexist with equal rights alongside the plastic works.
3 Herbert Burda, *Die Ruine in den Bildern Hubert Roberts, Munich* 1967, p. 87.
4 "For this reason, the architecture of the Reich's buildings are to meet aesthetic and representative requirements even as ruins." In: Rainer Rotermund, *Jedes Ende ist ein Anfang, Auffassungen vom Ende der Geschichte*, Darmstadt 1994, p. 124.
5 Sabine Hornig, cit. in proposal text to Ems Cube.

Translation: Andrea Scrima

inges idee *Kunst für alle*

Art for Everyone

Britta Peters

inges idee sind Wettbewerbprofis. Gegründet 1992, tritt die Künstlergruppe nur dann in Erscheinung, wenn es um die Antwort auf öffentliche oder private Ausschreibungen für „Kunst im öffentlichen Raum" geht. Ansonsten folgt jeder seinen eigenen Wegen: Hans Hemmert, Axel Lieber und Georg Zey arbeiten im weiteren Sinne als Bildhauer, Thomas Schmidt malt.

Die verschiedenartigen Projekte, die gemeinhin unter „Kunst im öffentlichen Raum" subsumiert werden, stehen in einem anderen Kontext als Kunst, die hauptsächlich in Galerien und institutionellen Ausstellungsräumen ihr Publikum findet. Im Gegensatz zur „freien" Kunst, gilt es als inges idee, konkrete Aufgaben zu lösen. Als Werkzeug dient dabei die Kommunikation von Angesicht zu Angesicht, stundenlanges Brainstorming bestimmt die projektbezogenen Treffen der derzeit in Berlin, Köln und Malmö lebenden Künstler. Am Ende resultieren daraus ein oder mehrere Entwürfe, für die die Gruppe unter dem Label inges idee die Autorenschaft zeichnet. Die Produktionsweise ähnelt in dieser Hinsicht dem Zusammenspiel von Musikern in einer Band. Die gemeinsame Arbeit stellt neue Anforderungen und läßt andere Ergebnisse entstehen als die Arbeit als Solist.

Nach nunmehr neunjähriger Zusammenarbeit kristallisiert sich dabei, trotz der heterogenen Besetzung und der formal unterschiedlichen Entwürfe, so etwas wie „inges Handschrift" heraus. Enge inhaltliche und architektonische Bezüge zu der Situation vor Ort, „schräge" Dimensionsverschiebungen, eine Vorliebe für poppige Sujets und Geschichten sowie spiegelnde Oberflächen lassen sich als Strategien wiedererkennen, auf hohem ästhetischen Niveau die größte anzunehmende Unmittelbarkeit herzustellen. Kunst dient hier dazu, durch die Irritation gewohnter Muster ein Wahrnehmungs-Erlebnis zu inszenieren, das unzähligen Ideen den Weg öffnet.

Ein anschauliches Beispiel liefert die im Jahr 2000 für die 43. Grundschule in Berlin-Spandau realisierte skulpturale Installation aus den Bestandteilen *Der lange Mann* und *Die Spiegelwand*. Auf dem Pausenhof ragt die 4,5 m lange, gegenständliche Darstellung eines braven, etwas verloren wirkenden Schulkinds empor. Die glatte, glänzende Oberfläche des aus Glasfaserkunststoff hergestellten Objekts verstärkt dabei den bereits durch die Dehnung erzielten, überzeichneten Charakter der Figur. *Der lange Mann* markiert auf dem ansonsten unspezifischen Gelände einen Ort. Er ist Treffpunkt, Identifikationsfigur und artifizieller Außenseiter zugleich. Die Skulptur begleitet die Schüler in ihrem Alltag, sie kommunizieren mit

inges idee (inge's idea) are professional contestants. Founded in 1992, the group of artists appears only to answer public or private tenders for "Art in Public Space". Otherwise, the members go their own ways: Hans Hemmert, Axel Lieber, and Georg Zey work as sculptors in a broader sense; Thomas Schmidt paints.

The various projects generally subsumed under the expression "Art in Public Space" stand in a different context from the art that finds its audience primarily in galleries and institutional exhibition spaces. In contrast to "free" art, inges idee wants to solve concrete tasks. A tool in this is face-to-face communication; hours of brainstorming characterize the project-oriented meetings of the artists, who currently live in Berlin, Cologne, and Malmö. The final results of such sessions are one or more designs, for which the group claims authorship under the trademark inges idee. In this respect, the production method resembles the interplay of musicians in a band. The work together creates new demands and has other results than work as a soloist.

After what is now nine years of cooperation, something like "inge's handwriting" has crystallized, despite the group's heterogeneous composition and formally disparate designs. Close content and architectonic ties to the situation on site, "skewed" shifts in dimensions, a predilection for pop subjects and stories, and highly reflective surfaces are recognizable strategies for producing the greatest possible immediacy on a high aesthetic level. Here, by confounding accustomed patterns, art serves to stage a perceptual experience opening the way for innumerable ideas.

An illustrative example is the sculptural installation with the components *Der lange Mann (The Tall Man)* and *Die Spiegelwand (The Mirror Wall)*, realized in 2000 for the 43rd primary school in Berlin's Spandau district. The 4.5-meter-long representational depiction of a

inges idee
Der Bolzplatz / The Soccer Pitch,
2000, Projekt für die /
project for the *Skulptur-Biennale*,
Computermontage

ihr und über sie. Der Blick des Jungen zielt in das komplett mit verspiegeltem Acrylglas verkleidete, runde Foyer der Schule im ersten Stock. Das Motiv des Verzerrtseins wird dort aufgegriffen und in ein Erlebnis mit dem eigenen Spiegelbild verwandelt: Eine Einladung zum Spielen mit Bildern und Bewegung, die die Subjektivität der visuellen Wahrnehmung fast beiläufig als Erfahrung offeriert.

Viele der Skulpturen und Installationen von inges idee animieren dazu, benutzt zu werden. Die Bank als das „Stadtmöbel" par excellence erweist sich in diesem Zusammenhang als dankbares Ausgangsobjekt, bietet sie doch funktional zunächst einen Platz zum Verweilen. In *Einrichten*, einem 1997 realisierten Entwurf für den Wettbewerb Bürokomplex Magazinstraße 15 in Berlin-Mitte, bilden sieben Gartenbänke in verschiedenen Größen – das Spektrum reicht von einem 30 cm kleinen Objekt bis zu einer Bank, die eine Endhöhe von zwei Metern aufweist – einen in der Aufsicht spiralförmigen Kreis im Innenhof. Die Gestaltung des Hofs ist Teil einer von inges idee konzipierten Kunstachse, die von einem glänzenden Tropfen im Eingangsbereich eröffnet wird und im hinteren Foyer vor den Aufzügen mit einem Monitor endet. Auf dem im Stil eines klassischen Tafelbildes

well-behaved, schoolchild who seems somewhat lost towers over the playground. The smooth, gleaming surface of the object made of fibreglass intensifies the exaggerated character of the figure, an effect already achieved through distention. *Der lange Mann* marks a site on the otherwise unspecific grounds. He is at the same time a meeting place, a figure for identification, and an artificial outsider. The sculpture accompanies the schoolchildren in everyday life. They communicate with it and about it. The boy's glance is directed to the round foyer of the school on the first upper storey, which is completely sheathed in mirroring acrylic glass. The motif of distortion is picked up there and transformed into an experience of one's own mirror image: an invitation to play with images and movement, which, almost incidentally, offers the experience of the subjectivity of visual perception.

Many of the sculptures and installations by inges idee animate the viewer to use them. In this context, the bench, as "urban furniture" par excellence, proves a rewarding object to start out from, since it already offers a functional place to linger. In *Einrichten (Furnishing)*, a design realized in 1997 for the competition

gerahmten Bildschirm sind wechselnde Innenaufnahmen aus einer Privatwohnung zu sehen, die motivisch verbunden sind durch eine auf jedem Bild anwesende Stubenfliege.

Die Bänke verursachen jede Menge verwirrende und komische Situationen. Lediglich eine verfügt über „menschliches" Maß, alle anderen passen ihren Benutzern nicht. Sie erzeugen ein befremdendes Körpergefühl. Statt diskret als Möbel zu dienen, werfen sie die Sitzenden auf sich selbst zurück. Auf einigen vermag man nicht den Boden mit den Füßen zu berühren. Eine vergleichbare Arbeit befindet sich auf dem Dachgarten der Universität von Hamamatsu in Japan. Hier nehmen die Bänke als zusammenhängende Skulptur die Länge des Daches auf, die Abfolge der Größen unterstützt dessen wellenförmige Unebenheit. *Die lange Bank* schließlich, eine 30 m lange Eichenholzbank, entstand als wettbewerbsunabhängige Arbeit für eine Ausstellung anläßlich des siebenjährigen Bestehens der Künstlergruppe in der Orangerie im Körnerpark, Berlin-Neukölln, 1999.

Bei anderen Projekten, wie auch bei dem für die *Skulptur-Biennale Münsterland 2001* realisierten *Bolzplatz*, liegt der Fokus weniger auf einer Einbeziehung des Körpers als auf der Bewegung im Kopf. Im Landkreis Steinfurt ist der Fußballplatz, speziell das für das Projekt adaptierte Kleinspielfeld (44 m x 22 m) mit kleinen Toren, ein gewohntes Bild. Vermutlich wird ihm in der Regel ästhetisch keinerlei Beachtung geschenkt. Das aus Rollrasen ausgelegte, zum Fluß als der imaginären Mittellinie hin abschüssige und auf der anderen Seite wieder ansteigende Feld, erzeugt Aufmerksamkeit, weil es absurd ist. Ziel und Ablauf des Spiels, von der eigenen Hälfte zum gegnerischen Tor zu laufen und dort ein Tor zu schießen, sind praktisch unmöglich.

for the office complex at Magazinstraße 15 in Berlin's Mitte district, seven garden benches in various sizes (the spectrum ranges from a 30-cm-small object to a bench whose complete height is 2 meters) form a spiral in the inner courtyard. The design of the courtyard is part of an art axis conceived by inges idee. It begins with a gleaming drop near the entrance and ends with a monitor in the back foyer in front of the elevators. The monitor, which is framed in the style of a classic panel painting, shows changing photographs of the interior of a private apartment. They are tied together by the motif of a housefly, visible in each picture.

The benches lead to all kinds of confusing and humorous situations. Only one of them has "human" dimensions; none of the others fit their users. They create a strange body feeling. Instead of serving discreetly as furniture, they throw the person sitting on them back upon himself. On some of them, you cannot touch the ground with your feet. A comparable work is also found in the roof garden of the University of Hamamatsu in Japan. There, the benches form a continuous sculpture as long as the roof; the sequence of sizes supports this wavelike unevenness. And finally, *Die lange Bank (The Long Bench)*, a 30-m-long bench of oak, was created apart from any competition for an

inges idee

Die Spiegelwand / The Mirror Wall, Der lange Man / The Tall Mann, 2000, 43. Grundschule / primary school in Berlin-Spandau

inges idee

Einrichten / Furnishing, 1997, Magazinstraße 15, Berlin-Mitte

Mit dem *Bolzplatz* weiß inges idee, sich den dem Sport innewohnenden Popularismus geschickt zu Nutze zu machen. Auf eben diese Weise entsteht der direkte Zugang zu einem Kunstobjekt, das nicht nur im weiteren Sinne der Umwandlung von Agrar- in Freizeitkultur gewidmet ist, sondern auch ganz konkret der Landschaft selbst. Der Fluß trennt das Spielfeld und bestimmt die umliegende Natur. Der Industrierasen ist zusammenhanglos auf die Uferböschung appliziert und doch aufgrund der funktionale Bedeutung, die dem Fluß als Mittellinie zuwächst, untrennbar mit der Landschaft verbunden. Die Brücke erhält den Rang einer Tribüne. Von dort oben werden Fragen wie, ob auf dem Feld generell kein Tor erzielt werden kann oder wie es sich anfühlt, mit einem Kanu durch den Fußballplatz zu paddeln, immer wieder auf's neue diskutiert. Und wer so weit denkt, hat schon gewonnen.

exhibition held in the orangery in Körnerpark, in Berlin's Neukölln district, on the occasion of the 7th anniversary of the founding of the artists' group.

In other projects, for example *Bolzplatz (Soccer Pitch)*, realized for the *Sculpture Biennial Münsterland 2001*, the focus is less on involving the body than on the movement in the viewer's head. In the rural district of Steinfurt, soccer pitches are a familiar sight, especially in the small version (44 m x 22 m) with small goals that was the starting point for this project. Soccer pitches probably seldom attract aesthetic consideration. This field, laid out with rolls of turf and slanting down to the river as the imaginary midfield line to rise again on the other side, does attract attention, because it is absurd. The aim and course of the game, to run from one's own half of the field to the opponent's end and kick a goal, are practically impossible.

In *Bolzplatz*, inges idee skillfully turned the popularity of sports to its own purposes. In this way, direct access is afforded to an object of art that is devoted not only in the broadest sense to the transformation of an agricultural to a leisure culture, but also quite concretely to the landscape itself. The river divides the playing field and structures the surrounding nature. The by-the-meter lawn is placed, a non sequitur, on the slope of the bank and is yet indissolubly tied to the landscape due to the functional meaning accruing to the river as central line. The bridge takes on the role of spectator stands, where viewers can endlessly discuss such questions as whether it is fundamentally impossible to score a goal on the field or what it feels like to paddle a canoe through the soccer pitch. And whoever thinks that far has already won.

Translation: Mitch Cohen

Ronald Jones „Die eigentliche Kunst ist in diesem Fall die Anpassung an Verhältnisse vor Ort.“[1]

“The true art in this case is adaptation to conditions on the spot.”[1]

Carmen Mörsch

Ronald Jones kritisiert in seinem Text *The Power of Beauty* von 1998 die strikten Hierarchien im künstlerischen Feld, vor allem den Statusunterschied zwischen Gartenarchitekten und Künstlern. Erstere müßten nicht nach der künstlerischen Kraft in ihrer Arbeit suchen, weil diese ihr bereits innewohne – mehr als manchem Artefakt der Museumskultur. Kunstwerke vermittelten eine Erfahrung „in der zweiten Person", weil sie immer nur auf einen Inhalt außerhalb von sich selbst verweisen könnten. Im Garten dagegen kommt nach Jones die erste Person ins Spiel, tritt unvermittelte Erfahrung an die Stelle der Repräsentation[2]. Vor allem aber produziere die Gartenarchitektur Schönheit.

Ronald Jones künstlerisches Werk, das Skulpturen, Installationen, Gärten und Parks, virtuelle Opern und Netzkunst umfaßt, wird als eine vielschichtige Untersuchung der Verhältnisse von Kultur, Macht und Politik gelesen. In einer Ausstellung in Stockholm 1989[3] suggerierten zwei geometrische Formen aus schwarzem schwedischem Granit minimalistische Klarheit. Ein zum Werk gehöriger Text, wie er bei fast keiner seiner Arbeiten fehlt, führte die Formen auf den Konstruktionsplan für einen Atombunker unter dem Zentralgefängnis in Kumla zurück. Im Ernstfall bietet dieser Bunker nur den fünfzig Bediensteten, nicht aber den vielen hundert Insassen der Anstalt Schutz.

Bei *Kontext Kunst* 1993 in Graz zeigte Jones Bronzen, die auf den ersten Blick an Skulpturen von Brancusi erinnerten und durch ihre klassisch-moderne, handwerklich perfekt gearbeitete Form zur Kontemplation einluden. Doch die durch den Titel vermittelte Information, daß es sich dabei um Modelle von Onkogenen und tödlichen Viren handelte, verdarb einem auch hier die Lust am interesselosen Wohlgefallen. Wie ein postmoderner Doppelagent entschlüsselte Jones die Codes von Kunst und Macht, um sie mit ihren eigenen Mitteln zu schlagen. Akribische Recherche und kritische Analyse gelten als Grundlagen seiner Produktionsweise, die sich im buchstäblichen Wortsinn als Werk-Strategie bezeichnen läßt.

Dabei wird leicht übersehen, daß es auch für Ronald Jones Paradigmen in der ästhetischen Produktion gibt, die nicht oder nur schwer hintergehbar sind. Eine seiner Leitkategorien ist verknüpft mit der Suche nach Schönheit. Solange diese nicht lediglich das überkommene Konzept der Erhabenheit evoziert, sondern mit Informationen gekoppelt ist, die eine Distanznahme ermöglichen, spricht er ihr die Kraft zu, Entscheidungs- und Urteilsfähigkeit zu animieren.[4] Jones formale und handwerkliche Perfektion ist deshalb nicht ausschließlich

In his text *The Power of Beauty* of 1998, Ronald Jones criticizes the strict hierarchies in the field of art, above all the difference in status between landscape gardeners and artists. He maintains that the former do not need to search for artistic force in their work, as this is already inherent in it – more than in many artefacts of museum culture. Works of art convey experience "in the second person", since they are only able to refer to content outside of themselves. According to Jones, in the garden, on the other hand, the first person comes into play, and immediate experience takes the place of representation.[2] But above all, landscape gardening produces beauty.

Ronald Jones' artistic work – which encompasses sculptures, installations, gardens and parks, virtual operas and net art – is read as a manifold investigation into the relations of culture, power and politics. At an exhibition in Stockholm during 1989,[3] two geometric forms made of black Swedish granite suggested minimalist clarity. As is the case with most of his works, a text referring to the piece was also displayed, and this traced the forms back to the construction plan for an atomic bunker under the central prison in Kumla. In case of emergency, this bunker only offers protection to the institution's fifty employees, but not to its many hundreds of internees.

At *Kontext Kunst* in Graz during 1993, Jones exhibited bronzes which, at first glance, resembled sculptures by Brancusi. The classical-modern, perfectly crafted form of these works encouraged contemplation in their viewers. But the information conveyed by the title – that these were models of oncogenic matter and deadly viruses – also spoilt the initial desire for disinterested pleasure. Like a post-modern double agent, Jones deciphers the codes of art and of power, in order to beat them using their own means. Exact research

Ronald Jones
Cosmic Garden, 2000, im Rahmen von / for the exhibition *Aussendienst*, Hamburg

dem cleveren Zitieren von Repräsentationsformen moderner Kunst im Dienste politischer Inhalte geschuldet. Die Schönheit seiner Werke entfaltet sich im Spannungsfeld von Dekonstruktion und Erbauung und überläßt die BetrachterInnen dieser Ambivalenz.

Jones beschäftigt sich viel mit der Frage, wie KünstlerInnen im Informationszeitalter stärker in gesellschaftliche Entscheidungsprozesse eingreifen könnten. Der ausschließlich verweisende Charakter explizit politischer Kunst erscheint ihm ungenügend, kontraproduktiv und naiv angesichts der absorbierenden Macht des Mainstream.[5] Statt dessen fordert er die KünstlerInnen auf, sich das notwendige Know-how der Informationstechnologien anzueignen, um die herrschenden Verhältnisse wiederum mit ihren eigenen Waffen zu schlagen. Korrespondierend mit seinem eigenen multiplen Berufsprofil gilt sein Interesse den „Pratitioners", die transdisziplinär mit neuen Medien, Design, Architektur und Kunst arbeiten und sich einer eindeutigen Verortung in der traditionellen KünstlerInnenrolle verweigern.[6]

Bei so viel impliziter Geschäftigkeit überrascht es zunächst, daß Ronald Jones in seinen Argumentationen immer wieder auf drei Strategien für erfolgreichen Widerstand zurückkommt: Passivität, Aneignung und Anpassung.[7] Betrachtet man seine Arbeit, kommt man seiner Deutung der Begriffe auf die Spur: Anpassung an die Techniken der Macht, um sie durchschauen und – irgendwann – kontrollieren zu können. Passivität im Sinne einer stillschweigenden konstruktiven Umnutzung und Umdeutung des Adaptierten anstelle einer lauten, sichtbaren und daher lokalisier- und vereinnahmbaren Protestbewegung, die immer schon mit ihrem Gegner identifiziert ist.

In seinen Gartenprojekten führt Ronald Jones seine Affinität zum Angewandten, sein politisches Interesse, seine Faszination für die (universelle) Macht des Schönen und seine Vorstellung von Subversivität zusammen. Erfahrbar wird diese Verdichtung in der Reihe *Caesar's Cosmic Garden*, die aus einer biografisch initiierten Beschäftigung mit dem Holocaust entstand.

and critical analysis are regarded as the foundation of his production method, which may be referred to – in a literal sense – as his working-strategy.

Here it is easy to overlook the fact that Roland Jones also sees paradigms in aesthetic production; patterns which cannot be circumvented, or only with great difficulty. One of the most important categories for him is linked to the search for beauty. As long as this does not simply evoke the traditional concept of the sublime, but is coupled with information making it possible to distance oneself, he accords it the power to stimulate our capacities to decide and to evaluate.[4] Jones' formal and technical perfection, therefore, is not exclusively the result of his clever citing of representational forms of modern art in the service of a political message. The beauty of his work unfolds in the field of tension between deconstruction and construction, leaving this ambivalence with the viewer.

Jones is most concerned with the question of how, in the information age, artists could intervene more in society's decision processes. The exclusively referential character of explicitly political art appears insufficient to him, even counterproductive and naïve in face of the absorbing power of the mainstream.[5] Instead, he calls upon artists to acquire the necessary know-how regarding information technologies in order to beat the dominant forces with their own weapons. Corresponding to his own multiple professional profile, his interest is directed towards those practitioners who refuse a clearly defined location within the traditional role of the artist, working in an interdisciplinary way with the new media, design, architecture and art.[6]

When so much activity is implied, it is something of a surprise at first when – in his argumentation – Ronald Jones always comes back to three strategies for successful rebellion: passivity, acquisition and adaptation.[7] When one looks at his work, however, one begins

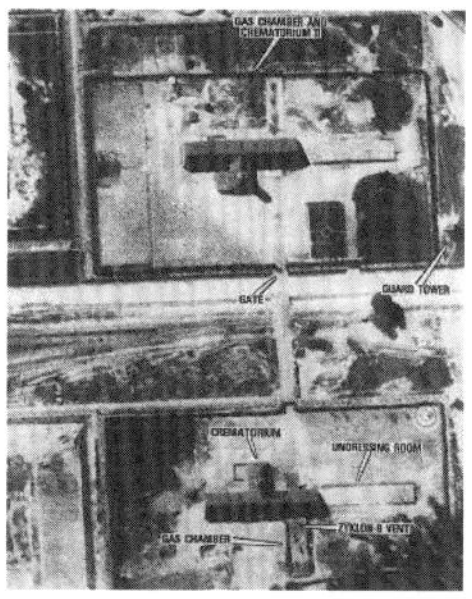

Luftaufnahme
des Konzentrationslagers
Auschwitz-Birkenau /
Aerial photograph
of Auschwitz-Birkenau
concentration camp

Workshop
The Lengerich Garden Project,
Skulptur-Biennale, 2001

Auf einer Luftaufnahme des Konzentrationslagers Auschwitz / Birkenau, die sein Vater vom Einsatz bei der US Airforce mitbrachte, entdeckte Jones einen Ziergarten, der aufgrund seiner Lage nur von Häftlingen auf dem Weg in die Gaskammern eingesehen werden konnte.

Die geometrische Anlage dieses Gartens verwies auf eine spätantike Symbolik, die in den mittelalterlichen Klostergärten und in der Renaissancearchitektur wieder auftaucht: sich kreuzende Wege, Quadrat und Kreis repräsentieren die Ordnung des Kosmos und die Harmonie der göttlichen Schöpfung.

Recherchen führten Jones zu der Katholikin Anna Urbanova, die aus politischen Gründen in Auschwitz interniert war und unter einem Dr. Joachim Caesar im sogenannten „Landwirtschaftskommando" arbeitete. Anna Urbanova hat den „kosmischen Garten" mit der Erlaubnis Caesars gepflanzt. Für Jones schuf sie „a small intersection of Paradise within the belly of evil."[8] Er rekonstruierte diesen unvorstellbaren Ort an verschiedenen Plätzen der Welt. Ein Garten entstand 1995 in Curitiba, Brasilien, ein anderer 1996 in Schweden, wo aufgrund des Widerstands lokaler Politiker der Standort von Simrisham nach Ystad verlegt werden mußte. Ein weiterer wurde 2000 in Hamburg im Rahmen des Projekts *Aussendienst* vom dortigen Kunstverein angelegt.[9] Hier liegt der *Cosmic Garden* nicht weit entfernt vom Hannoverschen Bahnhof, wo die Deportation der jüdischen Bevölkerung der Stadt vollzogen wurde. Im Stadtraum dient er als Gedenkort, aber nicht als repräsentatives Mahnmal. Ähnlich wie bei Jones' Skulpturen lädt auch der Park zunächst zum Genuß seiner perfekten Struktur, zum Innehalten und zum Ausruhen ein. Erst im zweiten Schritt reißt die Hintergrundgeschichte des Gartens seine NutzerInnen aus der Kontemplation. Das unerwartete Aufeinandertreffen von Form und Inhalt bringt die Wahrnehmung ins Schleudern.

Auch im *Lengerich Garden Projekt* ist Gedenken angelegt. Der Garten befindet sich in unmittelbarer Nähe zum Friedhof der Westfälischen Klinik für Psychiatrie, Psychotherapie und Neurologie, auf dem ein Grabmal an die in Lengerich umgekommenen polnischen Zwangsarbeiter erinnert. Im Hauptgebäude erwähnt eine schlichte Acryltafel die 250 Euthanasieopfer der Anstalt, verbunden mit der berechtigten Mahnung, das eigene Tun auch heute noch genau zu prüfen.

to follow his interpretation of the terms: adaptation of the techniques of power in order to see through them, and – at some time – to be able to control them. Passivity in the sense of silent, but constructive new usage and interpretation of what has been adapted rather than a loud, visible – and therefore possible to locate and take over – protest movement, which is always identified with its opponent.

Ronald Jones brings together his affinity for the applied, his political interest, his fascination with the (universal) power of the beautiful and his concept of the subversive in his garden projects. It is possible to experience this concentration in the series *Caesar's Cosmic Garden*, which arose from a biographically initiated interest in the holocaust.

On an aerial photo of the concentration camp Auschwitz / Birkenau which his father brought back from a US Airforce mission, Jones discovered a decorative garden which, as a result of its position, could only be viewed by prisoners on their way to the gas chambers.

The geometrical design of this garden refers to the symbolism of late antiquity, which re-emerged in the cloister gardens of the Middle Ages and in Renaissance architecture; crossed paths, the square and the circle representing the order of the cosmos and the harmony of divine creation.

Research led Jones to the catholic Anna Urbanova, who was interned in Auschwitz for political reasons and worked in the so-called "agricultural commando" there under a Dr. Joachim Caesar. Anna Urbanova planted the "cosmic garden" with permission from Caesar. As Jones sees it, she created "a small intersection of Paradise within the belly of evil."[8] He has reconstructed this inconceivable place in various locations around the world. One garden was made in Curitiba, Brazil in 1995, another in Sweden during 1996; here opposition from local politicians led to the location

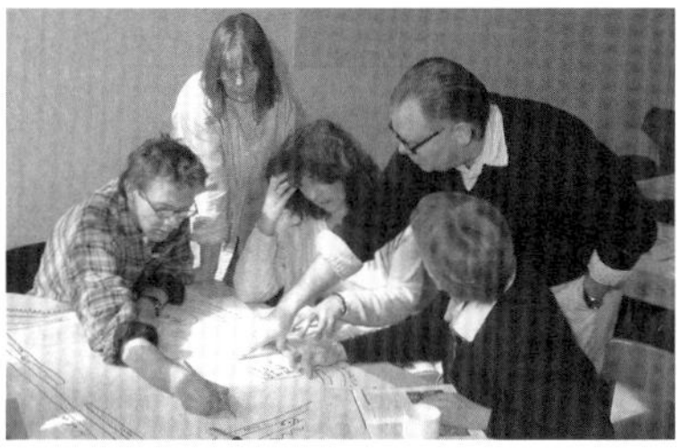

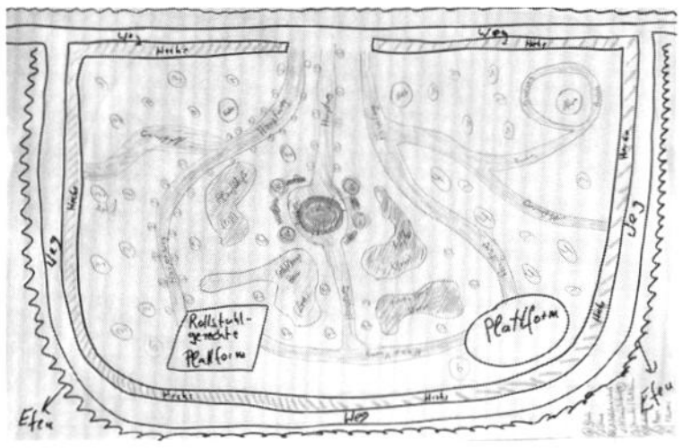

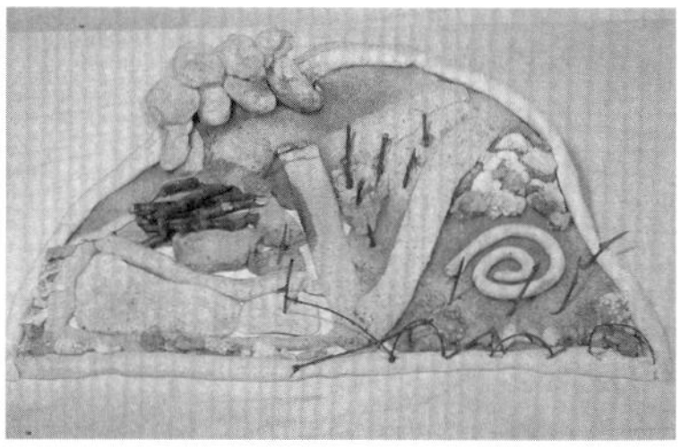

Doch wie bei *Paradise*, einem Garten, den Jones 1996 zusammen mit Patienten einer psychiatrischen Einrichtung auf Kreta realisierte, ist der Lengericher Garten vor allem in der Gegenwart und für die Zukunft entworfen. Diesem Entwurf ging ein mehrwöchiger Workshop voraus, bei dem sich Jones mit einer Gruppe aus PatientInnen der psychiatrischen Klinik und des evangelischen Krankenhauses, sowie Lengericher BürgerInnen zunächst intensiv mit Paradiesvorstellungen und Gartendesign aus verschiedenen Zeiten und Kulturen auseinandersetzte. Der entstandene Garten ist eine Zusammenführung von Einzelentwürfen, mit denen die Teilnehmenden ihre eigene Vision vom Paradies artikulieren. Die dazugehörigen Zeichnungen und Modelle sind Teil des Projekts und in einer Ausstellung öffentlich zugänglich. Die Gruppe übernimmt in der Zukunft die Pflege des Gartens.

Die Partizipation von Menschen und Institutionen bringt neue Aspekte in die Arbeit von Jones. Im Workshop entwirft er mit den TeilnehmerInnen den Garten als ein Medium zur Erweiterung ihrer eigenen künstlerischen Kompetenz. Die Rede von Aneignung und Anpassung bekommt eine andere Dimension, wenn institu-

being moved from Simrisham to Ystad. An additional garden was laid out in Hamburg during 2000 within the context of the art association's project *Aussendienst (Public Service)*.[9] Here the *Cosmic Garden* is not far away from Hannover Station, where the deportation of the city's Jewish population was realized. In the city it functions as a place of remembrance, but not as a representative memorial. In a similar way to Jones' sculptures, initially the park invites us to enjoy its perfect structure, to stop and take a rest. Only in a second stage does the history behind the garden wrench its users out of their contemplation. The unexpected clash of form and content causes our perception to spin.

Memory is also laid out in *The Lengerich Garden Project*. The garden is situated very close to the cemetery of the Westphalian Clinic for Psychiatry, Psychotherapy and Neurology, where a monument recalls the Polish people who died during forced labour in Lengerich. In the main building, a simple acrylic plaque recalls the institution's 250 victims of euthanasia, together with the justified reminder to carefully assess our own actions today.

But as in the case of *Paradise*, a garden which Jones realized together with patients of a psychiatric institution on Crete during 1996, the Lengerich garden has been designed primarily in the present and for the future. The design was preceded by a workshop of several weeks, at which Jones took an intensive look at concepts of paradise and garden design from various eras and cultures together with a group of patients from the psychiatric clinic and the Evangelical hospital as well as with citizens of Lengerich. The resulting garden is a combination of individual designs with which the participants have articulated their own visions of paradise. The accompanying drawings and models are part of the project, and are also accessible to the public in an exhibition. In the future, the group will take over the care of the garden.

Participation by people and institutions brings new aspects into Jones' work. In a workshop he designs the garden together with the other participants as a medium to extend their own artistic competence. His references to acquisition and adaptation receive a different dimension when institutional structures, medical indications and above all, the obstinacy of the participating subjects make the artist's control over the work impossible. The "experience in the first person" which Jones connects with landscape gardening becomes an experience in the first person plural, with all the compromises and power differences which always go along with joint ideas and cooperation. In *The Lengerich Garden Project*, the concrete development of the situation

Workshop
The Lengerich Garden Project,
Skulptur-Biennale, 2001

tionelle Strukturen, medizinische Indikationen und vor allem der Eigensinn der beteiligten Subjekte die Kontrolle des Künstlers über das Werk unmöglich machen. Die von Jones mit der Gartenarchitektur verbundene „Erfahrung in der ersten Person" wird zu einer Erfahrung in der ersten Person plural, mit allen Kompromissen und Machtgefällen, die das gemeinschaftliche Denken und Arbeiten mit sich bringt. Die konkrete Weiterentwicklung der Situation vor Ort wird im *Lengerich Garden Project* mindestens so dringlich und komplex wie die in Jones' Texten geforderte Subversion der Informationsgesellschaft. Dementsprechend solidarisiert sich Jones mit Initiativen in Lengerich, die seinem Garten eine größere Nachhaltigkeit garantieren. Das von den beiden beteiligten Krankenhäusern schon längere Zeit vorbereitete *ALVA (ars longa vita aeterna)-Projekt*, in dem regionale KünstlerInnen gemeinsam mit PatienInnen Kunst im öffentlichen Raum produzieren sollen, erhält durch das *Lengerich Garden Project* einen ambitionierten Start.

Die über fünfzehn Jahre lang erfolgreich betriebene Kunsttherapie der Westfälischen Klinik wurde dagegen aufgrund der Einsparungen im Gesundheitswesen und der internen Interessenlage der Klinik gerade abgeschafft. Dies ist ein herber

on the spot has become at least as urgent and complex as the subversion of the information society demanded in Jones' texts. Accordingly, Jones has developed a solidarity with initiatives in Lengerich which will guarantee his garden an enduring impact. The *ALVA (ars longa vita aeterna) project*, already prepared for a longer period by the two participating hospitals, in which regional artists are to produce art in public places together with patients, will get off to an ambitious start as a result of *The Lengerich Garden Project*.

By contrast, the Westphalian Clinic's art therapy, successfully practiced for fifteen years, was recently dropped as a result of cuts in public health and internal interests at the clinic. This is a bitter blow to the therapeutic programme, but unfortunately it only disturbs a few informed people involved in the construction work. As in many other places, the short-term event with its powerful impact is given preference over more lasting measures.

Visitors to the garden in Lengerich find themselves facing a different kind of ambivalence. They can relax and experience contentment, but there is a feeling in the air that this hidden, public place has been laid out and is cared for by people who have themselves been removed from the public eye. This is because they are unable to cope with such people, and because even in the information age there are no cultural practices in handling them other than removal and internment.

1 Quotation from the administrative director of the Westphalian Clinic for Psychiatry, Psychotherapy and Neurology Lengerich at a preparatory discussion concerning *The Lengerich Garden Project* by Roland Jones.

2 *The Power of Beauty*, in: *Art & Design*, special edition *Art and the Garden: Travels in Contemporary Mindscape*, 1998.

3 *Magasin 3*, cat. Stockholm Konsthall 1989, with Alfredo Jaar.

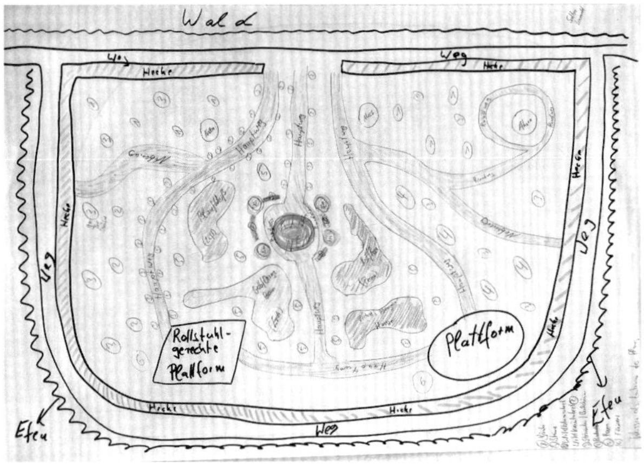

Workshop
The Lengerich Garden Project,
Skulptur-Biennale, 2001

Einschnitt in das therapeutische Programm, der leider nur wenige Informierte bei der Erbauung stört. Wie an vielen anderen Orten wird auch hier dem kurzen, außenwirksamen Event vor der Nachhaltigkeit der Vorzug gegeben.

Die BesucherInnen des Gartens in Lengerich befinden sich in einer anderen Ambivalenz. Sie können sich dort entspannen und erfreuen, doch liegt in der Luft, daß dieser versteckte, öffentliche Ort von Leuten angelegt und gepflegt wird, die aus der Öffentlichkeit entfernt wurden. Weil sie diese Leute nicht ertragen können und weil es auch im Informationszeitalter keine kulturellen Praktiken des Umgangs mit ihnen gibt, außer dem Entfernen und Internieren.

1 Zitat der Verwaltungsleiterin der Westfälischen Klinik für Psychiatrie, Psychotherapie und Neurologie Lengerich bei einer Vorbesprechung zum *Lengerich Garden Project* von Ronald Jones.

2 *The Power of Beauty*, in: *Art & Design*, special edition *Art and the Garden: Travels in Contemporary Mindscape*, 1998.

3 *Magasin 3*, Kat. Stockholm Konsthall, 1989, mit Alfredo Jaar.

4 „I believe that, in a fundamental way, the practice of landscape architecture aspires to a special appreciation of beauty aligned with Dave Hickey's nomination of beauty as an overwhelming and powerful tool. Hickey has written: 'The task of these figures of beauty was to enfranchise the audience and acknowledge its power – to designate a territory of shared values between the image and its beholder and, then, in this territory, to argue the argument by valorising the picture's problematic content.'" In: *The Power of Beauty*, a.a.O.

5 Siehe unter anderem Jones' Beitrag *My monkey do not bite cause it is chained to my organ*, in: *Jahresring 41*, München 1994, oder: *Die Güte des Sklavenhalters und die Vielschichtigkeit des Witzes*, *Texte zur Kunst*, Nr. 9, 1993 (zusammen mit Paul Myoda).

6 „Practitioners in this fields are developing advanced technical and programming skills which enable them to more fully exploit the potentials of new media ... Of particular interest is a shift in the way these pioneers position themselves: rejecting an identity which places them in a single framework, they prefer to harness a fluidity and flexibility that allows them to be architect, graphic designer, artist, web designer, and inventor, as they choose." Text auf der Website www.artistspace.org zu der von Jones kuratierten Ausstellung *Lab* im Artist Space, New York, November 2000 bis Januar 2001.

7 „Warhol's dissent is so radical *because his resistance is so passive.*" In: *Jahresring 41*, München 1994; „such experience become radical, and original precisely *because their resistance to conventional experiences of Art seems so passive*", in: *The Power of Beauty*, a.a.O.; „As pragmatic and blunt as was Burnham's appraisal of the dynamic relationship between art and the then emerging information society, he nevertheless cautioned against a wilful reaction or countermove in *favour of adaptation*", in: *Jahresring* 41, a.a.O. Hervorhebungen durch C. M.

8 *Caesar's Cosmic Garden*, in: *Art & Design*, 1998.

9 www.aussendienst.hamburg.de

4 "I believe that, in a fundamental way, the practice of landscape architecture aspires to a special appreciation of beauty aligned with Dave Hickey's nomination of beauty as an overwhelming and powerful tool. Hickey has written: 'The task of these figures of beauty was to enfranchise the audience and acknowledge its power – to designate a territory of shared values between the image and its beholder and, then, in this territory, to argue the argument by valorising the picture's problematic content.'" In: *The Power of Beauty*, in: *Art & Design*, 1998.

5 See also Jones' article *My monkey do not bite cause it is chained to my organ* in: *Jahresring 41*, Munich 1994, or: *Die Güte des Sklavenhalters und die Vielschichtigkeit des Witzes*, *Texte zur Kunst*, no. 9, 1993 (together with Paul Myoda).

6 "Practitioners in this field are developing advanced technical and programming skills which enable them to more fully exploit the potentials of new media ... Of particular interest is a shift in the way these pioneers position themselves: rejecting an identity which places them in a single framework, they prefer to harness a fluidity and flexibility that allows them to be architect, graphic designer, artist, web designer, and inventor, as they choose." Text on the website www.artistspace.org on the exhibition *Lab*, of which Jones was curator, in Artist Space, New York, November 2000 to January 2001.

7 "Warhol's dissent is so radical *because his resistance is so passive.*" In: *Jahresring 41*, Munich 1994; "such experience became radical, and original precisely *because their resistance to conventional experiences of Art seems so passive*", in: *The Power of Beauty*, in: *Art & Design*, 1998. "As pragmatic and blunt as was Burnham's appraisal of the dynamic relationship between art and the then emerging information society, he nevertheless cautioned against a wilful reaction or countermove in *favour of adaptation*", in: *Jahresring 41*, Munich 1994. Emphases by C. M.

8 *Caesar's Cosmic Garden*, in: *Art & Design*, 1998

9 www.aussendienst.hamburg.de

Translation: Lucinda Rennison

Stefan Kern *Zur falschen Zeit am falschen Ort*

In the Wrong Place at the Wrong Time

Yilmaz Dziewior

Den Vorwurf von Michael Fried, die Minimal Art sei in ihrer Überbewertung der Beziehung zwischen Betrachter und Werk theatralisch, ließe sich problemlos auf die aus weiß lackiertem Holz, Stahl oder Aluminium angefertigten Skulpturen von Stefan Kern übertragen. Durch die implizierte Aufforderung zu ihrer Benutzung potenziert Kern die von Fried für die Werke von Judd oder Morris festgestellte und als negativ bewertete „Bühnenpräsenz" um ein Vielfaches. In diesem Sinne können Kerns Skulpturen und Installationen als Regieanweisungen verstanden werden, die unterschiedliche Optionen der Erfahrbarkeit bereithalten. Formal gesehen sind sie auratische Kunstwerke und passen sich mit ihren glatten makellosen Oberflächen perfekt in das modernistische Ambiente des White Cube ein. Gleichzeitig funktionieren sie als Kommunikationsvehikel, vorausgesetzt, man läßt sich auf ihre Benutzbarkeit ein. Das Spannungsverhältnis zwischen autonomem Kunstwerk und Gebrauchsgegenstand ist für die Präsentation und Wahrnehmung von Stefan Kerns Arbeiten ein wesentliches und konstitutives Merkmal. In ihrer spezifischen Nutzung als Sitzgelegenheit, Rednerpult oder Raumteiler vermitteln sie relativ genau festgelegte Möglichkeiten der Interaktion, wobei genügend Raum für Unvorhergesehenes innerhalb der Rezeption bleibt. 1994 hatte Kern beispielsweise für einen Messestand seiner Galerie eine Sofa-Skulptur entwickelt, die aus vier im rechten Winkel angeordneten Sitzbänken bestand. Man mußte über ihre Rückenlehne steigen, um sich zu setzen. So vom Geschehen der Messe abgewendet, konnte man sich ungestört mit seinen Sitznachbarn unterhalten.

Mehrere Aspekte sind hier charakteristisch: Es bedarf einer gewissen Überwindung, die reguläre Konditionierung im Kunstkontext zu negieren und sich den festgelegten Konventionen zu widersetzen, zu denen auch das Verbot des Berührens von Kunstwerken zählt, um Kerns Skulpturen in ihren unterschiedlichen Facetten zu begreifen. Die Exponierung des Rezipienten während dieses Prozesses ist ein weiteres charakteristisches Merkmal. Beide Erfahrungen finden sich ebenfalls bei den Paßstücken von Franz West, bei dem Kern kurze Zeit studierte. Im Gegensatz zu diesen, die durch ihre rauhe und krustige Oberfläche den Herstellungsprozeß thematisieren, negieren die glatten, perfekten Flächen Kerns jede handwerkliche Herstellung. Die makellose Vollkommenheit seiner Oberflächen gebietet einerseits Ehrfurcht vor dem Kunstwerk und provoziert andererseits geradezu ein Berühren desselben.

Michael Fried's reproach that minimal art is theatrical in its overestimation of the relationship between the viewer and the work could easily be transposed onto Stefan Kern's sculptures, which are built from white enameled wood, steel or aluminum. Through the implied incitement to use them, Kern to a great degree intensifies the "stage presence" which Fried detected in the works of Judd or Morris and disapproved of. In this sense, Kern's sculptures and installations could be understood as director's instructions offering various options of experienceability. Seen formally, these are aural works of art, adjusting perfectly to the modernist ambiance of the white cube with their smooth, flawless surfaces. At the same time, they operate as a communicative vehicle, provided that one is open to their usability. The relationship of tension between the autonomous work of art and the object of daily usage is an essential and constituting characteristic for the presentation and perception of Stefan Kern's works. In their specific utilization as seating arrangement, speaker's podium or room divider, they convey relatively precisely determined possibilities of interaction, whereas enough space remains within their reception

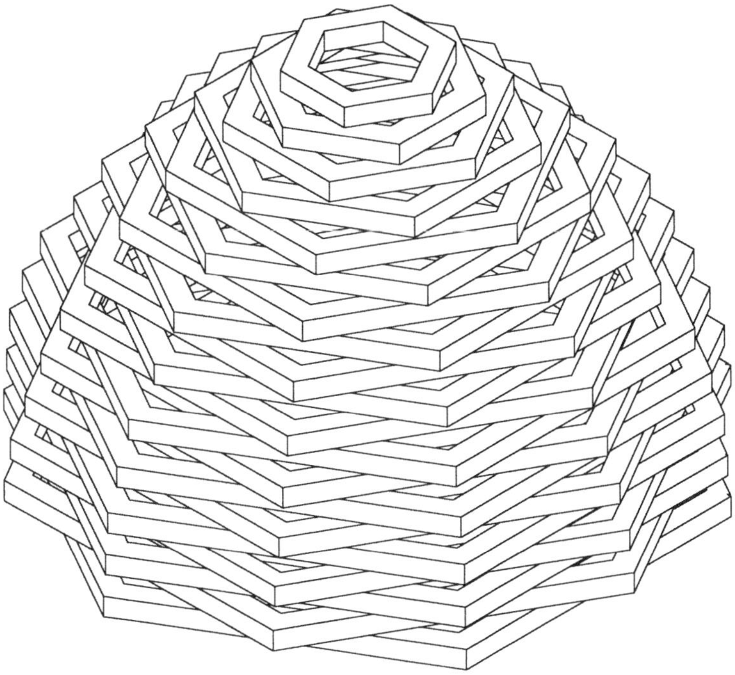

Stefan Kern

Iglu / Igloo, 2000, Projekt für die / project for the *Skulptur-Biennale*, Computerzeichnung / computer drawing

In seinem Text *Paragraphs on Conceptual Art* betont Sol LeWitt die Bedeutung der Konzeption eines Kunstwerks und stellt fest, daß die Ausführung der jeweiligen Skulptur sich dann durchaus mechanisch vollziehen kann. Dies trifft vor allem auch auf die seriell aufgebauten Werke Kerns zu, wie beispielsweise seine Raumteiler aus Magnetwänden oder seinen Entwurf eines aus sechseckigen Rahmen bestehenden Iglus für die *Skulptur-Biennale Münsterland 2001*. Im Sinne Sol LeWitts bedarf es auch bei diesen Werken nicht der Ausführung durch den Künstler, sie kann ohne weiteres von Fachbetrieben übernommen werden. Die Konzeption des Beitrages für die *Skulptur-Biennale* beschreibt Kern in einem seinen Entwurf erläuternden Text wie folgt: „20 sechseckige Rahmen (aus 20 x 20 Vierkantrohren, 0,5 cm stark) werden übereinander gelegt, wobei jeder zweite Rahmen um 60 Grad gedreht wird. Der Durchmesser der einzelnen Rahmen verringert sich zunehmend, wodurch eine kuppelartige Form entsteht. Der erste Rahmen hat einen Durchmesser von 6 m. Der Durchmesser des obersten und kleinsten Rahmens beträgt 1,46 m. Die Skulptur erreicht eine Höhe von ca. 4 m." Der Verweis auf Sol LeWitt scheint nicht nur in Hinblick auf die konzeptuelle Festlegung der Produktion relevant, auch formal lassen sich Bezüge zwischen Kerns Iglu und den *White Open Cubes* oder den *Serial Structures* des Minimal-Art-Künstlers aufzeigen. Neben Material und Farbe übernimmt Kern auch die additive und seriell ausgerichtete Grundkonzeption dieser aus weißem Holz oder Stahl angefertigten Skulpturen, die Mitte bis Ende der sechziger Jahre entstanden.

Neben einer präzisen Beschreibung der Konstruktion geht Kern in seinem Text auch auf die Rezeption seines *Iglus* ein, den man erklettern soll und von dessen oberer Öffnung eine Leiter in sein Inneres führt: „Die Höhe des Raumes, die hochglänzende weiße Lackierung, die eindringenden Lichtstrahlen und deren Reflexionen auf der spiegelnden Oberfläche verleihen der Skulptur im Innern eine Erhabenheit und Festlichkeit, die an barocke Inszenierungen erinnert." Mit dem Titel gibt der Künstler eine weitere Referenz an, die über den eigenen westlichen kulturellen Hintergrund hinausgeht, indem er sich auf die Kultur der Eskimos bezieht. Kern reichert so den eindeutig in der Tradition der Moderne stehenden Formenkanon seiner Skulptur humorvoll mit Bedeutungsebenen an, die auch im Zusammenhang des geplanten Aufstellungsortes, dem Bagno in Steinfurt, gesehen

for the unforeseen. In 1994, for example, Kern developed a sofa sculpture for his gallery's fair cubicle which consisted of four seats arranged at right angles. One had to step over their backs to sit down. Thus, separated from the fair's activity, one was able to converse undisturbed with one's seating companions.

Several aspects are characteristic here: in order to grasp Kern's sculptures in their various facets, it requires a conscious effort to negate the ordinary conditioning within the art context and to resist established conventions, one of which is the prohibition to touch the works of art. The exposure of the viewer during this process is another typical feature. Both experiences can also be found in Franz West's *Paßstücke*, whom Kern studied with for a short time. In contrast to these, which address the production process with their raw and crusty surfaces, Kern's smooth, perfect surfaces refute any manufacture through handicraft. On the one hand, the flawless perfection of his surfaces commands a reverence for the work of art, and on the other, it virtually provokes the viewer into touching it.

In his text *Paragraphs on Conceptual Art*, Sol LeWitt emphasizes the significance of the conception of a work of art and ascertains that the execution of a respective sculpture can then proceed thoroughly mechanically. Above all, this also applies to Kern's serially constructed works, such as his room divider of magnet walls, for example, or his design for an igloo

Stefan Kern

Baumhaus / Tree House, 1999, Goethestraße 29, München

Skulptur um Verteilerschränke / Sculpture around Distribution Boxes, 1993, Wilhelm-Leuschner-Platz, Langen

Sofa, 1994, Galerie Hammelehle und Ahrens, Art Cologne

werden kann. Diese aus dem achtzehnten Jahrhundert stammende, in der Tradition des höfischen Barockgartens stehende Gartenanlage vereinte ursprünglich eine türkische Moschee, einen chinesischen Salon und andere in der Zeit als pittoresk empfundene Anlagen wie römische Tempel und ägyptische Bauten. Ähnlich wie diese Gebäude nicht selten falsch verstandene Hybride aus unterschiedlichen dekontextualisierten Kulturen darstellten, so ist auch der *Iglu* von Kern im Grunde ein in sich widersprüchlicher Fremdkörper in der Landschaft. Das bewußt eingesetzte Moment der Deplazierung kann auch als künstlerische Intervention verstanden werden, deren kritisches Potential in der Thematisierung der Schwierigkeiten von Kunst im öffentlichen Raum liegt.

consisting of hexagonal frames for the *Sculpture Biennial Münstlerland 2001*. In the sense of Sol LeWitt, this work also does not require the artist to carry it out; it can be easily taken on by a specialized firm. In a text elucidating the proposal, Kern describes the concept behind his contribution to the *Sculpture Biennial* as follows: "20 hexagonal frames (of 20 x 20 square pipes, 0.5 cm thick) are laid one on top of the other such that every second frame is turned by 60 degrees. The diameter of the individual frames decreases progressively, giving rise to a dome-like form. The first frame has a diameter of 6 meters. The diameter of the uppermost and smallest frame is 1.46 meters. The sculpture attains a height of approximately 4 meters." The reference to Sol LeWitt appears relevant not only in view of the conceptual determination of the production process; formal associations between Kern's igloo and the minimal artist's *White Open Cubes* or *Serial Structures* can be found, as well. Along with the material and colour, Kern also adopts the additive and serial concept fundamental to these sculptures of white wood or steel which arose in the mid- to late sixties.

Along with a precise description of the construction, Kern also addresses the reception of his *Iglu (igloo)* in his text, which one is meant to climb onto and from whose upper opening a ladder leads into the interior: "The height of the room, the high-gloss white enamel, the rays of light penetrating to the inside and their reflections on the mirroring surfaces lend the inside of the sculpture a sublimity and festivity reminiscent of baroque stagings." With the title, the artist provides another reference which goes beyond his own Western cultural background, referring to the culture of the Eskimos. Thus, in a humorous way, Kern enriches his sculpture's formal canon of a clearly modernist tradition with planes of meaning which can also be seen in connection with the planned erection site, the Bagno in Steinfurt. This eighteenth-century garden complex, built in the tradition of the baroque court garden, originally united a Turkish mosque, a Chinese salon and other structures then considered picturesque, such as Roman temples and Egyptian edifices. Just as these buildings depicted often misunderstood hybrids of various decontextualized cultures, so too is Kern's *Iglu* basically a foreign body in the landscape, in itself contradictory. The moment of displacement, consciously applied, can also be understood as an artistic intervention whose critical potential lies in addressing art's difficulties in public space.

Translation: Andrea Scrima

Via Lewandowsky *Ein genialer Wurf*

A Stroke of Genius

Peter Herbstreuth

Drop Sculpture mit Zielfernrohr

Via Lewandowsky mußte umdenken.[1] Denn die Skulptur *Emssport* schlüsselfertig in das Münsterland zu transportieren, heißt, die „Kunst im öffentlichen Raum"[2] und ihre Nachfolgerin, die „Kunst des Öffentlichen"[3], nicht mehr ernst zu nehmen oder so ernst, daß keiner sofort merkt wie ernst; sie folglich im leicht wahnsinnigen Bewußtsein einer Doppelironie als Genre mit vorhersehbarem Ergebnis in akzeptierten Grenzen aufzufassen und gleichzeitig als Unternehmen zu behandeln, das alle Anforderungen übererfüllt und geballt geladen sprengt. Via Lewandowsky liefert die gewünschte Skulptur in vollendeter Makellosigkeit. Denn auch bei diesen Sommerspielen ist dabeisein alles. Weil aber ohne Wettbewerb alle Spiele nichts wären, hat Lewandowsky Vorkehrungen getroffen. *Emssport* ist ein Spielgerät mit Schmuggelware.

„Der Standort von *Emssport* ist beinahe überall denkbar ... In jedem Fall aber sollte die Sportstätte auf der grünen Wiese stehen."[4] Die relative Gleichgültigkeit des Standorts bei gleichzeitiger Betonung der Funktion („Sportstätte") eines im sportlichen Sinne ziemlich dysfunktionalen Geräts bestimmt die Haltung des Künstlers zum gelieferten Werk. Es ist eine Übertreibung. Denn selbstverständlich ließe sich im bereitgestellten Käfig Sport treiben; aber nur in der extremen Spielart von Zirkusakrobaten, die bei steil gekippten Ebenen erst sportlichen Reiz verspüren und angesichts rotierender Falltüren vor Freude zu tänzeln beginnen. *Emssport* will zu Hochleistungsartistik animieren. Es legt Mäßstäbe an, die nur die Besten der Besten nicht unterbieten. Deshalb darf von einem olympischen Werk gesprochenen werden: es schraubt die Leistungsspirale höher.

Auch für neue Trainings-Centers ist es egal, auf welcher Wiese sie stehen. Der Standort-Faktor hat nichts mit der tarierten Lage des Gelegenen zu tun, sondern mit der Dialektik von Ausstrahlung und Anziehungskraft in erschlossenem Gebiet. Davon geht der Künstler aus und überspringt zwei Neuerungen der letzten Jahrzehnte mit einem Loop in die sechziger Jahre, als drop-, plop-, parachute-sculptures der Segen vieler Rathausplätze und Fußgängerzonen waren. *Emssport* sieht aus wie ein Unfall, bei dem alles gutgegangen ist: als sei die Sportstätte vom Himmel gefallen und habe sich schadlos mit leichtem Dreh schräg in den Boden gerammt (daher die grüne Wiese und kein Asphalt, Stein oder Beton). Doch gerade gegen solche wie zufällig stehengelassene Gebilde bot sich seit den siebziger Jahren neben Mitmachangeboten für Kommunikationsscheue das ortsspezifische Werk als Alternative an. Es sollte direkt für den Ort entwickelt werden und entweder in gegenseitiger Abhängigkeit von Ort und Werk eine bedeutungsstiftende Symbiose oder in gegenseitigem Kontrast eine erhellende Spannung erzeugen. *Emssport* geht einen anderen Weg.

Drop Sculpture With Telescope

Via Lewandowsky had to give things a second thought.[1] Since transporting the sculpture *Emssport* ready to go into the Münsterland means no longer taking "art in public space"[2] and its successor, "art of the public"[3] seriously – or so seriously that no one notices at first how seriously – and, consequently, means interpreting it in the slightly crazy consciousness of a double irony as a genre carrying a predictable result within acceptable limitations and, at the same time, treating it as an enterprise that more than fulfills all demands, concentrated, charged, exploding them. Via Lewandowsky supplies the desired sculpture in completed perfection. For being there is everything; this goes for these summer games, as well. But because games would not be anything without competition, Lewandowsky has undertaken precautionary measures. *Emssport* is a plaything with smuggled goods.

"The location of *Emssport* is conceivable nearly anywhere ... in any case, however, the sport center should be situated on the lawn".[4] The relative indifference of the location and the simultaneous emphasis on the function ("sport center") of a more or less dysfunctional device in sporting terms characterizes the artist's attitude towards the delivered work. It is an exaggeration. For it is clear that one could work out in the supplied cage, but only in the extreme playing manner of circus acrobats, who become athletically stimulated by steeply tilted planes and jump for joy at the sight of rotating trap doors. *Emssport* aims at animating us to high-level acrobatics. It sets standards that only the very best do not fail to beat. For this reason, one could speak of an Olympian work: it turns the performance spiral a notch higher.

Via Lewandowsky
Zwanzig Wasserstellen und zwei Bänke / Twenty Watering-Places and two Benches, 1996, Rathausplatz / city hall place Ludwigsfelde, Nachtansicht / view by night

Via Lewandowsky
Emssport, 2000, Projekt für die / project for the *Skulptur-Biennale*, Computersimulation

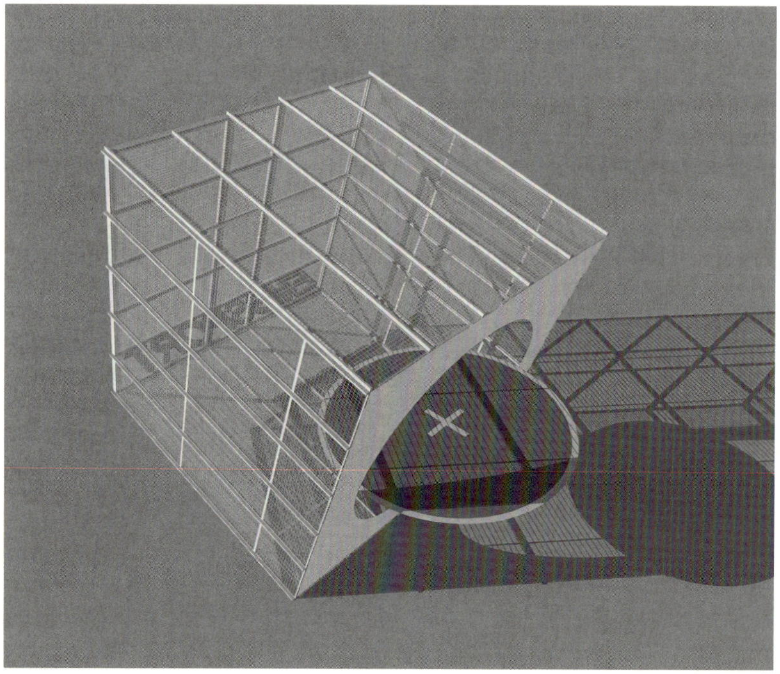

Da auch ortsspezifische Werke wenig dauerhafte Qualitätshebung brachten, entwickelte sich in Hamburg eine „Kunst des Öffentlichen". Sie basiert auf der Artikulation von Gruppierungen, sogenannter Teilöffentlichkeiten, die ihre sozialen, politischen und ästhetischen Ansprüche medien- und netzwerkorientiert durchsetzen. Programmatisch ist eine erhöhte Aufmerksamkeit für Werbekampagnen und telematische Räume, Stadtteilkulturen und Entertainment-Center. Kunst gilt den Akteuren wie den Analytikern lediglich als Teil der Bildproduktion. Die Aufmerksamkeit wird vorzüglich davon fixiert, was en masse, global und mächtig auftritt. Auch dieser Mimesis folgt Lewandowsky nicht.

New training centers do not care what lawn they are standing on, either. The location factor has nothing to do with the tared position of the positioned, but rather with an open area's dialectic of aura and power of attraction. The artist takes this for granted, skipping over two innovations of the last decades with a loop back into the sixties, when drop, plop, parachute sculptures graced a number of city hall plazas and pedestrian zones. *Emssport* looks like an accident in which everything turned out okay: as though the sport center had fallen from the sky and rammed into the ground with a slight twist to the side (for this reason the lawn and not asphalt, stone or cement). Yet since the seventies, along with play-along proposals, the site-specific work offered itself as an alternative for the communication-shy to precisely this kind of seemingly accidental, abandoned form. It was to be developed directly for a given location and create either a meaningful symbiosis in reciprocal dependence between location and work or an illuminating tension of mutual contrast. *Emssport* embarks on another path.

In that site-specific works brought little in the way of lasting enhancement of quality, an "art of the public" developed in Hamburg which was based on the articulation of groupings, so-called partial publics leaning towards the media and the net who assert their social, political and aesthetic agendas. A keen attention to advertising campaigns and telematic spaces, neighborhood culture and entertainment center is programmatic. For the players and analysts alike, art is only a part of the overall image production. Attention is above all fixed upon that which makes a global and powerful appearance en masse. Lewandowsky does not follow this mimesis, either.

Skulptur im öffentlichen Raum als operative Kategorie

Lewandowsky folgt dem Weg eines Profis. Er liefert nach stattgegebenem Angebot das genial gemeisterte Produkt und spickt es mit ironischen Volten. Eine Vielzahl von Zeichen, an die sich einst Glaubensartikel knüpften, erscheinen nurmehr ein Lektürespiel für Kenner. Lewandowsky verbindet die Verfahren des russischen Konstruktivismus mit denen des amerikanischen Minimalismus und faßt die Skulptur mit der Klarheit eines mathematischen Modells. Kreis, Quadrat, Würfel, Raster, Gitter sind nicht alles. Der kreisförmige Boden läßt sich aufklappen (wenn der Wind es will und stark genug weht) und dreht sich um sich selbst. Aus dem Kreis wird eine Ellipse und aus der Ellipse eine Linie. Der Boden trägt als Zeichnung die Peilung eines Zielfernrohrs; sie gleicht jener für Hubschrauberlandeplätze. Dreht sich der Kreis, gewinnt er die Anmutung eines Propellers oder auch einer Jahrmarktsattraktion. Die drop-sculpture weiß, daß sie eine ist und macht ein Spiel daraus. Wegen des Komplementärkontrasts zur roten Bodenfläche und der Maximierung des Zufalls für Passanten, auf sie zu stoßen, braucht das Gehäuse als Stellplatz eine grüne Wiese. Wie fast alle avançierten Außenraum-Skulpturen seit Rodins *Bürger von Calais* (1895) verzichtet sie auf einen Sockel und steht auf gleichem Boden wie jeder einzelne Körper der Bevölkerung.

Der Künstler sichtet die alten Zeichen ungläubig, aber in wohlkalkulierter Ordnung. Ihre Bedeutungen erscheinen leer. Doch bleibt der Ehrgeiz, die Formen kombinatorisch zu meistern und eine elegante Performance zu liefern, schon im Interesse der Karriere. Dafür steht *Emssport*. Die Künstler spielen Repertoire, variieren und dehnen die Schemen, peilen auf Niveau und hoffen auf Applaus.

Sculpture In Public Space As Operating Category

Lewandowsky follows the path of a pro. After a proposal is sustained, he delivers the ingenious mastered product, lacing it with ironic sleights of hand. A multitude of signs which articles of faith once referred to appear as nothing more than a reading game for connoisseurs. Lewandowsky combines the process of Russian constructivism with that of American minimalism and grasps the sculpture with the clarity of a mathematical model. The circle, square, cube, and grid are not everything. The round floor can be opened up (if the wind allows and is blowing strongly enough) and turns on its own axis. An ellipse forms out of the circle and a line out of the ellipse. The floor carries a telescope's bearing in the form of a drawing resembling that of a helicopter landing pad. When the circle turns, it takes on the appearance of a propeller or an amusement park attraction. The drop sculpture knows that it is one and makes a game out of it. Due to the complementary contrast with the floor's red surface and the maximizing of an accidental happening upon it on the part of the passer-by, the structure requires a green lawn as placement location. As is the case with nearly all advanced outdoor sculptures since Rodin's *The Burghers of Calais* of (1895), it dispenses with a pedestal, standing on the same ground as every other single body of the population.

Via Lewandowsky

Trichinen auf Kreuzfahrt / Trichinae on a cruise, 1989, Performance, Galerie Weißer Elefant, Berlin-Ost / Berlin east

Panem et circenses, 1988, Performance, Hochschule für Bildende Künste, Dresden

Wie alle Profis spielt er sein Repertoire nicht aus. Würde er es tun und auf seine rabiaten Anfänge in Dresden zurückgreifen, den entblößten Körper malträtieren, blutüberströmt, rußgeschwärzt, farbtriefend herzzerreißend „Viiiiiiiiiaaaaaaaaa aaa!!!!!!" brüllen und durch das Münsterland in die Städte hineinhumpeln, wäre die Verlegenheit groß. Was hat der nur!? Amoklauf ist weder eine Extremsportart noch „Kunst im öffentlichem Raum" und irgendwie, beeilen sich die Kuratoren, die ihre Auftragslage nicht schmälern wollen, zu betonen, sei Autoperforationsartistik ja eine Leibesübung aus den achtziger Jahren; ça veut dire: passé. Deshalb bietet Lewandowsky als Alternative die Doppelironie *Emssport*: Nicht die Faktizität des performativen Körpers, sondern die Resultate der ars combinatoria.

Lewandowsky sampelt Hits der letzten Jahrzehnte zu einem ebenso ernstgemeinten wie parodistischen Gebilde, dessen kleine Pointe darin besteht, daß es als exemplum im Museum gute Figur machen würde. Die große Pointe resultiert aus dem Umstand, daß Lewandowsky bereits einen Nutzungsplan mitgeliefert hat, um die Nachfolge zu regeln. Nach den Sommerspielen, so schlägt er vor, „soll die Sportstätte an einem für derartige Einrichtungen geeigneten Ort aufgerichtet und

The artist views the old signs skeptically, yet in well-calculated order. Their meanings appear empty. If only for the sake of the career, however, an ambition still remains to master the forms in a combinatorial sense and to put on an elegant performance. *Emssport* stands for this. The artists play from their repertoire, varying and turning the patterns around, aiming for a high level and hoping for applause.

As with all pros, he does not play out his repertoire. If he did, resorting to his rude beginnings in Dresden, mistreating the exposed body, covered in blood, black with soot, dripping with paint, hollering out a heart-rending "Viiiiiiiiiiaaaaaaaaaaaa!!!!!!" and hobbling through the Münsterland into the cities, the embarrassment would be considerable. What's wrong with this guy!? Running amuck is neither an extreme form of sport nor "art in public space", and somehow, the curators hasten to emphasize (who do not wish to diminish their commissioning position), autoperforation acrobatics are a physical exercise from the eighties, ça veut dire: passé. For this reason, Lewandowsky offers the double irony of *Emssport* as an alternative: not the factuality of the performing body, but rather the results of ars combinatoria.

Lewandowsky samples hits of the last decades into a form which is as seriously intended as it is parodic and whose subtle point consists in the fact that it would cut a good figure as a museum specimen. The larger point results from the fact that Lewandowsky has already delivered a plan for usage in order to regulate the successor. He proposes that after the summer games, "the sport center should be set up on a location appropriate for it and be modified to accomodate a version of basketball. The basket, in this case, would be set up in the middle of the cube and would be accessible from all sides. The rules to the 'Münsterland Basketball Game' would be developed in collaboration

Via Lewandowsky
Zwanzig Wasserstellen und zwei Bänke / Twenty Watering-Places and two Benches, 1996, Rathausplatz / city hall place Ludwigsfelde, Tagesansicht / view by day

zur Nutzung für eine Variante des Basketballspiels umgebaut werden. Der Basketballkorb wird in diesem Fall in der Mitte des Würfels aufgerichtet und von allen Seiten bespielbar sein. Die Regeln für das ‚münsterländische Basketballspiel' werden mit einem Fachmann entwickelt."[5] Die Skulptur *Emssport* soll sich nach der Ausstellungszeit emanzipieren und zum nutzbaren Gehäuse für Spiele mutieren, deren Regeln aber erst noch erfunden werden müssen und der Übereinkunft von Experten bedürfen.

Selten war auf Begrünungen ein Gebilde zu sehen, das so formsicher und lässig in der Präsentation, so zeichenverspielt und strikt in der Zusammensetzung, gleichermaßen utopisch, selbstreflexiv und wandelbar erschien und sich als Allegorie der Kunst im öffentlichen Raum selbst transzendiert. Nur wer meint, Kunst im öffentlichen Raum habe naiv, dumpf und starr zu sein, wird gegen *Emssport* einwenden, sie sei zu gelehrt, zu witzig, zu flexibel.

1 Via Lewandowsky hatte 1996 den beschränkten Wettbewerb für die Gestaltung des Rathausplatzes in Ludwigsfelde (Brandenburg) gewonnen. Sein Vorschlag wurde realisiert. Er hatte als einziger Teilnehmer weder Skulptur, noch Brunnen oder Begrünung vorgeschlagen, sondern den Platz komplett freigeräumt und mit ebenerdig aus dem Boden schießenden, flexibel einstellbaren Fontänen bestückt. Der Platz ist nun leer und offen für Besetzungen – etwa am Wochenmarkttag – oder durch frei komponierbare Wasserspiele – vor allem im Sommer für Kinder. Ästhetische, gesellschaftliche und partizipatorische Aspekte verbinden sich mit dem repräsentativen Charakter des Platzes und sind undogmatisch in eins gedacht.

2 Jüngstes Sommerspiel der bemerkenswerten Art im deutschsprachigen Raum *Hier, da und dort. Kunst in Singen*, Hg.: Manfred Sailer, Michael Brunner, Christoph Bauer, Kat. Singen 2000; vgl. meine Replik *Die Show ist doch für alle da*, in: *Tagesspiegel*, Berlin 15. 8. 2000.

3 Vgl.: *Die Kunst des Öffentlichen*, Hg.: Marius Babias, Achim Könneke, Amsterdam, Dresden 1998.

4 Via Lewandowskys Empfehlung im Konzeptpapier.

5 Ebda.

with a professional."[5] The sculpture *Emssport* is supposed to emancipate itself after the end of the exhibition and mutate into a usable shelter for games whose rules, however, still have to be invented and which require the agreement of experts.

Seldom could a structure on a lawn be seen that was so sure of form and casual in presentation, appeared so playful with signs and strict in arrangement, simultaneously utopian, self-reflexive and mutable, transcending itself as an allegory of art in public space. Only those who believe that art in public space has to be naïve, dull and rigid would hold it against *Emssport* that it is too learned, too humorous, too flexible.

1 In 1996, Via Lewandowsky won the closed competition for the designing of the city hall plaza in Ludwigsfelde (Brandenburg). His proposal was realized. He was the only participant to propose neither a sculpture, fountain or landscape plan; instead, he completely cleared the plaza and designed it with flexibly adjustable fountains shooting up at ground level. The plaza is now empty and open for occupation – for example, on market day – or through freely composed water games, above all in the summer, for children. Aesthetic, social and participatory aspects combine with the representative character of the plaza and are conceived together in an undogmatic manner.

2 The most recent summer game of a notable kind in the German-speaking area, *Hier, da und dort. Kunst in Singen*, eds. Manfred Sailer, Michael Brunner, Christoph Bauer, cat. Singen 2000; cf. my reply *Die Show ist doch für alle da*, in: *Tagesspiegel*, Berlin, 8/15/2000.

3 Cf. *Die Kunst des Öffentlichen*, eds. Marius Babias, Achim Könneke, Amsterdam, Dresden 1998.

4 Via Lewandowsky's recommendation in the proposal text.

5 Ibid.

Translation: Andrea Scrima

Won Ju Lim *Horizonte, Bismarck-Turm, Tecklenburg*

Horizons, Bismarck Tower, Tecklenburg

Clemens Krümmel

Um einen Eindruck davon zu erhalten, was Landschaft ist, um die Grenzen der eigenen Wahrnehmung, der Sicht auf die Umwelt zu erfahren, bedarf es einer erhöhten Blickposition, etwa eines hohen Baumes, einer Anhöhe, eines Berges – oder einer Architektur, die dies ermöglicht. Aussichtstürme sind *Landschaftsmaschinen*, die einen in die Lage versetzen, das an sich abstrakt politische Aneignungskonzept *Landschaft* in einer ritualisierten Form nachzuvollziehen und zu reproduzieren. Man besteigt einen Turm, um für kurze Momente den erhabenen Überblick über die Beschränkungen des Raumes alltäglicher Sichtbarkeiten hinaus und auf die äußersten Grenzen des Überschaubaren zu haben. Zwischen den unterschiedlichen Horizonten der dem Boden verhafteten und der erhöhten Position erstreckt sich ein Möglichkeitsraum, der sich bestimmend schon auf vormoderne Wahrnehmungstheorien ausgewirkt hat. Inzwischen haben sich die Bedingungen einer solchen historischen Weltsicht durch den alltäglichen Umgang mit medialisierten Räumen erheblich kompliziert.

An elevated viewing position is necessary in order to get an impression of what landscape is, in order to experience the limitations of one's own perception, of one's own view of the environment. It might be a high tree, a small hill, a mountain – or an architectural construction which makes this possible. Viewing towers are *landscape machines* which put people in a position to comprehend and to reproduce the abstract, political concept of appropriation *landscape* in a ritualised form. One climbs a tower so that for brief moments one has an elevated overview, beyond the limiting sphere of everyday visibility to the most extreme boundaries of what can be surveyed. A sphere of possibilities extends between the differing horizons of the person tied to the ground and the elevated position; a sphere which already had a determining effect on pre-modern theories of perception. In the meantime, the conditions of such an historical view of the world have become far more complicated as a result of the everyday application of additional media spheres.

This is the point where the artist Won Ju Lim, who lives and works near to Los Angeles, begins with her site-related work in the context of the *Sculpture Biennial Münsterland 2001*. She has chosen the Bismarck Tower in Tecklenburg as the setting for her contribution. In 1909, this tower was rebuilt from the ruins of a windmill destroyed by lightning into one of those Bismarck memorials which were common in Germany at the time.[1] It enables visitors to enjoy a view far out into the Münsterland and the hill district around Tecklenburg.

Won Ju Lim
Suburban Dreams, 1997,
UCLA Wight Biennial,
Los Angeles

Won Ju Lim
Horizonte / Horizons, 2000, Projekt für die / project for the *Skulptur-Biennale*, Photomontage

Hier setzt die in der Nähe von Los Angeles lebende und arbeitende Künstlerin Won Ju Lim mit ihrer ortsbezogenen Arbeit im Rahmen der *Skulptur-Biennale Münsterland 2001* an. Als Ort für ihren Beitrag hat sie den Bismarckturm in Tecklenburg gewählt, der 1909 aus der Ruine einer durch Blitzschlag zerstörten Windmühle zu einem der damals in Deutschland üblichen Bismarckdenkmäler umgebaut worden ist.[1] Er ermöglicht einen Ausblick weit in das Münsterland und in das Tecklenburger Hügelland.

Durch ihre Installation scheint Lim zunächst die Grundbestimmung der Turmarchitektur zu negieren, denn sie verstellt in den Fenstern entlang des Aufstiegs im Turm die Aussicht auf die realen Horizonte durch insgesamt vier Video-Projektionsflächen. Darüber hinaus sind auf dem Turm vier Videomonitore verteilt. Deren Projektionen zeigen teils statische, teils geringfügig bewegte Horizont-Bilder aus den unterschiedlichsten Quellen und mit variierenden räumlichen und zeitlichen Außenbezügen. Nach Sonnenuntergang sind auf den Monitoren Video-Horizonte aus verschiedenen Landschaften zu sehen, aber auch Fragmente aus europäischen Filmklassikern von Antonioni und Godard, aus Hollywood-Filmen der achtziger und neunziger Jahre, aus Animationsfilmen und aus Landschaftsgemälden. Dagegen zeigen die Bildschirme tagsüber den Horizont des Münsterlandes aus der Sicht des Turms, allerdings von Monitor zu Monitor zu verschiedenen Tageszeiten, also mit diversen unterscheidbaren Verzögerungen. Auf einem der vier Monitore schließlich ist eine aktuelle Außenaufnahme des Bismarckturms aus einer Untersicht zu sehen. Der konkrete *eine* Ort, der sich für gewöhnlich in der sukzessiven Wahrnehmung beim Aufsteigen und Hinausblicken formiert, wird durch eine Vielzahl *erfundener* medialer Bilder von Orten ersetzt. Ohne daß man sich auf Leon Battista Albertis historische Bestimmung des Bildes als „finestra aperta" beziehen müsste, wird durch die Projektionen schnell deutlich, daß Lim sie als *geöffnete Fenster* in einen ganz anderen Referenzraum vorschlägt: den der elektronisch-medialen Bildwelt, in dem die Gegensätze von Nähe und Ferne vermeintlich aufgehoben sind. Die von Lim organisierten Ausblicke und Zeitfolgen skizzieren mediale Raumzeit als eine Aufhebung herkömmlicher subjektiver Bezugssysteme. Landschaft als Konzept wird vielfach gebrochen und als konstruiertes, als *erfundenes* Bild vorgeführt.

In ihrer installativen Kunst hat Won Ju Lim in den letzten Jahren immer wieder die mediale Vermittlung imaginärer und realer Räume aufgegriffen. Dabei scheint sie sich nicht so sehr für eine objektive, architektonische Kontextualität, als vielmehr für eine konzentriert fortgesetzte künstlerische Auseinandersetzung mit einer abstrakteren *Poetik des Raumes* zu interessieren. In modellhaften Elementen

At first Lim appears to negate the basic definition of the tower's architecture by means of her installation, for she distorts the view to the real horizons through the windows situated along the climb up with a total of four video-projection surfaces. In addition, four video monitors are distributed within the tower. Their projections depict some static, some slightly moving images of horizons from a wide range of sources and with varying external references to space and time. After sunset, the monitors show video horizons from various landscapes, but also fragments from European film classics by Antonioni and Godard and from Hollywood films dating from the eighties and nineties, from animated films and from landscape paintings. By contrast, during the day the screens show the Münsterland horizon from the vantage point of the tower, but at different times of day from monitor to monitor – that is, with diverse, differentiable delays. Finally, on one of the four monitors it is possible to see a current image of the Bismarck Tower from the outside; a perspective from below. The *one* concrete place which is usually formed by means of successive perception whilst climbing up and looking out is replaced bya large number of *invented* media images of places. Without any necessity to refer to Leon Battista Alberti's historical definition of the picture as a "finestra aperta", it rapidly becomes obvious through the projections that Lim is suggesting them as *opened windows* to a completely different sphere of reference: to that of the electronic media world of images within which the antitheses of near and far have supposedly been abandoned. The views and the sequences of time arranged by Lim outline media space-time as an aban-

Won Ju Lim
Longing for Wilmington, 2000,
Künstlerhaus Bethanien, Berlin,
Sammlung / collection
Gaby & Wilhelm Schürmann,
Aachen

bedient sie sich oft der Mittel architektonischer Rekonstruktion, in Kombination mit unterschiedlichen Formen der medialen Inszenierung, vor allem unter Einsatz von Beleuchtungseffekten, Lichtbildprojektionen und Videoelementen. Dabei greift sie zwar auch auf identifizierbare, spezifische Räume zurück, baut aber weit über konkret referenzgebundene Verfahren hinaus dialektische Gefüge ganz anderer Art auf: Eine wiederkehrende Arbeitsmethode besteht im Übereinanderlegen unterschiedlicher Projektionen in einer Innenraumsituation, die aus einer Ich-Perspektive konstruiert ist.

Trotz einer sichtbaren Vorliebe für ein konzeptuell bestimmtes Denken und ein weitgehend als *minimal* kodiertes Formenrepertoire schienen Won Ju Lims Arbeiten bislang weniger in einer spezifischen Kunstwelt als vielmehr in einer literarischen Tradition lesbar, die an expliziten Bezugnahmen etwa auf den Topos des Proust'schen Schlafzimmers (*Proustian Bedroom*, 1996) oder auf Edgar Allan Poes *The Fall of the House of Usher* (*Guestroom*, 1997) sichtbar wurden. In der zuerst zitierten Installation stellte Lim durch das sukzessive Nachzeichnen von Umrißlinien die zeitliche Abfolge ihrer Rearrangements von Möbeln und Gegenständen vor Augen, in der zweiten füllten ihre eigenen Möbel die Rekonstruktion eines traumatisch belasteten Zimmers aus Poes Erzählung. Die hineinprojizierten Räume ihrer eigenen Lebens- und Arbeitsumgebung wurden nicht als künstlerische Räume überhöht vorgeführt, sondern bildeten als Alltagsumgebung einen naheliegenden Ausgangspunkt für die experimentelle Erforschung von Raumbegriffen. In diesen Arbeiten, die so deutlich von manifesten Gegebenheiten des Ateliers ihren Ausgang nehmen, trat ein Zugriff auf künstlerische Poetiken hervor, der an den radikal subjektivistischen Reduktionismus eines Xavier de Maistre in dessen *Voyage autour de ma chambre* (1794) erinnert – ein Text, in dem der Autor die Zwangslage eines Hausarrests nutzt, um in den bedeutungslosen Details seines Zimmers durch den dimensionalen Sprung seiner Einbildungskraft die *ganze Welt* wiederzufinden. Aber auch entferntere literarische Bezüge scheinen nahe, zum Beispiel Edwin Abbotts Narrativierung geometrischer Räume in *Flatland* – oder auch Georges Perecs enzyklopädische Raumstudien in *Espèces d'espaces*. Solche Referenzen kommen in Arbeiten wie *Suburban Dreams* (1997) zur Geltung: Hier wurde eine modellhaft vorgeführte Wahrnehmung in einer Weise mit schrift- und symbolsprachlich vermittelten Raumvorstellungen konfrontiert, die zwar durch ihre amerikanische Referenz auf massenhaft gefertigte Haustypen an Arbeiten wie Dan Grahams Studie *Homes for America* erinnert, aber in ihrer Nähe zum Permutativ-Spielerischen ebenso an textuelle Strategien der Gruppe Oulipo denken läßt, der Perec angehörte. In ihrer Installation *Longing for Wilmington* (2000) im

donment of traditional, subjective systems of reference. The concept of landscape is broken several times and is then presented as a constructed, an *invented* image.

During recent years, Won Ju Lim has repeatedly taken up the communication of imaginary and real spaces by the media in her installation art. Here she does not appear to be so much interested in an objective architectonic contextual approach, as in a continued, concentrated artistic investigation into abstract *poetics of space*. In model-like elements, she often makes use of the means of architectonic reconstruction in combination with different forms of media production. In particular, she employs lighting effects, slide projections and video elements. In the process she does take up specific, identifiable spaces, but she also builds dialectic constellations of a completely different kind, far beyond concrete, reference-bound processes: A method of working she often uses is to overlap different projections within the situation of an interior space constructed from her own, first person perspective.

Künstlerhaus Bethanien thematisierte Lim einen Blick auf ihre alltägliche Umgebung, die industriell geprägte urbane Randzone von Los Angeles, den sie mittels Dias auf eine aus verschiedenfarbigem Plexiglas aufgetürmte architektonische Modellstruktur projizierte.[2] Räumlich-plastisches Gebilde und illusionäres Bild schienen hier ineinander überzugehen, blieben aber dennoch immer voneinander unterscheidbar. Durch den Titel wurde der strukturelle, aber auch erfahrungsbezogene Abstand als eine Sehnsucht formuliert.

Durch das Aufgreifen medialer Räume hat Won Ju Lim in ihrer neuen Arbeit eine noch komplexere Differenz aufgegriffen. Der Raum, den sie in *Horizonte* entwickelt, wird zwar im Ortsbezug auch noch durch die Konzepte von Nähe und Ferne gekennzeichnet, plaziert diese aber in zeitgenössische Raumdiskurse der Ortlosigkeit, wie sie die bildgebenden Verfahren der neuen Medien vorgeben. Als unerreichbare Linie, als Versprechen einer realen Unendlichkeit fungieren Horizonte in dieser Arbeit als dialektische Grundform und als Schwelle zum Medienraum als einem phantasmatischen Raum jenseits der Vernunft.

1 Vgl.: Brigitte Jahnke: *Tecklenburg von Ackerbürger bis Zwanzigstes Jahrhundert*, Tecklenburg, o.J., S. 8.

2 Vgl. zu dieser Arbeit: Noëllie Roussel, *Has Wilmington replaced Rome as the Eternal City?*, in: *Won Ju Lim*, Kat. Künstlerhaus Bethanien, Berlin 2000, o.S.

Despite an obvious preference for conceptually determined thinking and a repertoire of forms primarily encoded as "minimal", up until now, Won Ju Lim's works seem to have been less legible within the specific art world than within a literary tradition. This has also become visible in explicit references, for example to the topic of the Proustian bedroom (*Proustian Bedroom*, 1996) or to Edgar Allan Poe's *Fall of the House of Usher* (*Guestroom*, 1997). In the first installation cited, by means of a successive copying of outlines, Lim presented the temporal sequence of her re-arrangements of furniture and objects, in the second, her own furniture filled the reconstruction of a traumatically charged room based on Poe's story. The rooms from her own surroundings where she lives and works, when projected into the installations, were not presented in an exaggerated way as artistic rooms, instead – as an everyday environment – they formed an obvious starting point for an experimental investigation of concepts of space. These works, which so obviously start out from manifest conditions in the studio, offer access to artistic poetics, recalling the radical subjectivist

reductionism of Xavier de Maistre, for example, in his *Voyage autour de ma chambre* (1794). In this text the author uses the forced position of house arrest in order to find *the whole world* once again in the meaningless details of his room, experiencing a dimensional leap of his imagination. But more distant literary references also suggest themselves, for example Edwin Abbott's narrative interpretation of geometric spheres in *Flatland* – or Georges Perec's encyclopaedic studies of space in *Espèces d'espaces*. Such references are shown to advantage in works such as *Suburban Dreams* (1997): Here a perception presented as a model is confronted with concepts of space conveyed by the language of letters and symbols in such a way that it does – as a result of its American reference to mass produced house types – recall works such as Dan Graham's study *Homes for America*, yet with its playful permutations it is equally reminiscent of the textual strategies of the group Oulipo, to which Perec belonged. In her installation *Longing for Wilmington* (2000) in Künstlerhaus Bethanien, Lim took a look at her everyday surroundings, an industrially shaped urban peripheral zone of Los Angeles. Using slides, she projected views onto an architectonic model structure created from piled up, different coloured plexi-glass components.[2] Here the spatial, plastic constellation and the illusionist image appeared to blend into each other, but it was still possible to differentiate between them. The title meant that the structural, but also the experience-related distance was formulated as a longing.

Won Ju Lim
Guestroom, 1997,
Art Center College of Design,
Pasadena

By adopting media spaces, in her new work Won Ju Lim has taken up an even more complex difference. It is true that the space which she develops in *Horizons* – with its direct reference to the setting – is also characterized by the concepts of proximity and distance, but it sets these within contemporary spatial discourse concerning a lack of locality; prompted by the image-providing processes of the new media. In this work, horizons are unreachable lines, the promise of a real infinity, and as such they function as a basic dialectic form and as the threshold to the media sphere – a fantastic sphere beyond common sense.

1 Compare: Brigitte Jahnke: *Tecklenburg von Ackerbürger bis Zwanzigstes Jahrhundert*, Tecklenburg, no date, p. 8.

2 Compare on this work: Noëllie Roussel, *Has Wilmington replaced Rome as the Eternal City?*, In: *Won Ju Lim*, cat. Künstlerhaus Bethanien, Berlin 2000, no pag.

Translation: Lucinda Rennison

Vittorio Messina *Die Idee des Bildes*

The Idea of the Picture

Nike Bätzner

Je weiter man in den Süden Italiens vordringt, desto häufiger stößt man auf rudimentäre Gebäude: Über notdürftig ausgebauten Erdgeschossen recken sich nackte Betonstreben, die einmal das „piano nobile" einfassen sollen, als Verkörperung der Sehnsucht nach dem Eigenheim gen Himmel. Nie bezogene oder bereits wieder verfallende Siedlungen besetzen die Hänge Siziliens – Relikte privater Fehlinvestitionen oder mafiöser Bauspekulationen.

Ihr Pendant haben diese fragmentarischen Bauensembles in den antiken Ruinen, den Zielen touristischen Begehrens. Deren imponierende, heroische Größe wird noch verklärt, indem ihre genaue ehemalige Nutzung, in neblige Nacherzählung verpackt, dem heutigen Betrachter verborgen bleibt – die Vorstellung wird gefüttert von minimalen Informationen in reich bebilderten Reiseführern. Die Gebäude sind nun entfunktionalisiert zu Ausstellungsstücken, verstümmelte Bilder des Traums von Arkadien.

Vittorio Messinas Arbeiten zwischen Architektur und Skulptur nehmen auf beiderlei Ruinen Bezug. So baut er beispielsweise tempelähnliche Portiken aus Fertigteilen und verbindet damit, im Gegensatz zur rückwärtsgewandten Ruinenromantik des 19. Jahrhunderts, die sichtbare Geschichte seines Landes mit der Gegenwart. Säulen in antiken Maßverhältnissen, aber aus Beton, tragen einen Architrav aus Bauholz, Gerüste überschneiden Kachelflächen, Abflußrohre kreuzen Marmorplatten, Pissoirs hängen an Pilastern, Neonlampen tauchen das Materialkonglomerat in kaltes Licht. Messina bricht das Historische durch zeitgenössisches, profanes Gerät, mit sanitären Einbauten und Elektroinstallationen. Er kombiniert das Zitat mit dem Provisorium, das Vergängliche mit dem noch nicht Fertigen. Die Vergangenheit taucht zudem nicht in Form konkreter Spolien auf, sondern als Maß, das an die industriellen Baustoffe angelegt wird, als fragmentarische Übertragung – und als Material mit Gedächtnis, wie Marmor oder Basalt. Es findet eine Transformation der Tradition statt, keine Fortschreibung der tradierten Kunstgeschichte.

The further one advances into the south of Italy, the more often one comes across rudimentary buildings: naked concrete joints jut out above provisionally finished ground floors, one day intended as walls for the "piano nobile"; an embodiment of heaven-lifted longings for a home of one's own. Once again, settlements never occupied or already decaying cover the slopes of Sicily – relics of private, mistaken investment or of Mafia building speculation.

These fragmentary ensembles of buildings have a pendant in the ancient ruins, the objective of touristic longings. Their imposing, heroic size is transfigured, for their exact former usage, packed in the mists of retold stories, remains concealed from today's observer – our imagination is fed by a minimum of information in richly-illustrated travel guides. The buildings have now lost their function and have become exhibition pieces, mutilated images of the dream of Arcadia.

Vittorio Messina's works, located somewhere between architecture and sculpture, refer to both kinds

Vittorio Messina
Two Green Windows, 2000, Projekt für die / project for the *Skulptur-Biennale*, Modell / model

Vittorio Messina
Alcune celle per una casa fuori cittá in regione piovosa / Einige Zellen für ein Haus außerhalb der Stadt in regnerischer Gegend / Some Cells for a House outside the City in a rainy Area, 1996,
Palazzo Cuttica, Alexandria

Messinas Räume bringen einen Hauch von Baustelle in den Museumskontext. Und wie bei dieser ist das Betreten verboten. Die Räume sind zwar einsehbar und wären potentiell zugänglich, doch wird der Ausstellungsbesucher trotz der haptischen Qualitäten der Bauten auf sein Sehen, ein „Begreifen auf Distanz"[1] verwiesen. Die Baumaterialien umgrenzen einen Raum, der die formale Geschlossenheit einer Skulptur besitzt. Titel wie *Cella* erinnern außerdem an den das Kultbild bergenden Hauptraum des antiken Tempels, den nur für Eingeweihte offenen heiligen Bezirk.

Durch Öffnungen blickt man ins Innere der Zellen. Öffnungen sind Überbleibsel, Lücken in Wänden wie: Türen, Fenster, Interkolumnien, Schlitze, Schächte, Nischen, Kamine, auch Abflüsse und Rohre. Es sind Durchbrüche für den Ein- und Austritt, Durchreichen, Handlungsspielräume. Das Zeichen einer Öffnung schlechthin ist der Rahmen. Messina stellt bei Schloß Bentlage parallel zueinander zwei fensterartige Rahmen ins Münsterland. Durch ihre Größe gemahnen diese Bauelemente an die Erhabenheit der antiken Architekturen. Das Material Beton schafft die Verbindung zum Rohbau, die Fensterlaibungen aus Naturstein wirken klassisch.

In ihrer Zweiheit markieren die Wandfragmente einen Ort, umschreiben einen Raum, ein vorstellbares Gebäude. „Das Projekt der *Zwei Grünen Fenster* geht von der Idee aus, daß ein ‚ideales Gebäude', vollständig hypothetisch und virtuell, die Gelegenheit hätte, in einem offenen Raum um Steinfurt zu existieren, möglicherweise in der Nähe des alten Stadtkerns, der noch immer existiert."[2] Innen führen jeweils zwei Stufen zu den Fensteröffnungen in den Wandsegmenten und schaffen einen Zugang zum Ausblick.

Der Rahmen ist gleichermaßen ein Element der Architektur wie des Bildes. Durch ihn wird der Blick gerichtet. Messina folgt Leon Battista Alberti, dem italienischen Architekten und Theoretiker des 15. Jahrhunderts, der ein Gemälde als Blick aus einem Fenster und damit als Ansicht einer nach eigenen Gesetzen konstruierten Welt definierte.

Die münsterländische Landschaft wird durch den eingrenzenden und ausschließenden Rahmen zum Bild. Dabei ist der Aufstellungsort fast beliebig, denn jeder umrandete Blick wird zu einem besonderen. Das Sehen wird dadurch zu einer konzentrierten Wahrnehmung geführt, Unwichtiges wird im Ausschnitt bedeutsam.

In der Regel trennt die Rahmenleiste das Gemälde vom Ausstellungsort und markiert die Grenze zwischen zwei *Wirklichkeiten*. Doch hier greift *das Werk* über die Einfassung hinaus. Wie soll man bei zwei Rahmen und der Möglichkeit,

of ruins. So he builds temple-like porticos from prefabricated sections, and – by contrast to the backward-looking ruin romanticism of the nineteenth century – he uses these to link the visible history of his country with the present. Pillars on an ancient scale – but made of concrete – support an architrave made of building timber, scaffolding cuts across tiled surfaces, drainage pipes cross marble slabs, pissoirs hang on pilasters, whilst neon lamps cover the entire conglomeration of material in a cold light. Messina breaks with the historical by using contemporary, profane equipment, sanitary fittings and electrical installations. He combines the citation with the provisional, the transient with what is as yet incomplete. Nor does the past appear in the form of concrete spoils, but as a scale applied to the industrial building materials, as a transfer of fragments – and as material with a memory, such as marble or basalt. It is a transformation of tradition which takes place rather than a continued writing of traditional art history.

Messina's spaces bring a hint of the construction site into the museum context. As is the case with the former, we are not permitted to enter these spaces. It is possible to look into the areas, and they are potentially accessible, but despite the haptic quality of the buildings, the exhibition visitor is referred to vision, to "appreciation from a distance"[1]. The building materials delimit a space which has the formal unity of a sculpture. In addition, titles like *Cella* recall the main room of the ancient temples which concealed a cult image; the holy area open only to the initiated.

One looks into the interior of the cells through openings. Openings are remains, holes in walls such as doors, windows, spaces between columns, slits, shafts, niches, chimney places, even drains and pipes. These are breaches for entry and exit, to reach through, spaces for action. The sign of the opening per se is

Vittorio Messina
Una cella prima del tramonto / Eine Zelle vor Sonnenuntergang / A Cell before Sunset, 1998,
Museo Pecci, Prato

sich irgendwo zu plazieren (auch wenn durch die Stufen zwei Standorte favorisiert werden), entscheiden, was Bild und was Realität ist? Alles wird zum möglichen Bild. Nur kurzzeitig schließt der Rahmen jeweils einen Teil der Landschaft und den davor stehenden Betrachter aus, der aber von der anderen Seite betrachtet wiederum im Bild wäre. Durch ihre Dopplung stellen die Fensterelemente auch die Frage nach der Einmaligkeit des Bildes, nach dem Original, nach Abbild und Urbild, Nachahmung und Entwurf.

Die Architektengruppe Haus-Rucker-Co stellte 1977 zur Kasseler *documenta 6* einen großen Rahmen auf die Terrasse „Schöne Aussicht" zwischen Museum Fridericianum und Orangerie. Dort begrenzt er bis heute den Blick in die Tiefe des dahinterliegenden Landschaftsraumes der Karlsaue. Ein Steg führt um diesen leicht aus dem Lot gekippten Rahmen herum auf einen kleineren zu, der an einem Stahlarm wie zur Fokusierung des Panoramas jenseits der Brüstung der Terrasse hängt. Der Betrachter steht zwischen den beiden quadratischen Fassungen und über dem Abgrund – sein Seherlebnis wird durch die körperliche Erfahrung des labilen Standes intensiviert. „Dem Superpanorama des Fernsehschirms gegenübergestellt, wird er (der Rahmen) zum Symbol für die Wahrnehmung räumlich begrenzter Zusammenhänge im Stadtraum."[3]

the frame. In the Münsterland near Castle Bentlage, Messina erects two window-like frames parallel to one another. The size of these building components puts us in mind of the solemnity of ancient architectures. The material, concrete, creates a connection to the shell of a house, whilst the window jambs made of natural stone have a classical effect.

As a duo, these fragments of walls mark a location, transcribe a space, a building possible to conceive. "The project of the *Two Green Windows* starts out from the idea that an 'ideal building', completely hypothetical and virtual, might have the opportunity to exist in an open space around and about Steinfurt, possibly close to the old, still existent heart of the city."[2] Inside each, two steps lead up to the window openings in the segments of wall, giving access to the view.

To an equal extent, the frame is an element of architecture and of the picture. Our view is focused through it. Messina follows Leon Battista Alberti, the 15th century Italian architect and theoretician who defined a painting as the view out of a window and therefore as the view of a world constructed according to one's own laws.

The enclosing and excluding frame turns the landscape of the Muensterland into a picture. The place of erection is in fact almost arbitrary, for every view with a frame around it becomes a special one. In this way, seeing becomes concentrated perception, the unimportant gains significance in section.

As a rule, the edge of the frame divides the painting from the exhibition location, so marking the boundary between two "realities". But here "the work" also takes effect beyond the enclosing frame. How can one decide what is picture and what reality with two frames and a free choice of where to position oneself (although the steps do favour two specific locations)? Everything becomes a possible picture. The frame cuts out a part of the landscape and the beholder before it, but only for a short time, and seen from the other side, these would be in the picture in their turn. As a result of their duplication, the window elements also pose questions: of the unique quality of a picture, of original, reproduction and proto-image, copy and concept.

On the occasion of the Kassel *documenta 6* in 1977, the group of architects Haus-Rucker-Co erected a large frame on the terrace called "Schöne Aussicht" situated between the Fridericianum Museum and the Orangery. It continues to stand there today, restricting the view

Vittorio Messina
Giardino in inverno / Garten im Winter / Garden in Winter, 1994,
Kunstverein Düsseldorf

Vittorio Messina
Senza titolo coperto e smemorato / Ohne Titel bedeckt und vergessen / Untitled covered and forgotten,
1999, Henry Moore Foundation,
Halifax (Detail)

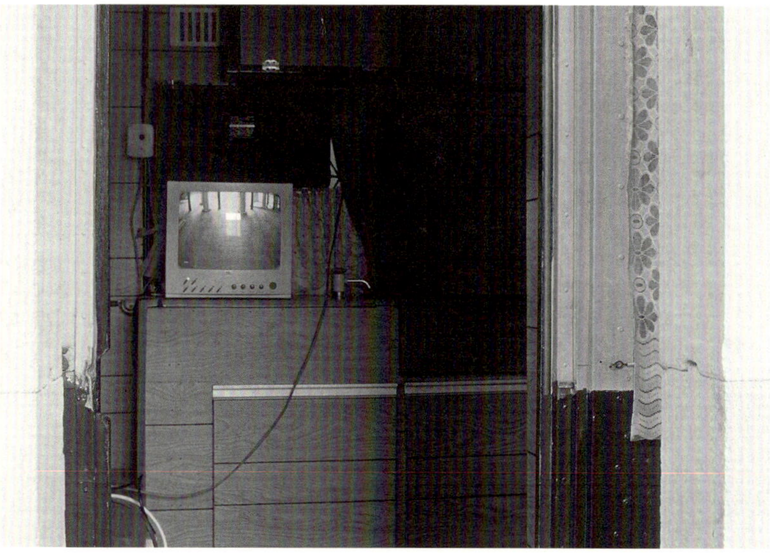

Die Fenster von Messina und Haus-Rucker-Co sind „Instrumente zur Wahrnehmung".[4] Messinas Bauteile fungieren auf der grünen Wiese plaziert als Barriere: sie verstellen den direkten Zugang zur Landschaft. Vom leicht erhöhten Standpunkt schaut der Betrachter an, was er auch durchschreiten kann. Für einen Moment ist die Intimität der Landschaft gewahrt und dem Wanderer ein Platz angewiesen. Die wechselnde Erfahrung der verschiedenen Dimensionen, von körperlich-zeitlichem Raumerlebnis und intellektueller Anschauung, hat hier ihren Ort. Messinas skulpturale Architekturen umgrenzen Raum, die Rahmen fassen jeweils eine Ebene ein. In die Landschaft gesetzt markiert der Rahmen eine mögliche Schnittstelle im Raum und umreißt die Idee des Bildes.

1 „Habhaftwerden auf Entfernung", Maurice Blanchot, *Die wesentliche Einsamkeit*, Berlin 1959, S. 42.
2 Messina im Konzeptpapier zu *Zwei Grüne Fenster*.
3 Die Architekten in: *Haus-Rucker-Co 1967 bis 1983*, Hg.: Heinrich Klotz, Deutsches Architekturmuseum Frankfurt / M., Braunschweig, Wiesbaden 1984, S. 56.
4 Ebda., S. 148.

into the landscape area known as the Karlsaue which lies below and behind it. A path runs around this slightly tipped frame, leading to a smaller one suspended on a steel arm beyond the terrace balustrade, as if to focus on the panorama. The viewer stands between the two square frames and above a precipice – his experience of vision is intensified by the physical awareness of an unstable standpoint. "Seen in contrast to the super panorama of the television screen, it (the frame) becomes a symbol of the perception of spatially restricted contexts in the city area."[3]

The windows by Messina and Haus-Rucker-Co are "instruments for perception".[4] Placed on a green field, Messina's building components function as a barrier: they block direct access to the landscape. From a slightly raised standpoint, the viewer contemplates something he could also walk through. For a moment, he becomes aware of the intimacy of the landscape and the walker is given his own place. This is the setting for a changing experience of the different dimensions, of the physical-temporal experience of space and of intellectual contemplation. Messina's sculptural architectures define space, each of the frames encloses one level. Set into the landscape, the frame marks a possible interface in space, outlining the idea of the picture.

1 "Habhaftwerden auf Entfernung" (grasp from a distance), Maurice Blanchot, *Die wesentliche Einsamkeit*, Berlin 1959, p. 42.
2 Messina, in a written concept for *Two Green Windows*.
3 The architects, in: *Haus-Rucker-Co 1967 bis 1983*, ed. Heinrich Klotz, Deutsches Architekturmuseum Frankfurt/M., Braunschweig, Wiesbaden 1984, p. 45.
4 Ibid. p. 148.

Translation: Lucinda Rennison

Mariele Neudecker *Erhaben untergehen. Themenparks in Salzlösung*

Submerging Sublimely. Theme parks in salt solution

Harald Fricke

Wasser hat keine Balken. Und doch treibt der Schiffbrüchige auf einem Balken im offenen Meer. Sinnspruch und Robinsonade weisen auf eine Erfahrung von Natur, der der Zivilisationsprozess bereits hinlänglich eingeschrieben ist. Denn das Verhältnis zur Natur – ob in der Warnung oder als rettende Hilfe – wird durch den von Menschenhand gemachten Gegenstand angezeigt. Wasser und Meer sind als bedrohliches Element bloß Paßstücke, an denen sich der Grad des Einfallsreichtums messen läßt, mit dem der Mensch versucht, die Natur zu bewältigen. Daran hat sich seit dem Listenreichtum von Odysseus nicht viel geändert – jedes Computerspiel bietet heute Tools für entsprechend simulierte Gefahren. Und der Untergang der *Titanic* findet bei James Cameron im künstlich angelegten Dock an der mexikanischen Küste statt.

Auch das Dorf, das Mariele Neudecker für den Königsteich des Wasserschloß Haus Marck Tecklenburg plante und das nun im Tiggelsee in Steinfurt realisiert wurde, ist untergegangen. Nur die Spitze eines Kirchturms schaut noch hervor, ein paar Dächer schimmern durch die Oberfläche des Sees, auch eine Leiter ist vage zu erkennen. Nicht aufgrund einer Katastrophe, sondern aus Vorsatz. Nicht als Bild eines Unheils, sondern als dessen absurde Übersteigerung, wie es die Künstlerin in ihrer Projektbeschreibung formuliert hat: „Die münsterländische Parklandschaft ist von Menschenhand geschaffene Kulturlandschaft ... ein künstliches Dorf in einem künstlichen See ... durch die Leiter in eine künstliche Geschichte verwickelt."[1]

Die Ruine als Kunstwerk ist eine Errungenschaft des Barock, die ihren Höhepunkt in der Romantik erlebte. Sie verknüpft die Unwiederbringlichkeit antiker Ideale mit dem technisch Machbaren der Gegenwart in einem Akt „unendlicher Imperfektibilität", wie es Friedrich Schlegel nannte. Heute wird dieser Umgang mit dem zivilisatorischen Erbe der Vergangenheit – Walt Disney

Mariele Neudecker

Versunkenes Dorf / Sunken Village, 2000, Projekt für die / project for the *Skulptur-Biennale*, Modell / model

Water has no beams. And yet the shipwrecked person floats, holding on to a beam, in the open sea. Epigram and Robinsonade point towards an experience of nature which has already been sufficiently inscribed in the process of civilisation. For our relation to nature – whether in warning or as salvation – is demonstrated by an object made by the hand of man. As a threatening element, water and the ocean are mere adapters with which man's degree of imagination in attempting to subdue nature can be measured. Not a great deal has changed here since Odysseus' cunning – today, every computer game offers tools to create corresponding, simulated dangers. And in James Cameron's film, the sinking of the *Titanic* takes place in an artificially constructed dock on the Mexican coast.

The village which Mariele Neudecker had originally conceived for the Royal Pond of Haus Marck Tecklenburg, a castle surrounded by water, and which has now been realized for the Lake Tiggel in Steinfurt, has also been submerged. Only the tip of the church spire shows, a few roofs shimmer through the surface of the lake, and we can vaguely recognize a ladder. Not

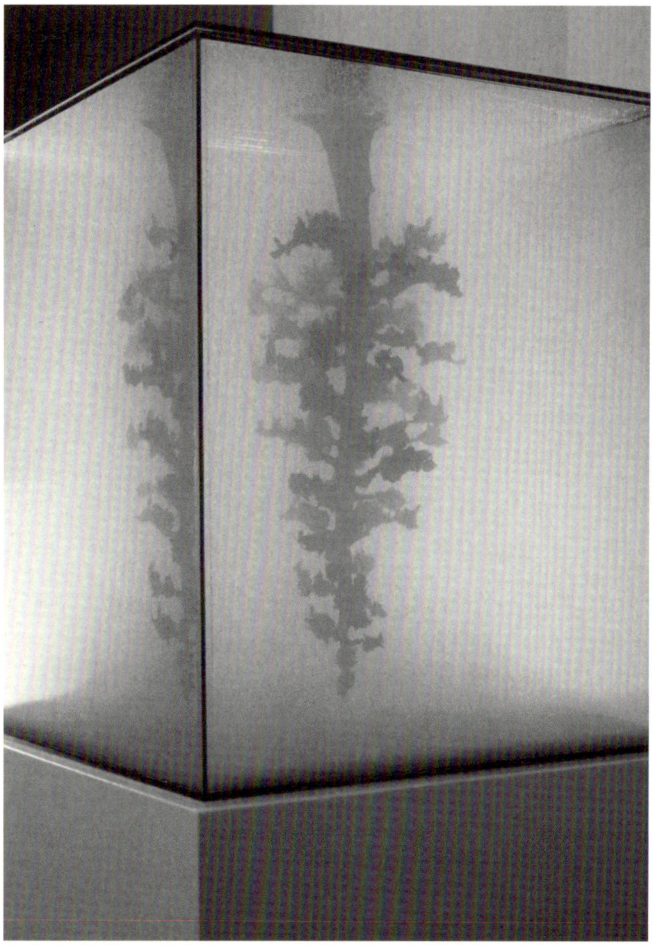

Mariele Neudecker
Much was Decided Before You were Born, 1997,
Sammlung / collection of
Valeria and Gregorio Napoleone,
London

sei Dank – in Themenparks und Erlebnisarchitekturen vermarktet: Das Zeichentrickschloß bildet dort die reale Kulisse, in der man die Merchandise-Artikel zum Film kaufen kann. Solchermaßen von medialen Spiegelbildern umstellt, bleibt bei Neudecker allerdings ein Rest Verunsicherung, wenn sie angesichts der von ihr konstruierten Situationen fragt, „wie wirklich Fiktion sein kann und wie fiktiv die Wirklichkeit ist".

Da sind zum Beispiel ihre Vitrinen aus den neunziger Jahren wie *I Don't Know How I Resisted the Urge to Run* (1998); oder ein Dreimaster, der auf einen undurchdringlichen Meeresgrund gesunken ist (*Ship*, 1998) und die en miniature glitzernde *Sea of Ice* von 1997. Hinter Glaswänden versiegelt und in eine raffiniert abgestufte Salzlösung getaucht, erscheinen diese Orte und Situationen merkwürdig entrückt, aber in den Details doch hoch präzise. Anders als auf den imaginären Bühnen des Surrealismus nutzt Neudecker die Irritation, die sich im Blick auf eine bekannte Darstellung von Natur einstellt. Tatsächlich gehen ihre Guckkästen auf die Beschäftigung mit Gemälden von Caspar David Friedrich zurück. Dabei zeigen sie zugleich, wie sich das Moment der Erhabenheit, das für Kant noch als vorgestellte Unendlichkeit den Landschaftsbildern innewohnte, auf eine minimalistische Installation, zumal dreidimensional und daher konkret, reduzieren läßt.

as the result of a catastrophe, but with intent. Not as an image of disaster, but as its absurd exaggeration, as the artist indicates in her project description: "The park landscape of the Münsterland is a cultural landscape created by the hand of man ... an artificial village in an artificial lake ... involved in an artificial story because of the ladder."[1]

The baroque era first introduced the ruin as a work of art, and it experienced its high point during the age of Romanticism. It links the irretrievable qualities embodied by the ideals of antiquity with the technical possibilities of the present in an act referred to by Friedrich Schlegel as "infinite imperfectibility". Today, such treatment of the civilizatory heritage of the past – thanks to Walt Disney – is marketed in theme parks and adventure architecture: There the cartoon palace is the real setting, where it is possible to buy merchandising articles associated with the film. In the midst of such reflections of the media, however, an element of uncertainty remains in the case of Neudecker's work when she asks, viewing the situation she herself has constructed, "how real fiction can be and how fictive is reality".

As examples, one might cite her glass cases from the nineties, such as *I Don't Know How I Resisted the Urge to Run* (1998); a three-master which has sunk down onto an impenetrable sea bed (*Ship*, 1998), or the miniature, sparkling *Sea of Ice* dated 1997. Sealed behind glass and submerged in a cleverly measured out salt solution, these places and situations appear strangely far-removed, although their details are still extremely precise. With a contrasting approach to that in the imaginary stages of surrealism, Neudecker employs the irritation which emerges when we look at a familiar depiction of nature. In fact, her miniature prosceniums do date back to an interest in the paint-

Mariele Neudecker

I Don't Know How I Resisted the Urge to Run, 1998, Sammlung / collection Bernarda und Johannes Becker, Köln / Cologne

Nun war schon bei Kant die unendliche Weite des Kosmos außerhalb vor allem ein Pendant zum „Sittengesetz", das dem menschlichen Geist eigen ist. Hier zeichnet sich bereits ab, wie sehr die Bändigung der Natur notwendig mit der Konstitution des Ichs einhergeht: Das beste Werkzeug angesichts einer stets als feindlich gedachten, uns umgebenden Welt ist die Vernunft. Sie aber zieht ihre Kriterien zur Bewältigung von Situationen aus der Wahrnehmung. Der Mensch reagiert auf das, was er sieht, indem er sich Überblick verschafft.

Bei Neudecker sind die abgebildeten Orte des Geschehens jedoch unklar definiert: Niemand weiß, was für ein Ereignis sich hier zugetragen hat – oder ob es erst noch stattfinden wird. Die Vitrinen erzeugen keinen erhabenen Eindruck, eher ein Gefühl des Unheimlichen, als würde die Natur wiederkehren, um sich

ings of Caspar David Friedrich. At the same time, they demonstrate how the moment of sublimity – which Kant still felt to be inherent in landscape pictures as an imagined infinity – can be reduced to a minimalist installation, in particular as it is three-dimensional and thus concrete.

In Kant's theories, the infinite space of the cosmos outside was primarily a pendant to the "moral laws" belonging to the human spirit. Here there is already an indication of the necessary extent to which a subduing of nature accompanies the constitution of the ego: rationality is the best tool in face of a surrounding world which is always considered hostile. But this draws its criteria for dealing with situations from perception. Man reacts to what he sees by creating himself an overall view.

But in Neudecker's work the depicted locations for events are only vaguely defined: no one knows what event has taken place here – or whether we are waiting for it to happen. The glass cases do not create a sublime impression, rather a sinister feeling, as if nature were returning – as in innumerable horror films – to seek revenge for our careless harnessing of her in the services of technology. This is also true of Neudecker's *Versunkenes Dorf (Sunken Village)*, in which case the viewer cannot decide why the disaster came about. Everything is possible: "Cursed and romantic, or the victim of a deliberate sinking in the sense of a profit-making instance, either private or industrial ...?", Neudecker poses this question with her work.

Perhaps one can draw conclusions about the drama here from historical events. Ponds were laid out artificially at a time when princes did not only subjugate the population, but also nature as a sign of their worldly

Mariele Neudecker
Unrecallable Now, 1998,
Melbourne International
Biennial, 1999

wie in zahllosen Horrorfilmen für ihre sorglose Bändigung im Dienste der Technik zu rächen. Das gilt auch für Neudeckers *Versunkenes Dorf*, bei dem der Betrachter nicht entscheiden kann, aus welchem Grund es zu dem Unglück kam. Alles ist möglich: „Verwunschen und romantisch, oder Opfer einer mutwilligen Versenkung im Sinne einer profitierenden Instanz, privat oder industriell ...?", danach fragt Neudecker mit ihrer Arbeit.

Vielleicht kann man von den historischen Gegebenheiten auf das Drama vor Ort schließen. Teiche wurden künstlich angelegt, als Fürsten sich nicht allein die Bevölkerung, sondern zugleich auch die Natur als Signum ihrer weltlichen Macht unterwarfen. Im Zuge der Industrialisierung war das Münsterland kapitalisierter Boden für Viehzucht, Ackerbau und Rohstoffgewinnung. Heute ist die Landschaft nur mehr eine Ressource der Freizeitindustrie, perfekt durchgeplant als Natur-Setting zur Erholung vom Job am Computer. Auch die Kunst, die im Rahmen der *Skulptur-Biennale Münsterland 2001* angesiedelt wird, steigert vor allem den Standortfaktor für die Tourismusbranche. Andernorts müssen Dörfer, weit größer als das von Neudecker versenkte Areal, den wirtschaftlichen Interessen weichen – weil eine Autobahn gebaut wird, weil sich ein Einkaufszentrum mehr rentiert, oder weil sich die Landschaft als visueller Hintergrund für Kultur besonders gut eignet. So wurde für die Dreharbeiten zu Camerons „Titanic" das künstliche Becken, in dem das Schiff untergehen sollte, mit Süßwasser gefüllt, das den mexikanischen Bewohnern der umliegenden Siedlungen schmerzlich fehlte.

Von einer empörten Anklage solcher Verhältnisse ist Neudeckers *Versunkenes Dorf*, zumal im verkleinerten Maßstab der Gebäude, weit entfernt. Statt dessen nutzt sie die Ironie im Zusammenprall von künstlicher Zerstörung und – wenn schon nicht zerstörter, so doch gestörter – Idylle. Nun werden sich die Spaziergänger fragen, wie es dazu kommen konnte, daß mitten aus dem schönen Fischteich jetzt Dachfirste ragen. Die Irritation liegt beim Betrachter.

1 Dieses und die folgenden Zitate entstammen dem Projektpapier zur *Skulptur-Biennale* von Mariele Neudecker.

power. In the course of industrialisation, the Münsterland was capitalised on to breed livestock, to farm the fields and to extract raw materials. Today the landscape is more a resource of the leisure industry, a perfectly planned-out, natural setting for relaxation from jobs at the computer. And the art which is being erected in the context of the *Sculpture Biennial Münsterland 2001* will also primarily increase the location factor for the tourist industry. In other areas, villages far larger than that sunk by Neudecker have to give way to economic interests – because a motorway is being built, because a shopping centre is more profitable, or because the landscape is particularly suitable as a visual background for culture. During filming work for Cameron's *Titanic*, for example, the artificial reservoir where the ship was to sink was filled with freshwater, a commodity painfully lacked by Mexican inhabitants in the surrounding settlements.

Neudecker's *Versunkenes Dorf*, bearing in mind the reduced scale of the buildings, is far from an outraged condemnation of such conditions. Instead, she employs irony in the clash of artificial destruction and idylls at least disturbed, if not already destroyed. Now walkers will ask themselves why it is that roofs rise up out of this attractive fish pond. The irritation lies with the viewer.

1 This and the following quotations were taken from Mariele Neudecker's project paper for the Sculpture Biennial.

Translation: Lucinda Rennison

NL Architects

The Foundations of Liberty

Vanessa Müller

Die Opposition von öffentlich und privat als funktionale Aneignung des offenen oder geschlossenen Raums ist konstitutiv für die Wahrnehmung des Gesamtkörpers „Stadt". Entlang dieser Differenz werden nicht nur pragmatische, sondern auch symbolische Grenzen gezogen: als Rückzug ins Private, Trennung gegensätzlicher Funktionsbereiche oder soziale Abgrenzung. Die Grenzen des Öffentlichen und Privaten sind jedoch kein statisches Konstrukt. Wo der öffentliche Raum endet und die private Sphäre beginnt, ist auch eine Frage der Architektur, die die Definitionsmacht über Innen und Außen für sich reklamiert.

Das Architektenbüro NL Architects (Pieter Bannenberg, Walter van Dijk, Kamiel Klaasse und Mark Linnemann) hat sich in verschiedenen Projekten mit der Ressource Raum auseinandergesetzt. Im Zentrum ihrer Entwürfe steht der Gedanke, daß sich Raum über seine Funktionen als sozialer Interaktions- und Kommunikationsraum, städtischer Raum und Landschaftsraum sowie öffentlicher und privater Raum immer neu transformiert. NL Architects' Beschäftigung mit den urbanen Verdichtungsräumen und Suburbanisierungsprozessen, vor allem in den Niederlanden, fragt deshalb nach den Aufgaben von Architektur in einer sich ausdifferenzierenden Gesellschaft. Wenn verschiedene Entwürfe die städtischen Peripheriezonen untersuchen und den Baustrukturen von Parkhäusern, Einkaufszentren und sozialem Wohnungsbau neue Potenziale abzugewinnen versuchen, geht es auch darum, neue Öffentlichkeiten zu schaffen an Orten, wo diese gar nicht zu erwarten sind. Die zum Teil realisierten, zum Teil aber auch utopisch anmutenden Projekte von NL Architects antworten auf den Einheitslook der Vorstädte, ohne den ironischen Umgang mit dem modernistischen Stilrepertoire zu vergessen. Hybride Formen, multifunktionale Baukörper und die Verschränkung scheinbar disparater Lebensbereiche unterlaufen jede Form konventioneller Erwartung – ein zusammengefaltetes Parkhaus kann ein Shopping Center sein (*Parkhouse/Carstadt*, Entwurf, 1995) und eine Wärmetauscherstation als Basketballplatz, Kletterwand, Nistplatz für Vögel oder Wasserskulptur dienen (*WOS 8*, Leidsche Rijn, 1998). Das 1997 gegründete Architekturbüro agiert jedoch nicht nur im stadtplanerischen Bereich, sondern hat auch die Einrichtung des Flag Stores von Mandarina Duck in Paris entworfen oder unter dem Titel Private City, Public Home die Gestaltung des niederländischen Pavillons bei der *Architektur-Biennale in Venedig 2000* übernommen. Der Titel des letzten Projektes ist programmatisch: Fast alle Entwürfe von NL Architects privatisieren das Urbane und öffnen das Private, bis der normative Charakter des Gegensatzpaares sich aufgelöst hat.

The opposition between public and private, as the functional appropriation of open or closed spaces, is constitutive for the perception of the overall body of the "city". Not only pragmatic, but also symbolic boundaries are drawn along this difference: as withdrawal into private life, the separation of opposite functional areas, or social dissociation. But the boundaries between the public and the private are not a static construct. Where public space ends and the private sphere begins is also a question of architecture, which claims the power to define interior and exterior.

The architects' office NL Architects (Pieter Bannenberg, Walter van Dijk, Kamiel Klaasse, and Mark Linnemann) has grappled with the resource of space in various projects. Central to their designs is the idea that space is constantly transformed through its functions as social interaction and communication space, as urban space and landscape space, and as public and private space. NL Architects' activity with dense urban spaces and processes of suburbanization, primarily in the Netherlands, thus addresses the question of the tasks of architecture in a society in the process of differentiation. When they examine various designs for urban periphery zones and attempt to find new potentials in the building structures of parking garages, department stores, and social housing projects, the point is also to create new public spaces in places where this is not expected at all. The projects of NL Architects, in part realized and in part seemingly utopian, respond against the suburbs' uniform appearance without forgetting the ironic approach to the modernist repertoire of styles. Hybrid forms, multi-functional buildings, and the interlocking of seemingly disparate areas of life undercut every kind of conventional expectation – a parking garage, folded together, can be a shopping center (*Parkhouse/Carstadt*, design, 1995); and a heat transfer station can serve as a basketball court, climb-

NL Architects
The Foundations of Liberty, 2000,
Projekt für die / project
for the *Skulptur-Biennale*,
Zeichnung / drawing

NL Architects
WOS 8, 1997–98, Wärmetauscher-station / Heat Transfer Station,
Leidsche Rijn, Utrecht

Für die *Skulptur-Biennale Münsterland 2001* planten NL Architects erstmals eine Intervention in den Landschaftsraum. In einer Umgebung, die wenig spezifisch wirkt in bezug auf städtebauliche Restrukturierung, wollten sie eine besondere Form der Spurensicherung betreiben, die das historische Potential der Umgebung untersucht und auf überraschende Weise wieder ins Bewußtsein bringt. *The Foundations of Liberty* ist eine ortsspezifische Arbeit in dem Sinne, daß sie auf die Topologie des Ortes eingeht und verschüttete Bedeutungsschichten reaktiviert. Nahe den Kliniken in Lengerich liegt der sogenannte *Canyon*, bei dem der Zement für den Sockel der New Yorker Freiheitsstatue gewonnen wurde. Die 1886 eingeweihte Freiheitsstatue auf der 5 km großen „Freiheitsinsel" südwestlich der Battery steht auf einem sternenförmigen Sockel, der zwischen den Mauern eines ehemaligen Armee-Forts eingelassen ist. Zu seiner Zeit war dieser Sockel der größte aus einem Stück gegossene Betonblock. Das Projekt von NL Architects nimmt den schematischen Grundriß des Fundaments auf und prägt ihn in identischem Maßstab in die umgebende Hügellandschaft. Die „Mauern" des Fundaments bestehen aus der Pflanzung von dichten, stark duftenden Rosenbüschen, während der innere Freiraum mit weißem Kies ausgelegt wird. Der Ort für die *Foundations of Liberty* ist von einer Stelle im Canyon aus gut sichtbar plaziert, so daß sich ein Stück Amerika wie von einer Aussichtsplattform aus betrachten läßt. Die Wahrnehmung aus der Distanz differiert jedoch von der direkten Begegnung mit der Anlage, da die Rosenbüsche eine unüberwindliche Mauer formen, die ein Erreichen oder auch nur den Einblick auf den weißen Platz unmöglich machten.

So wie die Freiheitsstatue auf Fernsicht angelegt ist, bleiben auch die *Foundations of Liberty* Versprechen in der Distanz. Die Freiheitsbehauptung steht geschützt hinter Dornbüschen, bleibt als Gartenskulptur jedoch hermetisch geschlossen. Wenn der geschlossene Raum der private ist und der öffentliche mit Transparenz und Zugänglichkeit gleichgesetzt wird, bewegen sich die *Foundations of Liberty* im Niemandsland dazwischen. Wie ein zu groß geratener „hortus conclusus"

ing wall, bird nesting area, or water sculpture (*WOS 8*, Leidsche Rijn, 1998). But the architects' office, founded in 1997, is active not only in the city planning area; it also designed the interior of the flag store of *Mandarina Duck* in Paris and, under the title *Private City, Public Home*, of the Dutch pavilion at the *Architecture Biennial Venice 2000*. The title of the most recent project is programmatic: almost all the designs from NL Architects privatize the urban and make the private public, until the normative character of the pair of opposites dissolves.

For the *Sculpture Biennial*, NL Architects planned their first intervention in the landscape space. In surroundings that do not seem very specific in relation to urban planning restructuring, they wanted to carry out a special form of preserving traces, one that investigates the historical potential of the surroundings and brings it back to consciousness in a surprising way. *The Foundations of Liberty* is a site-specific work in the sense that it addresses the topography of the site and reactivates buried layers of meaning. Located near the clinics in Lengerich is what people call the *Canyon*, where material was taken for the cement of the pedestal of the Statue of Liberty in New York City. Dedicated in 1886, the statue on 5-km-long "Freedom Island" southwest of Battery Park stands on a star-shaped pedestal inserted between the walls of what was once an army fort. In its day, this pedestal was the largest block of concrete cast in one piece. The NL Architects' project takes the schematic plan of the foundation and impresses it, in the same scale, in the hilly landscape surrounding the Canyon. The "walls" of the foundation consist of plantings of dense, strongly scented rosebushes, while the empty interior space is covered with white gravel. The site of the *Foundations*

the foundation of liberty

14/11/00

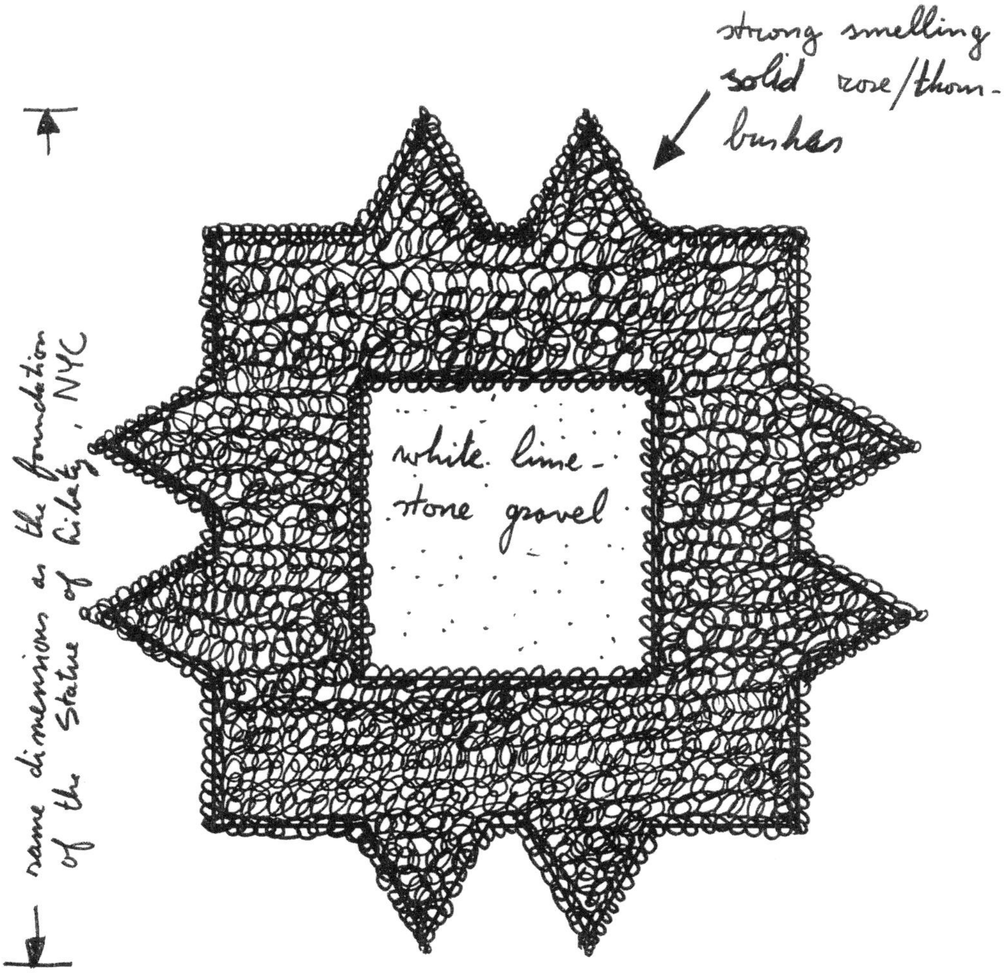

to be seen from the point of view near "the Canyon" at Lengerich, near the Kliniken

Mark Linnemann.

NL Architects

Private City, Public Home, NL Lounge, 2000, Niederländischer Pavillon / Dutch Pavilion, *Biennale d'Architettura,* Venedig / Venice

Parkhouse / Carstadt, 1995, Projekt / project, Amsterdam

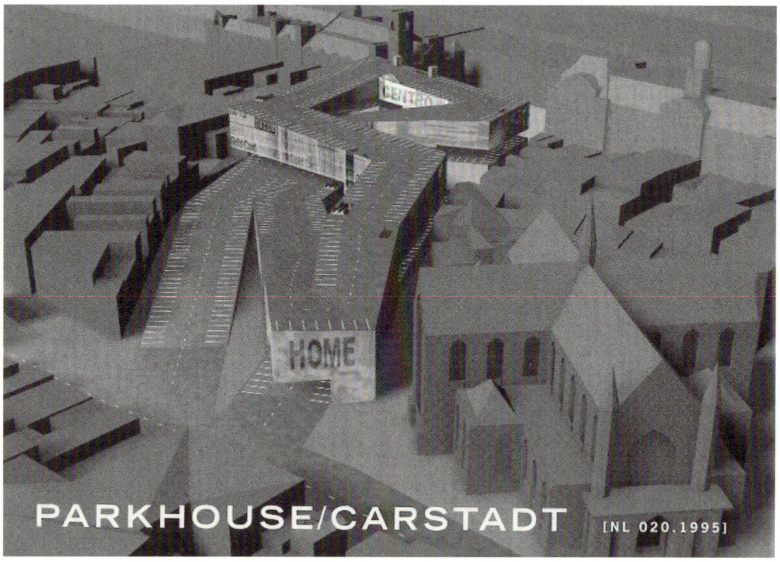

inmitten der Landschaft evozieren die Rosen das New Yorker Denkmal, das sie an seine materielle Basis zurücktransportieren. Zwischen Fakt und Fiktion inszeniert der Eingriff in den Landschaftsraum das Vergangene als lebendes Gedächtnis. Zwar ist auch das Münsterland ein Ort historischer Denkmäler und Monumente, die Verbindung zu der von Gustave Eiffel konstruierten Freiheitsstatue lokalisiert man hier jedoch kaum. NL Architects hätten einen sinnlich erfahrbaren Eingriff in die Landschaft vorgenommen, der symbolisch auf das verweist, was früher einmal die Stärke der Region ausgemacht hat. Der Platz in der Geschichte ist da, man hätte ihn nur zur Anschauung bringen müssen.

of Liberty is clearly visible from a spot in the *Canyon*, so that a piece of America can be surveyed as if from a viewing platform. But perception from a distance differs from one's direct encounter with the work, since the rosebushes form an impenetrable wall that makes it impossible to reach or even see the white space inside.

Just as the Statue of Liberty is intended to be viewed from afar, so, too, the *Foundations of Liberty* remains a promise in the distance. The claim to freedom is protected behind thorn bushes, but remains hermetically sealed off as a garden sculpture. When the closed space is the private one and the public space is equated with transparence and accessibility, then the *Foundations of Liberty* moves somewhere in the no-man's land in between. Like an overgrown "hortus conclusus" in the middle of the landscape, the roses evoke the New York monument and transport it back to the site of its material basis. The intervention in the landscape space stages the past as living memory between fact and fiction. Münsterland is a site of historical monuments, but hardly anyone connects it with Gustave Eiffel's Statue of Liberty. NL Architects intended an intervention in the landscape that could be sensually experienced and that pointed symbolically to what was once the strength of the region. Its place in history is there, and need only be made visible.

Translation: Mitch Cohen

Antoine Prum / Boris Kremer
Froschbrummer um Haus Marck

Bullfrogs around the Moated Castle Marck

Peter Lang

Die beiden Luxemburger Antoine Prum und Boris Kremer hatten es eigentlich gut gemeint. Mit einem schlüssigen Konzept, grafisch aussagekräftig aufbereitet, wollten sie die Juroren der landgestützten oder landverschickten Kunst im Münsterland für sich gewinnen. Ein romantisches Wimmelbild sollte es werden, *Kein schöner Land* geheißen. Damit setzten sie sich unfreiwillig aber hochaktuell in ein Verhältnis zu didaktischen Wimmelbildern des Schweizer Großkonzerns Migros im Internet oder zu gleichfalls im Netz zu findenden Bildanalysen der Maler Bosch und Brueghel als Erfinder der Wimmelbildnerei.[1] Doch den Juroren fiel ihr *Faust* nicht ein: „So ein Gewimmel möcht ich sehn, auf freiem Grunde mit freiem Volke stehn." Man ahnte wohl untergründig, daß dem nicht so ist, sein kann, daß hier mit der erwarteten positiven Resonanz des kunstsinnigen, doppelt freien Lohnarbeiters, mit der des ansässigen (a priori kunstsinnigen) Aristokraten erst recht, etwas schiefgehen könnte. Das offene und in Hinsicht auf Nutzung und zu integrierende Beteiligte vor Ort flexible Projekt führte zu einer Verunsicherung. Es ist ein Phänomen, daß in den mit scheinbar immer mehr Freiheitsgraden ausgestatteten kapitalistischen Industrienationen mit zunehmender Flexibilität eine mangelnde Kompetenz, sowohl der Entscheidungsträger als auch der Konsumenten, einhergeht. Oder wie Richard Sennett in *Der flexible Mensch* schreibt: „Es ist natürlich, daß mit Flexibilität Angst erzeugt wird. Niemand ist sich sicher, wie man mit dieser Flexibilität umgehen soll, welche Risiken vertretbar sind, welchem Pfad man folgen soll ... Vielleicht der verwirrendste Aspekt der Flexibilität ist ihre Auswirkung auf den persönlichen Charakter."[2]

Gab es vor Jahren nur allerorten Kunstvereine, gegründet meist von etwas unausgelasteten Bürgersgattinnen oder initiiert von deren sammelnden Ehegatten, wiederum zum Zeitvertreib der Frau Gemahlin und deren Freundinnen, sind es jetzt Events der künstlerisch besonderen Art oder, je nach finanziellem Vermögen der Vereinsmitglieder und Kommunen, auch Kunsthallenprojekte, die Großstädten alle Ehre machen würden, dummerweise aber in der Provinz stehen. Nun könnte man sich zurücklehnen und soziologisch kulturpolitisch argumentierend sagen, auch der entwickelte Kapitalismus arbeitet an einer Angleichung der kulturellen Verhältnisse von Stadt und Land und dieses nicht nur durch die Einrichtung von flächendeckenden Gewerbeparks. Nein, nicht nur das, der Mensch lebt schließlich nicht

The two Luxembourgers Antoine Prum and Boris Kremer actually meant well. They wanted to win over the jury members deciding for art based on, or sent out into the Münsterland, and they came up with a logical concept, backing their message in a graphically powerful way. It was to be a romantic Wimmelbild (teeming picture), *No beautiful country* was to be the title. But involuntarily, yet in a most up-to-date way, they brought themselves into a relationship with the didactic teeming picture created by the Swiss mega-concern Migros in the Internet, or with the pictorial analyses of the painters Bosch and Brueghel as inventors of the teeming picture also to be found in the Net.[1] But the jurors did not remember their *Faust*: "Would that I could see such teeming masses, stand tall among free folk upon free ground." In the background, probably, there was a sense that it is not so, cannot be so, that something could go wrong here with the anticipated positive echo of the artistically appreciative, doubly free wage-earners, and certainly with that of the resident, (a priori appreciative of art) aristocrat. The project, which was open and flexible with respect to its usage and the participants who could be integrated on the spot, led to uncertainty. It is a common phenomenon that, within the capitalist industrial nations with their apparently rising levels of freedom, increasing flexibility brings along with it a lack of competence – both of those making decisions and of the consumers. Or, as Richard Sennett wrote in *The Corrosion of Character*: "It is natural that along with flexibility, fear is produced. No one is certain how he/she should handle this flexibility, what risks are tenable, what path should be followed ... Perhaps the most confusing aspect of flexibility is its effect on personal character."[2]

Breiter Teich nahe der Wasserburg Haus Marck / Breiter Teich near the castle Haus Marck

vom Brot allein. Jetzt braucht er Kultur, gar Kunst vor Ort. In seiner Zielsetzung, aber niemand hält ja das Steuer, würde er damit unwissend einer reizenden Prämisse kultureller Entwicklung im weiland real existierenden Sozialismus folgen.

Alles Ansinnen könnte sich so schön fügen, das Zusammengehen von Kunst-Angeboten und zu entwickelnden Bedürfnissen der gehobenen Art, wäre da nicht ein störendes prinzipielles Unbehagen einiger Beteiligter, seien es nun Künstler oder Kuratoren, denen man abverlangt, das Landleben und die Zumutungen der Veranstalter in puncto auf ihre verwertungsfrommen Erwartungsabsichten, lustig zu finden. So auch hier. Erst kommt das Fressen, dann die Moral. Klappt meistens, aber nicht immer, im Kunstbereich aber immer öfter.

Prum und Kremer hatten einen Mittelweg vor. Die Erwartungen der Veranstalter subtil zu unterlaufen aber gleichzeitig ein realisierbares Projekt vorzuschlagen. Dieser Ansatz mußte folgerichtig, da ideologiehaltig, widersprüchlich und darum erklärungsbedürftig, scheitern. Nun gut, könnte man sagen, es war ein Versuch, den Teufel mit dem Beelzebub auszutreiben. Das Projekt war außerdem versehen mit einem entsprechend unkalkulierbaren Risiko, denn der ironische Aspekt der Arbeit hätte sich in den Mühen der Ebene, denen der Realisierung mit vor Ort Beteiligten, auch schnell gegen die Autoren verkehren können. Wie lange ist Ironie lustig, und wann schlägt Scherz, Satire und tiefere Bedeutung in Frustration um? Jener realen der Bürger, daß jenes künstlerische Versatzstück eines Freizeitparks einen gewünschten Realen eben nicht ersetzen kann. Und auch den Postkartenautomaten würde man gar nicht so blöd finden, wären nur die Künstler mit ihren aufdringlichen Obsessionen endlich weg. Da wüßte man schon besser damit umzugehen und der Herr

Whilst many years ago there were only art associations everywhere, most of them founded by rather unfulfilled bourgeois wives or initiated by their collecting spouses, again as a way of passing the time for the good lady wife and her friends, now these are events of a special artistic nature, or – according to the financial wealth of the association members and communes – "Kunsthallen" projects which would do considerable honour to any metropolis, but which are, stupidly enough, situated in the provinces. One could, of course, lean back and argue with respect to sociology and cultural politics that developed capitalism is still working on an alignment of cultural conditions in the city and in the countryside, and this is not just happening through the erection of trading estates all over the country. No, not only that, for of course man cannot live by bread alone. Now he needs culture, even art on the spot. At least that is the aim, but no one has taken over the controls, for then he would be unknowingly following an attractive premise of cultural development in the real existing socialism of the past.

Kein schöner Land

Ein romantisches Wimmelbild

Wimmelbilder sind vielen von uns aus der Kindheit in Erinnerung geblieben. Die Artenvielfalt der Natur wird hier zeitlich verdichtet, das friedfertige Nebeneinander der Spezies auf engstem Raum gezeigt.

Tatsächlich werden die gutgemeinten pädagogischen Absichten des Wimmelbilds aber von der ihm spezifischen Methodik untergraben: Es vermittelt die Idee einer harmonischen Koexistenz, die man in Wirklichkeit vergebens suchen wird. Für die gestaltende Kunst, insbesondere im natürlichen Raum, ist das Wimmelbild eine dankbare Form, indem es darauf verweist, wie un-natürliche Elemente sich in einen existierenden Kontext einfügen. Die Illustration verdankt ihre Einprägsamkeit dem Umstand, daß ihre stark verklärte Form als natürlich rezipiert, sprich akzeptiert, also nicht unmittelbar vom Betrachter abgestoßen wird.

Sprechen wir von Kunst in der Natur, deuten wir implizit auf das Spannungsverhältnis zwischen Authentischem und Künstlichem, demnach der von der Natur gegebenen Kulisse und dem vom Menschen erdachten und erschaffenen Konstrukt. Folglich erteilt man dem Künstler den paradoxen Auftrag, der Schönheit der Natur ein erfahrungssteigerndes Moment hinzuzufügen. Hier stellt sich für die Kunst im natürlichen Raum die Frage der Zielsetzung: möchte man dem Betrachter die Kunst über den Weg der Natur näherbringen oder gilt es, die Natur dank der Kunst zu valorisieren?

Wald und Flur sind Zweckinfrastrukturen, die von unterschiedlichen Benutzergruppen in Anspruch genommen werden? Nun zieht auch die Kunst ins Revier. Der Kunstkonsument wird ein User unter vielen. Dieser Tatsache versucht unser Vorschlag gerecht zu werden. Konkret bedeutet dies, daß unser Beitrag als autonomes Kunstwerk betrachtet werden darf, jedoch gleichzeitig als funktionell gestaltetes

Auffangbecken für diverse Projektionen konzipiert ist. Es richtet sich insofern an alle Benutzer des Waldes: die Spaziergänger, die Jäger, die Kunstliebhaber, Kinder, Erwachsene, Rentner, Einzelne, Passanten und Vereine. Wir schlagen die Gestaltung eines Wimmelbilds in natura vor.

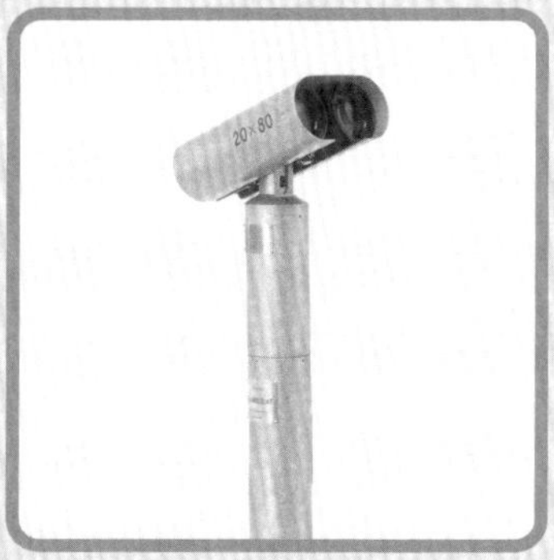

Über den Weg der angebotenen und zu benutzenden Klischees gelangt das persönliche, einzigartige Empfinden in den Erfahrungsbereich des gesellschaftlichen Blicks, also der historisch bedingten, gemeinschaftlichen Rezeptions- und Repräsentationsmuster, unter die ebenfalls das gedankliche Herangehen an die Natur fällt. Die Romantik verdeutlicht, klarer als jede andere Epoche, ein vergeistigtes Einfühlen in die ungezähmte, wilde Natur, die als symbolträchtige Kulisse erscheint. In ihr spiegeln sich die Seelenzustände des Betrachters wider, der eine Gefühlswallung regelrecht heraufzubeschwören vermag, die zuweilen in Tränen endet.

Das Wimmelbild schickt sich an, diese Gefühlsströme in die Sackgasse zu leiten. Beim kunstversierten Betrachter des entrückten Panoramas entsteht eine Art Gefühlsstau: Kann er ohne weiteres seine persönliche Erwartungshaltung in das so geschaffene Spannungsfeld zwischen Kunst und Natur einbinden?

Die natürliche Umgebung des Ententeichs wird um mehrere, gezielt plazierte Elemente bereichert. Eine Blockhütte am Ufer vermittelt dem Spaziergänger den Eindruck einer gemeinschaftlich genutzten Infrastruktur, die sich auf den zweiten Blick als nicht benutzbar entpuppt, da Türen und Fenster nur angedeutet sind. Eine Bank lädt zum Verweilen ein, suggeriert also, daß dieses Fleckchen Natur ein besonderes Augenmerk verdient. Von der Holzkonstruktion führt ein schmaler Steg in den Teich, an dessen Ende mehrere Pedalos angekettet sind. Diese Wasserfahrräder sind Schwänen nachempfunden und geben an, daß dieses Gebiet auch touristisch erschlossen werden kann. Auf dem Brettersteg steht ein Fernrohr mit Münzeinwurf, welches die Besucher dazu verleitet, die natürliche Umgebung genauer zu erkunden. Hinter der Holzhütte ragt ein neu angepflanzter Birkenhain hervor. Ein Postkartenautomat und ein Barbecue-Grill runden das Wimmelbild ab.

Oktober 2000

Antoine Prum
Boris Kremer

No beautiful country ... *A Romantic Wimmelbild*

Many of us recall the Wimmelbild (teeming picture) from our childhood. Here the biological diversity of nature is concentrated in time, a peaceful proximity of the species is shown within the narrowest of spaces.

In fact, however, the well-meant educational intentions of the teeming picture are undermined by the method specific to it: it conveys the notion of a harmonic co-existence one would seek vainly in reality. But for creative art, particularly in the field of nature, the teeming picture is a rewarding form, since it points out the way in which un-natural elements are fitted into an existing context. The illustration owes its striking quality to the circumstance that its most illusory form is received as natural – that is, it is accepted and not directly rejected by the viewer.

When one refers to art in nature, one is implicitly pointing out the tense relation between the authentic and the artificial; on the one hand, the scenery nature provides, on the other the construct conceived and created by man. As a result, one presents the artist with a paradoxical commission to add to the beauty of nature with an aspect heightening experience. The question is raised as to the aim of art in a natural setting: does one seek to bring art closer to the viewer via nature, or is the task to add value to nature by means of the art?

Woods and meadows are infrastructures with purpose, different groups of users take advantage of them ... now art is also moving into this territory. The consumer of art becomes a user among many. Our suggestion seeks to do justice to this fact. In concrete terms, this means that our contribution may be seen as an autonomous work of art, but at the same time it is conceived as a functionally designed gathering place for diverse projections. In this sense, it is directed towards all the users of the woods: walkers, hunters, art lovers, children, adults, old age pensioners, individuals, passers-by and clubs. We suggest the creation of a teeming picture in natura.

Via those clichés offered and to be used, personal, unique feeling arrives in the field of experience of the social viewpoint – that is, the historically determined, shared pattern of reception and representation, of which an intellectual approach to nature is also part. Romanticism makes clear, clearer than any other epoch, a spiritualized empathy with untamed, wild nature, which appears as an extremely symbolic stage set. It reflects the states of the viewer's soul, so that he really seems able to conjure up a passion of feelings which often ends in tears.

The teeming picture sets out to send these currents of feeling along a dead end. The viewer of the transported panorama who is well-versed in art experiences a kind of build-up of feeling: Is it so easy for him to involve his own personal attitude of expectation in the field of tension between art and nature which has been created in this way?

Several purposefully placed elements are added to the natural surroundings of the duck pond. A log cabin by the shore conveys the impression of jointly used infrastructure to the walker, but at second glance, it turns out to be unusable, since there is only a suggestion of doors and windows. A bench invites us to sit down and rest, suggesting in this way that this particular natural spot is worthy of special notice. From the wooden construction, a narrow landing stage runs out over the pond, and several pedalos are chained up at the end of this. These water cycles are modelled on swans, and they give us the impression that this area could also be used for tourism. On the landing stage there is a telescope with a coin slot, tempting visitors to take a closer look at the natural surroundings. A newly-planted birch grove may be seen behind the wooden hut. A postcard vending machine and a barbecue grill complete the teeming picture.

October 2000

Antoine Prum
Boris Kremer

And all the ideas could emerge so nicely, the coming together of art on offer and those needs of a higher kind which must be developed, if it were not for a disturbing, principle disquiet among some participants, whether they be artists or curators. For they are called upon to find pleasure and amusement in country life and in the organisers' unreasonable demands – their devoutly utility-based expectations. That is what we have here, too. First comes grub, then moral principles. This usually works, not always, but more and more often in the field of art.

Prum and Kremer's intention was a middle way. To subtly undermine the organisers' expectations, but at the same time to suggest a project which would be possible to realize. This starting point – logically since it involved ideology, and in a contradictory way therefore demanding explanation – was bound to fail. Ah well, one could say, it was an attempt to drive out the devil by Beelzebub. The project was also equipped with a correspondingly incalculable risk, for in the efforts of the level of realisation on the spot, the ironic aspect of the work could also have turned about very quickly and become directed against its authors. For how long is irony amusing, and when do humour,

satire and deeper meaning turn into frustration? The real frustration of citizens, because that artistic component of a leisure park is simply not in a position to replace the reality they long for. And even the postcard vending machine would not be considered quite so stupid if the artists and their intrusive obsessions would only go away. Then it would be easier to handle, and some day or other the baron himself, in exchange for a small financial remuneration, would probably find that the swans on his pond were not quite so intolerable. But the field experiment with the actually existing, resident public was not to be. The jurors were not able to find their way to the deeper meaning of the work. Of course, they could not do so, because otherwise they would have had to throw their own event into question. And so the whole thing remained a project, and as a consequence inherently stringent, not ruined or failed as a result of realisation, and so itself the portent of the concrete project on the spot. Some time, clear-sighted artists will no longer permit themselves to be harnessed to the cart of industrial consumption and be prepared to add value to industrial wasteland or disturb landscapes with placebo objects. Some time, when moral principles arrive, and it is no longer possible to find a way through the mountain of superfluous art productions.

Graf fände wahrscheinlich gegen eine finanzielle Entgeltung die Schwäne auf seinem Teich an dem einen oder anderen Tag gar nicht so unausstehlich. Aber der Feldversuch mit der real existierenden ansässigen Bevölkerung hat nicht sein sollen. Die Juroren konnten sich nicht zu der tieferen Bedeutung des Werks durchringen.

Konnten sie auch nicht, denn dann hätten sie über die Fragwürdigkeit der eigenen Veranstaltung nachdenken müssen. Und so ist das Ganze ein Projekt geblieben, dadurch in sich stringent, durch die Ausführung nicht verhunzt oder gescheitert und so in sich das Menetekel des konkreten Projekts vor Ort. Irgendwann werden sich hellsichtige Künstler nicht mehr vor die Karren der industriellen Konsumtion spannen lassen und mit Placebo-Objekten die Aufwertung von Industriebrachen oder die Störung von Landschaften betreiben. Irgendwann, wenn die Moral kommt, und man den Berg der Überproduktion überflüssiger Kunstproduktionen nicht mehr durchlöffeln kann.

Und doch, es hätte so schön sein können, eine Harmonie zwischen Landschaft, Kunst und deren tätigen Rezipienten. Diese dann ein lebendiges Element im entworfenen Wimmelbild. Welche Einheit im künstlerischen Wollen, welch' Amüsement, das uns da vorenthalten wurde. Welch' Spaß im Schlaraffenland der in situ Kunstprojekte sollte man denken, allerdings werden in diesem Projekt die Gefühlsströme in eine Sackgasse geführt. Ein Gefühlsstau entsteht. Ist dieser Birkenhain nun ein echter oder nicht? Bald wird sich auch diese Frage nicht mehr stellen.

So haben zwei aus der Diaspora Luxemburg kommende Künstler absichtlich versucht, an den tiefen Wurzeln der Seele der deutschen Romantik, einer der Basispunkte deutscher Identität, herumzuschrauben. Da mußte natürlich der Stolz der Auftraggeber auf Landschaft, Harmonie und Freizeitwert in den Bach fallen. Prum und Kremer hätten mit ihrem eigentlich ephemeren Projekt einen Vorgriff getan auf die zu erwartende, nicht mehr aufzulösende Durchdringung des Kunstraums mit dem öffentlichen Raum. Der neue Pop in der Kunst und jeder darin ein Star. Postkarte kaufen – und ab. Und dieses nicht nur, „damit die Offenbarung, die den Betrachter erfaßt, kommuniziert werden kann ..." nein, die Versendung der Postkarte wird zum bleibenden Beleg der Teilnahme an Höherem, man ist plötzlich selbst Teil eines Kunstwerks geworden. Hier trifft sich dann die künstlerische Verfremdung und Erhöhung der Kultur-Landschaft mit dem Erhabenen des Kunstwerks. Es folgt das Einfühlen des Betrachters in die Landschaft, in das Kunstwerk, seine Rezeption und Teilnahme, die „eine Gefühlswallung regelrecht heraufzubeschwören vermag, die zuweilen in Tränen endet."

1 www.miosphere.ch; „The representation of the fantastic creatures and monsters is not the only way Bosch influenced Brueghel. Bosch and Bruegel both used very complex compositions. Brueghel may be credited for developing the wimmelbild but Bosch was certainly a forerunner. The horizon of both artists' works tends to be uplifted slightly akin to a stage setting but not as much as in Gothic art. This uplift gives the artists not only a bird's eye view but allows more space in which to use for representing countless actions and adventure." In: Michael S. Beyer, *Bosch and Brueghel, An Examination and Comparison of Triptych of the Temptation of Saint Anthony and The Numbering at Bethlehem*, Juni 2000, siehe: www.towerofbabel.com/sections/gallery/boschandbruegel

2 Richard Sennett, *Der flexible Mensch, Die Kultur des neuen Kapitalismus*, Siedler Taschenbuch, 2000, S. 10 f.

And yet, it could have been quite splendid, harmony between landscape, art and their active recipients. And this harmony then a living element in the conceived teeming picture. What unity in artistic intention, what amusement is being kept from us. What fun in that land of milk and honey – the land of in situ art projects – one might think, but in this project the currents of feeling are led into a dead end. A build-up of feeling is created. Now is this birch grove real or not? Soon this question will no longer be posed, either.

In this way, two artists from the Diaspora of Luxembourg have deliberately attempted to mess about with the deep roots of the soul of German Romanticism, one of the basis aspects of German identity. Of course, that meant that the customers' pride in landscape, harmony and leisure time value had to come adrift. With their project, which is actually quite ephemeral, Prum and Kremer would have anticipated the foreseeable, no longer to be resolved permeation of art space and public space. The new Pop in art, and everyone of us a star within it. Buy a postcard and off you go. And this not only "so that the revelation which grips the viewer can be communicated ..." no, sending the postcard becomes lasting evidence of one's participation in something higher, suddenly one has become part of a work of art oneself. Here, therefore, the artistic alienation and enhancement of the cultural landscape meets with the sublime in the work of art. There follows the viewer's empathy with the landscape, with the work of art, his reception and participation, which "is able to conjure up a passion of feelings which often ends in tears."

1 www.miosphere.ch; "The representation of the fantastic creatures and monsters is not the only way Bosch influenced Brueghel. Bosch and Bruegel both used very complex compositions. Brueghel may be credited for developing the wimmelbild, but Bosch was certainly a forerunner. The horizon of both artists' works tends to be uplifted slightly akin to a stage setting but not as much as in Gothic art. This uplift gives the artists not only a bird's eye view but allows more space which can be used for representing countless actions and adventure." In: Michael S. Beyer, *Bosch and Brueghel, An Examination and Comparison of Triptych of the Temptation of Saint Anthony and The Numbering at Bethlehem*, June 2000, see: www.towerofbabel.com/sections/gallery/boschandbruegel.

2 Richard Sennett, *The Corrosion of Character*, New York 1998, translated from the German version *Der flexible Mensch, Die Kultur des neuen Kapitalismus*, Siedler Taschenbuch, 2000, p. 10 f.

Translation: Lucida Rennison

Otmar Sattel *Was wäre gewesen, wenn …*

What Would Have Been There, If …

Anne Schmedding

Ein Katalog gibt, vor allem bei Ausstellungen im öffentlichen Raum, häufig nicht das wieder, was wirklich ausgestellt ist. Da passieren im letzten Moment Dinge, die nach Drucklegung des Katalogs alles verändern: Künstler werden krank oder gestalten die Arbeiten erst in situ, die Technik streikt, lokale Initiativen machen Standortwechsel nötig oder der Kurator stellt am Schluß noch, auf „Sachzwänge" oder eine „Inspiration" reagierend, alles um. In diesem Fall hat uns die Realität einen Strich durch die Rechnung gemacht: Aufgrund der drohenden Maul- und Klauenseuche konnte die im folgenden beschriebene Arbeit von Otmar Sattel nicht realisiert werden. Ein Misthaufen sollte in einem komplexen Geflecht von Bezügen und Auswirkungen gezeigt werden. Durch die Seuche und die durch sie ausgelöste Angst hat die Arbeit zwar an Aktualität gewonnen, denn die Rufe nach einer alternativen Landwirtschaft, die in Einklang mit der Natur und ihren Möglichkeiten steht, werden zunehmend lauter, aber sie darf aus demselben Grund nicht realisiert werden. Die folgenden Seiten sollen nun davon berichten: „was wäre gewesen, wenn …"

„Das Nützliche mit dem Schönen verbinden"

Ein Misthaufen stinkt. Das wäre volksmündlich das hervorstechendste Merkmal dieses landwirtschaftlichen Archetyps. Der schlechte Geruch ist ein Anzeichen dafür, daß etwas zerfällt, verwest, vermodert – schlicht: auf sein Ende zugeht. Es handelt sich also um ein Abfallprodukt. Was man nicht mehr braucht, was von der Verwertungskette ausgeschieden wurde, wird auf einem Haufen gesammelt und erst einmal vergessen. Rinderdung, Lebensmittelabfälle, Laub, Würmer und vieles andere erzeugen ein Gemisch, welches jeden Entropisten in Entzücken versetzen würde.

Entzückt ist auch Otmar Sattel in seiner Installation *Bismarck Hearing* von einem solchen Haufen. Also schaufelt er den Mist in einen an den Längsseiten verglasten, rot bemalten Container, in den man guckt wie in eine übergroße museale Vitrine. Gewöhnlich der Vergessenheit anheim gegeben, darf der Misthaufen hier Mittelpunkt sein. Wie er in dem roten Container ordentlich aufgeschüttet liegt – in der Form einem Goldbarren nicht unähnlich – wird man neugierig auf dieses geheimnsivolle Sammelsurium. Geheimnisvoll in der Tat durch die unsichtbare Kraft, die es erzeugt. In der Verwesung des Abfalls entsteht auf der einen Seite eine nutzbare Energie, das Methangas, und wertvoller Dünger als Überrest auf der anderen. Die Energie wird von Sattel auf das eindrucksvollste visualisiert. In unterirdischen Rohren weitergeleitet in ein ca. 10 m entfernt stehendes Getreidesilo wird das Gas dort in kreisförmig angeordneten Flammen

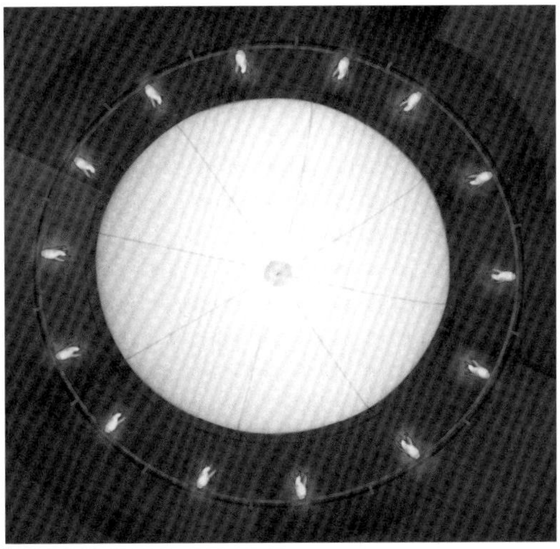

Otmar Sattel
Bismarck Hearing, 2000, Projekt für die / project for the *Skulptur-Biennale*, Computersimulation, Detail Getreidesilo / detail corn silo

Catalogues, particularly those for exhibitions in public spaces, often do not reflect what is really on show. Things happen at the last minute that change everything after the catalogue has been printed: artists fall ill or only create the works in situ, there are technical hitches, local action groups make it necessary to change the location, or the curator, reacting to "pressure of circumstances" or "inspiration", ends up rearranging everything. In this case reality has trampled on the plans: Because of the danger of foot-and-mouth disease, the work by Otmar Sattel described below could not be realised. He was intending to show a dung heap in a complex network of relationships and effects. The disease and the fear it has aroused have made the work even more topical – there are increas-

Otmar Sattel
Heartfield – Bottlefield II, 1991,
innerhalb der Ausstellung / in the exhibition *Speech II, Freiluft II*, Ruhmeweg 26, Berlin

Otmar Sattel
Bismarck Hearing, 2000,
Projekt für die / project for the *Skulptur-Biennale*,
Computersimulation

abgefackelt. Nur wenn man sich direkt unter die Öffnung des Rundsilos stellt, erblickt man am Firmament den Strahlenkranz in 7 m Höhe. Die Flammen heben ein über das Silo gespanntes Tuch derart in die Höhe, daß sich eine Kuppel ergibt. Aus dem profanen Getreidesilo wird ein Kuppelraum. Die Inszenierung ist nicht nur museal, sondern steigert sich ins Sakrale. Der Misthaufen ist nicht nur Endpunkt der Verwertungskette, sondern auch Anfang – der Kreis schließt sich. Die religiöse Metapher ließe sich noch weiter fortführen: Die Horizontale steigt auf zur Vertikalen, aus Materie wird Geist und das Ende ist der Anfang, um nicht gleich an die Apotheose zu denken. Und was ist mit der zurückgebliebenen Materie? Der Misthaufen ist gereinigt, aus Abfall ist Dünger geworden: Die Katharsis ist vollzogen.

Schon seit 1988/89 hat Otmar Sattel in seinen Energieskulpturen (ab 1990 Methanskulpturen) Gase aus Gärungsprozessen thematisiert. Mal durch stetig wachsende Luftballons, wahlweise in Herz- oder Kaktusform (z.B. *Heartfield – Bottlefield II*, Berlin 1991; *You do not break a heart ...*, Berlin 1990), mal durch effektvoll knallende Flaschenkorken (z.B. *Bottlebattle I*, München 1989), mal durch kippelnde Wippen (z.B. *Balance III*, Dresden 1998) oder auch tanzende Flammen (z.B. *Fuoco Fatuo*, Valsugano 1990). Während die früheren Arbeiten „lustige Maschinen" waren, die durch Effekte wirkten und zum verstehenden Schmunzeln verführten, hat die neue Arbeit eine sakrale Strenge. Ein wenig Ironie möchte man der Inszenierung der „zu Geist werdenden Materie" allerdings nicht absprechen: Theatralisch überhöhte Misthaufen sind für den kunstbeflissenen Städter genauso überraschend wie für den mistgewöhnten Landwirt. Sattel ironisiert nicht den Misthaufen an sich, sondern unseren abfälligen Umgang mit ihm. Durch die Überhöhung erinnert er uns daran, welche „magische" Kraft in so einem Haufen steckt.

Otmar Sattel
Balance III, 1998, vorne: Eberhard Bosslet, *Einleiten I / Introducing I*, 1993,
innerhalb der Ausstellung / in the exhibition *Material & Wirkung*,
Kunsthaus Dresden, 1998

ing calls for alternative agriculture in harmony with nature and its possibilities – but it also means that the project could not be accomplished. The following article has now become an account of "what would have been there, if ..."

"Linking Utility with Beauty"

A dung heap stinks. That is the first thing people would say about this archetypal symbol of farming. The bad smell is a sign that something is decaying, putrefying, rotting – quite simply, decomposing. We are talking about a waste product. Things people do not need anymore, things that are eliminated from the utilization chain are collected in a heap and forgotten for the moment. Cattle dung, waste food, leaves, worms and lots of other bits and pieces create a mixture that would be the delight of any entropist.

Otmar Sattel shows his delight in dung heaps in his installation *Bismarck Hearing*. He shovels the dung into a red-painted container with glass on its long sides. It is like looking into an oversized museum showcase. Whereas a dung heap normally falls into oblivion, here it is the centre of attention. The way this mysterious conglomeration is neatly piled up in the red container – in a form not unlike a gold bar – makes us curious. It really is mysterious because of the invisible power it generates. When waste decomposes it creates utilizable energy, methane gas, and valuable fertiliser from the leftovers. Sattel achieves an extremely strik-

Magisch, weil der Prozeß, der Gas und Dünger entstehen läßt, für das menschliche Auge unsichtbar ist. Auch in seiner Installation bleibt er geheimnisvoll im rötlich schimmernden Innenraum der Vitrine verborgen, während wir nur hinter die Scheibe verbannt zuschauen dürfen. Mit Ausnahme der Flammen haben wir keinen Hinweis darauf, wie es in dem Haufen alchimistisch brodelt. „Aus Mist wird Gold", sagt Sattel in seinem Konzeptpapier, und konsequent ordnet er den unordentlichen Misthaufen zu eben jenem Goldbarren. Der Misthaufen wird zu einem Bild, zum Symbol der in ihm arbeitenden energetischen Kräfte. Ein Beiprodukt profaner Landwirtschaft als Ereignis in einer Kultur-Landschaft.

Nicht umsonst verweist Sattel in einem anderen Projekt (*Augenweide* für die *Bundesgartenschau 2001* in Potsdam) auf Lenné, und dieser stellt auch das Motto der *Skulptur-Biennale Münsterland 2001* zur Verfügung: „Das Schöne mit dem Nützlichen verbinden". Peter Joseph Lennés (1789–1866) Parkgürtel um Potsdam, seine Volksparks (Tiergarten, Friedrichshain mit Gustav Meyer) und der zoologische Garten in Berlin sind charakteristische Beispiele für „Kultur-Landschaften". Vor allem die ästhetische Einbeziehung ökonomischer Nutz- und Kulturlandschaften in die Kunst der Landschaftsgestaltung ist ein entscheidendes Merkmal seiner Arbeit. Darüber hinaus suchte Lenné mit seinen Gärten eine bildhafte Wirkung zu erreichen. Mal geht es gemäß des beginnenden Historismus um „antike" Gärten und mal um ein romantisch verklärtes Arkadien. Immer jedoch steht die Idee im Vordergrund, auch eine landwirtschaftlich genutzte Fläche ins Bild zu setzen. Räumlich davon getrennt waren aus England übernommene „pleasure-grounds" für die Lennéschen Anlagen charakteristisch. Man flanierte und lustwandelte durch die künstlich-natürliche Landschaft, genoß bewußt angelegte Aus- und Durchblicke und verweilte bei architektonisch-skulpturalen Wegmarkierungen (Statuen, Vasen,

ing visualisation of the energy. The gas is conducted through underground pipes to a cylindrical grain silo about 10 metres away and burnt off in a circular arrangement of flares. We can only see the radiant halo in the firmament 7 metres up when we stand directly under the opening to the silo. The flames raise a cloth stretched over the silo so high that it forms a dome. The mundane grain silo becomes a domed space. The installation is more than an exhibit, it rises to a sacral level. The dung heap is not just the culmination of the utilization chain, but also the beginning – things come full circle. The religious metaphor can be extended even further: the horizontal rises to the vertical, material becomes spirit and the end is the beginning, if the apotheosis does not immediately come to mind. And what becomes of the residual material? The dung heap is purified, waste has been transformed into fertiliser: the catharsis is complete.

Otmar Sattel has been working since 1988/89 on energy sculptures (since 1990 methane sculptures) which explore the theme of gases from fermentation processes. He has used constantly expanding balloons in the form of hearts or cactuses (eg. *Heartfield – Bottlefield II*, Berlin 1991; *You do not break a heart ...*, Berlin

Brunnen, Urnen etc.): „Denn je weiter ein Volk in seiner Kultur und in seinem Wohlstande fortschreitet, desto mannigfaltiger werden auch seine sinnlichen Bedürfnisse" (Lenné 1840).

In diesem Geiste ließe sich auch die Skulptur von Otmar Sattel verstehen. In der münsterländischen Kulturlandschaft sorgt er für die Verbindung der bildhaften Inszenierung mit dem Lennéschen Konzept der Ästhetisierung des landwirtschaftlichen Raumes. Durch die Überhöhung wird eine Energie sichtbar gemacht, die „nützlich" ist.

Die *Skulptur-Biennale* ist die zeitgenössische Form des „pleasure-grounds", die „mannigfaltige sinnliche Bedürfnisse" erfüllt und gleichzeitig den Blick auf die gestaltete Landschaft öffnet. Durch den Ereignischarakter innerhalb dieser Promenade gewinnt für uns der Misthaufen seine „magische" Kraft zurück. Nun wäre also nur noch die Frage zu klären, warum ein Misthaufen schön ist.

Die Arbeit, die Otmar Sattel anstelle des Misthaufens in letzter Minute realisieren konnte, ist vielleicht weniger nützlich, dafür aber im besten Sinne schön. Die bunten Markisen, die an einer Brücke montiert sind, transferieren die Geborgenheit der sonntäglichen Terrasse (mit Blick auf den domestizierten heimischen Rasen) in die freie Natur. Der Bötchen-Fahrer kann alleine durch Annäherung an die Brücke mittels eines Bewegungsmelders die Markisen ausfahren lassen, um darunter, bei Belieben auch in einer angeschlossenen Hütte, unbeobachtet Brotzeit oder ein Schäferstündchen zu halten. Der Spaziergänger auf der Brücke wiederum, der sonst den Überblick hat, wird in seiner Sicht eingeschränkt: Sobald er die Brücke betritt, werden die oberen Markisen ausgefahren, so daß er auf die Köpfe der Kanufahrer weder gucken noch spucken kann. So ist in diesem Fall der, der oben ist, einmal nicht der Überlegene. Er müßte hinabsteigen, um dem Bootsfahrer auf seinem Niveau begegnen zu können. Man wünscht der Biennale viele Spaziergänger, die den Überblick suchen, und Bootsfahrer, die ihn fliehen, so daß sich eine bewegte Symphonie der hin- und hergleitenden leuchtenden Markisen ergibt.

1990), loudly popping bottle corks (eg. *Bottlebattle I*, Munich 1989), teetering seesaws (eg. *Balance III*, Dresden 1998) and dancing flames (eg. *Fuoco Fatuo*, Valsugano 1990). While his earlier works were "funny machines" that impressed viewers with effects and evoked understanding smiles, this new installation has a religious austerity. But we cannot deny that the presentation of "material becoming spirit" has a touch of irony: theatrically overstated dung heaps are just as surprising for urban culture vultures as for farmers inured to dung. Sattel does not treat the dung heap itself ironically, but our disparaging attitude to it. By overstating it, he reminds us what kind of "magical" power is hidden in a heap of waste. Magical, because the process that creates gas and fertiliser is invisible to the human eye. And in his installation the process remains hidden in the shimmering red interior of the showcase, while we can only look on spellbound from behind the glass pane. Apart from the flames there is no indication of the alchemistic seething inside the dung heap. "Dung is turned into gold", Sattel says in his concept paper, and following this logic he arranges the disorderly dung heap into the gold bar we can see. The dung heap becomes a picture, a symbol of the energetical forces at work inside it. A by-product of everyday farming as an event in a cultivated landscape.

In another project, *Augenweide* (*Feast for the Eyes*) for the *Federal Horticultural Show 2001* in Potsdam, Sattel intentionally refers to the landscape gardener Peter Joseph Lenné (1789–1866), who also furnishes the motto for the *Sculpture Biennial Münsterland 2001*: "Linking Beauty with Utility". Lenné's ring of parks around Potsdam, his public parks (Tiergarten, Friedrichshain with Gustav Meyer) and the zoo in Berlin are characteristic examples of "cultivated landscapes". A decisive feature of Lenné's work is the aesthetic incorporation of economic areas – agricultural and cultivated landscapes – into the art of landscape design. He also aimed at a pictorial effect with his gardens. Sometimes this was based on the gardens of "antiquity" in line with the emergent historicism, sometimes on a romantically transfigured Arcadia. But the idea of including an area of farmland was always very important. Lenné's gardens typically featured "pleasure grounds" adopted from England, which were spatially separated from the farmland. People took leisurely strolls in the artificial natural landscape, enjoyed specially-designed views and perspectives and lingered at architectural and sculptural path markings such as statues, vases, fountains and urns. "The more a nation advances in its culture and prosperity, the more varied its sensory needs become" (Lenné 1840).

Otmar Sattel
SCHUTZ – K.O.nTAKT / PROTECTION – C.O.nTACT, 2000, Projekt für die / project for the *Skulptur-Biennale*, Computermontage

Otmar Sattel

You do not break a heart if you are a cactus on your own?, 1990, innerhalb der Ausstellung / installation view *Ceterum Censeo*, Künstlerhaus Bethanien, Berlin

See – Saw, 1990, innerhalb der Ausstellung / installation view *Ressource Kunst*, Kunsthalle Mücsarnok, Budapest

Otmar Sattel's sculpture can be seen in this spirit. In the cultivated landscape of Münsterland he is making the link between pictorial presentation and Lenné's concept of aestheticising agricultural space. The overstatement makes visible an energy that is "useful".

The *Sculpture Biennial* can be seen as a contemporary form of "pleasure grounds" that fulfils "varied sensory needs" and simultaneously opens up the view of the designed landscape. As an event within this promenade the dung heap regains its "magical" power for us. Now the only question left is why a dung heap is beautiful.

The work Otmar Sattel created at the last minute instead of the dung heap may be less useful, but it is beautiful in the best sense of the word. The cosy security of sitting on the terrace at home on Sundays (with a view of the domesticised lawn) is transferred to the countryside by means of the colourful awnings installed on a bridge. When someone rowing a little boat approaches the bridge he activates a sensor which makes the awnings slide out, so that he can eat his sandwiches or have a tête-à-tête unobserved – if he wants, in an adjoining hut. Meanwhile, people strolling on the bridge have their usually good view from above restricted: as soon as they walk onto the bridge the upper awnings slide out so that they cannot peep or spit down to the heads of the canoeists. For once, the person above is not superior. He would have to go down from the bridge to meet the boat rower on his level. We hope the *Sculpture Biennial* has lots of strollers looking for a view from above, and boat rowers avoiding it, so that we can enjoy a lively symphony of bright awnings sliding back and forth.

Translation: Karen Margolis

Robert Scheipner *Orte des Findens und Erfindens*

Locations of Finding and Invention

Henrike Thomsen

„Ob es sich nun darum handle, das Werden zu denken oder auszudrücken, ja, es wahrzunehmen, wir tun nichts weiter, als einen inneren Kinematographen in Gang zu setzten", schrieb Bergson 1907. Heute ist es längst zum Allgemeingut geworden, daß man von einem *inneren Film* spricht, der in herausgehobenen Momenten des Sich-Bewußtwerdens oder der Erinnerung *abläuft*, oder von den *Antennen*, die man für eine bestimmte Entwicklung hat. Unsere Identifikation mit der Medienwelt – ihren Apparaten und ihren ästhetischen Effekten – ist hoch. Für viele gilt Andy Warhols Motto: „Ich möchte eine Kamera sein".

Es ist ein wichtiger Aspekt in Robert Scheipners Arbeit, solche Identifikationsmechanismen zu unterlaufen und sich gegen ihre Definitionsmacht zu behaupten. Vielleicht geht es ihm darum, den „inneren Kinematographen" als Erkenntnisapparat wieder flott zu machen und Raum für so etwas wie Bergsons poetisches Werden zu schaffen – einen Raum, der nicht von vornherein ästhetisch programmiert ist, sondern in dem man spielerisch seine eigenen Erfahrungen sammeln kann. Erkenntnis und Reflexion setzen Abstand voraus. Sie scheuen Enttäuschung und Desillusion nicht, sondern suchen geradezu die Zäsur, in der ein neuer Gedanke aufblitzen könnte. Das Werden ist ein tastender, offener Prozeß, in dem sich aus der Fortentwicklung der alten Formen irgendwann vielleicht eine neue ergibt.

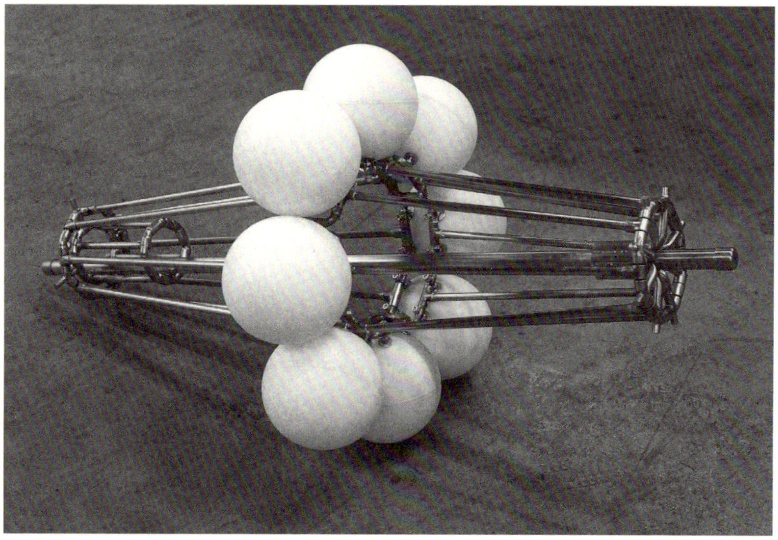

In 1907, Bergson wrote: "Whether it is a matter of thinking or of expressing the state of becoming, or even of perceiving it, we are doing nothing more than setting an internal cinematographer into motion." Today, it is long since become commonplace to speak of the *inner film* which *plays* in the memory or in isolated moments of consciousness of self, or of the *antennae* one has for a certain development of events. Our identification with the media world, its devices and its aesthetic effects is enormous. Andy Warhol's motto, "I'd like to be a camera", is one which goes for many.

An important aspect of Robert Scheipner's work is to undermine these kinds of identification mechanisms and to assert itself against their defining power. Perhaps he is concerned with making the "internal cinematographer" thrive again as a cognitive device, with creating space for something akin to Bergson's poetic state of becoming – a space which is not aesthetically programmed from the onset, but in which one can playfully amass one's own experiences. Knowledge and reflection require distance. They do not shy away from disillusionment and disappointment; instead, they even seek the turning point in which a new thought might possibly spark. Becoming is an open, searching process in which a new form might perhaps arise out of the further development of older ones.

Robert Scheipner
aPOLLO, 2000, Projekt für die / project for the *Skulptur-Biennale*, Modell / model

Robert Scheipner
aPOLLO, 2000, Projekt für die / project for the *Skulptur-Biennale*, Computermontage

Die Anfänge von Scheipners Arbeiten liegen im Graphischen. Seine Auseinandersetzung mit Raum und Zeit spielte sich zunächst auf der Schnittfläche der Zeichnungen ab. Jetzt dienen diese ihm als Startpunkt für seine Installationen. Das *Sphärenlabor*, das er begleitend seit 1996 entwickelt, ist ein Ort des experimentellen Findens und Erfindens, wo man den Sprung der Zeichnung in den Raum und die Zeit regelrecht mit Händen greifen kann. Der Betrachter steckt den Kopf in einen Dunkelsack und schaut zu einer Papierkuppel auf. Es gibt verschiedene solcher von Scheipner hergestellte Kuppeln mit verschiedenen graphischen Mustern. Sie werden in Bewegung gesetzt und der Benutzer kann über Griffe die Rotationsgeschwindigkeit bestimmen. Er kann auch die Blitzfrequenz des Stroboskoplichts steuern, das indirekt im Inneren der Sphären eingesetzt ist und die Muster erleuchtet. Die tanzenden, wandernden Bildelemente provozieren den Vergleich zu einer Zeichentrick- oder Computeranimation, und doch entziehen sie sich. Durch solche Irritationen und mit vergleichsweise simpler Technik läßt Scheipner das ganze Verführungspotenzial der modernen Medienästhetik aufscheinen. Nicht umsonst orientierte er sich unter dem Begriff *kino konkret* (ab 1996) an Vorläuferapparaten aus dem 19. Jahrhundert wie Zoetrop und Phänakistoskop, in denen die Bilder laufen lernten.

Aus der Renaissance stammt die Tradition des „disegno“: Ein Konzept, das den geistigen Entwurf einer Skulptur oder einer ingeniösen Konstruktion wie Lochkamera oder Flugmaschine umfassen kann. Ihr privilegierter Ort ist die Zeichnung – „disegno“ bezeichnet in diesem Sinne einen wenn, auch hauchdünnen, selbständigen Zwischenort im Übergang von schöpferischem, gestalterischem Denken und seiner plastischen Umsetzung im Raum. Eine gewisse Flüchtigkeit und der

The beginnings of Scheipner's works lie in the graphic. His involvement with space and time first occurred along the intersecting plane of the drawing. Now, these drawings serve him as starting point for his installations. The *Sphärenlabor (Sphere Laboratory)*, which he has been developing since 1996, is a location for experimental finding and invention, where one can virtually reach out and feel the drawing's leap into space and time. The viewer places his or her head into a lightproof sack and gazes up at a paper dome. Scheipner has created various such domes with different graphic patterns. They are set into motion, and the user can determine the speed of rotation through attached knobs. He or she can also change the flash frequency of the stroboscope light which is indirectly set into the interior of the spheres, illuminating the patterns. The dancing, wandering picture elements provoke the comparison to drawn or computer-generated animations, and yet they withdraw from it, as well. Through irritations of this kind and by means of a comparatively simple technology, Scheipner demonstrates the entire seductive potential of modern media aesthetics. It is significant that his concept *kino konkret* (from 1996 onwards) orientates itself along precedent devices from the 19th century such as the "Zoetrope" and the "Phenachistoscope", in which images first learned how to run.

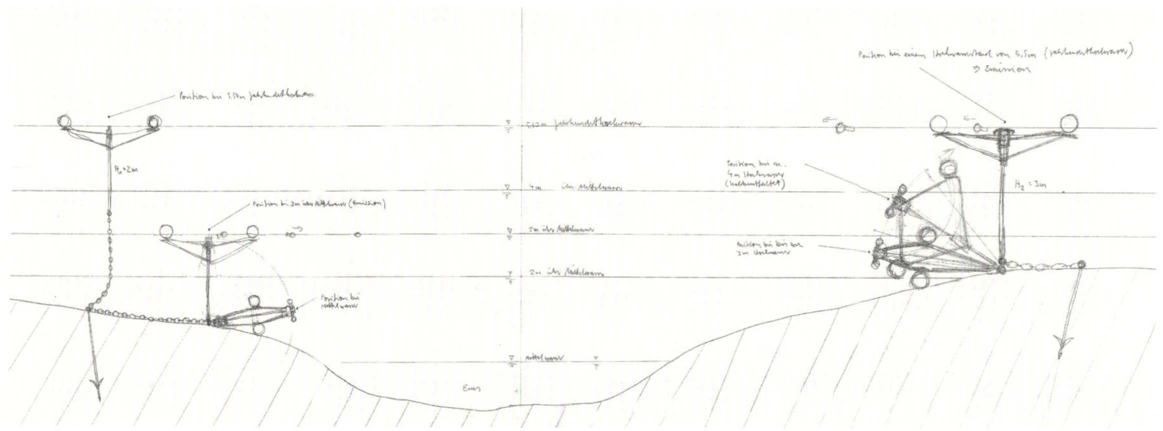

Hang zum Bewegten ist ihm durch seine Nähe zum Geistigen eingeschrieben. Ordnet man Scheipners Werk in diese Tradition ein, so erklärt sich vielleicht seine Schwellenposition zwischen Imaginiertem und Gebautem, seine Verbindung zwischen Poesie und Sorgfalt. Der Erfinder- und Ingenieursgeist der Renaissance könnte für kino konkret ebenso Pate gestanden haben wie der Trickzauber der französischen Jahrmärkte vor 150 Jahren.

Doch oft sind Scheipners Arbeiten auch darauf angelegt, ihre eigene Verführungskraft zu entlarven. In *cella:wald* (1998/99) schwebt ein Vogelnest geheimnisvoll flimmernd über dem Kopf des Betrachters. In dem Moment, in dem man danach greift, verwandelt es sich schlagartig. Rotes Alarmlicht und angriffslustiges Vogelkreischen setzen ein, man steht als *Eierdieb* im Kunstraum entlarvt. In *blackout* (2000) betritt man, angelockt von Lichtern und Klängen, einen zylindrischen Hohlkörper. Doch wenn sich die automatisch rotierenden Wände schließen, tritt sekundenlang absolute Finsternis ein. Man ist plötzlich allein auf die Nachbildeffekte der eigenen Retina angewiesen. Der *Filmriß* läßt alle Erwartungen ins Leere laufen. Sorgen das neu einsetzende Licht und die sich öffnenden Türen nach zehn Sekunden für einen Neustart?

Scheipners Projekt *aPOLLO* für die *Skulptur-Biennale Münsterland 2001* hat auf den ersten Blick wenig mit dieser Kinematik zu tun und bezieht sich ganz auf die landschaftliche Umgebung. Es besteht aus drei unterschiedlich großen „Emissionsplastiken". Solange die Ems niedrigen Wasserstand hat, liegen sie ruhig in sich gekehrt in der Auenlandschaft, die länglichen Arme aus Kupferrohr zusammengefaltet, acht schwimmfähige Kunststoffkugeln um die Mitte herum. Wenn die Ems jedoch mehrmals im Jahr mit Hochwasser anschwillt, beginnen sich die Plastiken aufzurichten und spreizen die Kugeln kreisförmig von sich ab. Je nach Größe setzen sie bei einem bestimmen Pegelstand acht kleinere Skulpturen frei. Diese „Pollen" bestehen aus einem Kupferrohr, das ebenfalls in eine Schwimmkugel mündet. Wie selbstidentische Zellen trägt die einzelne den Bauplan des Ganzen in sich: Landkarten, Skizzen und Hinweise zu *aPOLLO* sind in dem Rohr enthalten. Wer es findet und aufschraubt, wird außerdem gebeten, einen kurzen Bericht an den Künstler zurückzuschicken.

The tradition of the "disegno" originates in the Renaissance: a concept which can encompass the mental design of a sculpture or an ingenious construction such as the camera obscura or the flying machine. Its privileged location is the drawing – "disegno" designates in this sense an independent interstice, however thin, in the transition from creative, formative thinking to its plastic transferal into space. A certain transitoriness and the tendency towards the moving is inscribed within it by virtue of its proximity to the intellectual. If one were to order Scheipner's work into this tradition, then his threshold position between the imagined and the constructed, his connection between poetry and painstakingness could perhaps be explained. The Renaissance spirit of invention and engineering could just as well have served as the model for *kino konkret* as well as the magic tricks of the French fairs of 150 years ago.

Yet Scheipner's works are often constructed in such a way as to reveal their own power of seduction. In *cella:wald* (*cella:forest*, 1998/99), a mysteriously glittering bird's nest floats above the head of the viewer. It changes abruptly the moment one reaches out for it: red alarm lights and the squawk of a bird ready to attack are triggered, and one is left standing in the exhibition space, unmasked as a *petty thief*. In *blackout* (2000) the viewer enters an empty cylindrical construction, lured by lights and sounds. Yet when the automatically rotating walls close, one finds oneself for several seconds in absolute darkness, suddenly alone and dependent on the after-image effects of one's own retina. The *tear in the film* leads every expectation to run aground. Will the newly appearing light and the doors, which open again after ten seconds, provide for a restart?

Robert Scheipner

aPOLLO, 2000, Projekt für die / project for the *Skulptur-Biennale*, Zeichnung und / drawing and Computermontage

Doch möglicherweise muß man sich lange gedulden, ehe beim richtigen Pegelstand die Transformation der Skulpturen eintritt. So lange aber animiert *aPOLLO* die Phantasie der Spaziergänger; und fungiert in diesem Sinne also als Medium und Chiffre des befruchtenden Hochwassers selbst. Doch das Projekt setzt eine ganz andere, dezentrale Zuschauersituation voraus als Scheipners intensiv erfahrbare Installationen wie *blackout*. In dieser Hinsicht berührt es sich eher mit dem *kollektor*, einem im vorigen Jahr entworfenen Langzeitprojekt in zwei Phasen. In der ersten Phase erwirbt der Sammler einen vom Künstler gestalteten Schrank. Über drei bis sechs Jahre füllt sich dieser nun mit Skizzen, Briefen, Werkberichten und Katalogen, die Scheipner zuschickt. Der Schrank fungiert also als eine Art Batterie, die sich sukzessive auflädt. Darin liegt genau auch sein utopischer Gehalt. Es läßt sich nicht sagen, wie lange der Schrank *nur* Schrank sei, genauso wenig wie man den *künstlerischen Wert* des Inhalts allein festlegen könnte. Entscheidend ist die Kommunikation zwischen Künstler und Sammler.

At first glance, Scheipner's project *aPOLLO* for the *Sculpture Biennial Münstlerland 2001* has little to do with this kind of cinematics, referring as it does entirely to the landscape environment. It consists of three "emission sculptures" of different sizes. As long as the Ems has a low water level, they rest quietly in the meadow landscape, with the long arms of copper pipe folded together and eight floatable plastic balls around the center. When the Ems, however, floods to high tide several times a year, the sculptures begin to stand up, pushing the balls in a concentric manner away from themselves. Depending on their size, they liberate eight smaller sculptures at a certain water level. These "pollen" consist of a copper pipe which also leads into a floating ball. Like identical cells, each individual body carries the building plan of the whole within itself: maps, sketches and hints referring to *aPOLLO* are contained inside the pipe. Whoever finds and unscrews it is requested to send a short report back to the artist.

Possibly, one might indeed have to be patient for quite some time before the transformation of the sculptures sets in at the correct water level. Yet *aPOLLO* is capable of animating the fantasy of the passers-by throughout this time; in this sense, then, it functions as medium and cipher for the nourishing flood itself. Yet the project presupposes an entirely different, decentralized viewing situation than Scheipner's intensively experienceable installations such as *blackout*. In this respect, it rather touches upon *kollektor*, a long-term project consisting of two phases and conceived the previous year. In the first phase, the collector purchases a cupboard designed by the artist. Over

Robert Scheipner
blackout, 2000,
Zeche Zollverein, Essen

Gegenüber dem *kollektor*, der sich anreichert und füllt, entwickelt sich *aPOLLO* eher durch Loslassen und Ableiten. Die Pollen werden unwiederbringlich freigesetzt. Haben sie sich einmal auf die Reise gemacht, bleibt die Mutterskulptur *verarmt* zurück. Aber auch darin ließe sich ein Aspekt des Werdens erblicken, der mit Abschied und Neubeginn verknüpft ist. Was ist, wenn das Hochwasser plötzlich ausbleibt, oder wenn es nachts kommt, so daß niemand das Erwachen der Skulpturen erlebt? Muß der eine dem poetischen Versprechen der Pollen entgegen klettern, fällt es dem anderen als objet trouvé unverhofft vor die Füße.

the course of three to six years, it then becomes filled with sketches, letters, work reports and catalogues that Scheipner sends the collector. Thus, the cupboard functions as a kind of battery which becomes successively charged. Precisely herein lies its utopian content. It cannot be said how long the cupboard remains *only* a cupboard, just as little as one could establish the *artistic value* of the contents alone. What is decisive is the communication that takes place between artist and collector.

In contrast with the *kollektor*, who enriches and fills himself, *aPOLLO* develops rather through a letting go, a diversion. The pollen are let free, irrevocably. When they have embarked upon their journey, the mother sculpture remains behind, *impoverished*. Yet in this, as well, an aspect of becoming can be found which is connected to departure and to beginning anew. What if the flood suddenly does not appear, or if it comes in the night and nobody experiences the awakening of the sculpture? While one person has to climb after the poetic promise of the pollen, another might find it unexpectedly at his feet as an objet trouvé.

Translation: Andrea Scrima

Robert Scheipner
Sphärenlabor / Shere Laboratory,
Version 2001,
Kunstkäfig, Essen

Jörg Schlinke *Richtungsbild*

Direction Picture

Claudia Wahjudi

Jörg Schlinkes Konzept für die *Skulptur-Biennale Münsterland 2001* sieht Eingriffe in die ländliche Umgebung Münsters vor: Während einer Aufsehen erregenden Aktion sollte ein Ensemble multipler, skulpturaler Elemente dauerhaft installiert werden. Die Arbeit des Potsdamer Bildhauers wird jedoch nicht realisiert.

Für sein *Richtungsbild*, so der Titel dieser Arbeit, hatte Schlinke alternative Standorte ausgewählt: eine Weide am Waldrand oder ein Feld an einem Bach. Auf einem dieser Grundstücke sollten zehn große Pfeile aus Stahlbeton und Glasschaum zu stehen kommen – ein jeder 25 m hoch, 18 m breit und 1,50 m tief. Diese Pfeile wollte Schlinke von Hubschraubern abwerfen lassen. Dabei hätte die schräg abgeflachte Gestalt der Skulpturen dafür gesorgt, daß sich die Pfeile im Flug drehen und in unterschiedlichen Stellungen in den weichen Grund bohren. Wie große Heuballen hätten sie den Raum neu strukturiert. Die Weide wäre zu einem dreidimensionalen Landschaftsbild in Originalgröße geronnen, das aus unterschiedlichen Perspektiven strukturiert worden wäre: aus dem Blickwinkel des Betrachters, der sich auf Augenhöhe mit den Skulpturen befindet und seinen Standort frei wählen kann, und aus der Zieloptik der Bundeswehrpiloten, die die Pfeile halb nach Zufallsprinzip, halb gemäß den Flugbedingungen abgeworfen hätten. Zufall und die sich kreuzenden Perspektiven, die sich nicht aufeinander abstimmen lassen, hätten die Pfeile zu einem Arrangement gruppiert, das den Eindruck der Beliebigkeit vermittelt: Denn wo die Skulpturen landen und in welche Richtungen sie weisen, ob womöglich gar in den Boden oder in den Himmel, hätte sich dem Einfluß des Künstlers entzogen. Für Schlinke ist dieses richtungslose *Richtungsbild* auch Metapher für eine gegenwärtige politische Orientierungslosigkeit.

Nicht zuletzt aber hätten an diesem Bild verschiedene Akteure mitgewirkt: der Besitzer des Grundstücks mit seinem Einverständnis, eines der Betonwerke im Münsterland, das die Skulpturen hergestellt hätte, und die Piloten eines nahe gelegenen Bundeswehr-Stützpunktes, die sie abgeworfen hätten. Kräfte, die die Region Münster prägen, hätten also Landschaft, die ja noch immer als romantisches Sinnbild für Ursprünglichkeit gilt, als das sichtbar gemacht, was sie ist: kulturell genutztes Gebiet.

Jörg Schlinke
Richtungsbild / Direction Picture,
2000, Projekt für die /
project for the *Skulptur-Biennale*,
Computermontage

Jörg Schlinke's concept for the *Sculpture Biennial Münsterland 2001* envisions interventions into the rural surroundings around Münster: Over the course of an attention-getting action, an ensemble of multiple sculptural elements is intended to be installed on a long-term basis. The work of the Potsdam sculptor is not, however, going to be realized.

Schlinke had chosen alternative locations for his *Richtungsbild* (*Direction Picture*), thus the title of this work: a meadow on the edge of a forest or a field next to a brook. Ten large arrows of reinforced concrete and glass foam, each 25 meters in height, 18 meters wide and 1.5 meters deep, were supposed to be set up on

Das Konzept *Richtungsbild* ist eine Weiterentwicklung der Intervention *Neubäume*, die der Künstler 1994 auf einer Lichtung bei Potsdam errichtete – Konstruktionen aus Holz und Gips, die weißen Segeln glichen und die Lichtung in ein neues Verhältnis zum umliegenden Wald setzten. Eine Performance von Dietmar Diesner machte damals dieses Verhältnis auch akustisch erfahrbar: Der Saxophonist schritt die Lichtung ab und spielte einen permanenten Ton, der sich an Skulpturen und Bäumen brach. Fand diese Intervention weitgehend unter Ausschluß der Öffentlichkeit statt, rechnet Schlinke bei anderen Eingriffen mit Reaktionen des Publikums. So versenkte er 1993 Gemälde, die er wasserdicht zwischen Glasscheiben verpackt hatte, im Heiligen See bei Potsdam, nahm sie mit einer Kamera auf und übertrug ihr Abbild auf Monitore in der Galerie Trapez – die Betrachter dort mußten mit dem Bild vom Bild vorlieb nehmen. Zur Eröffnung erschien denn auch nicht einmal der Redner persönlich: Der Künstler hatte ihn ebenfalls gefilmt – der Kunstkritiker hielt seine Ansprache in der Rudermaschine einer Trainingsanlage von Profisportlern sitzend. Zurück blieb ein ratloses Publikum, das die Vernissage allein gestalten mußte.

Die Aktion *Hier ist keine Wiese mit Kühen* (1994) provozierte sogar einen Rechtsstreit. Schlinke hatte auf dem zentralen Platz von Potsdam ein Schild mit dem Titel der Arbeit angebracht und daneben unangemeldet zwei Kühe angepflockt, deren Anwesenheit das Schild ad absurdum führte – ganz im Sinne von René Magrittes Gemälde *Ceci n'est pas une pipe*. Die Reaktionen auf diese Aktion waren lebhaft: Passanten wollten den Tierschutzverein rufen, das Grünflächenamt zog vor Gericht. Der Künstler gewann.

one of these plots of land. Schlinke wanted to have these arrows thrown from helicopters. In the process, the slanted form of the sculptures would have caused the arrows to turn in flight, boring into the soft ground in different positions. Like huge balls of hay, they would have structured the space anew. The meadow would have coagulated into a life-size three-dimensional landscape picture structured from various perspectives: that of the viewer, who finds him- or herself at eye level with the sculptures and is free to choose his or her standing location, and that of the target optics of the army pilots dropping the arrows, which would have occurred partly according to chance and partly according to flight conditions. Chance and a crossing of perspectives excluding any possibility of synchronization would have grouped the arrows into an arrangement conveying an impression of randomness; where the sculptures land and what direction they point in – whether to the ground, conceivably, or into the sky – would have been a matter beyond the artist's control. For Schlinke, this *Richtungsbild* lacking in direction is also a metaphor for the current political lack of orientation.

Not least, however, various players would have had a hand in the picture: the owner of the land, with his permission; one of the cement works in Münsterland, which would have manufactured the sculptures; and the pilots of a nearby army base, which would have dropped them. Forces that influence the Münster region would have rendered a landscape still considered to be a romantic symbol of pristine nature visible for what it is: a culturally utilized area.

The concept *Richtungsbild* is a further development of the intervention *Neubäume* (*Newtrees*) which the artist erected in 1994 in a clearing near Potsdam – constructions made of wood and plaster resembling white sails which brought the clearing into a new relationship to the surrounding forest. At the time, a performance by Dietmar Diesner also made this relationship acoustically experienceable: while walking across the clearing, the saxophone player played one continuous note which broke on the sculptures and trees. Although this intervention took place for the most part under the exclusion of the public, Schlinke counts on the public's reaction in the case of other interventions. Thus, in 1993 he sank paintings which he had packed waterproofed between panes of glass into the Heiligensee near Potsdam, photographed them and transferred their reproduction onto monitors in the Trapez Gallery – the viewers there had to make do with the image of the image. At the opening, the speaker did

Jörg Schlinke
Hier ist keine Wiese mit Kühen / This isn't a Meadow with Cows, 1994,
Platz der Einheit, Potsdam

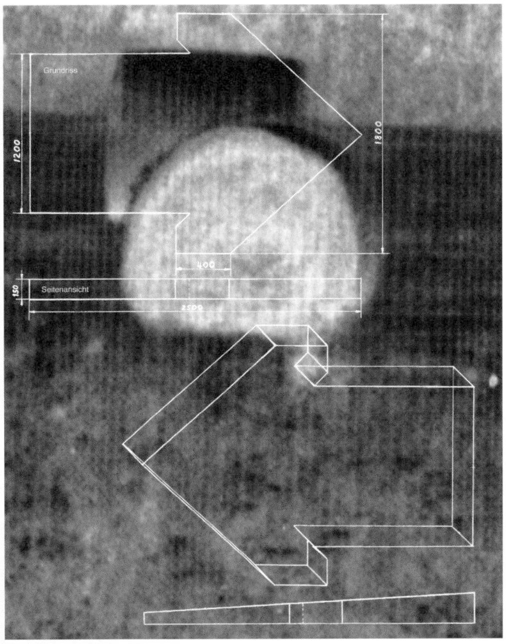

Jörg Schlinke
Richtungsbild / Direction Picture, 2000, Projekt für die / project for the *Skulptur-Biennale*, Computermontage

Jörg Schlinke
Gotik / Gothic, 1999, für / for *Areale 99, Kunst im Industriepark*, Linthe

Standen bei diesen Aktionen Reflexion von Wahrnehmung und soziale Interaktion im Vordergrund, spielen andere Arbeiten Schlinkes explizit mit dem politischen Klima. Sein Neonschriftzug *Wunder* (1996/97), in acht Metern Höhe auf dem Platz der Einheit angebracht, versprach den Potsdamer Bürgern in der Nachwende-Depression ihr blaues „Wunder". Und auf dem Gelände des Brandenburgischen Kunstvereins brachte Schlinke im Jahr 2000 einen Suchscheinwerfer mit einer Maske an, der das ehemalige Hafenareal abfuhr: „Taktik" war da zu lesen, das Motto, das der Künstler hinter den sozialen Strategien der neuen Dienstleitungsgesellschaft vermutet. Politisch ist auch seine Arbeit im Rahmen des deutsch-polnischen Austauschprojekts *Zeitweise öffentlich – Slubice / Frankfurt* (1999) interpretiert worden. Schlinke baute im Garten seiner Gastfamilie eine neun Meter hohe *Schaukel*, die den Nutzern bis heute den Blick über die Oder nach Polen ermöglicht. Doch die Schaukel ist kein Statement zur Ost-West-Verständigung, sondern trägt den Biographien der Familienmitglieder Rechnung, die erst kürzlich von Warschau nach Frankfurt/Oder gezogen waren.

Schlinkes Arbeiten sollen Raum körperlich erfahrbar machen und dem Betrachter buchstäblich neue An- und Einsichten ermöglichen. Diese Haltung ist auch maßgeblich für jene Arbeiten, die Schlinke mit der Künstlergemeinschaft *Berg Werk* gestaltet: Ruhezonen in Schulen, Wäsche- und Spielplätze – öffentliche Orte, die in Zusammenarbeit mit den Nutzern entstehen. Schlinkes Interesse an sozialer Kooperation und körperlichem Erleben von Raum findet seinen Ausdruck zudem in interdisziplinären Gemeinschaftsproduktionen wie dem Multimediaereignis

not even appear in person: the artist had filmed him, as well, and the art critic held his speech sitting in the rowing machine of a professional athletic training center. What remained was a bewildered public that had to carry on their opening by themselves.

The action *Hier ist keine Wiese mit Kühen* (*This isn't a Meadow with Cows*, 1994) even provoked a legal battle. Schlinke had set up a sign with the title of the work on Potsdam's central plaza and, without registering them, tethered two cows next to it whose presence continued the sign ad absurdum – entirely in the sense of René Magritte's painting *Ceci n'est pas une pipe*. The reactions to this action were lively: passers-by wanted to call the Society for the Prevention of Cruelty to Animals; the parks commission took it to court. The artist won.

Whereas the reflection of perception and social interaction stood in the foreground of these works, other works of Schlinke's explicitly play with the political climate. His neon sign *Wunder* (*Miracle*, 1996/97), placed at a height of eight meters on the Platz der Einheit, promised Potsdam's citizens the surprise of their lives in the depression following upon the reunification of East and West Germany. And in 2000, on the grounds of the Brandenburg Kunstverein, Schlinke erected a searchlight with a mask which scanned the former harbor area: "Taktik" (Tactic) could be read, the motto which the artist suspected behind the social strategies of the new service-oriented society. His work

Jörg Schlinke
Schaukel / See-Saw, 1999,
innerhalb der Ausstellung / installation view *Zeitweise öffentlich – Slubice / Frankfurt*, Frankfurt / Oder

Große Aufführung (1992, mit Karl Wedemeyer) oder *Let's travel* (1998), einer runden, rotierenden Leinwand-Installation für die Bild- und Soundaufführungen von Cindy Rivera.

Dem Zusammenspiel von Bild und Raum widmet sich Jörg Schlinke darüber hinaus mit einer Synthese aus Fotografie und Bildhauerei. Aus Beton gießt er schwere Rahmen, auf die er in einem fototechnischen Verfahren Schwarzweiß-Aufnahmen von Landschaften und Menschen überträgt. Anders als in der klassischen Landschafts- und Porträtkunst ist hier nicht die perfekte Illusion das Ziel, sondern der Versuch, das Abbild eines Gegenstandes Objekt werden zu lassen. Ein Interesse, zwei Wege: So, wie aus der münsterländischen Landschaft ein dreidimensionales *Richtungsbild* geworden wäre, führt Schlinke umgekehrt mit seinen Betonbildern das in seinem Abbild flächig gewordene Ding zurück in die Dreidimensionalität. Das Spiel mit Raum und Bild funktioniert auch ganz assoziativ. „Gotik" steht in kursiven Lettern auf jenem Betonbild, das Schlinke 1999 im Industriepark Linthe aufgestellt hat (*Areale 99*). Von Gotik aber weit und breit keine Spur: Hinter dem Schild klotzt eine Fuhrparkhalle, gebaut im Stil der flüchtigen Fertigteil-Architektur zeitgenössischer Speckgürtel. In der Differenz, scheint diese Arbeit zu sagen, liegt die Poesie. Oder simpler: Magritte, der auf den Widerspruch zwischen Schein und Wirklichkeit pochte, hatte doch Recht.

for the German-Polish exchange project *Zeitweise öffentlich – Slubice / Frankfurt* (*Temporarily puplic – Slubice / Franfurt*, 1999) has also been interpreted politically. Schlinke built a nine meter-high see-saw in the garden of his host family which to this day enables users to see over the Oder River to Poland. Yet the see-saw is not a statement on the understanding between East and West, but rather takes the biographies of the members of the family into account, who had just recently moved from Warsaw to Frankfurt / Oder.

Schlinke's works are meant to make space physically experienceable and to literally lead the viewer to new views and insights. This attitude is also essential to those works that Schlinke designed together with the artists' collective *Berg Werk*: resting areas in schools, washing and playing grounds – public locations that arise in collaboration with their users. Moreover, Schlinke's interest in social cooperation and the physical experience of space finds its expression in the interdisciplinary cooperative productions such as the multi-media event *Große Aufführung* (*Large Performance*, 1992, with Karl Wedemeyer) or *Let's Travel* (1998), a round, rotating screen installation for Cindy Rivera's image and sound performances.

In addition, Jörg Schlinke dedicates himself to the interplay between image and space by using a synthesis between photography and sculpture. He transfers black and white images of landscapes and people onto heavy frames of poured concrete by means of a photographic procedure. The perfect illusion is not the goal here, in contrast to the classical art of landscape and portraiture, but rather the attempt to let the reproduction of an object become the object. One interest, two paths: thus, in the manner in which the Münster landscape would have become a three-dimensional *Richtungsbild*, Schlinke, with his cement pictures, conversely guides the thing rendered flat by reproduction back into three-dimensionality. The game with space and image also operates in an entirely associative way. "Gotik" (Gothic) is written in italic letters on the cement picture that Schlinke set up in 1999 in the industrial park Linthe (*Areale 99*). Not a trace of Gothic far and wide, however: behind the sign is a huge, ungainly truck yard built in the style of the fleeting ready-made architecture of the contemporary fat belt. In the difference lies the poetry, is what this work seems to say. Or to put it more simply: Magritte, who insisted on the contradiction between appearance and reality, was right, after all.

Translation: Andrea Scrima

Jan Svenungsson *1+n Schornsteine 9+n Meter hoch (n=n+1)*

1+n Chimney stacks 9+n Meters High (n=n+1)

Tobias Berger

Der sechste Schornstein, so auch der Titel des 15 m hohen Kunstwerks von Jan Svenungsson, wird außerhalb von Emsdetten, gut 1 km vom Dorf Hembergen, am Rande eines kleinen Waldes im Frühjahr 2001 errichtet.

Anfangs fotografierte der schwedische Künstler Schornsteine nur für seine Foto-Objekte, unförmige Bilderrahmen, auf denen eingeschränkte Bildausschnitte sichtbar waren. Als Motiv für diese Rahmen diente ihm immer wieder derselbe Schornstein in Stockholm.

Der erste reale Schornstein, 10 m hoch, entstand 1992 – anläßlich der Ausstellung *Rum Mellan Rum (Raum Zwischen Raum)* – neben dem Moderna Museet in Stockholm. Darauffolgend entstanden Schornsteine in Taejon (Südkorea), Kotka (Finnland), Drewen bei Berlin und Norrköping (Schweden). Während der erste Schornstein nach zwei Jahren abgerissen wurde, blieben die nachfolgenden dauerhaft erhalten.

In diesen Außenskulpturen vereint Jan Svenungsson Industriearchitektur und Landschaftsarchitektur, zwei scheinbar gegensätzliche Gattungen. Durch das Hinzufügen des Schornsteins in eine Landschaft definiert der Künstler die gesamte Umgebung neu. Obwohl seine Eingriffe einen relativ geringen Raum einnehmen und nur eine kleine Stelle bebaut wird, wird die Umgebung durch diesen Eingriff zu einem Environment. Ein Bauwerk, wie ein Strich in der Landschaft, wird zum dominierenden Orientierungspunkt, der die gesamte umliegende Landschaft einnimmt und neu definiert. Dies geschieht nicht zuletzt dadurch, daß die Skulpturen niemals ortsspezifisch entwickelt werden, sondern einem eigenen System folgen: Als Baumaterial dient stets Ziegelstein, die Höhe ist durch die Anzahl der

Jan Svenungsson
Schornstein / Chimney,
1993, Taejon,
Südkorea / Southkorea

Der sechste Schornstein (*The Sixth Chimney Stack*), thus the title of the 15 meter high work of art by Jan Svenungsson, will be erected in the spring of 2001 outside Emsdetten, a good kilometer from the village Hembergen, on the edge of a small forest.

In the beginning, the Swedish artist photographed chimney stacks solely for his photographic objects, misshapen picture frames on which cropped image excerpts could be seen. Again and again, the same chimney stack in Stockholm served as a motif for these frames.

On the occasion of the exhibition *Rum Mellan Rum (Space Between Space)* in 1992, the first real chimney stack, 10 meters in height, was erected next to the Moderna Museet in Stockholm. Afterwards, chimney stacks arose in Taejon (South Korea), Kotka (Finland), Drewen near Berlin and Norrköping (Sweden). While the first chimney stack was torn down after two years, the ones which followed have remained intact on a long-term basis.

In these outdoor sculptures, Jan Svenungsson unites industrial architecture and landscape architecture, two apparently opposing branches. Through an introduction of the chimney stack into the landscape, the artist redefines the entire surroundings. Although his interventions take up a relatively minor amount of space, and only a small area is actually built upon, the intervention transforms the setting into an environment. A structure, like a mark in the landscape, becomes the dominant point of orientation which occupies the entire surrounding landscape, defining it anew. That this occurs is not least due to the fact that the sculptures are never developed in a site-specific manner, but rather operate according to their own system: bricks always serve as the building material, the height is predetermined by the number of previous structures, the current structure is always one meter

vorhergehenden Bauten vorgegeben, der aktuelle Bau ist immer einen Meter höher als der vorrausgegangene. Die Entscheidung, nicht auf den Ort einzugehen, bewußt einen autonomen Fremdkörper an verschiedene Orte dieser Welt zu setzen, ist beim Werk Jan Svenungssons das Spezifische. Schornsteine existieren auf der ganzen Welt. Das macht sie so sichtbar unsichtbar. Alleinstehende Schornsteine in der Landschaft führen jedoch zu Irritationen und damit letztendlich auch zu einer Neudefinition des Bauwerkes und dessen Umgebung.

Von der Schönheit und Vergänglichkeit der Bauten und Konstruktionen, deren Ästhetik und Lebensdauer fast ausschließlich vom Praktischen, Profanen diktiert wird, wissen wir nicht erst seit Hilla und Bernd Bechers dokumentarischer Architekturphotographie. Die Reduktion auf das Notwendigste hat, besonders als Antipode zur ornamentalen Postmoderne, im letzten Drittel des 20. Jahrhunderts zu einer klärenden Sicht beigetragen. Was einerseits zu eine Ästhetik des „less is more" führte, andererseits aber auch eine immer weiter fortschreitende Baumarkt(un)ästhetik hervorbrachte. Unumstritten ist, daß Industriebauten den alltäglichen Geschmack und jegliche Art von Architektur des 20. Jahrhunderts maßgeblich beeinflußt haben. Formal erinnert der Schornstein an Skulpturen der Minimal- oder der Landart. Objekte, auf reine Präsenz reduziert, werden hier zu Betrachtungs- und Orientierungspunkten. Jan Svenungssons Schornsteine können sich somit zwischen Per Kirkebys Ziegelsteinskulpturen, Michel Heizers Landartprojekten oder Walter de Marias *Lightning Field* verorten. Skulpturen, die durch reduzierte Form nicht nur die Landschaft beeinflussen, sondern auch dem Betrachter völlig neue Eindrücke und Orientierungsmöglichkeiten im Raum erschließen.

Wenn der praktische Zweck nicht mehr existiert, das Bauwerk auf das rein Ästhetische reduziert wird, dann ist es entweder ein Kunstwerk oder ein Industriedenkmal – meist beides, denn fast jedes Denkmal ist Kunst und umgekehrt. Das Bauwerk ohne direkten Zweck wird, gleich den vielerorts entstehenden Indu-

higher than the previous one. The decision not to respond to the location and to consciously erect an autonomous, alien structure at different locations in this world is the specificity of Jan Svenungsson's work. Chimney stacks exist throughout the entire world. This makes them so visibly invisible. Individual chimney stacks in landscape settings, however, are disturbing and ultimately lead to a new definition of the building structure and its surroundings.

It is not only since Hilla and Bernd Bechers' documentary architectural photography that we know of the beauty and temporality of the buildings and constructions whose aesthetic and duration of existence is dictated almost exclusively by the practical, the profane. During the last third of the twentieth century, reducing things down to the essential has contributed to a clarification of view, especially as an antipode to the ornamentality of post-modernism. Which on the one hand led to an aesthetic of "less is more", but on the other also gave rise to a continuously progressing (non-) aesthetic of the home improvement store. It remains indisputable that industrial structures have considerably influenced general taste and virtually every form of twentieth century architecture. On a formal level, the chimney stack is reminiscent of minimal or land art sculptures. Objects reduced to pure presence become points of observation and orientation. Jan Svenungsson's chimney stacks can thus be located among Per Kirkeby's brick sculptures, Michel Heizer's land art projects or Walter de Maria's *Lightning Field*. These are sculptures which, through their reduced form, influence not only the landscape, but also open up entirely new impressions and possibilities for spatial orientation to the viewer.

When the practical purpose no longer exists, when the structure is reduced to the purely aesthetic, then it is either a work of art or an industrial monument – usually both, for nearly all monuments are art, and vice-versa. The building without a direct purpose

Jan Svenungsson
Projektskizze / project sketch for
Der sechste Schornstein /
The Sixth Chimney, 2000, für die /
for the *Skulptur-Biennale*

Jan Svenungsson
Schornstein / Chimney,
1996–99,
Drewen, Germany

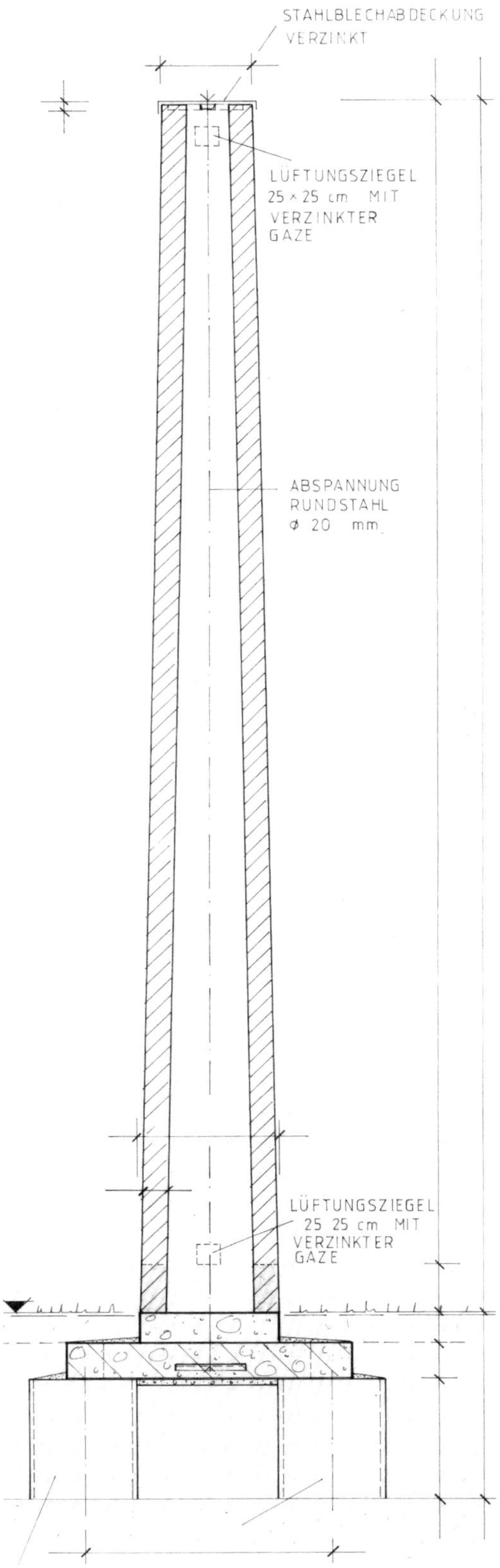

Jan Svenungsson
Plan zum / for *Schornstein / Chimney* in Drewen

striedenkmälern, zu einem Ort der Erinnerung und Forschung. Das Kunstwerk Schornstein kann durch Irritation Diskussionen und Forschungen eröffnen, die diesen innewohnende intellektuelle oder soziologische Auseinandersetzung kann als Zeichen neuen Denkens und Arbeitens gedeutet werden. Es bezeichnet den Schritt vom Industrie- zum Informationszeitalter, von rauchenden Schornsteinen zu rauchenden Köpfen.

In diesem Informationszeitalter, getrieben von dot.coms und Shareholder-values, kommt aber das Phantastische, Ungewöhnliche, nicht in Zahlen berechenbare Irreale, Surreale oft zu kurz. Auffallend ist, daß grade der Schornstein Anfang des Jahrhunderts immer wieder auf phantastischen und surrealen Bildern auftaucht. Ob in René Magrittes paradoxen Traumbildern oder auf Giorgio de Chiricos verlassenen Plätzen. Schornsteine sind, mit ihrer Tendenz zum Phallischen, ihrer stolz rauchend dem Himmel entgegengestreckten Attitüde, nicht nur in freudianischer Deutungsweise inhaltlich vielfach belegt. Dies, neben der Tatsache, daß Jan Svenungsson de Chiricos Roman *Hebdomeros* ins Schwedische übersetzt hat, zeigt das Interesse des Künstlers am Surrealismus. Durch den provozierend irrationalen Akt des Schornsteinbauens kann Jan Svenungsson so einerseits ein neues Zeitalter der nicht rauchenden Schornsteine einläuten und gleichzeitig eine poetische Kritik an einer immer rationaler werdenden Gesellschaft artikulieren.

Die Tatsache, daß sich die Größe der Schornsteine jeweils einen Meter erhöht, kann als Kritik an dem Ehrgeiz von Bauherren interpretiert werden, die immer höher bauen wollen, als das höchste bereits existierende Bauwerk. Ein nicht mehr enden wollendes Spektakel, welches mit den 452 m hohen, 1 Millionen qm fassenden Petronas Towers in Kuala Lumpur, Malaysia, 1997 seinen vorerst babylonischen Höhepunkt erreicht hat. Höher, schneller, weiter nicht als olympische Herausforderung, sondern als Marketing-Selbstzweck größenwahnsinniger Bauherren und Regierungen.

So ernst gemeint wie die Diskussion über Sex, Marketing, Babylon oder Minimalismus sind Jan Svenungssons Schornsteine vielleicht aber doch nicht. Beinhaltet es doch einige Chuzpe, einen Schornstein in die Landschaft zu stellen. Manche finden es einfach amüsant sinnlos, andere freuen sich über die Verärgerung einiger Spießbürger, und am Ende läßt sich auch noch herrlich darüber streiten. Da kommt für alle Seiten Freude auf – und welches Kunstwerk kann es schon sowohl mit dem träumerisch romantischen Surrealismus als auch mit dem pragmatischen Minimalismus aufnehmen?

becomes, just as the industrial monuments arising in many places do, a location for memory and research. Because it is disturbing, the work of art *Schornstein* can open up discussions and investigations whose intellectual or sociological inquiry can be interpreted as a sign of a new way of thinking and working. It marks the step from the age of industry to the age of information, from the smoking chimneys to the smoking heads.

In this age of information driven by dot.coms and shareholder values, however, the fantastical, the unusual, the unreal which cannot be calculated in numbers, the surreal do not usually get their fair share. What is remarkable is that it is precisely the chimney stack which turns up again and again in the fantastical and surreal paintings of the beginning of the century, whether in René Magritte's paradoxical dream images or on Giorgio de Chirico's abandoned plazas. With their tendency towards the phallic, with their proud, smoking pose reaching up into the sky, chimney stacks are charged with multiple meanings which go beyond the Freudian manner of interpretation. This, along with the fact that Jan Svenungsson has translated de Chirico's novel *Hebdomeros* into Swedish, demonstrates the artist's interest in Surrealism. Through the provocative, irrational act of building the chimney stack, Jan Svenungsson can on the one hand ring in a new age of the non-smoking chimney stack and, at the same time, articulate poetic criticism of a society which is becoming more and more rational.

The fact that the height of the chimney stacks is respectively increased by one meter can be interpreted as a criticism of the building contractors' ambition to always aim higher than the highest extant structure. A spectacle without end, one which in 1997 reached its temporary Babylonian pinnacle with the 452 meter high, one million square meter Petronas Towers in Kuala Lumpur, Malaysia. Higher, faster, further – not as an Olympian challenge, but rather as a marketing end in itself on the part of megalomaniacal building contractors and governments.

But perhaps Jan Svenungsson's chimney stacks are not as seriously intended as the discussion about sex, marketing, Babylon or Minimalism. It takes a lot of chutzpah to put a chimney stack in a landscape. Some find it amusingly meaningless, others are happy about the annoyance posed to some Philistines, and in the end, it is possible to have wonderful arguments about it all. There Is some fun in it for everyone – and what work of art is a match both for dreamy, romantic Surrealism and pragmatic Minimalism?

Translation: Andrea Scrima

Jan Svenungsson

Schornstein / Chimney, 1992, neben dem / beside the Moderna Museet, Stockholm

Schornstein / Chimney, 1995, Kotka, Finnland / Finland

Schornstein / Chimney, 1999, Norrköping, Schweden / Sweden

Lois Weinberger „... unbestimmtes Ereignis an unbestimmtem Ort“ “... indeterminate event at an indeterminate location”

Jens Asthoff

Am Wegrand abgelegtes Ei nennt Lois Weinberger seinen Beitrag zur *Skulptur-Biennale Münsterland 2001*. Wer zunächst nur diesen Titel hört und zudem vielleicht noch eine gewisse Vorstellung von Weinbergers disparat offenen, auf permanente Entwicklung hin angelegten Arbeiten in „Randzonen des Wahrgenommenen" mitbringt, mag sich darunter manches vorstellen – vermutlich nicht zuerst die einigermaßen groteske Dimension, in der das monolithische Objekt seinen Titel erfüllt. Kein Zaunkönig, der hier einen ungewöhnlichen Brutplatz bezogen hätte. Weithin sichtbar in einem Stück flacher Münsterländer Landschaft liegend, ist dieses Ei nicht irgendein Ei, sondern vor allem eine nicht zu übersehende Skulptur, die ihr natürliches Vorbild mit einer Länge von 1,70 m lapidar ins beiläufig Monströse übersetzt. Aus wasserdichtem, eierschalfarbenem, poliertem Beton gegossen, liegt sie ohne sichtbares Fundament im Gras: ein übernatürlich wirkendes, gigantisches Vogelei. Am Rand eines jener regional typischen, schier unendlich geradeaus- und langgestreckten Rad- und Wanderwege positioniert, ist es bereits von weitem zu erkennen. In der vom Weg her vorgegebenen Blickführung zieht es wie ein Fremdkörper in der Umgebung die Aufmerksamkeit auf sich, eine Wegmarke, die man unweigerlich schon im Blick hat, während man sich ihr noch lange nähern muß. Das Objekt, so lakonisch in offenem Gelände *abgelegt* als sei die zugehörige Henne

Lois Weinberger has named his contribution to the *Sculpture Biennial Münsterland 2001*: *Am Wegrand abgelegtes Ei* (*Egg Laid by the Wayside*). Those who hear only this title and perhaps also have some concept of Weinberger's disparately open works, aimed at permanent development, within the "peripheral zones of the perceived", may imagine many things – but probably will not arrive, straight away, at the rather grotesque dimension within which the monolithic object complies with its title. This was certainly no wren which settled in an unusual place to incubate. Visible for a great distance within an area of flat landscape in the Münsterland, this egg is not just any old egg, but primarily a sculpture which cannot be overlooked, one which – at a length of 1.70 m – concisely translates its natural model into the casually monstrous. Cast in water-tight, eggshell-coloured, polished concrete, it lies in the grass without any visible foundation: the effect is that of a supernatural, gigantic bird's egg. Positioned by the side of one of those seemingly endless, completely straight stretches of cycle and public footpath so typical of the region, it is already noticeable from quite some distance. In the direction of our gaze, predetermined by the path, it draws attention to itself like a foreign body within these surroundings, a wayside marking which one inevitably has in one's sights whilst still some distance away from it. As a result of the relation between dimension and setting, this object, so casually *laid* in the open terrain, as if the hen belonging to it could not be far off, develops both comical and threatening features – half a symbolic statue, half an apparently real absurdity.

Lois Weinberger
Am Wegrand abgelegtes Ei / Egg Laid by the Wayside, 2000, Projekt für die / project for the *Skulptur-Biennale*, Photomontage

nicht weit, entwickelt am Verhältnis von Dimension und Plazierung zugleich komische wie latent bedrohliche Züge – halb symbolhaftes Standbild, halb real anmutende Absurdität.

Eine Ambivalenz, die durch die akustische Dimension des Werks noch zugespitzt ist: Während man es von Ferne aus bereits sieht, nimmt man erst irgendwann aus relativer Nähe auch Geräusche wahr, die aus dem Objekt nach außen dringen. Neben ihrer optischen Präsenz im überschaubaren Raum prägt die Arbeit so auch einen engeren akustischen Hof aus, der erst nur unterschwellig ins *normale* Naturgeräusch hineinreicht, es aus der Nähe aber schließlich dominiert und so den Charakter des Objekts als Fremdkörper hervorhebt, es als einen Raum eigener und ungewisser Entwicklung deutend unterstreicht. Die Geräusche aus dem Innern wirken befremdlich, undefinierbar, wohl auch, weil es keine Naturlaute im herkömmlichen Sinn des Wortes sind. Man meint, im Ineinanderfließen und Sichtrennen der Klänge menschliche, animalische und auch künstlich erzeugte Geräusche herauszuhören; identifizieren lassen sich die Töne indes nicht. Es sind, so Weinberger, „Originalaufnahmen eines unbestimmten Ereignisses an einem unbestimmten Ort"[1], die als dynamisches Gemenge auch einen unklar bedrohlichen Eindruck hinterlassen. „Sie entsprechen der Ambivalenz und der Noch-Ungeklärtheit des Ei-Zustandes: präzise, jedoch nicht ortbar." Mit einem solchen assoziativen Cluster besetzt Weinberger die Metapher des Eis ausdrücklich in einem universellen Sinn: als Bild „eines Urzustands der Natur".[2] In gerichteter Offenheit entsteht so ein Gebilde von permanenter Tendenz: Etwas sich Ankündigendes; etwas, das sich darin erhält, auf ungewisse Art sein deutliches Bestimmtsein auszudrücken.

Im Vergleich etwa zu Weinbergers prozessual orientierten Arbeiten mit Vegetation scheint *Am Wegrand abgelegtes Ei* auf Anhieb statischer, und damit stärker symbolhaft, metaphorisch ausgerichtet zu sein. Tatsächlich geht diese Arbeit ja von einer klar gefaßten Werkform aus, die in sich keine offene Entwicklung impliziert, was für viele andere seiner Arbeiten, etwa solche mit ruderalen (auf Brachland wachsenden) Pflanzenkulturen, ja gleichermaßen Form und Thema ist. Das Keimende, das Tendenzielle, das latent Unkontrollierbare und Überschreitende wird in dieser durchgehend künstlichen, quasi bloß auf den Betrachter hin ausgerichteten Versuchsanordnung aber deshalb auch zu einer ganz anderen Art von

This is an ambivalence which is heightened by the acoustic dimension of the work: whilst one is already able to see it from some distance, only when one is relatively close does one hear the noises being produced from within the object. As well as its optical presence within a clearly defined area, therefore, in this way the work also shapes a narrower, acoustic halo. At first, this only extends subliminally into the *normal* sounds of nature, but close by it ultimately dominates, so emphasising the object's character as alien, underlining it as a sphere signifying its own, uncertain development. The noises from within have an alienating effect, they are impossible to define, probably this is also due to the fact that they are not natural sounds in the traditional sense of the word. One has the feeling that in the merging and separating of the sounds one is able to hear human, animal and also artificially produced noises; but the individual tones do not allow themselves to be identified. According to Weinberger, they are "original recordings of an indeterminate event at an indeterminate location"[1], a dynamic mixture which leaves behind a strangely threatening impression. "They correspond to the ambivalence, to the – as yet – indefinite state of the egg: precise, but impossible to locate." By using such an associative cluster, Weinberger expressly loads the metaphor of the egg in a universal sense: as the image "of an original state in nature".[2] In this way, a configuration of permanent tendency evolves within focused openness: something which announces itself; something which preserves itself by expressing clear purpose, but in an indefinite manner.

By comparison, for example, to Weinberger's process-oriented works using vegetation, *Am Wegrand abgelegtes Ei* appears more static at first glance, and in this way more symbolic, more metaphorically focused. Indeed, the piece does start out from a clearly set work form, which implies no open development in itself, something which is both form and theme of many of his other works – for example those with ruderal growth (on fallow land) of plant cultures. In this experimental set-up – which is entirely artificial, and, it seems, only directed at the observer – the sprouting, the tendentious, yet what is latently impossible to control and excessive, turns into a completely different kind of image: By contrast to the artificial treatment of living matter, here the statue-like nature of the conserved acoustics (a loop, if one listens for long enough) is able to consistently realize the moment of lastingly staged tendency – a state of becoming, as it were, which never becomes, but goes on describing the becoming. Incidentally, the form of the work –

Lois Weinberger
Brennen und Gehen / Burning and Walking, 1993, im Rahmen von / for the exhibition *Szene Salzburg*, Salzburg / Austria

Lois Weinberger

Garten / Garden, 1999, Sozial- und Wirtschaftswissenschaftliche Universität Innsbruck

Bild: Anders als beim künstlerischen Umgang mit Lebendigem kann hier das Statuarische der akustischen Konserve (ein Loop, wenn man lange genug zuhört) das Moment von auf Dauer gestellter Tendenz konsequent realisieren – sozusagen ein Werden, das nicht wird, sondern Werden beschreibt. Die für Weinbergers Arbeit vergleichsweise geschlossene Werkform kann dann im übrigen mit der Nonchalance ihres Brancusi-Gestus wie nebenbei auch traditionelle Erwartungen an eine Skulptur Biennale bedienen, um diese dann auf akustischer Ebene wieder zum Absturz zu bringen. Der radikale (und eigentlich auch komische) Aspekt dieser Arbeit liegt aber wohl zuletzt in der Paradoxie, hier so etwas wie ein *Denkmal für das Tendenzielle*, also für die latente Instabilität von Ordnung(en), zu errichten.

Damit ist auf bildhafter Ebene sehr konzentriert ein durchgängiger Aspekt in Weinbergers Arbeit berührt: Die Unsichtbarkeit von Emergenz, die langsam wuchernde Plötzlichkeit des Neuen, auch dessen Unkontrollierbarkeit, daraus abgeleitet die Frage nach Grenzziehungen in Zuschreibung von Natur und Kultur. Hier läßt sich Weinbergers Arbeit eher als Haltung denn über bestimmte Themen oder einen formalen Stil begreifen. Um Entwicklungen im Moment ihrer spezifischen Unschärfe zu erfassen, versucht er seine Arbeit stets auf einem Grat von *Tun* und *Werden lassen* anzusiedeln; „präzise Achtlosigkeit" nennt er das gelegentlich

which, for Weinberger, is comparatively self-contained – can also meet up to traditional expectations from a sculpture biennial with the nonchalance of a Brancusi gesture, in order to disappoint these again on the acoustic level. But the radical (and actually also the comical) aspect of this work probably lies in the paradox of having erected something like a *memorial to the tendentious* here, that is, to the latent instability of order(s).

On a pictorial level, this touches – in very concise way – upon a universal aspect of Weinberger's work: the invisibility of emergence, the slowly growing, sudden quality of the new, and also the impossibility of controlling it. Leading from this, there is also the question of how to draw the boundaries when ascribing to nature or culture. In this respect, Weinberger's work can be understood as an attitude rather than as an examination of specific themes or a formal style. In order to capture developments at the moment of their specific lack of definition, he always attempts to locate his work on a thin line between *doing* and *letting happen*; sometimes he refers to this as *precise carelessness*. Weinberger's artistic praxis of *poetic-political field work* aims to keep this distance and difference open; it aims to reveal, to be "attentive and at the same time indifferent, passionate and distant. To create contradictions and leave frictions unresolved. To accept coincidences without just going with the flow."[3] In a similar way to a garden he has completed, to his practice of plant transfer into *alien territories* or the ruderal area cultivated with exactly that "precise carelessness", *Am Wegrand abgelegtes Ei* is also "a container and a protective space for the not formulated, that which finds itself in a volatile, constantly altering condition."[4]

Weinberger works on the "not formulated" – something invisible, just before it becomes visible. And so he also works on the question: how is it formulated?

selbst. Weinbergers künstlerische Praxis einer *poetisch-politischen Feldarbeit* will diesen Abstand und diese Differenz offenhalten, offenlegen, will „aufmerksam sein und gleichgültig, leidenschaftlich und distanziert. Widersprüche erzeugen, Friktionen belassen. Zufälle akzeptieren, ohne sich treiben zu lassen."[3] Nicht anders als ein von ihm durchgearbeiteter Garten, seine Praxis des Pflanzentransfers in *fremde Territorien* hinein oder das in eben jener „präzisen Achtlosigkeit" gehegte Ruderal ist auch *Am Wegrand abgelegtes Ei* „... Hülle und Schutzraum für nicht Formuliertes, das sich in einem flüchtigen, sich immerwährend veränderlichen Zustand befindet."[4]

Weinberger arbeitet am „nicht Formulierten" – einem Unsichtbaren, knapp bevor es in die Sichtbarkeit herüberwächst. Und so auch an der Frage: wie wird es formuliert? Was schreibt sich ein ins Natürliche, während es für uns dazu wird? Er begreift Naturprozesse als etwas, in das Kultur längst schon hineinreicht, mit ihnen verwoben, insofern auch Teil ihrer selbst ist. Auch jenes *Ei* ist deshalb, wie Weinberger es nennt, „eine Keimzelle des Entstehens, implizierend die Möglichkeiten, welche es zu lenken gilt". Ungelenkte, eben unberührte Natur sei für den Menschen gar nicht existent, sie verflüchtige sich im ersten Moment ihres Erfaßtseins. Was zu ihrer Beschreibung bleibt, sind für Weinberger deshalb „Varianten des Indifferenten / des Fernen und Künstlichen."[5] Die Grenze zwischen Natur und Kultur, Natur und Kunst zieht er dabei quer zu einer anthropozentrischen Naturauffassung. Seine Arbeit entwickelt sich in Formen, die „einen naturresistenten Kunstbegriff ebenso wie einen apolitischen Naturbegriff"[6] unterminieren. Weinberger sucht dabei „eine Parallele / ein Gegenüber zum Bild der sichtbaren Natur / in der eine Blume nicht nur so grell leuchtet wie ein Ketchupbehälter, sondern auch ein Ketchupbehälter sein kann / ... wobei dies nicht als Beispiel einer künstlerischen Praktik stehen soll / sondern für das Verlassen eines Standortes der scheinbar so wetterfesten Mitte / mit ihren festen Regeln vom Zentrum / dem Außerhalb und des Anderen."[7]

Die ans Groteske grenzende Künstlichkeit, in der *Am Wegrand abgelegtes Ei* den Inbegriff vielleicht einer natürlichen Mitte des Entstehens – das Ei – paraphrasiert, wendet eben dieses Bild von der Mitte ins Offene. Aus dem Zentrum gerückt ist es vollkommen hermetisch; was gärt, bleibt unverstanden. Sein Innen ist ein Ort des Außerhalb. Ein anderes Zentrum, mit dem Weinberger hier konfrontiert, wie um „dem Ausufernden eine Sprache zu geben".[8]

1 Wenn nicht anders bezeichnet, stammen die Zitate wie dieses aus der Projektskizze von Lois Weinberger.
2 Lois Weinberger in einer E-Mail-Mitteilung an den Autor.
3 Stella Rollig, *Möglichkeiten von Differenz*, in: *Lois Weinberger – Verlauf / Drift*, Kat. Museum moderner Kunst Stiftung Ludwig Wien 2000, S. 46.
4 Lois Weinberger in der Projektskizze.
5 Lois Weinberger, *Das Verlassen der Gärten*, in: *Kunstforum*, Bd. 145, Mai–Juni 1999, S. 230.
6 Information im Internet zu *Lois Weinberger – Verlauf / Drift*, Ausst. im Museum moderner Kunst Stiftung Ludwig Wien, 10.3.–24.4.2000.
7 Lois Weinberger, *Das Verlassen der Gärten*, a.a.O., S. 230.
8 Sabine B. Vogel, *Dynamische Qualitäten*, in: *Lois Weinberger – Verlauf / Drift*, a.a.O., S. 26.

What is written into the natural whilst it is in the process of becoming so for us? He sees natural processes as something into which culture has already extended for a long time, culture as interwoven with them, and inasmuch also a part of them. For that reason, that *Egg* too is "a germ cell of emergence, implicating possibilities which we must guide" – the phrase with which Weinberger refers to it. Nature which is untouched, is not guided, does not exist for mankind – it evaporates during the first moment in which it is recorded. According to Weinberger, therefore, the remaining possibilities to describe it are "the variations of the indifferent / the distant and artificial."[5] Here he draws the boundary between nature and culture, nature and art in a different direction to the anthropocentric view of nature. His work develops in forms which undermine "both a nature-resistant concept of art and an apolitical concept of nature".[6] Weinberger seeks "A parallel / a counter-picture to visible nature / in which a flower is not only as brillant as a plastic ketchup bottle but can even be a plastic ketchup bottle / ... which is not intended to be an example of an artistic practice / but of abandoning the ostensibly unassailable middle position / with its firm rules of center / periphery and the entirely different."[7]

The artificiality bordering on the grotesque with which the *Am Wegrand abgelegtes Ei* paraphrases the epitome of a perhaps natural centre of development – the egg – opens out precisely this image of the centre. Shifted out of the centre, it is completely hermetic; what is fermenting continues to be not understood. Its interior is a place belonging to the outside. It is a different centre with which Weinberger confronts us here, as if "to lend expression to something that exceeds its boundaries."[8]

1 When not otherwise marked, the quotations like this one come from Lois Weinberger's project outline.
2 Lois Weinberger in an e-mail to the author.
3 Stella Rollig, *The Capacity of Difference*, in: *Lois Weinberger – Verlauf / Drift*, cat. Museum of Modern Art, Ludwig Foundation Vienna 2000, p. 214.
4 Lois Weinberger in the project outline.
5 Lois Weinberger, *Present Time Space – Hiriya Dump*, in: *Lois Weinberger – Verlauf / Drift*, ibid. p. 250.
6 Information in the Internet on *Lois Weinberger – Verlauf / Drift*, exhib. in Museum of Modern Art, Ludwig Foundation Vienna, 10.3–24.4.2000.
7 Lois Weinberger, *Present Time Space – Hiriya Dump*, in: *Lois Weinberger – Verlauf / Drift*, ibid. p. 249.
8 Sabine B. Vogel, *Dynamic Qualities*, in: *Lois Weinberger – Verlauf / Drift*, ibid., p. 205.

Translation: Lucinda Rennison

MITTELLANDKANAL
Huckberg
B e r g e
h ö
Bergeshöveder B
IB-K 38
DORTMUND-EMS-KANAL

Biographien der Künstler

Biographies of the Artists

Roland Boden

1962 geboren in Dresden, Deutschland; lebt in Dresden und Berlin.

Roland Boden handelt als „virtueller Bauingenieur". Mit Modellen, digital modifizierten Photographien, Plänen, Computersimulationen oder Videos stellt er seine architektonischen Systeme vor. Diese gründen auf einer umfassenden Recherche historischer und aktueller Wohngewohnheiten und deren gesellschaftlichen Bedingungen. Ausgangspunkt für die Entwicklung seiner Wohn- und Schutzelemente ist die Beobachtung des Konflikts als Basis menschlichen Verhaltens – sei es in Form von alltäglicher Gewalt, Krieg oder aggressiv verfolgtem Fortschritt. Dafür hat Boden eine *Agentur für räumlich-zeitliche Eingriffe* (mit Peter Lang) und das international agierende *Institut für Subreale Urbanistik* gegründet. Boden erstellt Module mit wehrhaftem Charakter, variabel nutzbare Schlaf- und Verteidigungscontainer. Ironisch wandelt er z.B. die kleinbürgerliche Sehnsucht nach Behaglichkeit im trauten Heim in reihenweise aufgestellte Boxen mit fortifikatorischem Charakter um (*Volksheim*, 1998). Mit der Situierung von *Erscheinungen paralleler Realitität*, minimalistisch organisierten, virtuellen Bauelementen auf innerstädtischen Plätzen, in Industriebrachen oder Fertighaussiedlungen, wird die Unwirtlichkeit der Städte auf die Spitze getrieben. Boden bezeichnet sich in diesem Sinne als „Versteppungsexperte". Der Urbanität unserer immobilen Gesellschaft mit ihrer nur temporär verfolgten Mobilität (Stichwort: „Mobilmachung") werden nomadische Einheiten extrem technischen Aussehens implantiert.

Wichtige Ausstellungen: *THE THING BETWEEN*, Technische Sammlung, Dresden 1995 (Konzept und Organisation: Roland Boden). *Vitale Module*, Städt. Galerie Plauen; Galerie Rähnitzgasse Dresden; Kunstverein Ludwigshafen; Galerie Avangarda Wroclaw, Polen 1997. *city index*, Kunsthaus Dresden 2000. *borderline syndrome, Manifesta 3*, Ljubljana 2000.

Born 1962 in Dresden, Germany; lives in Dresden and Berlin.

Roland Boden acts as a "virtual civil engineer". He presents his architectonic systems with models, digitally modified photographs, plans, computer simulations or videos. The systems are based on extensive research into historical and current living habits and their social conditions. The starting-point for the development of his living and protective elements is the observation of conflict as the basis of human behaviour – whether in the form of everyday violence, war or the aggressive pursuit of progress. To further his research, Boden has set up the *Agentur für räumlich-zeitliche Eingriffe (Agency for spatial and temporal Interventions*, with Peter Lang) and the *Institut für Subreale Urbanistik (Institute for Sub-Real Urban Studies*) which operates internationally. Boden constructs modules with a defensive character, containers that can be variably used for sleeping and defence. He ironically transforms e.g. the petit-bourgeois longing for familiar home comforts into rows of boxes that look like fortifications (*Volksheim*, 1998). He takes the desolation of cities to extremes by situating *Erscheinungen paralleler Realität* (*Manifestations of parallel Reality*) – minimally organised, virtual construction units – in inner-city squares, disused industrial sites or pre-fab housing estates. In this context Boden describes himself as an "expert on the transformation into steppes". Nomadic units of an extremely technical appearance are implanted into the urbanity of our immobile society with its merely temporarily pursued mobility (catchword: "mobilization").

Important exhibitions: *THE THING BETWEEN*, Technische Sammlung, Dresden 1995 (concept and organization: Roland Boden). *Vitale Module*, Städt. Galerie Plauen; Galerie Rähnitzgasse Dresden; Kunstverein Ludwigshafen;

Wichtige Kataloge: *Roland Boden, Systeme höherer Vernunft*, Galerie Schuster, Frankfurt / M., Dresden 1997. *Roland Boden, plutonics//boxes, Interventionen im Stadtraum*, Dresdner Bank AG, Frankfurt/M. 2000.

Galerie Avangarda Wroclaw (Poland) 1997. *city index*, Kunsthaus Dresden 2000. *borderline syndrome, Manifesta*, Ljubljana 2000.

Important catalogues: *Roland Boden, Systeme höherer Vernunft*, Galerie Schuster, Frankfurt/Main, Dresden 1997. *Roland Boden, plutonics//boxes, Interventionen im Stadtraum*, Dresdner Bank AG, Frankfurt / Main 2000.

Dagmar Demming

1951 geboren in Greifswald, Deutschland; lebt in Oslo, Norwegen.

Dagmar Demming arbeitet mit Photographie und Video, mit dem objet trouvé und Klang, mit Sprache und Bild. Sie betreibt Forschungen über Dialekte und Sprachkonventionen, über Sprache als Ausdruck von kulturellen und sozialen Prägungen sowie als Mittel der Kontrolle und der Selbstdarstellung. Der Einbezug von Klang und Geräusch in Demmings Installationen führt vom rein Visuellen weg. Präsentiert werden die Ergebnisse ihrer orts- und zeitbezogenen Recherche in Installationen, die nüchtern technisch ein Feld einnehmen, das die Inhalte nicht äußerlich abbildet, doch eine konzentrierte Atmosphäre schafft. Der immaterielle Ton erlangt eine raumgreifende Präsenz, und das Werk wird zu einer körperlich-akustischen Erfahrung für den Betrachter. Auch anhand von Bildern, Objekten, statischer und temporärer Architektur führt Demming Untersuchungen zu Ästhetik und Herrschaft durch, insbesondere über deren Auswirkungen in der DDR und BRD. *Zwischen 5 und 21 Uhr ...* (1993) ist beispielsweise ein Raum betitelt, der sich auf die Zellen des Stasi-Gefängnisses Potsdam bezieht. Und in einer fünftägigen Performance hat sie sich in Dresden-Hellerau (1995) ein notdürftiges Quartier zusammengebaut und wie eine Obdachlose darin gelebt. Demmings Arbeit kreist immer wieder um Ideologien und Einflüsse und die durch diese ausgelösten Orientierungskonflikte.

Wichtige Ausstellungen: *Echtzeit*, Museum für Gegenwartskunst, Oslo 1992. *Fontanelle, Kunst in x Zwischenfällen*, Kunstspeicher Potsdam 1993. *Für Lidice, 52 Künstler aus Deutschland*, Museum der schwarzen Mutter Gottes, Prag 1997; Staatliches Museum Schwerin 1998; Fridericianum, Kassel 1999. *Dagmar Demming*, Projekraum II, Künstlerhaus Oslo 1999.

Wichtige Kataloge: *dazwischen*, Centre à Brochette, Brüssel; Kunstgalerie Gera; Haus am Waldsee, Berlin 1995. *Dagmar Demming*, Galerie von der Tann, Berlin 1992. *Leiblicher Logos, 14 Künstlerinnen aus Deutschland*, Staatsgalerie Stuttgart 1995. *Treibsand, M-V Szene in Bewegung*, Staatliches Museum Schwerin 1996. *Kunst im ARD-Hauptstadtstudio*, Berlin 1999.

Born 1951 in Greifswald, Germany; lives in Oslo, Norway.

Dagmar Demming works with photography and video, with the objet trouvé and sound, with language and the image. She carries out research into dialects and linguistic conventions, into language as an expression of cultural and social characteristics and as a means of control and self-portrayal. The inclusion of sound and noises in Demming's installations leads away from the purely visual. Her exhibitions are based on researches into the local features of the particular region. The results are presented in installations which, in a sober, technical way, occupy an area which does not reproduce the content externally, but creates a concentrated atmosphere. The immaterial sound receives spatial presence, and the work becomes a physical, acoustic experience for the viewer. On the basis of images, objects, static and temporary architecture, Demming also carries out investigations into the complex of aesthetics and power, especially into their consequences in the GDR and the FRG. *Zwischen 5 und 21 Uhr ...* (*Between 5 a.m. and 9 p.m. ...*, 1993) is the title of a room referring to the cells of the Stasi prison in Potsdam. During a five day performance in Dresden-Hellerau (1995), she constructed a primitive shelter and lived in it like one of the homeless. Demming's work repeatedly revolves around ideologies and influences, and around the conflicts of orientation triggered by these.

Important exhibitions: *Echtzeit*, Museum of Contemporary Art, Oslo 1992. *Fontanelle, Kunst in x Zwischenfällen*, Kunstspeicher Potsdam 1993. *Für Lidice, 52 Künstler aus Deutschland*, Museum of the Black Madonna, Prague 1997; Staatliches Museum Schwerin 1998; Fridericianum, Kassel 1999. *Dagmar Demming*, Projektraum II, Künstlerhaus Oslo 1999.

Important catalogues: *dazwischen*, Centre à Brochette, Brussels; Kunstgalerie Gera; Haus am Waldsee, Berlin 1995. *Dagmar Demming*, Galerie von der Tann, Berlin 1992. *Leiblicher Logos, 14 Künstlerinnen aus Deutschland*, Staatsgalerie Stuttgart 1995. *Treibsand, M-V Szene in Bewegung*, Staatliches Museum Schwerin 1996. *Kunst im ARD-Hauptstadtstudio*, Berlin 1999.

Kendell Geers

Im Mai 1968 geboren; lebt momentan in London, England und Leipzig, Deutschland.

Kendell Geers bleibt in kritischer Distanz zum institutionellen Apparat. Die Erfahrung von Kolonialismus und dessen Niederschlag in Bildern und Verhaltensmustern bilden den Hintergrund für seine provokativen Arbeiten. Seine Biographie verflicht er mit der politischen und der Kunstgeschichte: Sein angenommenes Geburtsjahr 1968 fällt mit den Todesdaten von Marcel Duchamp und Martin Luther King zusammen. Geers' Installationen sprechen eine deutliche Sprache und rufen das Gefühl von Gefahr hervor. Es geht ihm um eine Erfahrung von Kunst als einer exzessiven, den Betrachter nicht in Ruhe lassenden Realität. 1999 läßt Geers die Galerie für Zeitgenössische Kunst in Leipzig von der Bundeswehr mit Widerhakensperrdraht abriegeln. Im MAK in Wien hängt er in einer Reihe 60 geöffnete Leichensäcke an die Wände, deren funktionales Design aus orangefarbenem PVC auch Assoziationen zu seriellen Arbeiten und Materialskulpturen der sechziger und siebziger Jahre zuläßt (*Song of the Pig*, 2000). In seiner Videoinstallation *Medusa Dreaming* (1999/2001) klappern enthäutete Köpfe zu technoidem Lärm mit den Zähnen. Laut Geers hat die Kunst weit wirksamer als die Politik die Möglichkeit, ideologische Konstruktionen emphatisch in Frage zu stellen.

Wichtige Ausstellungen: *Kendell Geers, Timbuktu*, MAK, Wien 2000. *Kendell Geers, Televisionaries*, Württembergischer Kunstverein Stuttgart; Delfina Project Space, London 2001. *The Short Century*, Museum Villa Stuck, München; Martin-Gropius-Bau, Berlin 2001.

Wichtige Kataloge: *Inklusion : Exklusion. Versuch einer neuen Kartografie der Kunst im Zeitalter von Postkolonialismus und globaler Migration*, Hg.: Peter Weibel, *Steirischer Herbst*, Graz 1996. *Kendell Geers, States of Emergency*, Wiener Secession 1999.

Born May 1968; currently lives in London, England and Leipzig, Germany.

Kendell Geers maintains a critical distance to the institutional setup. His provocative works are informed by the experience of colonialism and its expression in images and behaviour patterns. He interweaves his biography with political and art history: the adopted year of his birth, 1968, is the year Marcel Duchamp and Martin Luther King died. Geers' installations speak a clear language and evoke the feeling of danger. He is interested in an experience of art as an excessive reality that does not leave the viewer unaffected. In Leipzig Geers had the Galerie für Zeitgenössische Kunst (Gallery of Contemporary Art) in 1999 cordoned off by the German army with barbed wire. In MAK (Museum für Angewandte Kunst) in Vienna he hung 60 open body sacks in a row on the walls; their functional design in orange PVC invites associations with serial works and material sculptures of the sixties and seventies (*Song of the Pig*, 2000). In his video installation *Medusa Dreaming* (1999/2001) flayed heads rattle their teeth to the sound of technoid noise. According to Geers, art can be much more effective than politics in emphatically questioning ideological constructs.

Important exhibitions: *Kendell Geers, Timbuktu*, MAK, Vienna 2000. *Kendell Geers, Televisionaries*, Württembergischer Kunstverein Stuttgart; Delfina Project Space, London 2001. *The Short Century*, Museum Villa Stuck, Munich; Martin-Gropius-Bau, Berlin 2001.

Important catalogues: *Inklusion : Exklusion. Versuch einer neuen Kartografie der Kunst im Zeitalter von Postkolonialismus und globaler Migration*, ed.: Peter Weibel, *Steirischer Herbst*, Graz 1996. Kendell Geers, *States of Emergency*, Secession Vienna 1999.

Geng Jianyi

1962 geboren in Zhengzhou, Provinz Henan, China; lebt in Hangzhou, China.

Geng Jianyi wurde international bekannt mit Ölbildern von übergroßen, fratzenhaft lachenden Gesichtern, mit denen er auf die offizielle Tadelung seiner Abschlußarbeit an der Akademie Zhejiang 1985, wo er zwei Darstellungen von ernsten Paaren gezeigt hatte, reagierte. Geng Jianyi untersucht das akademische Regelwerk sowie gesellschaftliche Normsetzungen und nutzt dafür Strategien der Conceptual Art. In spielerischen Versuchsanordnungen bezieht er das Publikum ein und politisiert die private Begegnung. Dabei ironisiert er in China übliche Prinzipien der politischen Erziehung und

Born 1962 in Zhengzhou, Henan Province, China; lives in Hangzhou, China.

Geng Jianyi became internationally famous with oil paintings of grotesque, larger-than-life laughing faces – his reaction to the official reprimand of his graduation work at Zhejiang Academy in 1985, where he had shown two depictions of serious couples. Geng Jianyi investigates academic rules and the establishment of social norms using strategies from conceptual art. His playful experimental set-ups involve the public and politicize private encounters, taking an ironic approach to the customary principles of political education and

Selbstbezichtigung. So verschickte er 1988 anläßlich der Ausstellung *China Avantgarde* offiziell aussehende Formulare an Kollegen, in denen er neben der Beantwortung von Standardfragen auch sehr persönliche Auskünfte verlangte. In Collagen, Installationen, mit den Mitteln der Malerei oder der Befragung geht Geng Jianyi den Bedingungen der Definition unserer Identität auf den Grund (z.B.: Top Water Factory: *A Mutually Voyeuristic Installation*, 1987; *Proof of Existence*, 1994). Seine Video-Arbeiten behandeln das Thema „Sehen", wobei Bild und Ton auseinanderfallen (*A Complete Word*, 1996; *The Direction of the Vision*, 1996). Daneben betreibt er in den neunziger Jahren die Dekontextualisierung von alltäglichen Objekten.

Wichtige Ausstellungen: *China-Avantgarde*, National Gallery, Peking 1989, *China-Avantgarde*, Haus der Kulturen der Welt, Berlin, danach: Rotterdam, Oxford, Odense 1993–94. *Geng Jianyi, Impossible to Name*, ShanghART, Shanghai 1999.

Wichtige Kataloge und Bücher: Michael Sullivan, *Art and Artists of Twentieth Century China*, Berkeley/Los Angeles 1996. *Cities on the Move*, Hg.: Hans-Ulrich Obrist und Hou Hanru, Wiener Secession 1997. *Global Conceptualism: Points of Origin, 1950s–1980s*, Queens Museum of Art, New York 1999.

self-accusation in China. For his contribution to the exhibition *China-Avantgarde* in 1988 he sent official-looking forms to colleagues that not only asked standard questions but also requested highly personal information. In collages, installations, using methods from painting or questionnaires Geng Jianyi explores the conditions of definition of our identity (e.g. *Top Water Factory: A Mutually Voyeuristic Installation*, 1987; *Proof of Existence*, 1994). His video works deal with the theme "seeing", with pictures and sound out of synchronization (*A Complete Word*, 1996; *The Direction of the Vision*, 1996). In the eighties he also worked on decontextualization of everyday objects.

Important exhibitions: *China-Avantgarde*, National Gallery, Peking 1989. *China-Avantgarde*, Haus der Kulturen der Welt, Berlin, then Rotterdam, Oxford, Odense 1993–94. *Geng Jianyi, Impossible to Name*, ShanghART, Shanghai, 1999.

Important catalogues and books: Michael Sullivan, *Art and Artists of Twentieth Century China*, Berkeley/Los Angeles 1996. *Cities on the Move*, ed. Hans-Ulrich Obrist and Hou Hanru, Secession Vienna 1997. *Global Conceptualism: Points of Origin, 1950s–1980s*, Queen's Museum of Art, New York 1999.

Kalle Grude

1946 geboren; lebt in Oslo, Norwegen.

Kalle Grude arbeitet situativ und systematisch. Er bettet seine Werke immer in größere Ordnungs- oder Kommentarzusammenhänge ein. 1992 hat er z.B. neun *Maschinenzeichnungen* durch am Boden robbende Spielzeugsoldaten ausführen lassen, in deren Knie und Ellbogen Tintenpatronen eingebaut waren. Dadurch, daß die Soldaten jeweils mit einer Schnur in der Mitte eines Blattes befestigt waren, entstanden in den 100 Stunden der Aktivität sich verdichtende Kreise. Darauf wurden neun „Spezialisten" mit der Interpretation der Zeichnungen beauftragt (wie z.B. die Militärakademie, die Institute für Medien und Kommunikation, Kunstgeschichte, systematische Theologie etc.). Die Antworten wurden mit den Zeichnungen ausgestellt. 1996 nahm er mit *Taiwan Universe* Teile dieser Arbeit monumentalisiert wieder auf. Grude baute mehrfach Pulverisierungmaschinen und erstellte z.B. bei *Things II*, 1994, ein ausführliches *Powder Archive* von zuvor dokumentierten, persönlichen Gegenständen, bereichert durch eine philosophische und eine psychologische Interpretation. Er variierte die *Powder Machine* mit *Closed Circulation* bei einem zweimonatigen Aufenthalt in der ehemaligen Textilmühle der Bomulds-

Born 1946; lives in Oslo, Norway.

Kalle Grude works situationally and systematically. He always imbeds his works into larger contexts of order and commentary. In 1992 he had nine *Machine Drawings* produced by toy soldiers crawling over paper on the floor and that had ink cartridges inserted in their knees and elbows. The soldiers were each attached with a string to the middle of a sheet of paper, and over the course of a hundred hours of activity, dense circles were formed. Following this, nine "specialists" were given the job of interpreting the drawings (such as, for example, the military academy, the institutes for media and communication, art history, systematic theology, etc.). The answers were exhibited with the drawings. In 1996, with *Taiwan Universe*, he picked up once again on parts of this work in a monumentalized form. Grude has often built pulverization machines, and with *Things II* (1994), for example, he put together an extensive *Powder Archive* comprised of previously documented personal objects enriched by a philosophical and psychological interpretation. He varied the *Powder Machine* with *Closed Circulation*

fabriken, Arendal (1997). Daneben sammelte er dort u.a. die von ihm verbrauchten Essens- und Getränkeverpackungen und den *shag from my navel*, damit einen abgegrenzten Zeitraum veranschaulichend.

Wichtige Ausstellungen: *Things II*, Gallery Wang, Oslo 1994 (Teile davon wieder auf der *Internationalen Architektur-Biennale*, Venedig 2000). *Fellessentralen, Norsk kunstproduksjon pa 90-tallet / Norwegian Art Production in the 90's*, Kunstnernes Hus, Oslo 1998. *Det årnær sæ/No Problem/Alles in Ordnung*, Galerie F 15, Momentum, Moss, Norwegen 2000.

Wichtige Dokumentation: www.kunst.no/kallegrude

during a two-month residency in the former textile mill of the Bomulds-Facturies in Arendal in 1997. There he collected, among other things, the food and beverage packages he consumed and the *shag from my navel*, thereby visualizing a limited period of time.

Important exhibitions: *Things II*, Gallery Wang, Oslo 1994 (parts of which were again shown at the *International Architecture Biennial* in Venice, 2000). *Fellessentralen, Norsk kunstproduksjon pa 90-tallet / Norwegian Art Production in the 90's*, Kunstnernes Hus, Oslo 1998. *Det årnær sæ/No Problem/Alles in Ordnung*, Galerie F 15, Momentum, Moss, Norway 2000.

Important documentation: www.kunst.no/kallegrude

Martin Honert

1953 geboren in Bottrop, Deutschland; lebt in Düsseldorf und Dresden.

Martin Honert beschäftigt sich in einem Großteil seiner Arbeiten mit Erinnerungen und rekonstruiert kindliche Vorstellungs- und Erlebniswelten. Häufig greift er dazu auf Photographien oder sich wiederholende Erzählungen zurück. Dabei interessieren ihn mehr die gefestigten, bildhaft präsenten Erinnerungen, die das Individuelle mit dem Kollektiven verbinden, als das Verdrängte oder Vergessene. Auch literarische Bezüge spielen eine Rolle. Für die *Biennale* in Venedig hat Honert 1995 eine Szene aus dem Kinderroman *Das fliegende Klassenzimmer* von Erich Kästner umgesetzt. Im Raum standen lebensgroße Figuren, als Ensemble das Verhältnis von Realität und Inszenierung aufzeigend. Wenn die Realität sich der Inszenierung annähert, resultieren daraus besonders eindringliche Erinnerungen. Nicht der angeblich unverdorbene Blick des Kindes, sondern seine Begeisterung für Inszenierungen und Spielfiguren, für das Artifizielle sind hier prägend. Unser Bild einer dem ursprünglichen Leben verbundenen Kindheit ist künstlich und gesellschaftlich kodiert, die Imaginationswelt des Kindes selbst ist bestimmt von Mythen und Rollenspielen und damit Ausdruck unserer Kultur. In seiner Arbeit *Laterne* (2000) bezieht Honert sich z.B. auf Theodor Storms *Der kleine Häwelmann* und stellt sich selbst in seiner Düsseldorfer Wohnung dar. Honerts Kunst steht in einem Geflecht von kulturellen Relationen.

Wichtige Ausstellungen: *Views from Abroad – European Perspectives on American Art 2*, Whitney Museum of American Art, New York 1996. *Martin Honert, Fata Morgana*, Museu d'Art Contemporani, Barcelona 1997. *Young German Artists 2*, Saatchi Gallery, London 1997. *Martin Honert*, Mathew Marks Gallery, New York 1999. *Themenpark „Human Kind", EXPO 2000*, Hannover 2000.

Born 1953 in Bottrop, Germany; lives in Düsseldorf and Dresden.

In a large numbers of his works, Martin Honert is concerned with memories, reconstructing worlds of childhood imagination and experience. In the process, he often makes use of photographs or repetitive stories. He is more interested in established, pictorially existent recollections linking the individual to the collective than in whatever has been suppressed or forgotten. Literary references also play a part. For the *Venice Biennial* in 1995, Honert rendered his interpretation of a scene from the children's novel *Das fliegende Klassenzimmer* (*The Flying Classroom*) by Erich Kästner. Life-sized figures stood in the room, an ensemble demonstrating the relation between reality and a staged production. When reality comes close to the staging, particularly vivid memories result. The characteristic aspect here is not the supposedly innocent view of the child, but its enthusiasm for dramatic staging and play figures, for the artificial. Our image of childhood as bound up with the natural life is artificial and socially encoded, the imaginary world of the child itself is determined by myths and role play, and is thus an expression of our culture. In his work *Laterne* (2000), for example, Honert refers to Theodor Storm's *Der kleine Häwelmann* (*Little Hobbin*) and portrays himself in his appartment in Düsseldorf. Honert's art is located within a network of cultural relations.

Important exhibitions: *Views from Abroad – European Perspectives on American Art 2*, Whitney Museum of American Art, New York 1996. *Martin Honert, Fata Morgana*, Museu d'Art Contemporani, Barcelona 1997. *Young German Artists 2*, Saatchi Gallery, London 1997. *Martin Honert*, Mathew Marks Gallery, New York 1999. *theme park "Human Kind", EXPO 2000*, Hanover 2000.

Wichtige Kataloge: *Martin Honert. Ein szenisches Modell des „Fliegenden Klassenzimmers"*, Biennale Vendig 1995. *Zuspiel. Stefan Hoderlein – Martin Honert*, Württembergischer Kunstverein, Stuttgart 1996.

Important catalogues: *Martin Honert. Ein szenisches Modell des „Fliegenden Klassenzimmers"*, Venice Biennial 1995. *Zuspiel. Stefan Hoderlein – Martin Honert*, Württembergischer Kunstverein, Stuttgart 1996.

Sabine Hornig

1964 geboren in Deutschland; lebt in Berlin.

Sabine Hornig baut Skulpturen, die den Ausstellungsraum verändern. Aus den Maßen von Türen und Fenstern des Ausstellungsorts werden Proportionen für neu eingezogene Wände, Schächte und Gänge abgeleitet, welche die Perspektiven im Raum umkehren oder verwandeln. Außerdem bildet Hornig beispielsweise Hauseingänge in verkleinerter Form nach, die nun frei als Skulpturen im Raum stehen und in ihrer beiläufigen Form monumental wirken. Diese Fassadenelemente sind mit Rauhputz überzogen, einer international verwendeten, anonymisierenden Oberfläche. Form und Oberfläche stellen eine Verbindung zu modernistischer Architektur her. Indem der Rauhputz alle Flächen überzieht, wird die übliche Unterscheidung von Innen, als Struktur und Privatheit, und Außen, als Repräsentation, unterlaufen. Ein Spiel mit Zwei- und Dreidimensionalität eröffnet sich außerdem durch Großdias, die in rahmenartige Fassadenelemente integriert sind. In ihnen überlagert sich z.B. die in einem Waldausschnitt durch Bäume hindurch zu sehende Skulptur mit der Realität des aktuellen Ausstellungsraums (*Rauhputz Forest*, 2000). Die rauhe Materialität der Gebäudeelemente läßt den Wald zur virtuellen Erscheinung werden. Das Abbild von Natur wiederum unterstreicht die konstruierte Plastizität der Gebäude. Das sukzessive Seherlebnis beim Abschreiten der *Einbauten* und reduzierten Fassaden verbindet sich mit den Erinnerungen an bekannte Architektur, durch die unsere Orientierung eingeübt wurde. Das Gesamtbild des nicht auf einen Blick überschaubaren, aktuell Gegebenem und des Memorierten fügt sich in der Vorstellung des Betrachters zusammen.

Wichtige Ausstellungen: *Sabine Hornig, Prototype – Memory is Reconstruction*, Malmö Konstmuseet, Schweden 1996. *Double Vision*, Nexus Contemporary Art Center, Atlanta Georgia 1999. *ein/räumen*, Kunsthalle Hamburg 2000. *Clockwork*, P.S.1 Contemporary Art Center, New York 2000. *Rauhputz City*, Galerie Barbara Thumm, Berlin 2000.

Wichtige Kataloge: *Urbane Legenden Berlin*, Staatliche Kunsthalle Baden-Baden 1995. *Made in Berlin*, Rhethymnon Centre for Contemporary Art, Kreta 1998. *Sabine Hornig, Karl Schmidt-Rottluff Stipendium 2000*, HfBK Dresden 2000; Kunsthalle Düsseldorf 2000/2001.

Born 1964 in Germany; lives in Berlin.

Sabine Hornig constructs sculptures which alter the exhibition space. The dimensions of doors and windows in each location are employed to derive proportions for newly erected walls, shafts and corridors which reverse or transform the perspectives in the exhibition space. In addition, for example, Hornig has reproduced the entrances to houses in a reduced size, and these now stand independently in space as sculptures whose casual forms have a monumental effect. Such elements of façades are covered with rough plaster, an internationally employed surface lending them anonymity. Form and surface produce a connection with modernistic architecture. As the rough plaster covers over everything, the usual distinction between inside – as structure and privacy – and outside – as representation – is undermined. In addition, a game with two and three dimensions is revealed by large-format slides integrated into frame-like elements of façades. As an example, in one of these a sculpture which can be seen through the trees in a section of forest overlaps with the reality of the current exhibition space (*Rauhputz Forest*, 2000). The rough materiality of the building's elements makes the forest seem like a virtual manifestation. In turn, the reproduction of nature underlines the constructed plasticity of the buildings. The successive experience of seeing whilst walking past the *Einbauten* (*Installments*) and reduced façades is bound up with the memories of familiar architecture by means of which our orientation has previously been acquired. In the viewer's imagination, a complete image is assembled from what is currently given but cannot be surveyed all at once and what is recalled.

Important exhibitions: *Sabine Hornig, Prototype – Memory is Reconstruction*, Malmö Konstmuseet, Sweden 1996. *Double Vision*, Nexus Contemporary Art Center, Atlanta Georgia 1999. *ein/räumen*, Kunsthalle Hamburg 2000. *Clockwork*, P.S.1 Contemporary Art Center, New York 2000. *Rauhputz City*, Galerie Barbara Thumm, Berlin 2000.

Important catalogues: *Urbane Legenden Berlin*, Staatliche Kunsthalle Baden-Baden 1995. *Made in Berlin*, Rhethymnon Centre for Contemporary Art, Crete 1998. *Sabine Hornig, Karl Schmidt-Rottluff Stipendium 2000*, Hochschule für Bildende Künste, Dresden 2000; Kunsthalle Düsseldorf 2000/2001.

inges idee

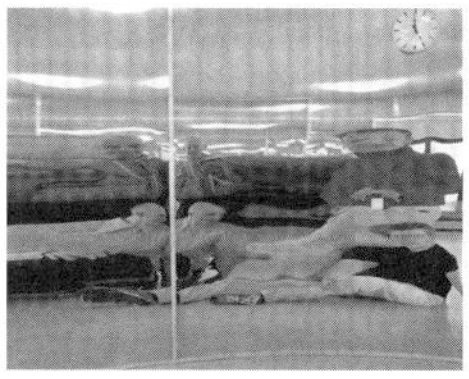

1992 gegründete Gruppe von vier Künstlern: Hans Hemmert und Georg Zey leben in Berlin, Axel Lieber in Malmö, Schweden, Thomas Schmidt in Köln, Deutschland.

inges idee ist eine Arbeitsgemeinschaft, die sich immer aktuell anläßlich von Ausschreibungen für Kunstprojekte im öffentlichen Raum zusammenfindet, um Ideen und Vorschläge für einen jeweils spezifischen Ort zu entwickeln. Die dabei entstehenden Arbeiten sind realitäts- und situationsbezogen und interpretieren ihren Standort neu. Für Betrachter und Nutzer werden dabei Elemente aus dem gedanklichen Umfeld des Bestimmungsorts auf überraschende Weise aktiviert und vertraute Wahrnehmungsnormen irritiert. So dreht sich eine Straßenlaterne auf einem Bahnhofsvorplatz einmal pro Sekunde um ihre eigene Achse (Linkøping, Schweden 1999), versammeln sich diebische Elstern vor der Landeszentralbank in Potsdam (1999), rieselt aus unterschiedlichen, durchlöcherten Speicherbehältern Wasser auf den Hof einer Garnison aus dem 19. Jahrhundert (Quartier Chopin, Landau in der Pfalz 1998) oder legt sich ein *Basketballfeld* wie ein nasses Handtuch über unebenes Gelände und macht so die Neuinterpretation der Spielregeln notwendig (*Bundesgartenschau Potsdam 2001*). Mit Witz werden beziehungsreiche Konstellationen von Gegebenem und Hinzugefügtem gewonnen.

Weitere realisierte Projekte: *Erzählungen*, Heinrich Zille Schule, Berlin-Kreuzberg 1995. *Einrichten*, Magazinstraße 15, Berlin-Mitte 1997. *Farbe bekennen*, Bürohochhaus Dürerplatz, Wiesbaden 1999. *Langer Mann*, 43. Grundschule, Berlin-Spandau 2000. *Wooden Top*, Dachgarten der Universität von Hamamatsu, Japan 2000. *Menschen*, Foyer der BVG, Berlin 2000.

Wichtige Dokumentation: www.ingesidee.de

Group founded by four artists in 1992: Hans Hemmert and Georg Zey live in Berlin, Axel Lieber in Malmö, Sweden, Thomas Schmidt in Cologne, Germany.

inges idee (inge's idea) is a working group that convenes specifically to work on tenders for art projects in public space, to develop ideas and proposals for a particular place. The resulting works take their cue from reality and the situation and give a new interpretation of their location. This activates elements of the way viewers and users think about the location in a surprising fashion, and upsets familiar perceptual norms. A streetlight in a train station forecourt turns on its axis once a second (Linkøping, Sweden 1999); thieving magpies gather in front of the Landeszentralbank in Potsdam (1999); water trickles out of various perforated storage containers onto the courtyard of a nineteenth century garrison (Quartier Chopin, Landau in der Pfalz 1998); or a basketball field lies like a wet towel on rough ground, necessitating a new interpretation of the rules of the game (*Bundesgartenschau – Federal Horticultural Show – Potsdam 2001*). With humour the group succeeds in creating suggestive constellations of given and additional elements.

Other realized projects: *Erzählungen (Stories)*, Heinrich Zille School, Berlin-Kreuzberg 1995. *Einrichten (Furnishing)*, Magazinstraße 15, Berlin-Mitte 1997. *Farbe bekennen*, office building Dürerplatz, Wiesbaden 1999. *Langer Mann (The Tall Man)*, 43rd Primary School Berlin-Spandau, 2000. *Wooden Top*, roofgarden of Hamamatsu University, Japan 2000. *Menschen (People)*, foyer of Berlin Transport Company, Berlin 2000.

Important documentation: www.ingesidee.de

Ronald Jones

1952 geboren in Falls Church, Virginia, USA; lebt in New York.

Ronald Jones arbeitet als Künstler, Kurator, Kritiker und Lehrender. Seine künstlerische Arbeit schließt Skulpturen, Installationen, Gärten und Netzkunst ein. Dabei geht es ihm um eine kritische Befragung gesellschaftlicher und politischer Prozesse. Jones analysiert die Zeichensysteme der Macht und der Moderne. Seine intellektuell gefilterte Protesthaltung zeigt sich in Installationen, in denen er z.B. Themen wie Folter, Kriegsverbrechen, Polizeigewalt, Todesstrafe, Exekutionspraxis oder terroristische Anschläge aufgreift, ohne jedoch plakativ anklagende Schaubilder zu

Born 1952 in Falls Church, Virginia, USA; lives in New York.

Ronald Jones works as an artist, curator, critic and teacher. His artistic work includes sculptures, installations, gardens and Internet art, and involves critical questioning of social and political processes. Jones analyzes the coded systems of power and the modern age. His intellectually refined attitude of protest is shown in installations where he tackles themes like torture, war crimes, police violence, the death penalty, execution practice or terrorist attacks, but without using brash accusatory images. Rather, he creates

verwenden. Vielmehr baut er Konstellationen aus abstrahierten Modellen auf, hinter deren perfekter Oberfläche die Erinnerung an eine andere Realität aufscheint. Begleitende Texte decken die komplexen Anspielungen auf. Seit 1992 realisiert Jones Gärten und Parkanlagen, wobei seit 1995 als historischer Bezugspunkt der Ziergarten am Eingang zum Hof des Krematoriums II von Auschwitz / Birkenau eine wichtige Rolle spielt. Die Entwicklung des jeweiligen Gartenplans und die anschließende Gartenarbeit findet meist in Kooperation mit Patienten von Psychiatrischen Kliniken statt. Die dem Garten innewohnende Möglichkeit, den Traum vom Paradies zu verwirklichen, aktiviert die Imaginationskraft. Der Garten ist als ein den Menschen umgebendes Gemeinschaftsprodukt etwas, das den Prozeß der kreativen Zusammenarbeit auch im Weiterwachsen anschaulich macht.

Wichtige öffentliche Projekte: *Pritzker Park, Sculpture Chicago*, The City of Chicago 1992. *Caesar's Cosmic Garden*, Fundacao Cultural de Curitiba, *The Botanical Gardens*, City of Curitiba, Brasilien 1995. *Caesar's Cosmic Garden, Five Gardens*, Ystad Art Museum, Ystad, Schweden 1996. *Paradise*, Chania Rehabilitation Centre for Mental Diseases und Rethymnon Centre for Contemporary Art, Kreta 1996. *Aussendienst*, Kunstverein Hamburg 2000.

Wichtige Kataloge: *Ronald Jones*, San José Museum of Art, California 1990. *Ronald Jones*, Kunsthalle Lophem, Brügge, Belgien 1993. *Kontext Kunst, The Art of the 90's*, Hg.: Peter Weibel, Galerie am Landesmuseum Joanneum, Graz 1993, Köln 1994. *Mind over Matter: Concept and Object*, Whitney Museum of American Art, New York 1997.

constellations out of abstracted models behind whose perfect surface the reminder of another reality emerges. Accompanying texts reveal the complex allusions. Since 1992 Jones has created gardens and parks; since 1995 the ornamental garden at the entrance to the courtyard of Crematorium II at Auschwitz / Birkenau has been playing an important part for him as a historical reference point. The development of each garden plan and the subsequent gardening work are usually done in cooperation with patients from psychiatric clinics. The garden's inherent possibility of making the dream of paradise come true stimulates the power of imagination. As a communal product which surrounds people, the garden is something that vividly shows the process of joint creative work, and continues to do so as it grows.

Important public projects: *Pritzker Park, Sculpture Chicago*, The City of Chicago 1992. *Caesar's Cosmic Garden*, Fundacao Cultural de Curitiba, *The Botanical Gardens*, City of Curitiba, Brazil 1995. *Caesar's Cosmic Garden, Five Gardens*, Ystad Art Museum, Ystad, Schweden 1996. *Paradise*, Chania Rehabilitation Centre for Mental Diseases und Rethymnon Centre for Contemporary Art, Crete 1996. *Aussendienst*, Kunstverein Hamburg 2000.

Important catalogues: *Ronald Jones*, San José Museum of Art, California 1990. *Ronald Jones*, Kunsthalle Lophem, Bruges, Belgium 1993. *Kontext Kunst, The Art of the '90s*, ed: Peter Weibel, Galerie am Landesmuseum Joanneum, Graz 1993, Cologne 1994. *Mind over Matter: Concept and Object*, Whitney Museum of American Art, New York 1997.

Stefan Kern

1966 geboren in Hamburg, Deutschland; lebt in Hamburg.

Stefan Kern situiert seine Arbeiten häufig im Außenraum und macht damit den alltäglichen Umgang mit ihnen möglich. Seine Skulpturen sind beispielsweise als Möbel nutzbar, zugleich wirken sie aber durch formale und farbliche Abstraktion fremd. Sie sind durch minimalistische Klarheit und präzise Stilisierung gekennzeichnet. Doch sie besitzen immer ein menschliches Maß, wie z.B. die der Körperform angepaßten Sitzbänke (*o.T. (3er Sitz)*, 1995). Häufig sind die Formen aus Modulen zusammengesetzt und von Symmetrie bestimmt. Kern entwickelt autonome Elemente, die im Stadtraum vorgefundene Situationen ergänzen bzw. uminterpretieren (so die *Skulptur um Verteilerschränke*, 1993). Damit richtet er kommunikative Orte ein. Doch sind diese Angebote oft unbequem und fallen in ihrer Gestaltung aus dem Umfeld heraus,

Born 1964 in Hamburg, Germany; lives in Hamburg.

Stefan Kern often installs his works in the public space, so making them potentially available for everyday use. His sculptures can be used as furniture, for example, but at the same time they appear alien because of their abstract form and colours. They are characterized by minimalist clarity and precise stylization. However, they are always produced on a human scale, like that of the benches fitted to the human body (*Untitled (seat for 3)*, 1995). Often the forms are assembled from modules and symmetrically determined. Kern develops autonomous elements which supplement or re-interpret situations found in urban areas (for example the *Skulptur um Verteilerschränke / Sculpture around Distribution Boxes*, 1993). In this way he establishes communicative locations. But what he has to offer is often awkward or difficult, and its design does not fit in with its surroundings: by this means he directs attention back towards the sculpture itself. A role is

wodurch die Aufmerksamkeit wieder auf die Skulptur selbst gelenkt wird. Eine Rolle spielt dabei das Material, denn Kern geht nicht von Materialgerechtheit aus – meist bestehen die Skulpturen aus weiß lackiertem Metall, dessen schwankende Temperatur für den darauf Sitzenden spürbar wird. Ortsspezifik ist auch für die eher architektonischen Arbeiten entscheidend, wie für das einer Aussichtsplattform ähnelnde *Baumhaus* im Vorgarten der Münchener Kinderklinik (1999). Im Frankfurter Portikus hat Kern 2000 eine raumgreifende Bodenarbeit aus seriell angeordneten, kontrastierend schwarz-weiß gefaßten Stahlelementen installiert. Die an Op-Art-Bilder erinnernde Fläche war über eine Barriere von zahnartig ausgreifende Stufen zu betreten.

Wichtige Ausstellungen: *minimalisms*, Akademie der Künste, Berlin 1998. *Dream City*, Villa Stuck, Kunstraum und Kunstverein München 1999. *german open*, Kunstmuseum Wolfsburg 1999. *Over the edges*, S.M.A.K. Gent 2000.

Wichtige Kataloge: *Plastik – eine Ausstellung zeitgenössischer Skulptur*, Württembergischer Kunstverein, Stuttgart 1997. *Stefan Kern, Skulpturen*, Portikus Frankfurt 2000.

played by the material in this respect, for Kern does not necessarily start out from suitable material – usually the sculptures are made of white-painted metal, the fluctuating temperatures of which are experienced by those sitting on his benches. Site specifics are also decisive for the more architectonic works such as the *Baumhaus* (*Tree House*), which resembles a viewing platform, set in the front garden of the Munich Children's Clinic (1999). At the Portikus Frankfurt during the year 2000, Kern installed a spatial floor work made up of steel elements framed in contrasting black and white and arranged in a series. This area, which was reminiscent of Op-Art, could be reached by negotiating a barrier of long, tooth-like steps.

Important exhibitions: *minimalisms*, Akademie der Künste, Berlin 1998. *Dream City*, Villa Stuck, Kunstraum und Kunstverein München 1999. *german open*, Kunstmuseum Wolfsburg 1999. *Over the edges*, S.M.A.K. Ghent 2000.

Important catalogues: *Plastik – eine Ausstellung zeitgenössischer Skulptur*, Württembergischer Kunstverein, Stuttgart 1997. *Stefan Kern, Skulpturen*, Portikus Frankfurt 2000.

Via Lewandowsky

1963 geboren in Dresden, Deutschland; lebt in Berlin.

Via Lewandowsky hat im Laufe seines bisherigen Schaffens mit den unterschiedlichsten Mitteln und Methoden gearbeitet. 1985 gründete er mit Kommilitonen an der Kunsthochschule in Dresden die Gruppe der Autoperforationsartisten. In ironisch-absurden Performances wurde peinvoll Hand an Körper und Seele gelegt. 1987 entwickelte er die reproduktive Malerei, bei der wissenschaftliche Abbildungen aus alten medizinischen Fachbüchern als Vorlagen dienen. Die Collagen aus Körperteilen und Erste Hilfe-Demonstrationen werden mittels Projektor auf die Leinwand übertragen. In der Zeit zwischen 1989 und 1995 wurden viele Installationen, Objekte und Bilder in Zusammenarbeit mit Pina Lewandowsky erarbeitet. Eine Konstante in Via Lewandowskys Werk bildet die Auseinandersetzung mit dem menschlichen Körper, seiner Zerbrechlichkeit und seiner vergeblichen Heilung als ästhetische Qualität. In Objekten und multimedialen Rauminszenierungen nimmt Lewandowsky Bezug auf aphoristisch verkürzte Menschenschicksale und groteske Todesarten. Dabei lassen die Gegenstände die Abwesenheit des konkreten Menschen, an dessen Stelle der Betrachter tritt, ironisch-schmerzlich bewußt werden (z.B.: *Jenseitsfähren*, 1995; *Komm stirb mit mir*, 1997; *Satham*, 1998; *Bona Fide-Selbsttötungsapparate*, 1999).

Born 1963 in Dresden, Germany; lives in Berlin.

In his creative activity to date Via Lewandowsky has worked with a wide range of resources and methods. In 1985 he formed the Group of Autoperforation Artists with fellow-students at the Art College in Dresden. In ironic, absurd performances they hurt and mutilated their bodies and souls. In 1987 he developed reproductive painting using scientific illustrations from old medical textbooks. The collages of parts of the body and first-aid demonstrations are projected onto a film screen. Between 1989 and 1995 he constructed many installations, objects and images in collaboration with Pina Lewandowsky. A constant feature of Via Lewandowsky's work is his interest in the human body, its fragility and its futile healing as an aesthetic quality. In objects and multimedia spatial productions Lewandowsky alludes to aphoristically abbreviated human destinies and grotesque ways of dying. The objects make us ironically and painfully aware of the absence of the real human being, whose place is taken by the viewer (eg. *Jenseitsfähren/Barques to the Beyond*, 1995; *Komm, stirb mit mir/Come Die with Me*, 1997; *Satham*, 1998; *Bona Fide Selbsttötungsapparate/Bona Fide Suicide Machines*, 1999).

Wichtige Ausstellungen: *documenta IX*, Kassel 1992. *Deutschlandbilder*, Martin-Gropius-Bau, Berlin 1997. *Das XX. Jahrhundert – Ein Jahrhundert Kunst in Deutschland*, Staatliche Museen zu Berlin 1999. *Via Lewandowsky, Nice and Fatal*, Lombard-Freid Fine Arts, New York 1995. *Via Lewandowsky, Angeborener Farbraum*, Kestner-Gesellschaft, Hannover 2000.

Wichtige Kataloge: *Via Lewandowsky, Sie können nichts schreien hören (Acht Porträts zur Euthanasie)*, Neue Gesellschaft für Bildende Kunst, Berlin 1989. *Pina und Via Lewandowsky, Alles Gute*, Museum der Bildenden Künste, Leipzig 1995. Via Lewandowsky, *Komm stirb mit mir*, Kunsthalle Vierseithof, Luckenwalde; Kunstverein Nürnberg u.a. 1999.

Important exhibitions: *documenta IX*, Kassel 1992. *Deutschlandbilder*, Martin-Gropius-Bau, Berlin 1997. *Das XX. Jahrhundert – Ein Jahrhundert Kunst in Deutschland*, Staatliche Museen zu Berlin 1999. *Via Lewandowsky, Nice and Fatal*, Lombard-Freid Fine Arts, New York 1995. *Via Lewandowsky, Angeborener Farbraum*, Kestner-Gesellschaft, Hanover 2000.

Important catalogues: *Via Lewandowsky, Sie können nichts schreien hören (Acht Porträts zur Euthanasie)*, Neue Gesellschaft für Bildende Kunst, Berlin 1989. *Pina und Via Lewandowsky, Alles Gute*, Museum der Bildenden Künste, Leipzig 1995. Via Lewandowsky, *Komm stirb mit mir*, Kunsthalle Vierseithof, Luckenwalde; Kunstverein Nürnberg et al. 1999.

Won Ju Lim

1968 geboren in Korea; lebt in Los Angeles, USA.

Won Ju Lim schafft in ihrer Arbeit eine Verbindung zwischen Architektur und Skulptur. Sie paart dabei minimalistische Formenstrenge mit einem barocken Illusionismus, dem Spiel mit unterschiedlichen Perspektiven. Ausgehend von ihrem eigenen Umfeld legt sie phantomartig die Erinnerungen an verschiedene von ihr bewohnte Zimmer in einem Raum übereinander. Auf den Wänden werden die Silhouetten der Möblierungen zu einem geometrischen Bild zusammengebracht. Die verschiedenen Lagen zeigen Zeit an, Stationen im Leben der Künstlerin, jedoch abstrahiert und verallgemeinert, nicht konkret erzählerisch (*Proustian Bedroom*, 1996). Neben dieser privaten Archäologie spielen literarische Bezüge, der Rekurs auf Kataloge mit „Traumhäusern" und den internationalen Möbelvertrieb von Ikea eine Rolle. Hier zeigt sich die Symbolik des Gehäuses als Ausdruck des Versuchs der Individualisierung und als eine den Bewohner charakterisierende Hülle. Doch das an die Dinge gekoppelte Begehren und das Streben nach einem vermeintlich persönlichen Stil wird entlarvt in der Uniformierung mittels vorgefertigter Muster und identitätsstiftender Marken und Labels. Won Ju Lim extrahiert aus diesem Material Modelle einer imaginären Stadt und überblendet diese mit Dia- und Video-Projektionen von Stadt- und Idustrieansichten (z.B.: *Longing for Wilmington*, 2000). Die Wunschprojektionen lösen sich in den Bildsequenzen aus Realitätsfragmenten auf.

Wichtige Ausstellungen: *The Wight Biennial*, Wight Gallery, University of California, Los Angeles 1997. *Longing for Wilmington*, Künstlerhaus Bethanien, Berlin 2000. *Snapshot: New Art from Los Angeles*, UCLA Hammer Museum, Los Angeles 2001. *Under the Bridges, Along the River*, Casino Luxembourg, Luxembourg 2001. *This Side of Wilmington*, Patrick Painter Inc., Los Angeles 2001.

Wichtige Kataloge: *Won Ju Lim*, Künstlerhaus Bethanien, Berlin 2000.

Born 1968 in Korea; lives in Los Angeles, USA.

Won Ju Lim's work creates a link between architecture and sculpture. She couples minimalist formal rigour with baroque illusionism, with the game of varying perspectives. Starting from her own surroundings, in ghostly fashion she layers the memories of different rooms she has lived in on top of each other in a single one. On the walls the silhouettes of furniture are combined into a geometrical picture. The different layers show time, the phases of the artist's life, but abstracted and generalized, not as a concrete narrative (*Proustian Bedroom*, 1996). Along with this private archaeology, she uses literary references and allusions to catalogues with "dream houses" and Ikea's international furniture business. The symbolism of housing appears as a casing that characterizes its inhabitant and as an attempt at individualization. But the desire associated with the objects and the aspiration to a supposedly personal style are exposed in the uniformization created by prefabricated models and trademarks and by labels that confer identity. From this material Won Ju Lim extracts models of an imaginary city which she intercuts with slide and video projections of urban and industrial views (e.g. *Longing for Wilmington*, 2000). The wish projections dissolve in the image sequences made of fragments of reality.

Important exhibitions: *The Wight Biennial*, Wight Gallery, University of California, Los Angeles 1997. *Longing for Wilmington*, Künstlerhaus Bethanien, Berlin 2000. *Snapshot: New Art from Los Angeles*, UCLA Hammer Museum, Los Angeles 2001. *Under the Bridges, Along the River*, Casino Luxembourg, Luxembourg 2001. *This Side of Wilmington*, Patrick Painter Inc., Los Angeles, 2001.

Important catalogues: *Won Ju Lim*, Künstlerhaus Bethanien, Berlin 2000.

Vittorio Messina

1946 geboren in Zafferana Etnea, Sizilien; lebt in Rom.

Die Auseinandersetzung mit der in Italien überall sichtbaren Kulturgeschichte und die Aktivierung dieser für die Gegenwart bestimmen das Werk von Vittorio Messina. Er baut skulpturale Räume und architektonische Bilder, unmittelbar ohne Sockel und situativ wirkend in den jeweiligen Ausstellungsort. Raimund Stecker spricht von „Archiskulpturen" (1994), Bruno Corà von „anorganischer Skulptur" und „autonomer Architektur" (1988). Dabei bedient sich Messina spezifischer Materialien. Er verwendet vor allem industrielle Baustoffe (wie: Betonfertigteile, Gasbetonsteine, Verschalungsholz, Kacheln, Glas, Neon, Transformatoren, Regalelemente, Rohre, hängende Kabel, Kloschüsseln etc.), aber auch natürliche Substanzen wie Blei in Form von Matten oder bearbeitetem Naturstein. Mit Tuff, Basalt oder Marmor schafft er eine Verbindung zu den antiken Ruinen seiner Heimat, deren Proportionalität er zudem in seine technoiden Installationen einfließen läßt. Inschriften in Kapitalis erinnern an die heldenhafte Vergangenheit. Vereinzelt beleben Elemente wie eine ausgestopfte Krähe, ein ausgesuchter Kiesel, oder die Integration von Abbildern der menschlichen Figur die Architekturen. Licht spielt in den Ensembles eine besondere Rolle: Neon als in einen Körper gefaßtes Licht und ausstrahlende, bildhafte Energie steht eher stumpfen Materialien gegenüber. In jüngster Zeit kombiniert Messina Videos mit modellhaften Räumen.

Wichtige Ausstellungen: *Vittorio Messina, Passaggi Meridionali*, Galleria d'Arte Moderna, Villa delle Rose, Bologna 1994. *Aetas Mutationis*, Neue Nationalgalerie Berlin 1996. *Vittorio Messina, A village and its surroundings*, Henry Moore Foundation, Dean Clough, Halifax; GAM, Galleria Civica d'Arte Moderna e Contemporanea, Turin 1999 (mit ausführlichem Katalog).

Wichtige Kataloge und Bücher: Bruno Corà, *Vittorio Messina*, Ravenna 1993. *Vittorio Messina und Bilder aus dem Italien des 19. Jahrhunderts*, Kunstverein für die Rheinlande und Westfalen, Düsseldorf 1994. *Oltreluogo*, Hg.: Bruno Corà, Mailand, Florenz 1995. *Vittorio Messina, Il Limite per un canto notturno*, Galerie am Fischmarkt, Erfurt 1997.

Born 1946 in Zafferana Etnea, Sicily; lives in Rome.

Vittorio Messina's work is determined by his concern with the cultural history which is visible everywhere in Italy, and his aim of activating this history for the present. He constructs sculptural spaces and architectural pictures, directly on the ground without pedestals and with a situative effect in their place of exhibition. Raimund Stecker speaks of "archisculptures" (1994), Bruno Corà of "inorganic sculpture" and "autonomous architecture" (1988). Messina makes use of specific materials, especially from industrial construction (such as prefabricated concrete parts, light concrete blocks, shuttering board, tiles, glass, neon, transformers, shelf elements, pipes, hanging cables, toilet bowls etc.), but also natural substances like lead in the form of mats or processed natural stone. Using tufa, basalt or marble he creates a link with the ancient ruins of his native land, whose proportionality he incorporates into his technoid installations. Inscriptions in block capitals recall the heroic past. The architectural structures are enlivened by isolated elements like a stuffed crow, a select pebble or the integration of depictions of the human figure. Light plays a special role in the ensembles: neon as light contained in a form and as radiant pictorial energy is a counterpart to the rather dull materials. Recently Messina has also combined videos with model-like spaces.

Important exhibitions: *Vittorio Messina, Passaggi Meridionali*, Galleria d'Arte Moderna, Villa delle Rose, Bologna 1994. *Aetas Mutationis*, Neue Nationalgalerie Berlin 1996. *Vittorio Messina, A village and its surroundings*, Henry Moore Foundation, Dean Clough, Halifax; GAM, Galleria Civica d'Arte Moderna e Contemporanea, Torino 1999 (with comprehensive catalogue).

Important catalogues and books: Bruno Corà, *Vittorio Messina*, Ravenna 1993. *Vittorio Messina und Bilder aus dem Italien des 19. Jahrhunderts*, Kunstverein für die Rheinlande und Westfalen, Düsseldorf 1994. *Oltreluogo*, Hg.: Bruno Corà, Milano, Florence 1995. *Vittorio Messina, Il Limite per un canto notturno*, Galerie am Fischmarkt, Erfurt 1997.

Mariele Neudecker

1965 geboren in Düsseldorf, Deutschland; lebt in Bristol, England.

Mariele Neudecker beschäftigt sich mit unserer kulturell bedingten Naturvorstellung. Ihre Referenzpunkte sind verschiedene Systeme von Weltrepräsentation: die exakte Wissenschaft von Kartographie und Topographie und die stimmungsgefärbte, romantische Landschaftsmalerei des frühen 19. Jahrhunderts. Letztere wird von Neudecker ins dreidimensionale über-

Born 1965 in Düsseldorf, Germany; lives in Bristol, England.

Mariele Neudecker investigates our culturally determined concept of nature. Her points of reference are various systems by which the world is represented: the exact sciences of cartography and topography, and the atmospherically charged Romantic landscape painting of the early nineteenth century. Neudecker transfers

führt: Glasbehälter enthalten Landschaftsmodelle aus Wachs und Fiberglas, getaucht in Lösungen aus Wasser, Farbe und Salz, welche die atmosphärischen Effekte der Gemälde simulieren. Dabei geht es auch um eine Rückgewinnung dieser Malereiepoche (insbesondere der Gemälde von Caspar David Friedrich) aus der Vereinnahmung als typisch deutsch durch den Maler-Diktator Hitler. Die verkleinerten, untergegangenen Welten in den Vitrinen besitzen eine monumentale Wirkung und suggestive Kraft. Man imaginiert sich in sie hinein, die Grenze zwischen Fiktion und Realität löst sich auf. Neudecker spielt mit der illusionären Stärke der Künstlichkeit und macht die Verführung der Wahrnehmung transparent. Wie in Friedrichs Bildern ist der Betrachter, dem bewußt wird, daß er ansieht, immer mitgedacht, seine Subjektivität generiert das Bild. Persönliche Erinnerung als Filter des Blicks auf die Umgebung wird z.B. thematisiert, wenn Neudecker Personen verschiedener Nationalität veranlaßt, eine Weltkarte aus dem Gedächtnis zu zeichnen. Sie setzt diese Zeichnungen dann in Karten und Globen nach den standardisierten Gestaltungsrichtlinien von Schulkarten um (*Never Eat Shredded Wheat*, seit 1996). In jüngster Zeit situiert sie große Gebirgspanoramen im Galerieraum (*Unrecallable Now*, 1998), die sich ebenfalls auf bereits existierende Repräsentationen von Landschaft, nämlich Souvenirpostkarten, beziehen.

Wichtige Ausstellungen: *The New Landscape, From the British Council Collection*, Wanderausstellung 1999. *Until Now – Mariele Neudecker*, Ikon Gallery, Birmingham 2000. *Mariele Neudecker*, Galerie Barbara Thumm, Berlin 2001. *Mega-wave*, Yokohama Triennale 2001.

Wichtige Kataloge und Bücher: *Mariele Neudecker*, Colchester, England 1999. *Signs of Life*, Melbourne International Biennial, Melbourne, Australien 1999. *Bright Paradise*, Auckland Art Gallery, New Zealand 2000. *Artline 5 – Interaktionen – Natur + Architektur*, S.M.A.K. Gent, Stadt Borken 2001. *Locus/Focus, Sonsbeek 9*, Arnhem, Holland 2001.

the latter into the three-dimensional: glass tanks contain landscape models made of wax and fibreglass submerged in solutions of water, paint and salt which simulate the atmospheric effect of the paintings. Here concern is to reclaim this epoch of painting (in particular the paintings of Caspar David Friedrich) from its assimilation as typically German by the painter-dictator Hitler. The miniature, submerged worlds in the glass tanks have monumental effect and suggestive power. One can imagine one's way into them, the boundary between fiction and reality dissolves. Neudecker plays with the illusional power of artificiality, making the fact that she has led our perception astray quite transparent. As in Friedrich's pictures, the viewer – who always becomes conscious that he is looking at something – is always part of the idea, his subjectivity generates the image. Personal recollection as a filter of our view of the environment was also the theme, for example, when Neudecker had people of different nationalities draw a map of the world from memory. She then realized these drawings in maps and globes according to standardized guidelines for the drawing of school maps (*Never Eat Shredded Wheat*, since 1996). Recently, she has placed large panoramas of mountain areas in the gallery space (*Unrecallable Now*, 1998), images which are also based on already existing representations of landscape: on souvenir postcards.

Important exhibitions: *The New Landscape, From the British Council Collection*, touring exhibition 1999. *Until Now – Mariele Neudecker*, Ikon Gallery Birmingham 2000. *Mariele Neudecker*, Galerie Barbara Thumm, Berlin 2001. *Mega-wave*, Yokohama Triennale 2001.

Important catalogues and books: *Mariele Neudecker*, Colchester, England 1999. *Signs of Life*, Melbourne International Biennial, Melbourne, Australia 1999. *Bright Paradise*, Auckland Art Gallery, New Zealand 2000. *Artline 5 – Interaktionen – Natur + Architektur*, S.M.A.K. Gent, Stadt Borken 2001. *Locus/Focus, Sonsbeek 9*, Arnhem, Holland 2001.

NL Architects

1997 gegründete Architektengemeinschaft von Pieter Bannenberg, Walter van Dijk, Mark Linnemann, Kamiel Klaasse mit Sitz in Amsterdam, Holland.

Das Team realisiert Bauprojekte, entwickelt utopische Bauformen, führt Inneneinrichtungen aus und arbeitet im Grenzbereich zwischen Architektur und Kunst. Den niederländischen Pavillon auf der *Architektur-Biennale* in Venedig 2000 gestalteten NL Architects in Kooperation mit Künstlern, Designern, Filmemachern

Architects' group founded in 1997 by Pieter Bannenberg, Walter van Dijk, Mark Linnemann, Kamiel Klaasse, based in Amsterdam, Holland.

The team carries out building projects, develops utopian building forms, does interior decoration and works in the border area between architecture and art. The Dutch pavilion at the *Architecture Biennial* 2000 in Venice was designed by NL Architects in cooperation with artists, designers and film-makers as a lounge, an "open living-room". This physically experiential

als eine Lounge, ein „öffentliches Wohnzimmer". Dieser physisch erfahrbare Raum war mit dem virtuellen über das Internet verbunden. Die Fragestellung hierbei, die NL Architects auch in anderen Projekten beschäftigt, war, wie technologische, ökonomische und soziale Entwicklungen die Unterscheidung zwischen privat und öffentlich beeinflussen und deren Grenzen verschieben. In den Projekten *Parkhouse/Carstadt* (Amsterdam, 1995) und *Pixel City* (Den Haag, 1996) geht es um die Verflechtung und Verdichtung von Wohnen, Arbeiten, Einkaufen, Freizeitvergnügen und Autoverkehr in größeren Baukomplexen, wobei ein Maximum von Zugänglichkeit und kommunikativem Austausch auf allen Ebenen erreicht werden soll. In Zusammenarbeit mit Droog Design haben NL Architects den Pilotshop für Mandarina Duck in Paris entwickelt (2000, plus Grundkonzept für 70 weitere Läden). Mittels Elementen wie Kokons, Tunneln, Vorhängen und verschieden-artigen Eingrenzungen spielen sie hier mit der Entdeckungslust des Besuchers.

Wichtige realisierte Projekte: *WOS 8*, Wärmetauscherstation, Leidsche Rijn, Utrecht 1997–98. *NL Lounge*, Niederländischer Pavillon, *Biennale d'Architettura*, Venedig 2000. *OHK.NL*, Oostelijke Handelskade 10, Schul / Büro-Komplex, Amsterdam 2000. *Mandarina Duck*, Pilotshop, Paris 2000.

Wichtige Ausstellungen: *Der Anti-Territoriale Städtebau*, Pavillon im Park, Graz 1997. *Nine+One „NL Architects solo"*, NAi Rotterdam, 1997. *Big Soft Orange*, Wanderausstellung in den USA, 1998–99. *Rietveld Preis-Ausstellung*, Achitectuurcentrum Aorta, Utrecht 1999. *Rotterdam Design Preis*, Museum Boijmans van Beuningen, Rotterdam 1999.

space was linked with the virtual space via Internet. The question raised here, which also occupies NL Architects in other projects, is how technological, economic and social developments influence the difference between private and public and shift their boundaries. The projects *Parkhouse/Carstadt* (Amsterdam, 1995) and *Pixel City* (The Hague, 1996) involve the interweaving and concentration of living, working, shopping, leisure activities and traffic in larger building complexes, with the aim of achieving maximum accessibility and communicative exchange on every level. In collaboration with Droog Design, NL Architects developed the flagstore for Mandarina Duck in Paris (2000, basic concept for 70 more shops). Here they play with the visitor's pleasure in discovery, using elements like cocoons, tunnels, curtains and different kinds of enclosures.

Important realized projects: *WOS 8*, Heat Transfer Station, Leidsche Rijn, Utrecht, 1997–98. *NL Lounge*, Dutch Pavilion, *Architecture Biennial*, Venice 2000. *OHK.NL*, Oostelijke Handelskade 10, school / office complex, Amsterdam 2000. *Mandarina Duck*, flagstore, Paris 2000.

Important exhibitions: *Der Anti-Territoriale Städtebau*, Pavilion Im Park, Graz 1997. *Nine+One "NL Architects solo"*, NAi Rotterdam, 1997. *Big Soft Orange*, travelling exhibition in the USA, 1998–99. *Rietveld Prize Exhibition*, Achitectuurcentrum Aorta, Utrecht 1999. *Rotterdam Design Prize*, Museum Boijmans van Beuningen, Rotterdam 1999.

Antoine Prum
Boris Kremer

1963/1969 geboren in Luxemburg; arbeiten zur Zeit in Berlin.

Antoine Prum und Boris Kremer arbeiten seit Prums Aktion für die *Manifesta 2* in Luxemburg zusammen. Der dort wöchentlich publizierte Fotoroman *La cour des miracles* (1998), eine vermeintlich rassistische, Diskussionen provozierende Arbeit, stellte den „bösen schwarzen Mann" und damit die latenten Feindbilder einer ansonsten friedliebenden Gesellschaft in den Mittelpunkt. Im zweiten Teil dieser Arbeit lotste Prum die Besucher durch einen unterirdischen Tunnel, den er mit akustischen Ausschnitten von Gewaltszenen beschallte, und konfrontierte sie mit ihren inneren Ängsten. Es sind Rollenspiele, die hier ausgetragen werden wie im flämischen Kunstdorf Watou, wo die beiden einen Poesiewettbewerb inszenierten, der sich

Born 1963/1969 in Luxembourg; currently work in Berlin.

Antoine Prum and Boris Kremer have been working together since Prum's action for the *Manifesta 2* in Luxembourg. The photo novel *La cour des miracles* (1998), published weekly, is a supposedly racist work intended to provoke discussion. It focuses on the "evil black man" and brings an otherwise peace-loving society's latent images of the enemy into the foreground. In the second part of this work, Prum led visitors through an underground tunnel, subjecting them to acoustic excerpts from scenes of violence, and so confronting them with their own inner fears. This work is concerned with the realization of role play. In the Flemish art village Watou, the two staged a poetry

als populistisches Pendant zum offiziellen Kunst- und Poesie-Event zu erkennen gab (*Poëzie aan het Volk!*, 2000). Im Kunstdorf Drewen wurde die Kaffeefahrt, als vorkonfektionierter Traum von Erlebnis, in einen Kulturtrip umgemünzt, der ironisch die sozialökonomischen Ansprüche von Kunst im öffentlichen Raum aufnimmt (*Drewen on tour!*, 2000). Für Prums Abschlußarbeit im Künstlerhaus Bethanien Berlin (2001), trommelten die beiden Luxemburger bekannte Landsmänner und -frauen zu einer "Show der Superlative" zusammen. Sie thematisieren damit das Streben nach Außenwirkung der Institution und der Eventkunst generell, sowie die Repräsentationsmuster nationaler Kulturinstanzen. Indem ihre Aktionen den gesicherten Kunstkontext verlassen, werden Ordnungskategorien in Frage gestellt und allen Beteiligten eine Stellungnahme abverlangt.

Gemeinsame Ausstellungen: *Poëzie aan het Volk!*, Storm Centers, Watou, Belgien 2000. *Drewen on tour, Partie 8, Brandenburgische Kunsttage*, Drewen 2000. *Oh Pardon, sind Sie der Graf von Luxemburg?*, Künstlerhaus Bethanien, Berlin 2001.

Wichtige Kataloge: *Manifesta 2*, Luxembourg 1998. *La cour des miracles*, Luxembourg 1998. *Trafique*, S.M.A.K. extra muros, Gent 1999. *out of space*, Schnitt Ausstellungsraum im Kölnischen Kunstverein, Köln 2000.

competition which revealed itself as a populist pendant to the official art and poetry event (*Poëzie aan het Volk!*, 2000). In the art village Drewen, the excursion – a pre-manufactured dream of experience – was recoined as a cultural trip, ironically adopting the socio-economic claims of art in public places (*Drewen on tour!*, 2000). In Prum's final work at Künstlerhaus Bethanien Berlin (2001), the two Luxemburgers assembled well-known fellow compatriots for a "Show of Superlatives". In this way they questioned the pretensions of art institutions and of event art in general, as well as the representational patterns of national cultural authorities. By leaving the secure art context, their works question categories of order, demanding a standpoint from all those who participate.

Joint exhibitions: *Poëzie aan het Volk!*, Storm Centers, Watou, Belgium 2000. *Drewen on tour, Partie 8, Brandenburgische Kunsttage*, Drewen 2000. *Oh, Pardon, sind Sie der Graf von Luxemburg?*, Künstlerhaus Bethanien, Berlin 2001.

Important catalogues: *Manifesta 2*, Luxembourg 1998. *La cour des miracles*, Luxembourg 1998. *Trafique*, S.M.A.K. extra muros, Ghent 1999. *out of space*, Schnitt Ausstellungsraum im Kölnischen Kunstverein, Cologne 2000.

Otmar Sattel

1955 geboren in Speyer, Deutschland; lebt in Berlin.

Otmar Sattel errichtet raumgreifende, laborartige Versuchsanordnungen. Er arbeitet mit Prozessen von Gärung und Verwesung und initiiert osmotische Vorgänge. Seine experimentellen Aufbauten präsentiert er in industrieller Kühle und mit hintergründigem Witz. Statisch massive Bestandteile korrespondieren mit fragilen, ausgreifenden Elementen, deren Konstellation durch die veränderliche Kraft des Materials oder eine sich aufstauende Energie aus dem Gleichgewicht gebracht werden kann (*Balance III*, 1996). Zeit wird sichtbar in Materialperformances, ausgelöst durch biochemische Abläufe, z.B. Soffwechselprozesse von Pflanzen unter Hitze- und Lichteinwirkung. Oder die bei Flaschengärungen entstehenden Gase werden in verschiedenartigen (von Wärmeflasche bis Luftballon), sich aufblähenden Formen eingefangen, zur Erzeugung von Klang und Geräusch genutzt, beziehungsweise zur Katapultkraft für Korken und dadurch hör- und sichtbar. Auch mit der Künstlergruppe Material und Wirkung, einem seit 1981 bestehenden Verein (mit Eberhard Bosslet und Werner Klotz), der projektbezogen arbeitete, hat Sattel laboratoriumartige Raum-

Born 1955 in Speyer, Germany; lives in Berlin.

Otmar Sattel erects extensive, laboratory-like experimental set-ups. He works with processes of fermentation and decay, also initiating osmotic processes. His experimental constructions are presented with industrial coldness and enigmatic humour. Static, massive components correspond with fragile, extended elements whose constellation may be knocked off balance by the alterable force of the material or by a build-up of energy (*Balance III*, 1996). Time becomes visible in material performances, triggered by biochemical processes, for example those of plant metabolism under the influence of heat and light. Or the gases which are produced during fermentation in bottles are captured in a variety (from hot-water bottles to balloons) of inflating forms, used to create sounds, or as the catapult power for corks – becoming audible and visible in this way. Together with the group of artists Material und Wirkung – a circle (with Eberhard Bosslet and Werner Klotz) which has existed since 1981 and has worked on project specific – Sattel has developed

installationen sowie zeit- und ortsspezifische Interventionen im Landschafts- und Stadtraum entwickelt. Für die Bundesgartenschau 2001 in Potsdam hat Sattel im Rahmen des Projekts *Augenweide* (in Zusammenarbeit mit dem Züricher Landschaftsarchitekturbüro Rotzler, Krebs und Partner und dem Berliner Büro Knippschild & Simons) einen Parcour entworfen: mit verschiedenen Energieskulpturen (u.a. *Bunte Kuh*, *Tanzende Flammen*), pneumatischen Wolken und multifunktional nutzbaren Containern, in die z.B. auch eine Lifeübertragung des Blickwinkels von Kühen anhand der Aufnahmen, welche an ihren Hörnern befestigte Videokameras auffangen, eingespielt werden.

Wichtige Ausstellungen: *Otmar Sattel, Rudi Macher, Fata Morgana*, Kunsthalle Exnergasse, Wien 1997. *Otmar Sattel, Werkstatt im Bau*, Kunstverein Speyer 2000.

Wichtige Kataloge und Bücher: *Ressource Kunst*, Köln 1988. *Otmar Sattel, Energieskulpturen*, Stadtgalerie Saarbrücken 1994. *Material & Wirkung*, Kunsthaus Dresden 1998. *Tarnung : Enttarnung. Die Kunstprojekte der Bundesgartenschau Potsdam 2001*, Hg.: Elmar Zorn, Kai Vöckler, Potsdam 2001.

laboratory-like spatial installations as well as time- and site-specific interventions in landscape and urban areas. For the *Bundesgartenschau* (*Federal Horticultural Show*) in Potsdam 2001, Sattel designed a tour course within the context of the project *Augenweide* (in cooperation with the Zurich landscape gardening office Rotzler, Krebs & Partner and the Berlin office Knippschild & Simons): this route includes various energy sculptures (including *Bunte Kuh / Spotted Cow*, *Tanzende Flammen / Dancing Flames*), pneumatic clouds and multifunctionally, usable containers. In one of these, for example, it is possible to see a live broadcast from the perspective of cows based on shots taken by video cameras fastened to their horns.

Important exhibitions: *Otmar Sattel, Rudi Macher, Fata Morgana*, Kunsthalle Exnergasse, Vienna 1997. *Otmar Sattel, Werkstatt im Bau*, Kunstverein Speyer 2000.

Important catalogues and books: *Ressource Kunst*, Cologne 1988. *Otmar Sattel, Energieskulpturen*, Stadtgalerie Saarbrücken 1994. *Material & Wirkung*, Kunsthaus Dresden 1998. *Tarnung : Enttarnung. Die Kunstprojekte der Bundesgartenschau Potsdam 2001*, eds.: Elmar Zorn, Kai Vöckler, Potsdam 2001.

Robert Scheipner

1966 geboren in Emden, Deutschland; arbeitet zur Zeit in Essen.

Robert Scheipner arbeitet seit einigen Jahren an der Entwicklung seines „eigenen Mediums", dem *kino konkret* (erste Installation in diesem Zusammenhang: *Zyklop*, Zeche Zollverein 1994). In Auseinandersetzung mit den Paradigmenwechseln der Mediengeschichte (z.B.: vom Tafelbild zur Photographie, von dieser wiederum zum bewegten Bild, vom Kinofilm zu Video) und der spielerischen Annäherung an die frühe Kinogeschichte entstehen kinematische Rauminstallationen. Scheipner erfindet eigene Apparate und technische Arrangements und macht sich damit unabhängig von den medial-ästhetischen Implikationen der Produkte gegenwärtiger Elektroniktechnologie. Scheipner animiert – im Unterschied zu den Möglichkeiten von Film, Video oder Computer – konkrete Dinge, artifizielle ebenso wie gefundene. „Kino" ist damit kein Verfahren, projizierte Photographien in Bewegung zu versetzen, sondern eine Animation des Realen, d.h. der dreidimensional und zeitgleich anwesenden Gegenstände. Diese kinematische Technik wird von ihm für bestimmte Situationen oder Örtlichkeiten präzisiert beziehungsweise modifiziert. Scheipner setzt auf Strategien der Verführung und Enttäuschung, um den Betrachter für eigene kritisch-poetische

Born 1966 in Emden, Germany; currently works in Essen.

Robert Scheipner has been working for several years on the development of his "own medium", the *kino konkret* (*concrete cinema*). His first installation in this context was *Zyklop* (Zeche Zollverein, 1994). Scheipner's interest in the paradigm changes of media history (eg. from panel painting to photography, from this in turn to the moving picture, from cinema film to video) and a playful approach to early cinema history inspire him to make cinematic spatial installations. Scheipner invents his own equipment and technical arrangements, making himself independent of the medial-aesthetic implications of the products of contemporary electronic technology. In contrast to the scope of film, video or the computer, Scheipner animates concrete things, both artificial and found objects. In this, "cinema" is not a process for setting projected photography in motion, but an animation of the real, i.e. of three-dimensional and synchronously present objects. He sharpens up or modifies this cinematic technique for specific situations or places. Scheipner works with strategies of seduction and disappointment to sensitize viewers to their own critical and poetic reflections on their location and perception.

Reflexionen seines Standorts und seiner Wahrnehmung zu sensibilisieren.

Wichtige Ausstellungen: *Robert Scheipner, kino konkret*, Gesamthochschule Essen 1996. *Der Traum vom Sehen, Zeitalter der Television*, Gasometer Oberhausen 1997/1998. *Robert Scheipner, cella:wald*, Kunsthalle Vierseithof, Luckenwalde 1998. *+++kunstkäfig+essen +nrw+++ – 10 Jahre Atelierstipendium der Sutter-Gruppe*, Ausstellungsgesellschaft für zeitgenössische Kunst Zollverein, Essen 2000.

Wichtige Kataloge: *Abraum*, Zeche Zollverein im Rahmen der IBA Emscher Park, Essen 1994. *Robert Scheipner, kino konkret*, Kunstkäfig der Sutter-Gruppe, Essen 1999. *Robert Scheipner im Kunstkäfig Essen 1999–2001*, Essen 2001.

Important exhibitions: *Robert Scheipner, kino konkret*, Gesamthochschule Essen 1996. *Der Traum vom Sehen, Zeitalter der Television*, Gasometer Oberhausen 1997/1998. *Robert Scheipner, cella:wald*, Kunsthalle Vierseithof, Luckenwalde 1998. *+++kunstkäfig+essen +nrw+++ – 10 Jahre Atelierstipendium der Sutter-Gruppe*, Ausstellungsgesellschaft für zeitgenössische Kunst Zollverein, Essen 2000.

Important catalogues: *Abraum*, Zeche Zollverein in the context of the IBA (International Building Exhibition) Emscher Park, Essen 1994. *Robert Scheipner, kino konkret*, Kunstkäfig der Sutter-Gruppe, Essen 1999. *Robert Scheipner im Kunstkäfig Essen 1999–2001*, Essen 2001.

Jörg Schlinke

1964 geboren in Potsdam, Deutschland; lebt in Potsdam.

Jörg Schlinke ist Bildhauer und nutzt die Mittel von Photographie, Malerei und Skulptur, entwickelt Performances und arbeitet mit Musikern und Filmemachern zusammen. Dabei kombiniert er gegensätzliche Elemente: aus Beton bildet er Rahmen für differenziert bearbeitete Schwarz-weiß-Photographien, so luftig atmosphärische Bildvorstellungen in schwere, konkrete Materialität einbindend. Mit Sprachwitz setzt Schlinke Kommentare in leuchtender Schrift in den Stadtraum (*Wunder*, 1996/97; *Taktik*, 2000). Außerdem realisiert er Aktionen und Installationen in situ im Stadt- und Landschaftsraum. Letzteres verfolgt Schlinke seit 1996 auch als Mitglied der Potsdamer Künstlergruppe BergWerk (mit Christine Blümer, Matthias Scheliga, Matthias Schmidt). Neben dem üblichen Aufgabenfeld der Kunst-am-Bau beschäftigt sich die Gruppe speziell mit defizitären Situationen, d.h. mit den Eingriffsmöglichkeiten in Neubau- und Industriegebiete. Die Analyse der räumlichen, historischen, politischen und sozialen Gegebenheiten bildet die Basis für künstlerische Überlegungen, die temporäre Konzepte oder dauerhaft nutzbare Objekte umfassen können. Der möglichst direkte Einbezug der Betrachter und Benutzer ist bei Entwurf und Realisation ein entscheidendes, die Gestaltung mitbestimmendes Moment.

Wichtige Ausstellungen und Aktionen: *Große Aufführung* (Multimediaevent mit Karl Wedemeyer), Reithalle Potsdam 1992. *Neubäume* (Performance mit Dietmar Diesner), Potsdam 1994. *Richtungsbild* (mit Cindy Rivera), Kunstfabrik Potsdam 1997. *AGITPROP, Praterspektakel der Volksbühne*, Berlin 1998. *Areale 99*, Internationales Kunstfestival im Gewerbegebiet Linthe 1999.

Born 1964 in Potsdam, Germany; lives in Potsdam.

Jörg Schlinke is a sculptor who uses the media of photography, painting and sculpture, devises performances and collaborates with musicians and film-makers. He combines contrasting elements: he constructs concrete frames for sophisticatedly-worked black-and-white photographs, enfolding airy, atmospheric pictorial concepts in heavy, concrete materiality. With verbal humour Schlinke places commentaries in illuminated writing in urban space (*Wunder/Miracle*, 1996/97; *Taktik/Tactics*, 2000). He also stages actions and creates installations in situ in the city and countryside. Since 1996 he has also done this as part of the Potsdam artists' group BergWerk (with Christine Blümer, Matthias Scheliga, Matthias Schmidt). Aside from projects for the field of art at architectural sites, BergWerk is specially concerned with deficit situations, i.e. the possibilities of intervention in newly-built areas and industrial zones. The group uses analyses of the existing spatial, historical, political and social circumstances as the basis for artistic reflections which can comprise temporary concepts or objects for permanent use. In the design and realization, involving viewers and users as directly as possible is a decisive factor that co-determines the creation.

Important exhibitions and actions: *Große Aufführung* (multimedia event with Karl Wedemeyer), Reithalle Potsdam 1992. *Neubäume* (performance with Dietmar Diesner), Potsdam 1994. *Richtungsbild* (with Cindy Rivera), Kunstfabrik Potsdam 1997. *AGITPROP, Praterspektakel derVolksbühne*, Berlin 1998. *Areale 99*, international art festival in Linthe industrial zone, 1999.

Wichtige Kataloge: *Partie 5, Brandenburgische Kunsttage*, Drewen 1997. *Preisträger und Stipendiaten des Landes Brandenburg*, Staatliche Kunstsammlung, Cottbus 1999. *Auf zu den Sternen*, Brandenburgischer Kunstverein, Potsdam 2000. *Tarnung : Enttarnung. Die Kunstprojekte der Bundesgartenschau Potsdam 2001*, Hg.: Elmar Zorn, Kai Vöckler, Potsdam 2001.

Important catalogues: *Partie 5, Brandenburgische Kunsttage*, Drewen 1997. *Preisträger und Stipendiaten des Landes Brandenburg*, Staatliche Kunstsammlung, Cottbus 1999. *Auf zu den Sternen*, Brandenburgischer Kunstverein, Potsdam 2000. *Tarnung : Enttarnung. Die Kunstprojekte der Bundesgartenschau Potsdam 2001*, ed. Elmar Zorn, Kai Vöckler, Potsdam 2001.

Jan Svenungsson

1961 geboren in Lund, Schweden; lebt in Berlin.

Jan Svenungsson arbeitet häufig in Serien. Der Schornstein ist seit über zehn Jahren eines seiner bevorzugten Themen und Motive. Ab 1988 entstehen Photoarbeiten in dicken Holzrahmen, welche der Silhouette eines aus verschiedenen Blickwinkeln aufgenommenen Stockholmer Schornsteins folgen. 1992 läßt Svenungsson den ersten Schornstein als Simulacrum vor dem Moderna Museet in Stockholm bauen – eine bildhafte, nicht funktionale, „prototypische Architektur" (Claudia Büttner, 1998). Seitdem sind 5 weitere Schornsteine entstanden, die das Panorama des jeweiligen Ortes verwandeln, obgleich sie sich darin in ihrer vertrauten Form fast bis zur Unsichtbarkeit einfügen. Svenungsson bearbeitet das Thema Schornstein in verschiedenen Medien: in Zeichnungen, Holzschnitten, Radierungen, in Öl gemalt, als kleine Bronze, in Farbphotographien und als Video von der Zerstörung des ersten Schornsteins. Im Schloßpark von Uppsala, Schweden, verweist die Inschrift in einem denkmalartigen Granit-Fundament auf den baldigen Bau eines Turms an dieser Stelle – so Vergangenheit und Zukunft verklammernd. Daneben entwickelte Svenungsson seit 1992 z.B. über 100 *Test*-Bilder, in denen er kleine Aquarelltropfen auf Papier, die Blut simulieren, vergrößert abmalt. Damit führt er die Malerei in doppelter Ableitung vor, nämlich als Darstellungsmedium von etwas, das wiederum etwas anderes imitiert. Der Künstler betätigt sich auch in anderen Arbeiten als Kopist einer von ihm gefertigten Vorlage, so in Reihen von Zeichnungen, bei denen die nächste die jeweils vorige nachbildet und so durch die allmähliche Abweichung trotz des strengen Regelrahmens die Ordnung in Chaos überführt wird.

Wichtige Ausstellungen: *Nuit Blanche*, Musée d'Art Moderne de la Ville de Paris 1998. *Jan Svenungsson, Skorstensarbeten 1988–1999*, Norrköpings Konstmuseum, Norrköping, Schweden 1999. *Norden*, Kunsthalle Wien 2000.

Wichtige Kataloge und Dokumentationen: *Rum Mellan Rum / Space In-Between Space*, Moderna Museet, Stockholm 1992. *Etwas über L.*, Künstlerhaus Bethanien, Berlin 1996. *Jan Svenungsson, Schornsteinarbeit*, Kunstverein Recklinghausen 1998.
www.jansvenungsson.com

Born 1961 in Lund, Sweden; lives in Berlin.

Jan Svenungsson often works in series. For more than ten years the chimney stack has been one of his favourite subjects and motifs. Since 1988 he has produced photographs in thick wooden frames that trace the silhouette of a chimney stack in Stockholm photographed from various angles. In 1992 Svenungsson had the first chimney stack built as a simulacrum in front of the Moderna Museet in Stockholm – a pictorial, non-functional example of "prototypical architecture" (Claudia Büttner, 1998). Since then five more chimney stacks have been erected, transforming the panorama of their respective locations, although their familiar form almost makes them blend invisibly into their surroundings. Svenungsson works on the theme of the chimney stack in different media: drawings, woodcuts, etchings, oil paintings, as small bronzes, in colour photos and as a video of the destruction of the first chimney stack. In the palace park in Uppsala, Sweden, the inscription on a memorial-type granite foundation tells us that a tower will soon be built on this spot – the effect is to link past and future. Alongside this, since 1992 Svenungsson has developed more than 100 *test* pictures in which he painted enlarged copies of small drops of watercolour on paper that simulate blood. With this he presents a two-fold derivation of painting as a medium of depiction of something that in turn imitates something else. In other works the artist acts as copyist of a work he has already made, as in series of drawings where the next is a copy of the one before; despite the rigid framework the gradual deviation results in order being transformed into chaos.

Important exhibitions: *Nuit Blanche*, Musée d'Art Moderne de la Ville de Paris 1998. *Jan Svenungsson, Skorstensarbeten 1988-1999*, Norrköpings Konstmuseum, Norrköping, Sweden 1999. *Norden*, Kunsthalle Vienna 2000.

Important catalogues and documentations: *Rum Mellan Rum / Space In-Between Space*, Moderna Museet, Stockholm 1992. *Etwas über L.*, Künstlerhaus Bethanien, Berlin 1996. *Jan Svenungsson, Schornsteinarbeit*, Kunstverein Recklinghausen 1998.
www.jansvenungsson.com

Lois Weinberger

1947 geboren in Stams, Tirol; lebt in Wien, Österreich.

Ausgangspunkt für die Arbeiten von Lois Weinberger sind häufig regionale Recherchen. Seit Ende der achtziger Jahre beschäftigt er sich mit Pflanzungen. Sein Garten am Stadtrand Wiens mit seiner wilden, aus unterschiedlichen Gegenden angewehten und mitgebrachten Vegetation ist der Fundus für seine Projekte im öffentlichen Raum. Dieses Unkraut, eine Ruderalgemeinschaft gefährdeter Arten, ist äußerst anpassungsfähig und siedelt sich auch auf belastetem Boden im urbanen Raum an. Weinberger interessiert das Naheliegende, Uspektakuläre. Und er befragt die ideologische Grenzziehung zwischen Natur und Kultur. Seine „poetische Feldarbeit" führt ihn zu einer Revitalisierung von totem, zivilisatorisch überformtem Gebiet. So pflanzte er z.B. bei der *documenta X* (1997) auf einer Gleisanlage im Kasseler Bahnhof Neophyten, Pflanzen, die sich schnell ausbreiten und die heimische Flora verdrängen – eine Metapher für die gegenwärtige Migrationsdiskussion. Auf der Grünfläche über einer Tiefgarage im Innenhof der Sozial- und Wirtschaftswissenschaftlichen Universität Innsbruck verankerte Weinberger 1999 einen *Garten* – ein Areal, in dessen schützender Einfriedung aus Stahlstäben die Aufforstung durch Wind, Vögel und in der Erde Vorhandenem sich selbst überlassen blieb. Neben den an die Peripherie verdrängten Pflanzen interessieren ihn auch vom Aussterben bedrohte Kulturen, wie z.B. die der DDR, der er bei seinem Aufenthalt in Berlin 1994/95 nachspürte. Beobachtung, Konservierung, Rekonstruktion, Ironisierung und Re-Kontextualisierung sind dabei Methoden des Vorgehens. Daneben untersucht Weinberger Materialprozesse und integriert in seine Installationen Texte, Ready mades aus Natur und Alltag, Modelle, Photos oder Zeichnungen.

Wichtige Ausstellungen: *documenta X*, Kassel 1997. *La Ville, Le Jardin, Le Mémoire*, Villa Medici, Rom 1998. *Empty Garden*, WATARI-UM Museum of Contemporary Art, Tokio 1999. *Lois Weinberger*, Camden Arts Centre, London 2000. *Locus/Focus*, Sonsbeek 9, Arnhem 2001. *Lois Weinberger*, Douglas Hyde Gallery, Dublin 2002.

Wichtige Kataloge: *Lois Weinberger*, Wiener Sezession 1995/1996; Marburger Kunstverein 1996. *Lois Weinberger, Verlauf/Drift*, Museum Moderner Kunst Stiftung Ludwig Wien 2000. *Hier, Da und Dort, Kunst in Singen*, Stadtraum Singen 2000.

Born 1947 in Stams, Tyrol; lives in Vienna, Austria.

Regional research is often the starting-point of Lois Weinberger's work. Since the end of the eighties he has been concerned with planting. The basis of his projects in public spaces is his garden on the outskirts of Vienna with its wild vegetation that has been blown in or brought from different areas. These weeds, a ruderal community of endangered species, are extremely adaptable and also settle on polluted ground in the urban environment. Weinberger is interested in what is close at hand, in unspectacular things. And he questions the ideological drawing of boundaries between nature and culture. His "poetic fieldwork" leads him to revitalize the dead area which has been overshaped by civilization. At the *documenta X* (1997) he planted neophytes, plants that spread quickly and overrun the native flora, on a track system in Kassel Station – a metaphor for the current discussion on migration. In 1999 Weinberger established a garden in the green space above an underground garage in the inner courtyard of Innsbruck University for Social Sciences and Economics – an area inside a protective enclosure of steel rods left to afforest itself by means of wind, birds and what is present in the ground. Along with the plants pushed to the periphery he is interested in the extinction of endangered cultures, like that of the German Democratic Republic which he investigated into during his stay in Berlin in 1994/95. Observation, conservation, reconstruction, irony and re-contextualization are among the methods he uses. Aside from this, Weinberger investigates material processes amd integrates texts, ready-mades from nature and daily life, models, photos or drawings into his installations.

Important exhibitions: *documenta X*, Kassel 1997. *La Ville, Le Jardin, Le Mémoire*, Villa Medici, Rome 1998. *Empty Garden*, WATARI-UM Museum of Contemporary Art, Tokyo 1999. *Lois Weinberger*, Camden Arts Centre, London 2000. *Locus/Focus*, Sonsbeek 9, Arnhem 2001. *Lois Weinberger*, Douglas Hyde Gallery, Dublin 2002.

Important catalogues: *Lois Weinberger*, Wiener Sezession 1995/1996; Marburger Kunstverein 1996. Lois Weinberger, Verlauf/Drift, Museum Moderner Kunst Stiftung Ludwig Vienna 2000. *Hier, Da und Dort, Kunst in Singen*, city Singen 2000.

Biographien: Nike Bätzner

Translations: Karen Margolis, Lucinda Rennison, Andrea Scrima

Biographien der Autoren

Biographies of the Authors

Jens Asthoff

geboren 1962, lebt und arbeitet als freier Autor in Hamburg.

Born 1962; lives and works as a freelance writer in Hamburg.

Marius Babias

geboren 1962, lebt in Berlin. Kulturredakteur beim Berliner Stadtmagazin *Zitty* und Leiter Kommunikation der Kokerei Zollverein, Zeitgenössische Kunst und Kritik, Essen, zudem Hochschuldozent und Buchautor. In Kürze erscheint: *Arbeit Essen Angst* (mit Florian Waldvogel), Kokerei Zollverein, Zeitgenössische Kunst und Kritik, Essen 2001.

Born 1962; lives in Berlin. Cultural editor at Berlin city magazine *Zitty* and head of communications at Kokerei Zollverein, Zeitgenössische Kunst und Kritik (Contemporary Art and Criticism), Essen; also university lecturer and book author. Forthcoming publication: *Arbeit Essen Angst* (with Florian Waldvogel), Kokerei Zollverein, Zeitgenössische Kunst und Kritik, Essen 2001.

Nike Bätzner

geboren 1961 in Stuttgart, lebt in Berlin. Kunsthistorikerin, Tätigkeit als Hochschuldozentin, freie Autorin, Kuratorin. Aktuelle Publikation: *Arte povera. Zwischen Erinnerung und Ereignis*, Verlag für Moderne Kunst, Nürnberg 2000.

Born 1961 in Stuttgart; lives in Berlin. Art historian, works as university lecturer, freelance writer, curator. Current publication: *Arte povera. Zwischen Erinnerung und Ereignis*, Verlag für Moderne Kunst, Nürnberg 2000.

Tobias Berger

geboren 1969 in Wiesbaden, lebt in Kassel. Zur Zeit Kurator an der Kunsthalle Fridericianum, Kassel.

Born 1969 in Wiesbaden; lives in Kassel. Presently curator at the Kunsthalle Fridericianum, Kassel.

Yilmaz Dziewior

geboren 1964 in Bonn, lebt in Hamburg. Kunsthistoriker, freier Kurator (u.a. Museum Ludwig Köln; Schnitt Ausstellungsraum, Köln) und Kritiker (u.a. *Artforum*, *Texte zur Kunst*), seit Januar 2001 Direktor des Kunstvereins in Hamburg.

Born 1964 in Bonn; lives in Hamburg. Art historian, freelance curator (Museum Ludwig Cologne; Schnitt Ausstellungsraum Cologne et al) and critic (*Artforum*, *Texte zur Kunst* et al). Director of the Kunstverein in Hamburg since January 2001.

Knut Ebeling

geboren 1970 in Hamburg, lebt und lehrt in Berlin. Philosoph, arbeitet derzeit an einer Archäologie der Archäologie. Aktuelle Publikation: *Die Falle – Zwei Lektüren zu Georges Batailles Madame Edwarda*, Passagen-Verlag, Wien 2000.

Born 1970 in Hamburg; lives and teaches in Berlin. Philosopher, presently working on an archaeology of archaeology. Current publication: *Die Falle – Zwei Lektüren zu Georges Batailles Madame Edwarda*, Passagen-Verlag, Vienna 2001.

Harald Fricke

geboren 1963, lebt in Berlin. Seit 1993 Kulturredakteur der *taz – die tageszeitung*, seit 1994 Korrespondent für *Artforum*.

Born 1963; lives in Berlin. Cultural editor since 1993 at the newspaper *taz – die tageszeitung*, correspondent for *Artforum* since 1994.

Gerrit Gohlke

geboren 1968 in Helmstedt, lebt in Berlin. Autor und freier Mitarbeiter am Künstlerhaus Bethanien Berlin, betreut dort das Media Arts Lab und ist Redakteur des *Be-Magazins*.

Born 1968 in Helmstedt; lives in Berlin. Author and freelance worker at Künstlerhaus Bethanien Berlin, where he runs the Media Arts Lab and is editor of *Be-Magazin*.

Mika Hannula

geboren 1967 in Finnland, lebt und arbeitet sowohl in Deutschland als auch in Finnland. Promotion in Politischer Philosophie, Direktor der Helsinki Academy of Fine Arts, Redakteur der Zeitschrift *nu: the nordic artreview*.

Born 1967 in Finland; lives and works in Germany and Finland. Ph.D. in political philosophy, director of Helsinki Academy of Fine Arts, editor of the magazine *nu: the nordic artreview*.

Bärbel Hartje

geboren 1976 in Hamburg, lebt in Lüneburg und studiert dort Angewandte Kulturwissenschaften. Tätig als studentische Hilfskraft im Kunstraum der Universität Lüneburg.

Born 1967 in Hamburg; lives in Lüneburg where she studies applied cultural studies. Works as a student assistant in the Kunstraum at Lüneburg University.

Peter Herbstreuth

geboren 1959, lebt in Berlin. Schreibt regelmäßig für *Das Kunst-Bulletin*, *Flash Art*, *Kunstforum International*, *Tagesspiegel* und verschiedene Architekturzeitschriften. Lehraufträge an der Hochschule der Künste, Berlin. Aktuelle Publikation: *Eine kleine Geschichte der Synagoge* (mit Annegret Nippa), Dölling und Galitz Verlag, Hamburg/München 1999.

Born 1959; lives in Berlin. Writes regularly for *Das Kunst-Bulletin*, *Flash Art*, *Kunstforum International*, *Tagesspiegel* and various architecture magazines. University lecturer. Current publications: *Eine kleine Geschichte der Synagoge* (with Annegret Nippa), Dölling und Galitz Verlag, Hamburg/Munich 1999.

Clemens Krümmel

geboren 1964, lebt in Berlin. Kunsthistoriker und Redakteur der Zeitschrift *Texte zur Kunst*.

Born 1964; lives in Berlin. Art historian and editor of the magazine *Texte zur Kunst*.

Holger Kube Ventura

geboren 1966 in Südhessen, lebt in Berlin. Direktor der Werkleitz Gesellschaft e.V. – Zentrum für künstlerische Bildmedien Sachsen-Anhalt, zudem tätig als freier Kunstwissenschaftler und Kurator. In Kürze erscheint seine Dissertationsschrift: *Politische Kunst – Begriffe in den neunziger Jahren im deutschsprachigen Raum*.

Born 1966 in South Hessen; lives in Berlin. Director of the Werkleitz Gesellschaft e.V. – Zentrum für künstlerische Bildmedien (Centre for Artistic Pictorial Media) Saxony-Anhalt; also works as a freelance art critic and curator. His doctoral dissertation *Politische Kunst – Begriffe in den neunziger Jahren im deutschsprachigen Raum* will be published shortly.

Peter Lang

geboren 1963 in Leipzig, lebt in Berlin. Kunstkritiker, freier Kurator, Autor, Designer. Aktuelle Publikation: *Denkmal – Erinnern – Vergessen, Arbeitsbuch zum Projekt* (mit Margit Miosga und Christoph Tannert), Verlag der Kunst, Dresden 2001.

Born 1963 in Leipzig; lives in Berlin. Art historian, freelance curator, author, designer. Current publication: *Denkmal – Erinnern – Vergessen, Arbeitsbuch zum Projekt* (with Margit Miosga and Christoph Tannert), Verlag der Kunst, Dresden 2001.

Leng Lin

geboren 1965 in Peking, China, lebt in Berlin und Peking. Tätigkeit in Lehre und Forschung an der Chinese Academy of Social Sciences, Peking, zudem freischaffender Autor und Kurator für zeitgenössische Kunst.

Born 1965 in Peking, China; lives in Berlin and Peking. Works in teaching and research at the Chinese Academy of Social Sciences, Peking; also freelance writer and curator for contemporary art.

Astrid Mania

geboren 1965 in Aachen, lebt in Berlin. Kunsthistorikerin, freiberuflich als Übersetzerin, Kuratorin und Autorin tätig, Mitarbeiterin der Galerie Barbara Thumm, Berlin. Kommende Projekte: *Firemousegod: cult and fame*, Gruppenausstellung Galerie Barbara Thumm,

Born 1965 in Aachen; lives in Berlin. Art historian, freelance translator, curator and writer; works at Galerie Barbara Thumm, Berlin. Upcoming projects: *Firemousegod: cult and fame*, group exhibition Galerie

Berlin 2001; mit Peter Robinson *Identity Show* (Arbeitstitel), Ausstellung Künstlerhaus Bethanien Berlin 2001.

Barbara Thumm, Berlin 2001; with Peter Robinson *Identity Show* (draft title), exhibition Künstlerhaus Bethanien Berlin 2001.

Mario Mentrup

geboren 1965 in Emden, arbeitet als Schauspieler und freier Autor in Berlin. Herausgeber von: *Print Identitäten*, Maas Media, Berlin 2000. In Vorbereitung: ein psychogeographischer Städte-Film mit Claudia Basrawi.

Born 1965 in Emden; works as an actor and freelance writer in Berlin. Editor of: *Print Identitäten*, Maas Media, Berlin 2000. In preparation: a psychogeographical film about cities with Claudia Basrawi.

Tabea Metzel

geboren 1973 in Berlin, lebt in Berlin. Kunsthistorikerin, freie Autorin beim Berliner Stadtmagazin Zitty, arbeitet derzeit an ihrer Dissertation zum Werk der kanadischen Künstlerin und Filmemacherin Joyce Wieland.

Born 1973 in Berlin; lives in Berlin. Art historian, freelance writer for Berlin city magazine *Zitty*, currently working on her doctoral dissertation on the work of Canadian artist and film-maker Joyce Wieland.

Carmen Mörsch

geboren 1968 in Kaiserslautern, lebt in Berlin und Oldenburg. Künstlerin und Kunstvermittlerin, zur Zeit Dissertationsprojekt zu Künstlerinnen im Zwischenraum von Kunst und Kunstvermittlung am Kolleg für Kulturwissenschaftliche Geschlechterstudien der Carl von Ossietzky Universität zu Oldenburg.

Born 1968 in Kaiserslautern; lives in Berlin and Oldenburg. Artist and art mediator, working on a dissertation project on women artists in the area between art and art mediation at the Kolleg für Kulturwissenschaftliche Geschlechterstudien (College of Cultural and Gender Studies) at Carl von Ossietzky University in Oldenburg.

Vanessa Joan Müller

geboren 1968 in Hamburg, lebt in Frankfurt/M. Kunsthistorikerin und Kuratorin, tätig im Frankfurter Kunstverein.

Born 1968 in Hamburg; lives in Frankfurt/M. Art historian and curator, works in Frankfurter Kunstverein.

Britta Peters

geboren 1967, lebt in Hamburg. Freie Journalistin u.a. für die *taz – die tageszeitung, szene hamburg, Texte zur Kunst* (40/2000). E-mail: bpeters@nikocity.de.

Born 1967 in Hamburg; lives in Berlin. Freelance journalist for the *taz – die tageszeitung, szene hamburg, Texte zur Kunst* (40/2000) etc. E-mail: bpeters@nikocity.de

Anne Schmedding

geboren 1969 in Hamburg, lebt in Berlin. Kunsthistorikerin, Tätigkeit als freie Autorin und Kuratorin für Architektur und Kunst des 20. Jahrhunderts. Mit Andres Lepik Herausgeberin von: *Architektur in Berlin, Das XX. Jahrhundert. Ein Jahrhundert Kunst in Deutschland*, DuMont Buchverlag, Köln 1999.

Born 1969 in Hamburg; lives in Berlin. Art historian, works as a freelance writer and curator for 20th-century architecture and art. Co-editor (with Andres Lepik) of: *Architektur in Berlin, Das XX. Jahrhundert. Ein Jahrhundert Kunst in Deutschland*, DuMont Buchverlag, Cologne 1999.

Raimar Stange

geboren 1960, lebt in Berlin. Freischaffender Kunstkritiker und Kurator, schreibt regelmäßig in *Das Kunst-Bulletin*, *Flash Art* und *Artist* über aktuelle, stets auch politisch motivierte Kulturphänomene.

Born 1960; lives in Berlin. Freelance art critic and curator, writes regularly about current politically-motivated cultural phenomena in *Das Kunst-Bulletin, Flash Art* and *Artist*.

Raimund Stecker

geboren 1957 in Duisburg, lebt in Remagen und Düsseldorf. Kunsthistoriker, Direktor des Arp Museums Bahnhof Rolandseck in Remagen und Honorarprofessor für Kunstgeschichte an der Kunstakademie Münster.

Born 1957 in Duisburg; lives in Remagen and Düsseldorf. Art historian, director of Arp Museums Bahnhof Rolandseck in Remagen and honorary professor of art history at the Kunstakademie Münster.

Christoph Tannert

geboren 1955 in Leipzig, lebt in Berlin. Ausstellungsmacher und Kunstkritiker. Seit 1991 Projektleiter, seit Januar 2000 auch Geschäftsführer der Künstlerhaus Bethanien Berlin.

Born 1955 in Leipzig; lives in Berlin. Exhibition organizer and art critic. Since 1991 project director, since 2000 also managing director of Künstlerhaus Bethanien Berlin.

Henrike Thomsen

geboren 1970 in Gifhorn, lebt in Berlin. Journalistin, schreibt über Kunst und Theater bei der KulturBotschaft in Berlin. Ihre Beiträge erscheinen u.a. in der *Berliner Zeitung*, *Financial Times Deutschland* und *Spiegel Online*.

Born 1970 in Gifhorn; lives in Berlin. Journalist, writes on art and theatre at KulturBotschaft Berlin. Her articles appear in *Berliner Zeitung*, *Financial Times Deutschland*, *Spiegel Online* etc.

Claudia Wahjudi

geboren 1965, lebt in Berlin. Tätigkeit als Redakteurin beim Berliner Stadtmagazin *Zitty* und als Kulturjournalistin für Kunstzeitschriften und Tageszeitungen.

Born 1965; lives in Berlin. Editor at the Berlin city magazine *Zitty* and cultural journalist for art magazines and newspapers.

Jan Winkelmann

geboren 1967 in Mannheim, lebt in Leipzig. Seit 1997 Kurator der Galerie für Zeitgenössische Kunst Leipzig.

Born 1967 in Mannheim; lives in Leipzig. Director of the Galerie für Zeitgenössische Kunst (Gallery of Contemporary Art) in Leipzig since 1997.

Danksagung *Acknowledgments*

Das Projekt wird gefördert durch

The projekt is supported by

Ministerium für Stadtentwicklung und Wohnen, Kultur und Sport des Landes Nordrhein-Westfalen

Koordinationsbüro Regionale Kulturpolitik Münsterland bei der Aktion Münsterland e.V.

Stiftung Kunst und Kultur des Landes NRW

Landschaftsverband Westfalen-Lippe

Sparkassen im Kreis Steinfurt

Wir danken dem Künstlerhaus Bethanien Berlin für die freundliche Unterstützung
We thank Künstlerhaus Bethanien Berlin for the kind support

Die Organisation des Begleitprogramms wurde ermöglicht durch die freundliche Unterstützung von

The organization of the accompanying programme was kindly supported by

Fremdenverkehrsverband Münsterland Touristik Grünes Band e.V.

Tecklenburger Land Tourismus e.V.

Verkehrsvereine Emsdetten, Greven, Ibbenbüren, Rheine und Steinfurt

Tourist Information Hörstel

Verkehrsamt Lengerich

Tecklenburg Touristik GmbH

Unterstützer, Förderer und Sponsoren bei der Realisierung der Installationen

Supporters, patrons and sponsors of the installations

Dagmar Demming, *Die Zone*
Sennheiser electronic, Wedemark

Technische Betreuung / Technics
Dieter Basner, Tecklenburg

Sabine Hornig, *Emsakropolis*
Wasserversorgung Tecklenburger Land GmbH, Ibbenbüren
Ostendorf GmbH & Co., Ibbenbüren

Inges Idee, *Der Bolzplatz*
Jöki Feldmann, Emsdetten
Bernhard Röwenkemper, Emsdetten
Albert Pottmeyer, Rasenschule, Saerbeck

Technische Betreuung / Technics
Landschaftsarchitekt Georg Verhas, Düsseldorf

Ronald Jones, *The Lengerich Garden Project*
Landschaftsverband Westfalen-Lippe
Westfälische Klinik für Psychiatrie, Psychotherapie und Neurologie, Lengerich
Evangelisches Krankenhaus GmbH, Lengerich
Offensive Lengerich
Projektgruppe ALVA
Oliver Schräder, Ökologischer Gartenbau und Gartenplanung, Ladbergen
Ledder Werkstätten
Stadtsparkasse Lengerich
Volksbank Lengerich / Lotte e.G.
Lengericher Industrieunternehmen
Jörg Heemann, Land- und forstwirtschaftliches Lohnunternehmen, Lengerich
Sonnen Apotheke, Wilhelm Möhrke, Lengerich
Artmeyer Baumschule, Hörstel
Ventker Metallbau GmbH, Tecklenburg-Brochterbeck
Wichmann Baustoffe GmbH & Co. KG, Lengerich
Feuerwehr Lengerich
Heimatverein e.V. Lengerich
Westfälische Nachrichten
Bildungszentrum Tecklenburger Land

Teilnehmer am Workshop und Mitwirkende beim Anlegen des Gartens
Wolfgang Arendt, Lucie Beaupoil, Karl Bosse, Marc Brunthal, Petra Harder, Patric Hengemühle, Erich Knemöller, Philipp Körner, Cäcilia Konermann, Thorsten Marquardt, Franz-Werner Paco-Gehrke, Gisela Prodan, Maria Ritter, Dieter Rogge, Heidrun Schäfer, Oliver Schräder, Thomas Sommer, Petra Vorwig

Technische Betreuung / Technics
Christian Jenner

Via Lewandowsky, *Emssport*
Schneider-Moll Lichtbau, Berlin
Twieling GmbH & Co. KG, Rheine

Won Ju Lim, *Horizons*
hardware-projects, Dortmund
Hotel Bismarckhöhe, Tecklenburg

Technische Betreuung / Technics
Uwe Gorski, Dortmund

Vittorio Messina, *Two Green Windows*
Twieling GmbH & Co. KG, Rheine

Mariele Neudecker, *Versunkenes Dorf*
DLRG-Ortsgruppe Burgsteinfurt e.V.
Zimmerei Brockevert GmbH, Ochtrup
Werner Spallek Autokrane GmbH & Co. KG, Ibbenbüren
Michael Bohne, Kunstschmied, Tecklenburg

Otmar Sattel, *SCHUTZ – K.O.nTAKT*
Schmitz-Werke GmbH & Co., Emsdetten

Robert Scheipner, *aPOLLO*
Daniela Bamberger
Die Kleine Kneipe, Emsdetten-Hembergen
Thomas Meyer, typosystems
Dipl. Ing. Robert Hans Scheipner (hydrostatische und hydrodynamische Expertise)

Jan Svennungsson, *Der sechste Schornstein*
IASPIS – International Artists Programm In Sweden

IASPIS
International Artists' Studio Program in Sweden

Impressum Ausstellung

Imprint Exhibition

Skulptur-Biennale Münsterland 2001
eröffnet am 1. Juli 2001 / opening 1st of July 2001

Die Skulptur-Biennale Münsterland ist ein Gemeinschaftsprojekt / The Sculpture Biennial is a common project: der Kreise Borken, Coesfeld, Steinfurt und Warendorf sowie des Fördervereins Kloster / Schloß Bentlage e.V., der Galerie Münsterland e.V., des Koordinationsbüros Regionale Kulturpolitik bei der Aktion Münsterland e.V., des Kulturforum Rheine e.V., der Kunstakademie Münster, des Landschaftsverbandes Westfalen-Lippe, des Stadtmuseums Beckum und der Stiftung Künstlerdorf Schöppingen.

Kurator / Curator
Christoph Tannert, Künstlerhaus Bethanien Berlin

Jury
Dr. Martin Gesing, Stadtmuseum Beckum; Ingrid Raschke-Stuwe, Galerie Münsterland e.V., Emsdetten; Prof. Dr. Manfred Schneckenburger, Kunstakademie Münster; Christine Sörries, Kreis Coesfeld; Dr. Josef Spiegel, Künstlerdorf Schöppingen; Prof. Dr. Raimund Stecker, Arp Museum Rolandseck; Christoph Tannert, Künstlerhaus Bethanien Berlin; Eleonore Nel Worm, Kreis Steinfurt.

Kuratorium / Board of Trustees
Prof. Dr. Manfred Balzer, Landschaftsverband Westfalen-Lippe; Werner Friedrich, Förderverein Kloster / Schloß Bentlage e.V., Rheine; Guido Froese, Koordinationsbüro Regionale Kulturpolitik bei der Aktion Münsterland e.V.; Dr. Martin Gesing, Stadtmuseum Beckum (Kreis Warendorf); Ingrid Raschke-Stuwe, Galerie Münsterland e.V., Emsdetten; Martin Rehkopp, Kulturforum Rheine e.V.; Prof. Dr. Manfred Schneckenburger, Kunstakademie Münster; Christine Sörries, Kreis Coesfeld; Dr. Josef Spiegel, Stiftung Künstlerdorf Schöppingen (Kreis Borken); Prof. Dr. Raimund Stecker, Arp Museum Rolandseck; Christoph Tannert, Künstlerhaus Bethanien Berlin; Dr. Wolfgang Ballke, Kreis Steinfurt; Eleonore Nel Worm, Kreis Steinfurt

Projektleitung / Project Management
Eleonore Nel Worm

Verwaltung / Administration
Reinhard Vogel

Coordination und Öffentlichkeitsarbeit / Coordination and Public Relations
Andrea Schmidt

Assistenz / Assistance
Bärbel Hartje

Technische Leitung / Technical Management:
Heinz Heitmann, Johannes Ehling

Die Skulpturen sind ab dem 1. Juli 2001 dauerhaft und frei zugänglich im Landschaftsraum zu erleben. From the 1st of July on all sculptures will be permanently installed within the landscape and open to the public.

Mit Ausnahme von: Won Ju Lim, *Horizons*, Videoinstallation im Bismarckturm, Tecklenburg
Öffnungszeiten: Freitag–Sonntag, 14–18 Uhr
Eintritt frei
With the exception of: Won Ju Lim, *Horizons*, video installation in Bismarckturm, Tecklenburg
opening hours: Friday–Sunday, 2 p.m.–6 p.m.
admission free

Geführte Busrundfahrten: Sonntags 14–19 Uhr
nach vorheriger Anmeldung
guided bus tours: Sundays 2 p.m.–7 p.m.
Tickets unter/tickets must be booked in advance
Fon 05482-70 38 10, Fax 05482-70 38 88

Individuelle Besichtigungsprogramme, Kombinationsvorschläge mit Rad-, Kanutouren und Übernachtungen vermittelt die Tecklenburger Land Tourismus e.V.
For individual visits and programmes, optional bike or canoe tours as well as for accomodations please contact the tourism office, Tecklenburger Land Tourismus e.V.
Fon 05482-30 38 10, Fax 05482-30 38 88

Ausstellung der Zeichnungen, Skizzen und Konzepte zu den realisierten Installationen
Exhibition of the drawings, sketches and concepts of the realized installations
Juli–Oktober 2001 in Kloster/Schloß Bentlage
Bentlager Weg 130, 48432 Rheine
Öffnungszeiten: Dienstag bis Sonntag 10–18 Uhr
Eintritt frei
opening hours: Tuesday–Sunday 10 a.m.–6 p.m.
admission free
Führungen: Sonntags 14 Uhr, Treffpunkt Foyer
Teilnahme kostenlos
tours: Sundays, 2 p.m., meeting point foyer
admission free
Gruppenführungen nach vorheriger Anmeldung unter/guided group tours must be booked in advance
Fon 05482-70 38 10

Projektbüro Skulptur-Biennale
Kreis Steinfurt – Schul-, Kultur- und Sportamt
Fax 05482-70 37-77/78
E-mail schulkulturamt.te@kreis-steinfurt.de
Internet
www.skulptur-biennale-muensterland.de

KREIS STEINFURT

Courtesy
für/for Kendell Geers: Stephen Friedman Gallery, London; für/for Geng Jianyi: ShangArt, Shanghai; für/for Martin Honert: Galerie Johnen & Schöttle, Köln; für/for Sabine Hornig: Galerie Barbara Thumm, Berlin; für/for Ronald Jones: Metro Pictures, New Yorck; für/for Stefan Kern: Galerie Hammelehle und Ahrens, Stuttgart, Galerie Philomene Magers, München, Galerie Michael Neff, Franfurt/M.; für/for Via Lewandowsky: Arndt & Partner, Berlin; für/for Won Ju Lim: Patrick Painter, Inc., Los Angeles; für/for Mariele Neudecker: Galerie Barbara Thumm, Berlin

Photonachweis/Photo Credits
Jörg P. Anders, Berlin (S.13); Claudia Basrawi, Berlin (S.78–86), Edward Beierle, München (S.61), Roland Boden, Berlin (S.123-126); Dorothea Böing, Münster (S.159–161); Arnold Borgerth (S.180); Felix Borkenau, Hamburg (S.157); Katharina Bosse, New York (S.71); Jane Bown (S.229); David Brandt, Berlin (S.159); Elisabetta Catalano, Rom (S.229); Compact Design, Berlin (S.193, 195, 196); Heribert Corn, Wien (S.236); Dagmar Demming, Oslo (S.128-132); Geng Jiangyi, Hangzhou (S.139); Peter Guth, Leipzig (S.60); Hans Haacke, New York (S.63); Haus-Rucker-Co/Ortner & Ortner, Wien/Berlin (S.73); Terje Holm, Moss (S.144); Sabine Hornig, Berlin (S.148, 149, 151); inges idee, Berlin (S.153, 154, 225); Gottfried Junker (S.223); Stefan Kern, Hamburg (S.164); Raimund Koch, Berlin (S.155); Landesvermessungsamt Nordrhein-Westfalen (S.24, 76, 88, 122, 218); Jens Liebchen, Berlin (S.89–120); Won Ju Lim, Los Angeles (S.170–174); Richard Long, Bristol (S.70); L&H VERLAG, Hamburg (S.72); Vittorio Messina, Rom (S.175–178); Andreas Muhs, Berlin (S.62); Mariele Neudecker, Bristol (S.181); NL Architects, Amsterdam (S.184-186); Sven Paustian, Pirmasens (S.227); Kenneth Pleban, Melbourne (S.182); Antoine Prum und Boris Kremer, Berlin (S.35, 188); Otmar Sattel, Berlin (S.194, 196); Robert Scheipner, Essen (S.198–202); Jörg Schlinke, Potsdam (S.203-206); Götz Schlötke, Dresden (S.168); Jan Svenungsson, Berlin (S.207–210); Lois Weinberger, Wien (S.211–215); Jan Winkelmann, Leipzig (S.134, 135); Werner Zellien, Berlin (S.71); Jens Ziehe, Berlin (S.154)

Impressum Katalog

Imprint Catalogue

Katalog zur *Skulptur-Biennale Münsterland 2001*

Herausgeber / Editors
Kreis Steinfurt, der Landrat; Christoph Tannert, Künstlerhaus Bethanien Berlin

Konzeption / Catalogue Conception
Christoph Tannert, Nike Bätzner

Redaktion / Managing Editor
Nike Bätzner

Gestaltung / Graphic Design
Knut Bayer, pushberlin.de

Karte / Map
Monika Mühlenkamp

Übersetzungen / Translations
Mitch Cohen, Petra Langhorst (S. 7–12), Astrid Mania, Karen Margolis, Lucinda Rennison, Andreas Schmid, Andrea Scrima, Martina Siebert, Yang Yingshi, Zhu Linyong

Lektorat / Copy editors
Nike Bätzner, Carola Hartlieb (deutsch / german), Astrid Mania (englisch / english), Roland Stratmann

Druck und Gesamtherstellung / Printing and Production
Medialis, Berlin

Buchbinderische Verarbeitung / Binding
Hensch, Berlin

Papier / Paper
GardaPat

Schrift / printed in
Fago, Melior

Umschlaggestaltung / Cover Design
Knut Bayer unter Verwendung des Gemäldes *Haarlem von den Dünen bei Overveen gesehen* von Jacob van Ruisdael, Staatliche Museen zu Berlin, Preußischer Kulturbesitz, Gemäldegalerie

Vertrieb / Distribution
Vice Versa Verlag, Dorotheenstr. 4, 12557 Berlin
Fon 030-61 60 92 36, Fax 030-61 60 92 38
E-mail viceversa@comp.de

Die Deutsche Bibliothek – CIP-Einheitsaufnahme
Ein Titeldatensatz für diese Publikation ist bei Der Deutschen Bibliothek erhältlich

ISBN 3-932809-22-X